The Campaigns of Alexander

AN

알렉산드로스 원정기

지은이
아리아노스
Arrianus

서문·주석
J.R. 해밀턴
Hamilton

옮긴이
박우정

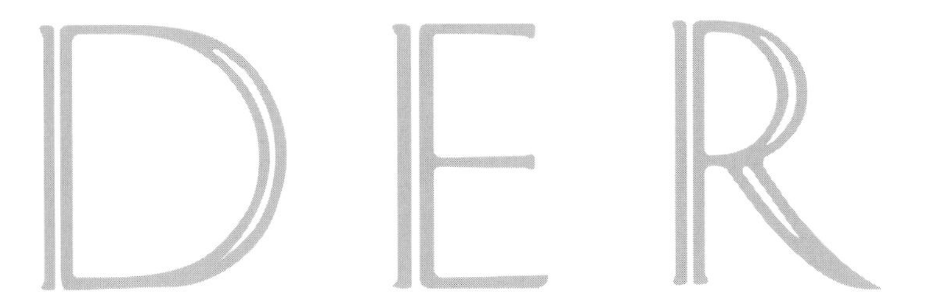

글항아리

일러두기

- 이 책은 아리아노스Arrianus가 쓰고, 오브리 드 셀린코트Aubrey De Selincourt가 영어로 번역한 책을 다시 우리말로 옮긴 것이다.
- 각주는 영문판에 J. R. 해밀턴Hamilton이 단 것이며, 우리말 옮긴이의 주석은 본문에 [ ]로 표시했다.

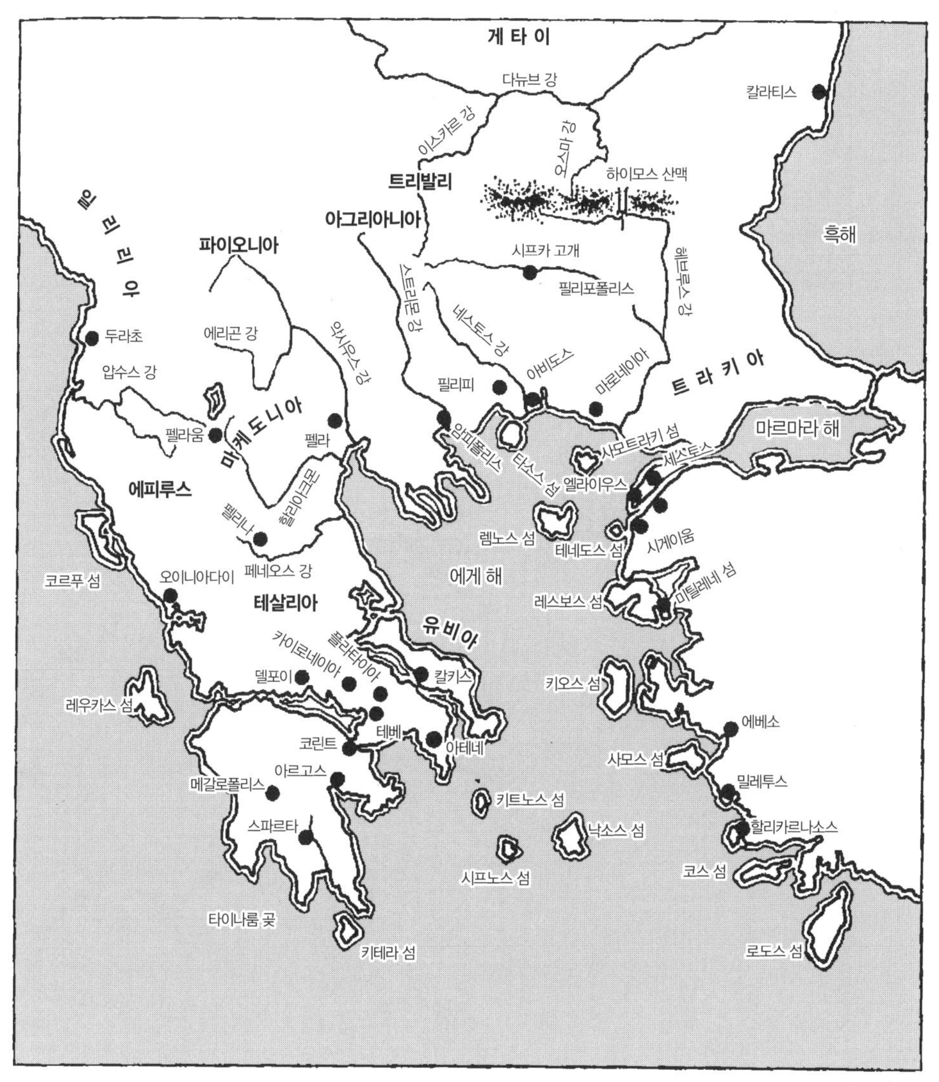
게타이
다뉴브 강
칼라티스
이스카르 강
오스마 강
하이모스 산맥
트리발리
아그리아니아
일리리아
파이오니아
시프카 고개
흑해
필리포폴리스
스트리몬 강
헤브루스 강
네스토스 강
두라초
에리곤 강
악시우스 강
아브데라
마로네이아
압수스 강
필리피
트라키아
펠라
펠라움
마케도니아
암피폴리스
사모트라키 섬
마르마라 해
세스토스
타소스 섬
엘라이우스
에피루스
할리아크몬 강
펠리나
렘노스 섬
테네도스 섬
시게이움
코르푸 섬
오이니아다이
페네오스 강
에게 해
미틸레네 섬
테살리아
레스보스 섬
유비아
카이로네이아
플라타이아
델포이
칼키스
키오스 섬
레우카스 섬
에베소
테베
코린트
아테네
사모스 섬
아르고스
밀레투스
메갈로폴리스
키트노스 섬
할리카르나소스
스파르타
낙소스 섬
시프노스 섬
코스 섬
타이나룸 곶
키테라 섬
로도스 섬

고대 그리스.

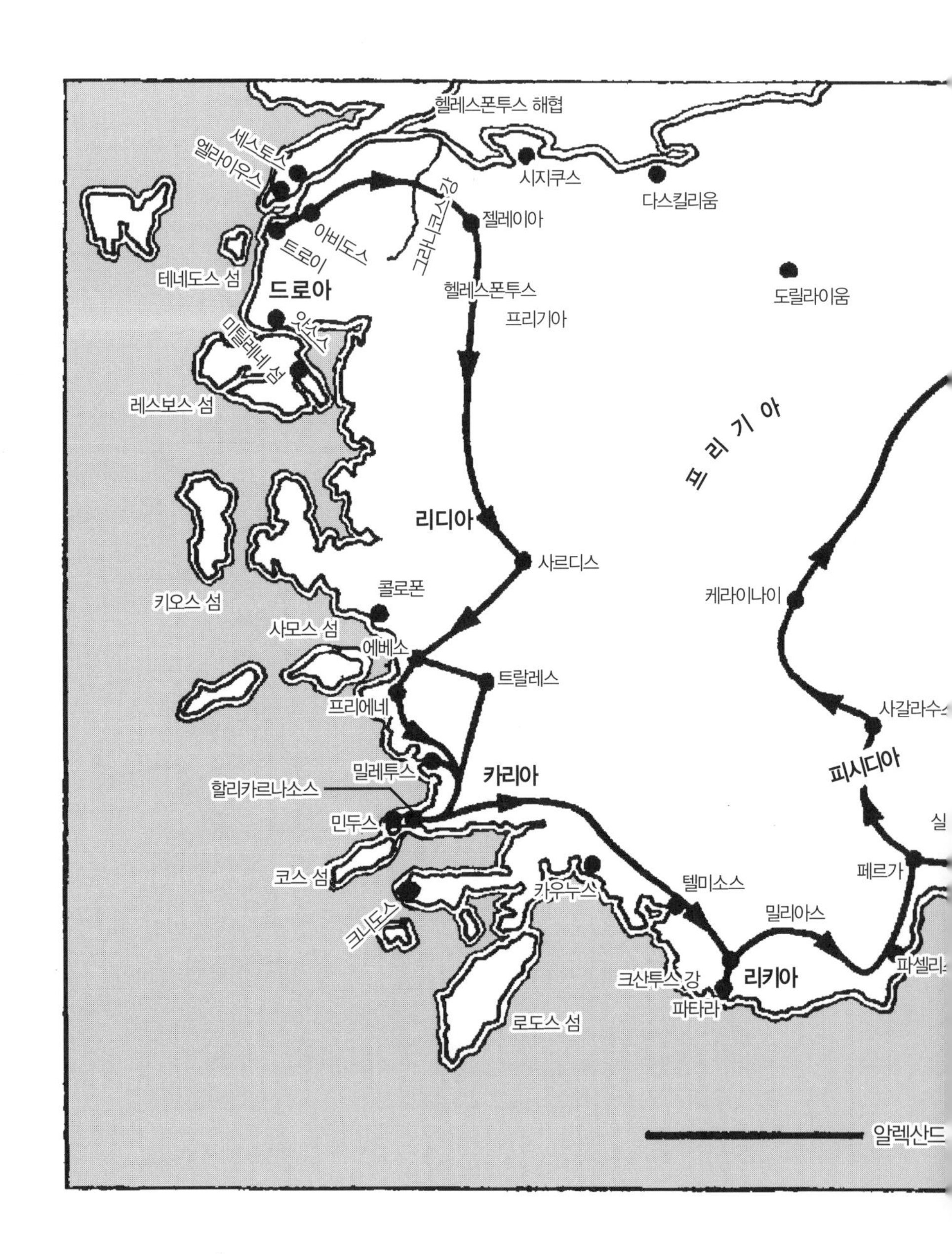

헬레스폰투스 해협
세스토스
엘라이우스
시지쿠스
다스킬리움
그라니코스 강
젤레이아
아비도스
트로이
테네도스 섬
드로아
헬레스폰투스
프리기아
도릴라이움
앗소스
미틸레네 섬
레스보스 섬
프 리 기 아
리디아
사르디스
케라이나이
키오스 섬
콜로폰
사모스 섬
에베소
트랄레스
프리에네
사갈라수스
밀레투스
카리아
피시디아
할리카르나소스
민두스
코스 섬
카우누스
텔미소스
페르가
크니도스
밀리아스
크산투스 강
리키아
파셀리스
파타라
로도스 섬
알렉산드

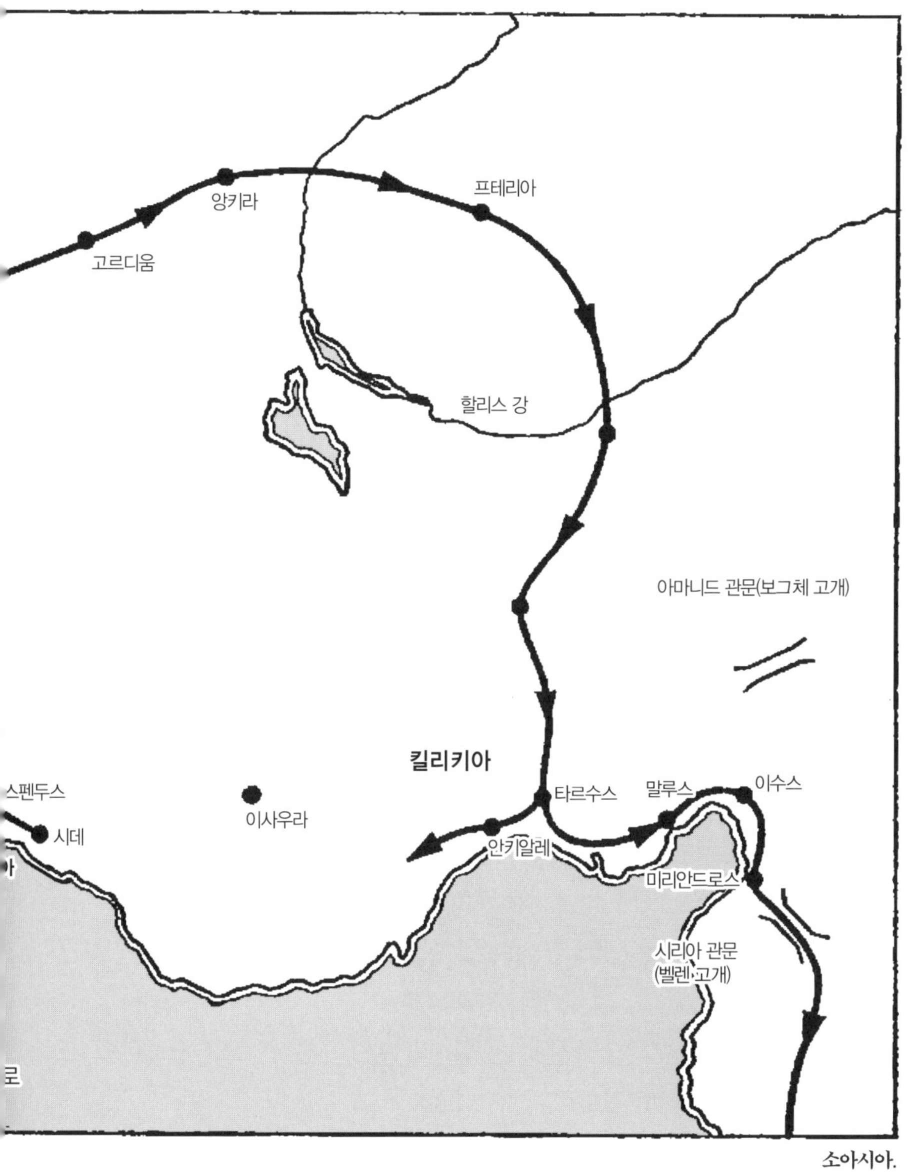
프테리아
앙키라
고르디움
할리스 강
아마니드 관문(보그체 고개)
킬리키아
스펜두스
이사우라
시데
타르수스
말루스
이수스
안키알레
미리안드로스
시리아 관문
(벨렌 고개)
아
로

소아시아.

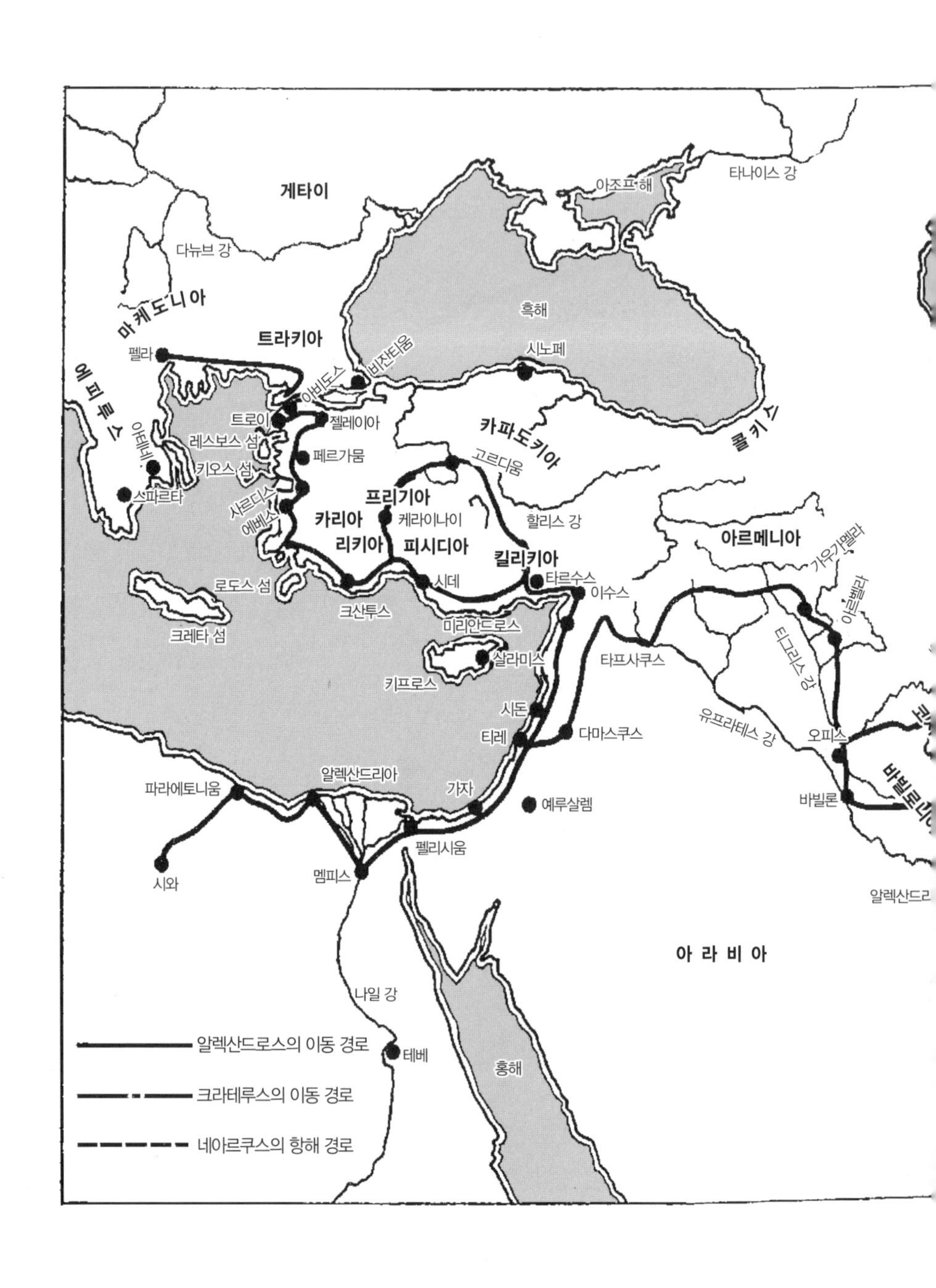

게타이
아조프 해
타나이스 강
다뉴브 강
마케도니아
트라키아
흑해
펠라
비잔티움
시노페
아비도스
에피루스
트로이
젤레이아
카파도키아
콜키스
레스보스 섬
아테네
페르가뭄
키오스 섬
고르디움
스파르타
사르디스
프리기아
에베소
카리아
케라이나이
할리스 강
아르메니아
가우가멜라
리키아
피시디아
킬리키아
아르벨라
로도스 섬
시데
타르수스
이수스
크산투스
미리안드로스
크레타 섬
살라미스
타프사쿠스
티그리스 강
키프로스
시돈
유프라테스 강
오피스
티레
다마스쿠스
알렉산드리아
파라에토니움
가자
바빌론
예루살렘
펠리시움
시와
멤피스
아라비아
나일 강
테베
홍해
알렉산드로스의 이동 경로
크라테루스의 이동 경로
네아르쿠스의 항해 경로

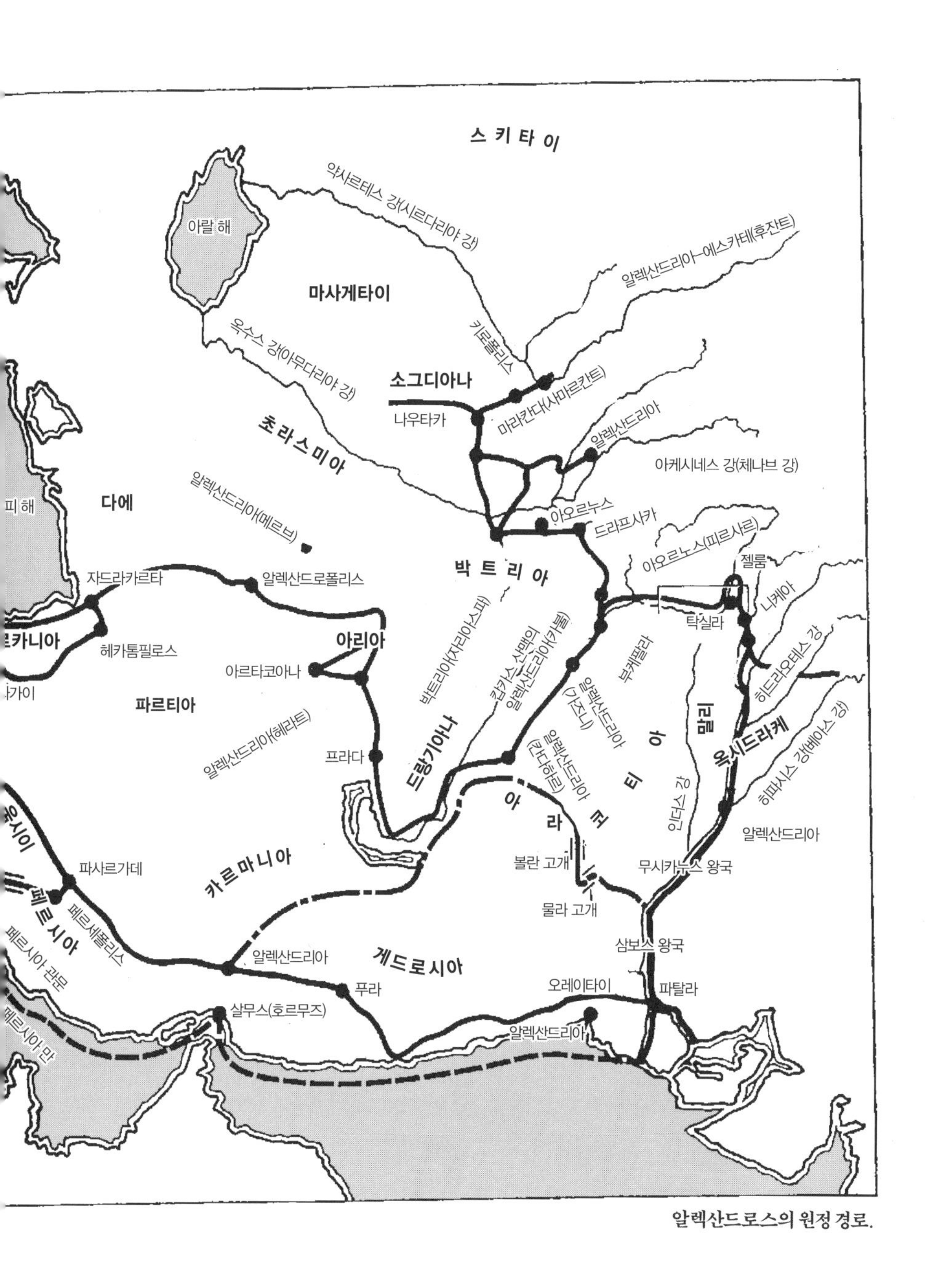

알렉산드로스의 원정 경로.

아리아노스와 고대 그리스 문학

_오브리 드 셀린코트

알렉산드로스 대왕 시대가 끝나자 기원전 2세기 초부터 그리스 문학은 급속한 쇠락의 길을 걸었다. 오랜 역사를 지닌 그리스 문학은 1000년 가까운 세월 동안 세계의 자랑거리 중 하나였지만 라틴 문학이 전성기를 누리던 100여 년 동안(기원전 50~기원후 50) 크게 위축되었다. 그러나 그리스 문학이 완전히 사라진 것은 아니었다. 2세기가 시작되자 그리스 정신이 부활하면서 그리스어는 다시 문학의 언어로 사용되기 시작했다. 물론 동로마 제국 여러 지역에서는 그리스어를 계속 사용해왔으며, 오늘날 영국의 지식인들이 프랑스어에 익숙하듯이 교양 있는 로마인들은 그리스어에 능통했다. 더욱이 기원후 1세기에도 플루타르코스를 포함한 탁월한 그리스 저술가들이 있었다는 점을 고려할 때 정확히 어떤 문학 흐름이 언제 시작되었는지 가늠하기는 어려운 일이다. 따라서 그리스어의 부활 시기는 하드리아누스 황제가 즉위한 117년 이후로 추정되곤 한다. 사실 그리스어가 세력과 활기를 얻게 된 데는 시인이면서 고대 문학에 조예가 깊었던 이 비범한 황제의 공이 크다. 하드리아누스 황제가 후원한 그리스 소피스트

아리아노스.

들의 영향력이 넓어지면서 그리스어가 더욱 확산되었기 때문이다. 그런 면에서 마르쿠스 아우렐리우스 황제가 그리스어로 남긴 유명한 저서는 소중한 자산이다.

아리아노스는 그리스의 로마 역사가인 아피아노스, 고대와 관련된 정보의 보고인 『그리스 여행Tour of Greece』을 쓴 파우사니아스, 의학 관련 저작을 남긴 갈레노스, 깊이는 없지만 여러 면에서 가장 읽기 쉽고 재미있는 작품들을 쓴 루키아노스 같은 당대 저자들과 더불어 이러한 '변화'의 흐름에서 중요한 입지를 나타내고 있다.

이 작가들은 당시 사람들이 쓰던 그리스 구어와는 상이한 어법을 구사했다. 일부러 예스러운 표현을 쓰는가 하면 300~400년 전의 문어와 문체를 의식적으로 모방하거나 모방하려 노력했다. 이런 면은 작품의 질에 영향을 끼치지 않을 수 없다. 그들의 작품에 동원된 기교는 대체로 인위적이고 문체는 '자연스럽지' 못하다. 오늘날에는 실제 생활에서 사용되는 언어가 가장 자연스러운 문체이자 가장 효과적인 기교로 통용되고 있지만 2세기 무렵 그리스 작가들의 생각은 달랐다. 이들에게 최고의 문체란 400~500년 전 고전시대의 위대한 저자들의 것으로 정해져 있었고, 문명文名을 떨칠 수 있는 유일한 길은 가능한 한 그들의 문체를 모방하는 것이었다. 현재 남아 있는 저작들 가운데 당시 시리아와 소아시아에서 통용되었던 그리스어에 근접한 언어, 즉 '코이네koinê'[기원전 4세기 후반 그리스 여러 지역의 방언들의 요소를 접목하여 만들어진 그리스의 공통어]로 쓰인 것은 신약성서와 아리아노스가 기록한 에픽테토스의 강의 내용뿐이다. 수백 년 동안 학자들과 현학자들은 (사실 서로 피차일반이지만) 성서의 그리스어를 교양 없고 품격 낮은 것으로 여겨왔다. 신이 그리스어를 형편없이 배웠다고 말한 니체의 악명 높은 조롱이 그 좋은 예다. 하지만 좀더 현명한 오늘날의 우리는 성서의 그리스어를 훌륭하게 여길 뿐만 아니라 읽는 이들이 원하는 바를 표현했다고 생각한다. 또한 당시의 전문적인 작가들이 옛날 문장에 심취하기보다는 동시대 사람들의 생기 있는 언어로 표현했다면 더 좋았을 것이라 여긴다. 그러한 인위성이 어느 정도였는지를 보여주는 당사자가 바로 아리아노스다. 아리아노스는 자신의 저서(인더스 강에서 페르시아 만까지의 항해에 관한 네아르쿠스의 진술을 서술한 『인도지Indica』)에서 헤로도토스가 사용했던 이오니아 방언을 구사하고 있는데, 이는 책에 변화를 부여하기 위한 것이었거나 그 방언을 구사할 수 있음을 과시하기 위한 것으로 보인다.

하지만 이 이상한 관례는 당시의 작가들에게 매우 부담스러운 일이었다. 이런 언어를 그럴듯하게 구사했던 루키아노스는 예외였지만 아리아노스를 비롯한 나머지 작가들의 작품에는 압박의 흔적이 역력하다. 이는 현대 영국인들이 엘리자베스 여왕 시대 산문의 과장되고 나긋나긋하며 생기 넘치는 어법을 좋아한 나머지 토머스 노스Thomas North 경[1535~1603. 영국의 번역가. 마르쿠스 아우렐리우스와 드니의 작품을 영어로 옮겼으며, 특히 플루타르코스의 『영웅전』(J. 아미요) 번역은 셰익스피어의 로마 사극에 큰 영향을 끼쳤다]의 문체로 역사서를 쓰기로 한 것과 다를 바 없다.

문체라는 측면으로 볼 때 아리아노스는 최고의 작가라고 할 순 없다. 이것은 어떤 면에서 번역자에게는 유리하다고 볼 수 있다. 위대한 그리스 고전 작품들을 번역할 때는 자신의 실력이 미흡하다는 생각에 늘 초라함을 느끼기 마련인데 아리아노스의 번역자는 때때로 자기만족감에 기운을 얻곤 하기 때문이다. 이런 점은 용납해줄 만하다. 셸리가 자신이 옮긴 플라톤의 『향연Symposium』 번역본에 대해 이야기하면서 표현한 "자신만의 언어로 된 회색 베일"로써 원작자의 기를 꺾는 식이 아니라 부분적으로 원작을 개선시킬 수도 있기 때문이다. 그러나 아리아노스의 작품은 대체로 명확하고 이해하기 쉽다. 그런 점이 아리아노스 글의 미덕이라 할 수 있다.

약어

AJP American Journal of Philology

CQ Classical Quarterly

Ehrenberg Studies *Ancient Society and Institutions. Studies presented to Victor Ehrenberg*, edited by E. Badian(Oxford, 1966)

Fuller Major~General J. F. C. Fuller, *The Generalship of Alexander the Great*(London, 1958)

JHS Journal of Hellenic Studies

Tarn, *Alexander* Sir William Tarn, *Alexander the Great* 2 Vols. (Cambridge, 1948)

Tod M.N. Tod, *A Selection of Greek Historical Inscriptions*, vol.2(Oxford, 1948)

Wilcken, *Alexander* Ulrich Wilcken, *Alexander the Great*, translated by G. C. Richards(London, 1932); Eugene N. Bozra의 알렉산드로스 관련 연구 소개, 주석, 참고문헌이 실린 재판 발간(New York, 1967)

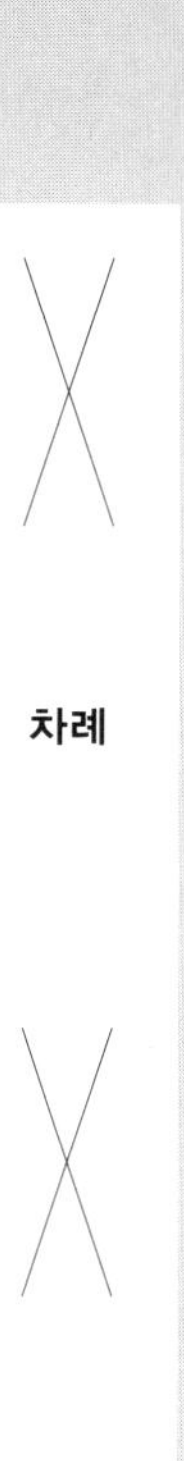

차례

서문

_J.R. 해밀턴

오늘날 아리아노스는 『알렉산드로스 원정기』의 저자이자 철학자 에픽테토스의 가르침을 후대에 전한 제자로만 알려져 있다. 그러나 아리아노스는 당대에 매우 유명한 인물이었다. 그는 로마와 아테네의 집정관을 지냈으며 오랫동안 로마 제국의 주요 국경 지역을 다스린 관리로서, 『알렉산드로스 원정기』는 그가 펴낸 여러 역사서 가운데 하나일 뿐이다.

— 생애

그의 정식 이름은 플라비우스 아리아노스 크세노폰Flavius Arrianus Xenophon[1]이며, 로마의 속주 비티니아의 수도 니코메디아에서 태어난

1 Philip. A. Stadter(*Greek, Roman and Byzantine Studies* 8, 1968, 155ff)는 '크세노폰'이 단순한 별명이 아니라 정식 이름의 일부였다고 설명했다.

그리스인이다. 출생 시기는 기원후 90년보다 몇 년 앞설 것으로 추정된다.[2] 그의 집안은 부유했으며, 니코메디아에 있는 데메테르와 코레 신전의 사제를 지낸 사실을 스스로 밝히고 있다. 다른 부유한 그리스인들과 마찬가지로 아리아노스의 부친은 플라비우스 왕조의 어느 황제로부터 시민권을 받았는데, 아마도 베스파시아누스 황제가 아니었을까 싶다. 이에 따라 로마 시민으로 태어난 아리아노스는 본인 실력으로 제국의 관직에 진출할 수 있었다.

아리아노스는 유년기와 젊은 시절을 고향에서 보냈으며, 상류층 자제들과 마찬가지로 그리스 문학 및 수사학 교육을 받았을 것이다. 그 후 제국의 관직에 오르려는 비슷한 신분의 그리스 젊은이들이 그러하듯 철학 수업으로써 학업을 완성하기로 결심했고, 108년경 에피루스 지방의 니코폴리스로 향했다. 이곳에는 92~93년 도미티아누스 황제가 로마에서 철학자들을 추방할 때 함께 쫓겨난 스토아 철학자 에픽테토스가 세운 학교가 있었다.[3] 노예 출신의 이 비범한 철학자는 윤리학에 관심을 기울였으며, 그의 가르침은 자기 자신의 정신에 집중하되 부와 사치를 경계하라는 기독교의 사상과 유사한 면이 있었다. 실제로 사람들은 그의 가르침이 신흥 종교의 영향을 받은 것으로 잘못 인식하기도 했다. 에픽테토스는 소크라테스처럼 저작물을 남기지 않았지만 그의 가르침은 다행히 젊은 아리아노스에게 깊

2 아리아노스는 129년 혹은 130년에 보결 집정관을 지냈다. 그의 시대에는 42세 즈음에 집정관을 지내는 일이 흔했다. *JRS* 55(1965), 142, 30.

3 아리아노스가 흔히 예측되는 아테네가 아니라 에픽테토스 밑에서 공부한 이유는 밝혀지지 않았다. H. F. Pelham은 아리아노스의 총독직을 다룬 중요한 논문 'English Historical Review'(1896)를 통해 로마 스토아학파에서 유명한 아리아 가문 출신인 어머니의 영향을 받았을 가능성을 제시했다. 펠럼 교수는 아리아노스의 가명家名 'Arrianus'가 그의 어머니 가문을 나타낸다고 추측했다. 1, 2세기에는 그렇게 하는 경우가 흔했기 때문이다.

은 감화를 주어 스승의 말을 기록한 『담화록Discourses』 8권이 탄생될 수 있었다.[4] 그 가운데 4권이 보존됨으로써 오늘날 에픽테토스의 개성적 면모를 생생히 전하고 있다. 또한 일반 대중을 위해 에픽테토스의 가르침에서 정수만을 가려내어 엮은 『선집Manual』 혹은 『편람Encheiridon』도 전해지고 있다. 이 책은 중세에 금욕적인 삶의 지침서로 큰 호응을 얻었다.

알렉산드로스를 평가하는 아리아노스의 높은 도덕적 잣대는 에픽테토스에게서 비롯된 것이 분명하다. 에픽테토스 역시 잘못을 저지른 뒤 뉘우치는 태도를 크게 칭찬한바, 알렉산드로스가 클레이토스를 죽인 후 나타낸 태도에 대해 아리아노스가 칭찬한 것은 이와 같은 맥락이었다. 또한 에픽테토스는 도미티아누스 황제 치하의 로마 체험을 바탕으로 자신의 가르침을 설명했기 때문에 '군주를 망치는 아첨꾼' 관료에 대한 아리아노스의 발언 역시 스승으로부터 비롯되었을 가능성이 있다.

129년 혹은 130년에 집정관의 지위에 오르기 전까지 아리아노스의 관직생활에 대해서는 갈리아와 누미디아로 추정되는 다뉴브 강 국경 지대에서 복무한 사실만이 알려져 있다. 그의 관직생활은 하드리아누스 황제의 친親그리스주의의 혜택일 수도 있다. 트라야누스의 뒤를 이어 117년에 즉위한 하드리아누스는 '시시한 그리스인greekling' 이라는 별명을 얻었을 만큼 친그리스주의자였다. 하지만 아리아노스가 집정관에 오른 이듬해에 카파도키아 총독으로 임명된 사실은

4 아리아노스는 루키우스 겔리우스에게 보낸 편지에서 이 책을 펴내는 이유를 설명했다. 이 겔리우스는 코린트의 저명인사인 L. 겔리우스 메난데르로 확인되고 있다. 그는 아들 L. 겔리우스 이우스토스와 함께 코린트에 아리아노스를 기리는 비문을 세웠다. G. W. Bowersock, *Greek, Roman and Byzantine Studies* 8(1967), 279~280 참조.

그의 군사적 행정적 능력이 높게 평가되었음을 말해준다. 하드리아누스 황제가 제국을 위험에 빠뜨릴 정도로 감정적이었다는 증거는 없기 때문이다. 당시 카파도키아는 북쪽으로는 흑해까지 뻗어 있고 동부 해안은 트라페주스부터 디오스쿠리아까지 이르는 국경지대의 크고 중요한 속주였다. 아리아노스는 로마의 두 군단과 대규모 지원군을 지휘했는데, 당시 그리스인에게 이런 지휘권이 주어지는 경우는 전례 없는 일이었다. 당시는 "트라야누스가 유프라테스 강 너머까지 일시적으로 정복했다가 하드리아누스의 방어 전략으로 즉각 귀환하느라" 혼란스러운 시기였다.[5] 134년 카파도키아는 캅카스 산맥 너머의 알란 족으로부터 침략의 위협을 받은 적이 있다. 국경을 넘어오지는 않았으나 기록에는 아리아노스가 이 침략자들을 아르메니아 밖으로 쫓아냈다고 밝히고 있다. 현존하는 아리아노스의 저서인 『알란 족과의 전투 대형The Formation Against the Alans』에는 당시 아리아노스가 지휘한 군대의 구성, 행군 대열, 전술이 설명되어 있다. 그밖에 총독 시절 집필한 것으로 추정되는 두 권의 저서 『흑해 주유기Circumnavigation of the Black Sea(Periplus Ponti Exuini)』와 『전술 편람Tactical Manual』도 전해지고 있는데, 후자는 정확히 136~137년에 쓴 것이다. 『흑해 주유기』는 총독으로서 황제에게 제출된 공식 보고서(라틴어)를 바탕으로 하면서 트라페주스에서 디오스쿠리아까지의 여행에 대한 서술 그리고 흑해 전체에 대한 두 구절의 설명으로 이루어져 있다. 이 여행의 목적은 부임 초기에 관할 지역의 수비 상황을 시찰하는 것이었다.(여행 중인 131~132년에 코티스 왕의 사망 소식을 들었다는 언급이 있다.)

---

5 앞서 언급한 H. F. Pelham의 논문 218에서 인용.

아리아노스가 137년까지 카파도키아의 총독이었음을 밝혀주는 증거는 있지만 하드리아누스 황제가 서거하기 전 138년 6월에 사임했거나 소환 명령을 받은 것으로 보인다. 그 후 아리아노스는 어떤 까닭에서인지 관직을 맡지 않은 채 아테네에 거주하면서 집필에 몰두했다. 이후 아테네 시민권을 얻었으며 145~146년 집정관에 올랐고, 한참 뒤인 172~173년 그가 원로원 의원을 맡았다는 마지막 기록이 확인된다. 그리고 180년, 풍자작가 루키아노스는 그가 이미 죽었음을 언급한 바 있다.

아리아노스는 아테네에서 다양한 저작을 남겼다. 저작들의 집필 순서를 정확히 알아내기는 힘들지만 초기에 시라쿠사 지역의 디온과 코린트 지역의 티몰레온의 전기를 쓴 것은 분명해 보인다. 그리고 소아시아를 괴롭혔던 악명 높은 노상강도 틸리보루스의 삶을 다룬 책도 아마 이 시기에 썼을 것이다. 그러나 현재 이 저서들은 남아 있지 않다.

아리아노스는 자신의 저서에서 동명이인인 아테네의 크세노폰에 대한 경쟁심을 종종 드러냈으며, 사냥에 관한 크세노폰의 저서를 보완한 형태의 짧은 글을 구성하기도 했다. 크세노폰 저서와의 연관성을 강조하기 위해 책 제목조차 똑같이 『수렵론On the Chase(Cynegeticus)』이라 짓고 그 우열을 가리고자 했다. 아닌 게 아니라 아리아노스는 어린 시절 자신의 관심 분야(사냥, 전술, 철학)가 아테네의 크세노폰과 같았음을 밝히고 있다.

아리아노스의 주요 역사서는 후반에 저술되었다. 제목이나 7권으로 구성한 것까지 크세노폰의 『아나바시스Anabasis』를 본뜬 게 분명한 『알렉산드로스 원정기The Campaigns of Alexander(Anabasis Alexandri)』 외에 그의 『인도지Indica』가 지금까지 전해지고 있다. 알렉산드로스 함대가 인도에서 페르시아 만까지 항해한 내용을 (네아르쿠스의 책을 토대로) 기술한 이 책의 서두에는 인도와 인도인들에 대한 설명이 담겨 있다. 10권으로 구성된 『알렉산드로스 사후의 사건들Events after Alexander』 가운데 현재 볼 수 있는 것은 알렉산드로스가 죽고 나서 2년 동안의 이야기뿐으로, 나머지는 모두 전하지 않는다. 이 점은 아리아노스의 저작 중 가장 큰 손실일 것이다. 트라야누스 황제의 원정을 17권으로 구성한 『파르티아 역사Parthian History』, 신화시대로부터 비티니아의 마지막 왕인 니코메데스 4세가 로마에 왕국을 넘기는 기원전 74년에 이르기까지 고국의 역사를 정리한 『비티니아의 역사History of Bithynia』는 일부만 남아 있다.

— 알렉산드로스 원정기

아리아노스가 걸작을 남기려는 의도로 쓴 이 책은 그에게 영원한 명성을 안겨주었다. 이 책이 아리아노스에게 얼마나 중요한 의미를 지니는지는 본인의 표현에 명확히 나타나 있다.

> 내 이름은 밝힐 필요가 없고(알려지지 않은 이름은 아니지만), 나라와 가족 그리고 내가 맡은 관직을 구체적으로 말할 필요도 없다. 오히려 이렇게 말하고 싶다. 내가 쓴 이 책이 나의 국가, 친족, 관직의 지위보다 더 중요하다고. 어린 시절부터 그러했다. 실제로 내게는 이 책이 나의 국가이며 친족이며 관직이다.

아리아노스는 자신이 매우 위대한 주제를 다루고 있다고 믿었으며 이를 소중한 기회로 여겼다. 물론 알렉산드로스 대왕에 관해서는 수많은 글이 남아 있다. 하지만 어떤 시인이나 작가도 그를 공정하게 다루지 않았다. 진짜 알렉산드로스의 모습은 엄청난 모순적인 진술들 뒤에 가려져 있었고 초기 저자들의 저서에는 터무니없는 오류가 넘쳤다. 심지어 알렉산드로스와 다리우스의 결정적인 전투 장소조차도 정확히 밝히지 않았고, 인도에서 알렉산드로스를 구한 인물이 누구인지도 밝혀놓지 않았다. 아킬레우스는 운 좋게도 자신의 위업을 세상에 널리 알린 호메로스라는 뛰어난 기록자를 얻을 수 있었다. 사실 아킬레우스는커녕 시칠리아의 폭군 같은 별 볼일 없는 인물들조차 알렉산드로스보다는 운이 좋았다. 아리아노스의 저술은 이런 문제인식에서 비롯되었다. 아리아노스가 주저 없이 그리스의 위대한 역사학자들을 향해 도전장을 던진 것은 그만큼 알렉산드로스가 중요한 인물이었기 때문이다.

아리아노스는 알렉산드로스 전기의 저자로서 장점이 많은 인물이다. 그가 정확히 언제부터 이 책을 썼는지는 알 수 없지만 적어도 2세기 중반 이전에는 쓰지 않았을 가능성이 높다. 즉 집필 당시 아리아노스는 60대였을 것이다. 그렇다면 그는 알렉산드로스 관련 문헌을 광범위하게 읽었을 것이며 헤로도토스, 투키디데스, 크세노폰 같은 고대 역사학자들의 연구를 철저히 숙지했을 것이다. 그런 데다가 이만큼 야심 찬 작업은 아니었겠으나 그는 이미 상당한 저술 경험을 지니고 있었고, 어느 정도 수준 있는 철학적 기반 위에 군사와 행정 분야의 전문적 경험까지 축적한 상태였다. 마지막으로 대단히 중요한 장점은 상식이 풍부했다는 점이다.

그러나 아리아노스는 만만치 않은 난관에 부딪쳤다. 현재 전해지는 알렉산드로스 관련 저서들의 작가들도 같은 문제를 겪었다. 가장 초기의 작가는 시칠리아의 그리스인 역사가 디오도로스로, 알렉산드로스가 죽은 지 300년쯤 지난 후 디오도로스는 자신의 저서 『역사 총서Universal History』의 제17권을 알렉산드로스 통치기간에 할애했다. 또한 1세기에 라틴어 저자인 퀸투스 쿠르티우스가 쓴 『알렉산드로스의 생애History of Alexander』, 2세기 초에 그리스의 전기작가 플루타르코스가 쓴 『알렉산드로스의 삶Life of Alexander』은 아리아노스의 책을 이해하는 데 매우 유용하다. 갈리아인으로서 로마 시민이 된 폼페이우스 트로구스의 『필리포스의 생애Philippic Histories』는 디오도로스의 저서보다 시기적으로 약간 앞서지만 지금은 유스티아누스의 서툰 요약본(3세기)만 남아 있다.[6] 이 저자들은 상충되는 수많은 자료 속에서 정보를 선별해야 하는 문제를 해결해야 했다. 알렉산드로스 연구자들 앞에 산더미같이 쌓인 자료들에 관한 아리아노스의 언급은 결코 과장이 아니었다. 그 자료들은 이미 많이 소실된 상황이긴 하지만 현존하는 저서들에 남아 있는 '편린들'만으로도 알렉산드로스에 관한 오류가 많으며 행동에 관한 진술이 상충된다는 아리아노스의 말을 확인할 수 있다.

원정의 동반자 중에도 알렉산드로스와 원정에 대해 특수한 관점으로 기록한 이가 많았다.[7] 그중 한 명이 아리스토텔레스의 조카인 칼리스테네스였다. 알렉산드로스는 동맹국에게 환영받지 못했기 때

---

6 디오도로스의 저서 제17권은 Loeb Classical Library에서 C. Bradford Wells가 번역했고(유용한 주석 포함) 쿠르티우스의 저서는 같은 시리즈에서 J. C. Rolfe가 번역했다. 유스티아누스(코르텔리우스 네포스, 에우트로피우스와 함께)는 Bohn's Library에서 번역되었다. 플루타르코스의 저작은(대개 많은 다른 전기와 함께) 자주 번역되었는데, 가장 최근의 번역은 Ian Scott-Kilvert, *The Age of Alexander*(Penguin Books)가 있다.

7 이 저자들에 관한 상세한 연구는 Lionel Pearson, *The Lost Histories of Alexander the Great*(New York, 1960)에 있다.

문에 칼리스테네스는 그리스인을 대상으로 하는 알렉산드로스의 '홍보 담당관'을 수행했는데, (알렉산드로스의 '심사'를 거쳤을) 그의 원정 기록에서 왕은 전설 속의 '영웅'과 비슷하게 묘사되어 있다. 그러나 이 공식적인 버전은 칼리스테네스가 반역 혐의로 체포되어 처형됨으로써 중단되었다. 이 기록에서 다룬 마지막 사건은 가우가멜라 전투였다. 왕의 시종인 카레스 또한 여러 일화를 소개한 책을 썼는데, 궁에서 발생한 사건들에 관한 기록을 제외하고는 가치 있는 내용이 별로 없었다. 반면 디오게네스의 제자였으며 알렉산드로스 원정 함대의 키잡이였던 오네시크리투스는 위험하게도 진실과 거짓을 냉소적으로 뒤섞어놓았다. 오네시크리투스에게 알렉산드로스는 어떤 사명을 수행하는 '무장한 철학자'였다. 인도에서 페르시아 만까지 알렉산드로스의 함대를 지휘한 네아르쿠스는 좀더 균형 잡힌 진술을 제공하지만 유감스럽게도 그의 기록은 항해를 시작한 시기부터 작성되어 있다. 당시의 진술들 가운데 가장 비중 있는 기록들이라면 아마도 알렉산드로스 사후에 통치자가 되고 나중에 이집트의 왕위에 오른 프톨레마이오스의 기록 그리고 기술자거나 건축가로 보이는 아리스토불루스의 기록이라 할 것이다. 이 두 인물의 진술에 관해서는 나중에 다루겠다. 이후 몇 세기 동안 가장 큰 인기를 누린 알렉산드로스 관련 역사서는 원정에 참여하지 않은 클레이타르코스라는 인물이 쓴 책으로, 4세기 말 또는 그 이후에 알렉산드리아에서 집필된 것으로 보인다.(키케로의 친구인 카엘리우스도 이 책을 읽었다.) 클레이타르코스 역시 칼리스테네스처럼 알렉산드로스를 '영웅'으로 그렸으며 (다소 적절하진 않지만) 그리스 왕에 어울리는 전형적인 미덕의 소유자로 묘사했다. 하지만 이 책이 인기를 얻은 주요한 원인은 생생한 묘사와 자극적인 사건들이었다. 몇 가지만 언급하자면, 그리스의 창녀 타이스가 흥청거리는 술자리에서 만취한 알렉산드로스를 부추겨 페르세폴리스의 궁에 불을 지르게 만든 사건, 365명의 첩을 거느린 사실을 포함하여 페르시아의 사치 문화와 관습을 다수 도입한 사건, 카르마니아에서 일주일 동안 벌어진 술자리, 알렉산드로스의 독살 등을 들 수 있다.

아리아노스는 이런 저서를 모두 읽었거나 대부분 확인했을 것이다. 또한 여러 학파의 철학, 특히 스토아학파와 수사학자들의 비판에 대해서도 잘 알고 있었을 것이다.[8] 그들이 주로 비판했던 부분은 알렉산드로스의 주벽, 오만함, 살인적 폭력을 부르는 자제력 부족, 신이 되려는 열망 등이었다.

이런 엄청난 자료들과 맞닥뜨린 아리아노스는 현명하게도 프톨레마이오스와 아리스토불루스의 역사서를 자신이 저술할 책의 기초로 삼기로 결정했다. 이에 따라 프톨레마이오스와 아리스토불루스의 서술이 일치하는 부분을 사실로 받아들였고, 진술이 서로 다를 때는 양쪽의 기록을 함께 제시하기도 했으나 프톨레마이오스의 기록을 더 많이 참고한 것으로 보인다. 또한 군사 분야에 관해서는 주로 프톨레마이오스의 진술에 의지했다. 아리아노스가 두 저자를 선택한 근거에 대한 설득력은 다소 빈약하다. 그들은 알렉산드로스가 죽은 뒤에 글을 썼기 때문에 사실을 날조할 필요가 없으며 더욱이 프톨레마이오스는 왕이었기 때문에 거짓된 진술을 수치로 여겼을 것이라고 아리아노스는 주장했다. 그 둘은, 특히 프톨레마이오스의 경우 모든 진실을 말하지 않았을 가능성이 있다. 하지만 아리아노스는 오랫동안 여러 자료를 탐구한 결과 이 두 저자가 가장 정직하고

---

8 이에 대해서는 필자의 *Plutarch, Alexander : A Commentary*(Oxford 1969), lx~lxii 참조.

신뢰할 만하다는 결론에 이르렀을 것이다. 아리아노스는 두 저자의 책을 보완하기 위해 "관련이 있고 상당한 신뢰가 확보된 경우"에 칼리스테네스나 카레스 등의 '언급'도 채택했다.

아리아노스가 군사 문제에 특별한 관심을 기울였다는 사실을 고려할 때 프톨레마이오스의 책을 주요 원전으로 삼은 것은 전적으로 타당해 보인다. 프톨레마이오스는 초기에는 부각되지 않은 인물이었지만 아리아노스가 언급한 많은 작전에 참여한 노련한 군인이었기 때문이다. 그러나 아리아노스가 인용한, 알렉산드로스의 주요 전투에 관한 프톨레마이오스의 진술들에 문제가 없지는 않다. 아마도 자신이 직접 참전한 경우에는 전투의 전체 상황을 파악하기 어려웠을 게 분명하기 때문이다. 또한 프톨레마이오스가 기원전 330년에서야 '참모'의 지위에 올랐다는 사실도 감안해야 한다. 그럼에도 어떤 군사작전들, 특히 프톨레마이오스가 참여한 작전에 대한 기록들은 감탄스러울 만큼 명확하다. 개인적 공헌을 과장한 경향이 엿보이긴 하지만[9] 그런 점은 이해할 수 있고 중요한 사항도 아니다. 수용하기 어려운 대목은 알렉산드로스 사후에 벌어진 권력 투쟁에서 프톨레마이오스가 자신의 숙적인 페르디카스를 의도적으로 폄하한 부분이다.[10] 프톨레마이오스의 가장 중요한 오류는 큰 논란의 여지가 있고

---

9 C. B. Wells, 'The reliability of Ptolemy as an historian', in *Miscellanea...A. Rostagni*(Turin 1963)의 설득력 있는 분석 참조. 프톨레마이오스의 책을 직접 읽은 쿠르티우스가 그를 "자신의 영예가 격하되지 않기를 바란" 인물로 묘사한 것은 프톨레마이오스의 이런 측면을 가리킨 것으로 보인다.

10 R. M. Errington, 'Bias in Ptolemy's History of Alexander', in *CQ* 1969, 233ff는 프톨레마이오스가 사실과 다르게 전한 몇 가지 예를 제시했다. 프톨레마이오스는 아리스토누스가 알렉산드로스의 생명을 구하는 데 일조한 공로를 빼앗긴 사실은 인정했지만 기원전 314년 이후 벌어진 경쟁 때문에 안티고누스가 이수스 전투의 생존자들과 격전 끝에 거두었던 승리를 묵살했다는 일반적인 견해에는 이의를 제기한다.

알렉산드로스의 평판에 흠이 될 만한 일부 사건들에 대해 말을 아꼈다는 점일 것이다. 프톨레마이오스가 클레이토스 살해 사건을 언급하지 않았다고 보기는 어렵지만 아리아노스는 이 비극에 관해 이야기하면서 프톨레마이오스의 기록을 전하지 않았다. 또한 알렉산드로스가 엎드려 절하는 궤배례 의식을 도입하려 했던 부분에 대한 아리스토불루스의 언급도 소개하지 않았다. 프톨레마이오스는 이 사건에 대해 아무런 설명도 하지 않은 것으로 보인다. 그리고 아리아노스는 필로타스와 칼리스테네스의 유죄를 단언하긴 했지만 필로타스의 '책략'과 시동侍童들의 음모 사건에 대해서도 소개하지 않았다.

아리스토불루스는 프톨레마이오스의 책을 유용하게 보완하고 있다. 그가 지리학과 자연사에 더 관심을 기울이고 있기 때문이다. 이에 따라 『알렉산드로스 원정기』에 나오는 지리학 및 지형학적 세부 사항들은 대부분 아리스토불루스로부터 나온 것이며, 알렉산드로스가 바빌로니아의 운하 체계를 개선하기 위해 취한 조치들과 티그리스 강 항해에 관한 설명도 아리스토불루스에 근거하고 있다. 아리스토불루스는 도굴당한 키루스의 묘(파사르가데 근처)를 복원하라는 알렉산드로스의 명령을 직접 수행한 인물로, 우리가 도굴당하기 전후의 묘의 상태를 알 수 있는 것도 아리스토불루스 덕분이다. 더욱이 현대의 고고학자들은 아리스토불루스의 묘사가 정확하다는 사실을 확인해주었다. 게드로시아 사막 행군에 관한 생생한 설명과 귀중한 식물학적 관찰 역시 그에게서 비롯되었을 가능성이 높고, 아리비아 해안 탐사와 알렉산드로스의 아라비아 정복 계획을 언급한 인물도 아리스토불루스였다. 알렉산드로스가 원정을 계획한 동기 가운데 하나는 아라비아인들에게 신으로 인정받길 바랐기 때문이라고 그는 말했다.(이에 대해 아리아노스는 출처를 언급하지 않았지만, 스트라보Strabo의 기록에서 확인되었다.)

프톨레마이오스.

아리스토불루스의 진술에서 의문을 불러일으키는 구석은 알렉산드로스 개인을 설명하는 부분이다. 프톨레마이오스는 알렉산드로스의 바람직하지 않은 성격까지 전하고 있지만 아리스토불루스의 기록에는 확실히 '해명'의 뉘앙스가 담겨 있다. 이런 점 때문에 고대에 그에게는 '아첨꾼kolax'이라는 별명이 붙기도 했다. 물론 포로로 붙잡힌 페르시아 왕족들에게 알렉산드로스가 왕으로서 보여준 관대한 태도를 강조한 부분이나 클레이토스가 화를 자초했다는 견해를 제시한 부분에 대해서는 그의 설명을 인정할 수 있다. 그러나 그는 필로타스와 칼리스테네스에 대해 유죄라고 단언하면서도 그렇게 판단한 이유에 대해서는 프톨레마이오스 못지않게 말을 아꼈다. 또한 왕은 술꾼이 아니며 단지 대화를 나누기 위해 연회자리에 늦게까지 머물렀다는 진술은 실소를 자아낼 뿐이다. 클레이토스를 살해한 사건만으로도 그 진술의 오류가 입증되기 때문이다. 그것은 알렉산드로스의 습관적인 음주에 대해 변명의 여지가 없는 과잉반응이다. 많은 저자는 말년에 미신적인 두려움에 시달린 왕의 모습을 전하고 있다. 이들에 따르면 알렉산드로스는 왕관을 자기 머리에 둘렀던 선원과 옥좌에 앉았던 자를 예언가들의 조언에 따라 처형했다. 그러나 아리스토불루스는 선원은 매를 맞고 풀려났으며 옥좌에 앉았던 자는 목적을 밝혀내기 위해 고문을 받았다고 기술함으로써 그 이상의 벌을 받지 않았음을 암시했다. 그들이 일종의 희생양이었다는 점을 감안할 때 아리스토불루스의 진술은 의심스럽다. 또한 아리스토불루스는 곧 재난이 닥칠 것이라는 점괘를 솔직하게 고한 예언자 페이타고라스에 대해 알렉산드로스가 매우 우호적이었다고 전하면서 페이타고라스로부터 그러한 사실을 직접 들었다고 밝히고 있다.

아리아노스의 책은 인내심, 상식, 인간사에 대한 예리한 이해뿐 아니라 군사와 행정에 관한 상당한 경험을 담고 있다. 특히 군사 문제에 관하여 프톨레마이오스의 진술을 주로 채택하여 좋은 결과를 낳았다. 이로써 아리아노스는 마케도니아의 핵심층과 긴밀한 일급 정보원을 둔 셈이다. 아리아노스의 책은 프톨레마이오스의 서술을 요약한 것에 불과하다며 깎아내리고 싶은 이들도 있겠지만 그러한 폄하는 부당하다. 이수스 전투나 가우가멜라 전투에 대한 아리아노스의 해설은 프톨레마이오스의 책을 직간접적으로 접했을 퀸투스 쿠르티우스의 해설에 비교했을 때 훨씬 훌륭하다는 사실을 알 수 있기 때문이다. 그러나 군사작전과 관련된 아리아노스의 서술이 모두 만족스럽다거나 마케도니아군에 관한 우리의 궁금증이 모두 해결되는 것은 아니다. 예를 들어 여러 부대의 병사들이 급여를 얼마나 받았으며 마케도니아군의 병참 업무가 어떠했는지에 대해서는 거의 찾아볼 수 없다. 가우가멜라 전투에서 알렉산드로스가 다리우스를 맹렬히 추격할 때 파르메니오가 보낸 전령이 어떻게 알렉산드로스를 따라잡았는지에 대해 아리아노스는 설명하지 않았다. 아리아노스가 프톨레마이오스의 글을 잘못 이해한 것처럼 보이는 부분도 있다. 예를 들어 마케도니아인들은 알렉산드로스가 히다스페스 강을 건너 진군할 때 기병대만으로 포루스의 군 전체를 무찌를 것이라 보지는 않았을 것이다. 반면 포루스가 아들에게 알렉산드로스의 도강을 막으라는 지시와 함께 전차 60대만 내주었다는 아리스토불루스의 진술을 비판한 부분, 알렉산드로스가 가우가멜라에서 파르메니오의 조언을 받아들여 페르시아군을 야간에 공격하는 위험을 거두어들인 것을 칭찬한 부분은 아리아노스의 견해가 타당해 보인다. 또한 아리아노스는 전문용어들을 거의 정확하게 사용하여 군대의 역사를 공부하는 학생들에게 큰 도움이 되었으며, 여러 부대의 지휘관이 누구인지를 항상 밝히고 있다. '부대taxis, unit'라는 단어를 다양한 용도로 사용하거나 '컴패니언 기병대hetairoi를 알렉산드로스의 '친구'들로 지칭하는 등 혼란을 불러일으키긴 했지만 이는 아리아노스의 책임은 아니다. 행정 문제를 다룰 때도 세부적인 부분에 많은 신경을 쓴 것으로 보인다. 총독의 임명 시기를 정확히 언급했으며, 마케도니아인에 대해서는 "라구스의 아들 프톨레마이오스"와 같이 부친의 이름까지 배려하여 밝히고, 그리스인에 대해서는 출신 도시를 밝혔다. 마케도니아에는 이름으로 쓰이는 고유명사가 다양하지 않아 프톨레마이오스와 필리포스라는 이름이 많았다는 점을 감안할 때 이렇게 표기하지 않으면 혼란이 있었을 것이다.

하지만 아리아노스가 알렉산드로스라는 주제를 다소 제한적으로 해석한 점은 유감스럽다. 아마도 그가 모델로 삼았던 크세노폰이 '원정'에 집중했기 때문일 것이다. 폴리비우스와 달리 아리아노스는 알렉산드로스가 왜 아시아를 침략했는지 논하지 않았다.(아마도 아리아노스는 이 주제가 선왕인 필리포스의 역사가가 다루어야 할 부분이며, 알렉산드로스가 이미 시작된 침략 작전을 그만둘 생각이 없었다고 말했을지도 모르겠다.) 또한 이전에 아시아에서 벌어진 작전이나 기원전 334년 마케도니아군이 아시아에 존재했는지도 언급하지 않았다. 알렉산드로스와 그리스 국가들 간의 관계가 공식적으로 결정된 기원전 336년의 사건들에 대해서도 너무 간략하게 다루어 별로 알려진 게 없다. 따라서 코린트 동맹을 잘 모르는 독자들은 '그리스인들의 결의'가 무슨 의미인지 이해할 수 없을 것이다. 실제로 알렉산드로스와 그리스 국가들과의 관계, 원정 기간에 그리스에서 있었던 일들은 거의 등한시되었다. 이런 점들은 어느 정도 이해할 수 있고 타당하기도 하다. 그러나 기원전 333년에 페르시아인들이 전장을 그리스로 옮기고 싶어했던 상황은 그리스인들의 불만에 대한 배경 지식 없이는 도저히 이해할 수 없다. 알렉산드로스에 몰두한 아리아노스는 이 전쟁의 일화들을 단편적으로 다룸으로써 그 중요성을 간과하고 말았다. 또한 기원전 331년에 일어난 스파르타의 반란을 '쥐들이 벌인 일'로 여긴 알렉산드로스의 견해를 수용한다 해도 페르시아인들에게 30달란트와 배 10척을 받은 뒤 이 책에서 사라진 스파르타의 아기스 왕이 어떻게 되었는지 독자들은 궁금해할 것이다.

아리아노스는 전쟁이나 그 배경이 되는 현황에 대해서는 포괄적으로 다룰 뜻이 없었던 게 분명하다. 기원전 336년 다리우스가 즉위하기 전에 페르시아 제국에서 일어났던 분쟁을 부수적으로 언급한 아리아노스에 대해 모든 독자는 이런 질문을 던지고 싶을 것이다. "어째서 페르시아인들은 알렉산드로스의 군이 별 저항 없이 아시아로 넘어오도록 두었을까?" 심지어 원정이 시작된 뒤에도 페르시아군이 어떤 계획을 세우고 무엇을 하고 있는지에 대해서는 그들이 알렉산드로스와 대적했을 때에야 비로소 언급되었다. 다리우스가 이전 몇 달 동안 준비한 계획도 기원전 333년 이수스 전투가 일어나기 전날 밤에야 알 수 있다. 브런트 교수가 밝힌 것처럼 아리아노스는 페르시아의 전후사정을 의도적으로 무시하고 있다.[11] 페르시아의 상황을 몰랐던 것은 아니지만 그는 "알렉산드로스의 움직임을 쫓고 활동을 설명하는" 방식을 선택한 것이다.

아리아노스의 책에서 군사작전에 대한 서술보다 더 비판받을 만한 부분은 알렉산드로스에 대한 묘사다. 물론 프톨레마이오스와 아리스토불루스의 책에 의지한 영향도 있겠지만 아리아노스의 묘사는 이러한 참고자료의 요약 이상을 보여주고 있다. 이에 따라 오늘날 우리는 뚜렷한 개성의 소유자인 알렉산드로스의 종교관과 윤리관을 명확히 확인할 수 있다. 아리아노스가 묘사한 알렉산드로스의 많은 특징들은 진실에 가깝다. 예컨대 그토록 오랜 기간 부하들을 장악할 수 있었던 알렉산드로스의 품성, 당시 장군에게 요구되었던 용맹한 지도력(반면 아리아노스는 때때로 왕이 도를 넘어 목숨을 위태롭게 한다는 장교들의 불만을 숨기지 않았다), 부하들의 사기를 진작시켰던 (좀처럼 기대에 어긋난 적이 없는) 성공에 대한 확신, 병사들의 복지에 대한 관심 등이 그러하다. 또한 그라니코스 전투에서 승리를 거둔 뒤 알렉산드로스가 부상자들에게 많은 관심을 기울였던 상황, 즉 "모든 부상자를 찾아가 일일이 상처를 살펴보면서 어떻게 다쳤는지 물어보고 부상자들이 한껏 자신의 공적을 부풀려 이야기하는 것을 허락했다"는 사실을 우리는 기억하고 있다. 그리고 여러 번의 포위공격에서 보여준 알렉산드로스의 결단력과 끈기 그리고 역경 속에서 발휘한 용기도 기억한다. 특히 장장 7개월 동안 필사적으로 저항하던 티레를 공격할 때의 상황이 이 경우에 속한다. 뜨겁게 타오르는 게드로시아 사막에서 병사들이 나눠 마시기엔 턱없이 부족한 물을 받아들었을 때 과감히 그 물을 쏟아버린 '고귀한 행동'에 그러한 면모가 잘 드러난

---

11 Brunt, 'Persian Accounts of Alexander's Campaigns' in *CQ* 1962, 141ff 참조.

다. 아리아노스의 말대로 이런 행동은 알렉산드로스의 인내심과 장수다운 면모를 잘 보여주는 증거다. 또한 아리아노스는 알렉산드로스가 패배한 인도의 왕 포루스를 관대하게 대한 일(전혀 사심이 없었다고 볼 순 없지만)과 포로가 된 페르시아 왕족들에게 보여준 동정심을 칭찬했다. 친구들, 특히 '또 다른 자아alter ego'라 할 수 있는 친구 헤파이스티온에 대한 알렉산드로스의 애정을 보여주는 사례도 많다. 이들에 대한 신뢰는 의사인 필리포스와의 유명한 일화에서도 잘 드러난다. 한편 아리아노스는 알렉산드로스가 클레이토스를 죽인 뒤 뉘우치는 모습도 우호적으로 평가했다.

아리아노스는 어떤 사건들에 대한 상상력이 발화된 순간 어조가 고조되고 유창해진다. 그러나 대체로 그는 일화를 그대로 전달하여 독자들이 판단하도록 하는 데 만족했다. 의도적으로 선정주의를 피했고 아마존 여왕의 방문이나 일주일간 이어진 카르마니아의 술자리 같은 유명한 이야기들에 대해서는 분명하게 부인했다. 자신의 영웅에 대한 아리아노스의 존경과 고조된 어조를 가장 잘 보여주는 구절은 알렉산드로스가 죽을 뻔한 부상에서 회복하여 군으로 돌아오는 모습을 묘사한 부분일 것이다. 이 구절의 끝부분을 인용하겠다.

> 알렉산드로스는 자신의 막사 근처에 이르자 말에서 내렸고 병사들은 그가 걷는 모습을 바라보았다. 병사들은 알렉산드로스 주위에 모여들어 그의 손과 무릎, 옷을 만졌다. 어떤 병사들은 알렉산드로스를 가까이 보는 것만으로 만족하고 축복의 말을 바친 후 돌아갔다. 알렉산드로스의 머리에는 활짝 핀 꽃들을 엮은 화관이 씌워졌다.

알렉산드로스와 그의 위업에 대한 아리아노스의 존경은 의심할 여지가 없지만 스토아 철학자로서 왕이 달성해야 하는 높은 기준에 미치지 못했을 경우에는 자신의 영웅을 비판하기도 했다. 특히 알렉산드로스의 과도한 야심을 여러 차례 질책하고 있다. 아리아노스는 알렉산드로스의 향후 계획을 알 수도 없고 헤아려볼 맘도 없었지만, 왕이 정복한 영토에 만족하여 쉬는 일은 없었을 것이라 확신했다. 알렉산드로스는 "모든 사람은 자신이 서 있는 만큼의 땅만 소유할 수 있다"는 인도 현자들의 생각을 존중하고 동의했지만 정작 행동은 정반대였다. 결국 아리아노스의 눈에 비친 그의 정복활동은 영예에 대한 끊임없는 욕망일 뿐이었다. 이런 견해가 틀린 것은 아니지만 그것이 전부라고 할 수도 없다. 한편 알렉산드로스가 이집트의 총독 클레오메네스에게 편지를 보내어 죽은 친구 헤파이스티온의 신전을 세워준다면 과거의 죄를 용서하고 앞으로 행동의 자유를 주겠다고 한 사실에 대한 아리아노스의 비난은 칭찬할 만하다. 또한 클레이토스를 살해한 알렉산드로스에 대한 아리아노스의 태도에는 역사학자로서의 이해심과 인간애가 드러난다. 알렉산드로스의 이 행동은 두 가지 악덕인 '분노'와 '주벽'에 굴복한 인간에 대한 아리아노스의 연민을 보여주고 있다. 왕은 아리아노스가 앞서 언급한, 행복해지기 위한 조건으로서의 자제력을 놓치고 만 것이다. 히파시스 강에서 코이누스가 한 연설에서도 비슷한 감정을 읽을 수 있다. 코이누스는 알렉산드로스에게 '일이 잘 되고 있을 때는 자제력이 중요하다'는 뜻의 말을 했는데, 그 말이 진짜 코이누스의 발언이든 아니든 간에 아리아노스가 그렇게 믿었던 건 분명하다.

알렉산드로스에 대한 아리아노스의 묘사에서 필자가 생각하는 주요 약점은 두 가지다. 하나는 왕의 좋지 않은 품성에 대해 대충 얼버무리려는 경향(아리아노스가 참조한 출처들의 영향)이고, 다른 하나는 알렉산드로스의 의도, 특히 페르시아인들과 관련된 의중을 제대로 평가하지 못한 것이다.

첫 번째 취약점은 원정이 시작되기 전부터 분명히 나타난다. 아리아노스는 테베인들을 학살하고 도시를 파괴하고 생존자들을 노예로 팔아버린 사태에 대한 책임을 그리스 동맹군들에게 돌렸다. 반면 동맹군들에게 테베의 운명을 정하도록 허락한 알렉산드로스의 책임에 대해서는 한마디도 언급하지 않았다. 하지만 알렉산드로스에게 결코 적대적이지 않았던 플루타르코스는 이 사건에 대해 은연중에 알렉산드로스의 잘못을 지적하고 있다. 플루타르코스는 알렉산드로스가 테베를 본보기로 삼아 다른 그리스 국가들에게 두려움을 안겨주어 복종하도록 했다고 보았다. 또한 아리아노스는 그라니코스 전투에서 거의 1만8000명이나 되는 그리스 용병대의 학살에 대해 아무런 논평도 하지 않았다. 마사가에서 7000명의 인도인을 학살한 사건도 별말 없이 넘어갔다. 필로타스가 반역 음모에 개입한 부분에 대한 일부 저자들의 의구심도 아리아노스의 글에는 반영되지 않았다. 프톨레마이오스가 제시한 '명백한 증거'는 별 가치가 없음에도 불구하고 아리아노스는 프톨레마이오스의 진술을 그대로 받아들이는 데 만족했다. 페르세폴리스의 궁을 불태운 사건도 술자리에서 벌어졌다는 발언은 전하지 않은 채 짧게 언급하고 지나갔다. 반면 클레이토스 살해 사건에 대해서는 아리스토불루스보다 훨씬 더 균형 잡힌 시각으로 서술하면서 칼리스테네스가 시동들의 음모에 연루되었다는 프톨레마이오스와 아리스토불루스의 진술을 받아들이지 않았다.

현대의 독자들이 아리아노스의 책에서 불만을 느낄 만한 부분은 중요한 쟁점에 대한 올바른 평가가 부족하다는 것이다. 알렉산드로스는 뛰어난 지도자, 끝없는 야망에 사로잡힌 위대한 정복자, 인간이 도달할 수 있는 최고의 번영을 이룬 사람, 죄를 저질러도 이를 후회하는 인품의 소유자로 등장한다. 분명 페르시아 제국 정복은 길이 남을 업적이지만 우리가 알고 싶은 것은 알렉산드로스가 최고의 정복자 이상의 인물이었는가 하는 점이다. 알렉산드로스는 자신의 제국을 어떻게 다스리려고 했을까? 피정복민들에게 제국의 어떤 역할을 맡길 생각이었을까? 알렉산드로스에 관해 분명하게 밝혀지지 않은 많은 부분 가운데 하나는 현대의 저자들이 '융합 정책'이라고 부르는 부분에 그가 매우 열성적이었다는 것이다. 마케도니아인과 페르시아인이 조화롭게 살면서 함께 제국을 다스리길 기원한 오피스에서의 기도(아리아노스는 논평 없이 기도 내용만 기술했다)에 이 정책이 가장 분명하게 표현되었다. 이것은 마케도니아인뿐만 아니라 많은 그리스인도 공감하지 못하는 혁신적인 개념이었다. 알렉산드로스의 여러 스승 중 가장 뛰어나고 그에게 그리스 문학, 특히 호메로스의 작품들에 대한 애정을 불어넣었던 저명한 철학자 아리스토텔레스조차 젊은 왕에게 그리스인들에게는 '지도자'로, '야만인'들에게는 지배자로 행동하라는 조언의 편지를 썼다는 것으로 볼 때 당시에 '야만인'들에 대한 경멸적인 태도가 일반적이었음을 충분히 짐작할 수 있다. 하지만 원정 전부터 이런 태도에 회의를 느끼고 있던 알렉산드로스는 곧 이런 요구를 거부했다.(알렉산드로스가 어릴 때 필리포스의 궁전에는 아르타바주스를 비롯한 페르시아의 지도자들이 망명하여 살고 있었다.) 가우가멜라 전투 이후로 알렉산드로스는 페르시아인들을 총독으로 임명했는데, 이는 분명 마케도니아인 적임자가 없어서 취한 조치는 아니었다.

아리아노스는 아리스토텔레스와 마찬가지로 '야만인'에 대한 편견을 품고 있었고 두 민족 간의 협력에 관한 알렉산드로스의 비전을 이해하지 못했다. 알렉산드로스의 특징을 설명하는 책의 말미에서 아리아노스는 페르시아의 의복을 도입하고 페르시아 병사들을 마케도니아군에 편입시킨 것은 왕에 대한 페르시아 백성들의 이질감을 덜어주기 위한 단순한 '장치'로 간주했다. 사실 앞에서 아리아노스는 알렉산드로스가 동양의 의복을 도입한 것은 참주 베수스를 '야만적'으로 처벌한 일과 크게 다르지 않다며 책망했다. 두 가지 사건은 알렉산드로스의 품성이 나빠졌음을 보여주는 것이라고 그는 생각했다. 베수스 사건의 경우 알렉산드로스가 페르시아식으로 처벌한 것은 '위대한 왕'에게 어울리지 않는 행위라고 아리아노스는 보았다. 다른 부분에서도 아리아노스는 알렉산드로스가 "'야만인들의' 사치스런 풍습을 어느 정도 따랐다"고 언급했다. 박트리아의 공주 록사네와 혼인한 것에 관한 논평을 보면 더 잘 이해할 수 있을 것이다. 아리아노스는 "나는 이 일에 대해서 대체로 비난보다는 찬성하는 입장이다"라고 썼다. 아리아노스도 잘 알고 있었지만 페르시아의 의복과 궁정의식을 도입하는 이러한 '융합 정책'은 마케도니아인들의 큰 분노를 샀다. 클레이토스는 술기운을 빌려 마케도니아인들이 절실히 공감하는 불만을 터뜨렸으며, 시동들이 꾸민 음모 역시 개인적인 계기라기보다는 정치적인 문제로 발생한 것이라 생각할 수밖에 없다. 그러나 이러한 정책들이 단지 페르시아인의 호의를 사기 위한 '장치'에 불과하다면 알렉산드로스가 왜 그토록 반감이 높은 정책을 고집했는지 아리아노스는 자문하지 않았다.

플루타르코스는 알렉산드로스가 세운 도시가 70개라고 제시했는데, 이는 과장된 수치로 보인다. 아리아노스가 『알렉산드로스 원정기』에서 언급한 도시는 12개가 되지 않는다. 물론 아리아노스는 알렉산드로스가 세운 도시들의 목록까지 제공할 생각은 없었으므로 딱히 불평할 거리는 못 된다. 하지만 이 책에서는 알렉산드로스가 도시를 세운 동기가 군사적 목적인지, 경제적 이유인지, 혹은 일부 학자들이 믿는 것처럼 그리스 문화를 아시아에 전파하겠다는 사명감 때문인지 확인할 수 없다. 알렉산드로스가 정복한 코사이아 족에게 유목민 생활을 청산하고 정착민으로 살도록 도시를 지어주었다는 이야기는 『인도지』에 나온다.

죽기 전 며칠 동안의 기록에서 분명히 드러나듯이 알렉산드로스는 종교적 의무를 매우 성실하게 수행했다. 아리아노스는 왕이 제물이나 제주祭酒를 바친 일을 자주 언급했고 예언자들, 특히 아리스탄데르의 예언을 충실하게 전하고 있다. 티레를 포위공격하기 전에 "누가 봐도 티레 포위공격이 엄청난 난제라는 건 뻔한 사실이었다"라고 딱 한 번 예언을 비꼬았을 뿐이다. 하지만 당시의 지도자 숭배에 대한 적대적인 혹은 회의적인 태도 때문에(플루타르코스, 역사가 아피아노스도 같은 태도였다) 아리아노스는 신이 되고 싶은 알렉산드로스의 열망을 공평하게 다루지 못했다. 알렉산드로스는 조상인 헤라클레스가 제우스의 아들이기 때문에 자신도 암몬-제우스의 아들이라 믿었을 가능성은 높지만 실제로 그랬는지는 입증되지 않았다. 아마 이 문제는 아리아노스도 증명할 수 없었을 것이다. 알렉산드로스는 '자신에 대해 더 정확히 알기 위해 혹은 적어도 자신에 대해 알게 되었다고 말할 수 있기 위해' 시와로 출발했다고 했지만, 아리아노스에게 알렉산드로스의 이 주장은 백성들에게 깊은 인상을 심어주기 위한 또 다른 '장치'일 뿐이었다.

아리아노스는 알렉산드로스가 신의 혈통이라는 점에 대해서도 회의적인 입장을 보였다. 기원전 324년 그리스의 국가들은 아마도 왕의 '요청'을 받아들여 신성한 특사theoroi(신성한 임무를 띠고 파견되는 사절들)들을 바빌론으로 보내 알렉산드로스에게 황금 왕관을 씌워 주었다. 이 사절들이 화관을 쓴 것으로 보아 신성한 특사였다는 데는 의심의 여지가 없다. 아리아노스가 구사한 그리스어 부사가 불신이나 빈정거림의 뉘앙스를 내포한 것이었다면 "그들은 정말로 신성한 특사로서 왔다"라는 표현은 인간인 알렉산드로스가 결코 신이 될 수 없다는 뜻을 넌지시 내비친 것이다. 신은 불멸의 존재이지만 인간은 그렇지 않으므로, 아리아노스는 바로 이어서 "그럼에도 불구하고 알렉산드로스의 죽음은 코앞에 다가와 있었다"라고 건조하게 자기 의견을 밝혔다.

아리아노스는 이전 저자들의 과장된 서술을 피하고 오류를 바로잡아 알렉산드로스의 원정을 가장 훌륭하고 신뢰성 있게 기술하기 위해 이 책을 쓰기 시작했다. 디오도로스, 쿠르티우스의 역사서, 특히 플루타르코스의 전기는 알렉산드로스의 성격이나 때때로 군사적 위업을 이해하는 데 도움을 주지만(때로는 혼란을 주기도 한다), 아리아노스의 책은 우리가 알렉산드로스에 대해 알고 있는 지식의 기초를 제공한다. 이 책은 알렉산드로스에 관한 진실을 알아내기 위해(당시로서는 불가능한 작업일 수도 있지만) 진심을 다해 공들여 노력하고 최고 권력자들이 빠지기 쉬운 여러 유혹에 노출된 인간의 약한 면모를 인도적으로 판단한 정직한 사람의 저서라는 인상을 준다. 이 책의 한계를 부정할 필요는 없지만, 정복자 마케도니아인과 정복당한 페르시아인들이 함께 통치하는 제국이라는 알렉산드로스의 비전은 그의 죽음과 함께 사라졌다. 피정복민들에게 인정을 베푸는 것과 관직에 앉히는 것은 별개의 문제다. 이 비전은 알렉산드로스가 죽은 후로 오랫동안 실현되지 않았다.

— 알렉산드로스의 군[12]

알렉산드로스는 기원전 334년 봄, 보병 1만2000명과 기병 1500명을 안티파테르에게 맡기어 고국을 지키고 그리스 국가들을 감시하도록 한 뒤에 마케도니아를 출발했다. 알렉산드로스와 함께 헬레스폰투스 해협을 건넌 군의 규모에 대해서는 보병이 3만~4만3000명, 기병이 4000~5500명으로 진술 간에 차이가 있다. 하지만 디오도로스가 제시한 보병 3만2000명, 기병 5100명이라는 구체적인 수치가 아리아노스가 제시한 전체 병력과 기본적으로 일치하므로 상당히 정확하다고 볼 수 있을 것이다. 아비도스에서 교두보를 지키고 있던 군의 규모와 구성은 알려지지 않았으나(기원전 334년 당시 일부 병사들이 분명히 주둔하고 있었을 것이다) 소수의 용병 보병들이었을 것이다.

알렉산드로스 보병대의 중추는 마케도니아의 중보병인 '페제타이로이Pezetairoi(보병 친구들)'였다. 페제타이로이는 지역별로 조직된 6개 대대taxeis로 구성되었고 각 대대의 구성원은 약 1500명이었다. 마케도니아 보병들은 그리스의 장갑보병들이 드는 3미터 길이의 창 대신 4미터 또는 4.3미터에 이르는 긴 창인 사리사sarissa로 무장했다. 이 창은 두 손으로 잡고 휘둘러야 했다. 왼쪽 어깨에는 가벼운 원형 방패를 멨는데, 왼쪽 팔을 쓸 수 있도록 그리스 장갑보병들의 방패보다는 작은 크기로 만들었다. 그리스와 마케도니아 보병 모두 정강이받이를 대고 투구를 썼지만, 마케도니아군은 흉갑을 두르지 않았

12 알렉산드로스의 군에 대한 세부사항은 J.F.C. Fuller, *The Generalship of Alexander the Great*(London 195); E.W. Marsden, *The Campaign of Gaugamela*(Liverpool, 1964), Appendices I, II; A.R. Burn, 'The Generalship of Alexander', in *Greece and Rome*(1965), 140~154 참조.

을 수 있다.[13] 필리포스는 마케도니아군 전체에 그랬듯이 팔랑크스phalanx(밀집대형, 마케도니아 중보병 전체를 가리키는 용어이기도 함)에게도 강도 높은 훈련과 규율을 적용했다. 한 세기 뒤에 로마군이 맞닥뜨린 팔랑크스와 달리 알렉산드로스의 팔랑크스는 이 책의 전반부에서 보여주듯이 이동이 민첩했고 방향 조종도 손쉬웠다.

전투에서 팔랑크스의 오른쪽 측면은 방패잡이Hypaspist, 즉 '근위대'가 지켰다. 이들은 왕실 대대agema와 각각 약 1000명의 병사들로 이루어진 다른 두 대대로 구성된 정예군이었다. 알렉산드로스는 신속한 행군이 필요할 때와 그 외의 기동 작전에 이들을 자주 이용했으며 대개 기병과 경보병들을 함께 투입했다. 따라서 이들이 중보병보다는 가벼운 무장을 했으리라 짐작되지만 증명된 바는 없으며, 중보병의 무장과 어떤 차이가 있었는지도 알 수 없다.

코린트 동맹의 참여국들이 중보병 7000명을 지원했고 5000명의 그리스인들이 용병으로 복무했다. 보병대 중 나머지는 투창을 든 트라키아와 일리리아의 중보병 7000명, 각각 크레타와 마케도니아 병사들로 구성된 2개 궁수대로 구성되었다. 경보병대 중에서는 약 1000명으로 이루어진 아그리아니아군이 돋보인다. 아그리아니아군은 알렉산드로스와의 관계 면에서는 마케도니아군, 기량 면에서는 인도군의 구르카 족에 필적했다. 동맹군들 중 유일하게 원정 내내 동반한 이들을 아리아노스는 거의 50번이나 언급했다. 아그리아니아군은 궁수들, 근위대와 함께 세트피스 공격을 훌륭하게 수행했을 뿐 아니라 모든 정찰 임무와 소규모 접전에 참여했다.

기병대의 최고봉은 '왕의 친구들'이라 불리는 마케도니아의 헤타

13 G. T. Griffith, *Proceedings of the Cambridge Philological Association*, 4(1956/7). 3ff 참조.

이로이로, 원래는 1800명의 병사들이 8개 부대Ilai로 나뉘어 파르메니오의 아들 필로타스의 지휘를 받았다. 이중에서 약 300명으로 이루어진 왕실 기병대대는 알렉산드로스의 호위대로, 주요 전투에서 파괴적인 기병 작전의 선두에 섰다. 이들은 근위대의 바로 오른쪽에 배치되어 헤타이로이와 팔랑크스를 연계하는 역할을 했다. 팔랑크스의 왼쪽에는 테살리아 기병대가 섰는데, 원정 출발 당시 역시 1800명 정도로 구성되었다. 이수스 전투와 가우가멜라 전투에서 우익을 맡은 알렉산드로스가 결정적인 공격을 가하는 사이 테살리아 기병대는 파르메니오의 지휘 아래 훨씬 우세한 페르시아 기병대를 저지하는 힘든 임무를 수행했다. 그리스 동맹군이 600명의 기병을 제공했고 나머지 900명은 트라키아군, 페니키아군, 정찰대prodromoi로 구성되었다. 정찰대는 사리사를 들었기 때문에 '창기병sarissophoroi'이라고도 불렸는데 아마 양손으로 휘둘러야 하는 보병대의 창보다는 짧은 창을 들었을 것이다. 이 경무장 기병들이 마케도니아인이었는지 트라키아인이었는지는 분명하지 않으나 분명 '트라키아군'과는 별개의 존재였다. 마지막으로, 디오도로스의 부대 목록에는 언급되지 않았지만 알렉산드로스의 군에는 처음부터 용병 기병들이 있었다. 가우가멜라 전투가 벌어질 무렵에는 적어도 1000명 정도가 복무했을 것이다.[14]

소아시아와 이집트에 주둔군을 남겨야 했지만 가우가멜라 전투 당시 알렉산드로스의 군은 보병 4만 명, 기병 7000명이었다. 아리아노스의 책에서 마케도니아군과 연합군이 상당 규모로 보강된 경우

---

14 P. A. Brunt, 'Alexander's Macedonian Cavalry', in *JHS* 83(1963), 27~46는 알렉산드로스의 기병과 관련된 여러 문제를 논한다.

는 기원전 333년 초 고르디움에 증원 병력이 도착했을 때뿐이다. 이 증원군 외에 가우가멜라 전투 전에 알렉산드로스가 상당수의 마케도니아군이나 연합군을 받았을 것으로 추정할 만한 근거는 없다. 기원전 331년 이후에 많은 증원 병력이 도착했다고 기록한(아리아노스는 이 일을 언급하지 않았다) 퀸투스 쿠르티우스도 이 시기에는 용병만 보강되었다고 언급했기 때문이다. 실제로 알렉산드로스군의 병력이 늘어난 데는 주로 그리스인 용병들을 채용하는 동시에 페르시아 편에서 싸웠던 용병들을 편입시킨 덕분이었다. 후자에 대해 알렉산드로스는 처음에는 배신자로 취급했지만 그럴수록 강한 저항을 불러일으킨다는 사실을 깨닫자 몇 달 지나지 않아 이 실패한 방침을 수정했다. 많은 주둔군들은 대부분 용병들로 구성되었던 게 분명하다.

가우가멜라 전투 직후 알렉산드로스는 다수의 마케도니아 증원군을 받았다. 보병이 적어도 6000명, 기병이 500명 도착했다. 덕분에 알렉산드로스는 제7대대를 구성할 수 있었고, 이 대대는 기원전 330년 초에 확실히 작전을 수행하고 있었다.[15] 다른 부대들은 한동안 정원 초과였음이 분명하다. 알렉산드로스가 인도 원정 후 서쪽으로 돌아올 때까지 마케도니아 병사들이 증원된 것은 이때가 마지막으로 알려져 있으며, 다른 증원군을 받았다고 생각할 만한 근거는 없다. 알렉산드로스는 기원전 330년 엑바타나에서 그리스 동맹군들과 테살리아군을 제대시켰는데, 그중 많은 병사가 용병으로 재입대했다고 한다. 이에 따라 그리스 용병들의 활용이 늘어났고 알렉산드로스가 세운 많은 도시를 수비하는 주둔군은 토병들을 비롯하여 전투가 어려운 마케도니아인 병사들로 구성되었다. 기원전 327년 박트리아

---

15 R. D. Milns가 Greek, *Roman and Byzantine Studies* 7(1966), 159~166에서 이를 입증했다.

를 지키기 위해 남겨진 보병 1만 명과 기병 3500명 가운데 마케도니아인은 거의 없었을 것이다.

가우가멜라 전투 이후에는 전투의 양상이 바뀌었다. 박트리아와 소그디아나에서 적들은 초기에는 베수스, 나중에는 스피타메네스의 지휘 아래 본격적인 전투를 피하고 광범위한 게릴라 작전에 집중하는 쪽을 택했다. 기원전 329년 알렉산드로스가 헤타이로이 조직에 중대한 변화를 꾀한 것은 아마도 이렇게 바뀐 전투 방식에 대응하기 위해서였을 것이다. 이제 8개의 기병 대대에 대한 언급이 사라지고 각각 두 개 혹은 그 이상의 대대들로 구성된 (적어도) 8개의 연대 Hipparchiai가 등장한다. 이 대대들 중 일부는 뛰어난 페르시아 기병들로 구성되었거나 이들을 포함했을 것으로 보인다.[16] 알렉산드로스가 헤타이로이 외에 페르시아 기병들을 활용한 것은 분명하다. 기원전 330년에 이미 페르시아 창기병대에 대한 언급을 볼 수 있으며, 기원전 326년의 히다스페스 전투 당시에는 다에군과 궁기병들뿐 아니라 박트리아, 소그디아나, 스키타이, 아라코티아 그리고 파라파미수스 산맥, 즉 힌두쿠시 산맥 부근 지역의 기병들이 있었다.

알렉산드로스는 마사가에서 인도 용병들을 편입시키려 했지만 이들이 달아나려 하자 참살한 것으로 전한다. 인도 용병들의 보충에 대한 더 이상의 기록은 없고, 다만 탁실레스와 포루스 왕이 제공한 병사들과 니사라는 도시에서 받은 기병들 총 1만1000명에 대한 언급이 있는 정도다. 그러나 히다스페스 강 하류로 출발할 당시 알렉산드로스에게 12만 명의 병사가 있었다는 네아르쿠스의 진술(쿠르티우스가 제시한 인도 원정 출발 당시 병력과 플루타르코스가 알렉산드로스가 인

---

16 연대에 대해서는 부록 1 참조.

도를 떠날 때 보유했던 보병 병력이라며 제시한 수치)이 정확하다면 알렉산드로스의 군에는 꽤 많은 인도 병사가 있었음이 틀림없다. 하지만 인도인들이 알렉산드로스와 함께 서부까지 동행했다는 말이 없는 것으로 보아 인도 병사들은 임시로 복무했던 것 같다.

바디안 교수의 교정본을 받아들인다면,[17] 아리아노스는 기원전 324년에 발생한 마케도니아인들의 불만을 이야기하면서 거의 이란인들로만 이루어진 제5기병 연대가 (뒤늦게) 만들어졌다고 언급했다. 이 말은 헤타이로이가 8개 연대로 나뉘지 않았고 인도에서 돌아온 뒤 잠시 동안 4개 연대밖에 없었다는 뜻이 된다. 이러한 변화는 게드로시아 사막 행군에서 입은 많은 병력 손실을 반영한다는 주장의 근거가 되기도 하지만 꼭 그렇게 볼 필요는 없다. 헤파이스티온은 1000명으로 구성된 부대를 지휘하는 '천인대장'으로 묘사되었는데, 헤파이스티온이 정말로 '천인대장'이었다 해도 그 '명칭'을 보전하기 위해 그의 부대가 '헤파이스티온의 연대'가 아닌 '헤파이스티온의 천인대'로 불렸는지에 대해서는 불분명하다. 필자가 보기엔 새로운 연대들은 명목상 '천인'이었을 것 같다. 그렇다면 변화란 기병들을 더 소수의 더 강력한 부대들로 통합한 조직상의 변화였을 것으로 생각된다.

기원전 324년, 지난 3년간 마케도니아식으로 훈련받은 젊은 페르시아인 3만 명이 수사에서 알렉산드로스의 군에 합류했다. 같은 해 말 오피스에서 반란이 일어난 뒤 알렉산드로스는 나이가 많거나 복무에 부적합한 마케도니아인들을 고향으로 돌려보냈다. 약 1만 명의 보병과 1500명의 기병이 돌아갔는데 아마도 마케도니아군이 대부분

---

17 E. Badian, *JHS* 85(1965), 161.

이었을 것으로 보인다. 기원전 323년에는 상당수의 증원 병력이 바빌론에 도착했다. 필록세누스가 카리아에서, 메난데르가 리키아에서 군을 데려왔고, 메닌다스도 자신이 지휘하던 기병들을 이끌고 도착했다. 브런트 교수가 제시하는 것처럼[18] 이들은 퇴역하여 고향으로 돌아가고 있는 병사들을 대체하기 위해 마케도니아에서 모집한 신병들이었을 것으로 보인다. 알렉산드로스는 기원전 331년 이후로 고국의 병력에 의지하지 않았지만 자신의 군에서 마케도니아 병사들이 무시될 정도의 비율로 줄어드는 것은 원하지 않았을 것으로 보인다. 뿐만 아니라 페우케스타스가 2만 명의 페르시아 궁수와 투석병뿐 아니라 상당수의 코사이아 병사와 타푸리아 병사들(보병으로 보인다)도 데려왔다. 알렉산드로스는 이제 마지막 개혁을 실시했다. 페르시아 병사들이 마케도니아의 부대들로 편입되어 각 소대가 마케도니아 부사관 4명, 페르시아 병사 12명으로 구성되었고 각자 자기 나라의 방식대로 무장했다.

그 후, 혹은 적어도 그 직후에는 아시아에서의 군은 대부분 이란 병사들로 구성되었다. 마케도니아 병사들의 규모를 암시하는 것은 퀸투스 쿠르티우스가 제시한 연설뿐인데, 쿠르티우스는 알렉산드로스가 한 연설이라고 주장하지만 자신이 지어낸 것이 분명하다. 이 연설에서 왕은 주둔군으로 남긴 병사들을 제외하고 보병이 1만3000명, 기병이 2000명이라고 언급했다. 이들은 분명 모두 마케도니아인이었을 것이다.

---

18 *JHS* 83(1963), 39.

The Campaigns of Alexander

1권

알렉산드로스는 부상자들에게도 큰 관심을 기울였다. 모든 부상자를 찾아가 일일이 상처를 살펴보면서 어떤 상황에서 다쳤는지를 물어보았다. 그리고 부상자들이 자신의 공적을 한껏 부풀려 말하는 것을 허락했다.

필리포스 2세의 아들 알렉산드로스에 대한 프톨레마이오스와 아리스토불루스의 진술이 일치할 경우, 정확하다는 가정 아래 나는 그 내용을 수용했다. 두 인물이 말한 사실이 다를 때는 더 그럴듯하고 흥미롭게 생각되는 쪽을 택했다. 프톨레마이오스와 아리스토불루스 외에도 많은 사람이 알렉산드로스의 일생을 글로 남겼다. 사실 역사 속 인물 가운데 알렉산드로스만큼 관련 진술이 많으면서 동시에 진술들이 서로 상충되는 인물도 없을 것이다. 그러나 프톨레마이오스와 아리스토불루스가 이 주제에 관해 가장 신뢰할 만한 저자로 생각된다. 두 인물은 알렉산드로스의 원정에 종군했을 뿐만 아니라 프톨레마이오스는 나중에 왕의 자리에까지 올랐기 때문이다. 왕이 거짓말을 하는 것은 다른 사람들보다 더 수치스러운 일일 것이다. 게다가 이 두 인물은 알렉산드로스가 죽은 뒤에 글을 썼다. 따라서 어떤 압박도 받지 않았을 것이고, 사실을 날조함으로써 득이 될 만한 것도 없었다. 알렉산드로스에 대한 다른 저자들의 진술 중에는 옛날부터 사람들 사이에 회자되어 온 이야기로 보이는 것들도 있다. 나는 그중에서 흥미롭고 사실이라 생각되는 이야기들을 이 책에 포함했다.

많은 사람이 이미 다루었던 역사를 굳이 왜 쓰려고 하는지 궁금해하는 독자가 있다면 일단 판단을 유보하고 이 주제에 대해 먼저 글을 쓴 이들의 책을 정독한 다음 나의 책을 읽어보라고 부탁하고 싶다.

마케도니아의 필리포스 2세는 피토델루스가 아테네의 집정관일 때 세상을 떠났고[1], 당시 스무 살 남짓이던 아들 알렉산드로스가 제위를 이었다.[2] 알렉산드로스는 왕위에 오르자마자 펠로폰네소스로 가서 그 지역의 그리스인들을 모두 모아놓고 페르시아 원정의 지휘관을 맡겨달라고 요청했다고 한다. 페르시아 원정은 앞서 그리스인들이 필리포스에게 동의한 일이었다. 유일하게 스파르타인은 알렉산드로스의 요청을 거절했는데, 나라의 전통상 다른 민족을 지휘하는 것은 자신들의 특권이므로 타국의 지휘관을 모실 수 없다는 이유였다. 아테네에서도 어느 정도 반발이 있었다. 하지만 막상 알렉산드로스가 오자 저항은 무너졌고 알렉산드로스는 부왕 필리포스보다 훨씬 더 깍듯한 예우를 받았다.[3] 이 문제가 해결되자 알렉산드로스는

---

1 필리포스는 기원전 336년 여름 칼에 찔려 암살당했다. 암살자는 파우사니아스라는 젊은 귀족이었다. 필리포스는 당시 아탈루스의 딸과 결혼했는데, 몇 년 전 아탈루스에게 원한이 깊었던 파우사니아스는 필리포스가 아탈루스를 엄단하지 않은 데 분노했다고 한다. 필리포스와 사이가 나빴던 알렉산드로스와 그의 어머니 올림피아스가 이 암살에 연루되었다는 의심을 받았다. 하지만 린케스티스 제후 형제들이 암살 공모 혐의로 처형당했고, 나중에 알렉산드로스 대왕은 페르시아 왕이 파우사니우스를 매수한 사실을 과시했다면서 비난했다. 더 자세한 정황은 디오도로스, 16.93~94 참조. 최근의 논의 중에서는 Aristotle, *Politics*, 1311b2. E. Badian, *Phoenix* 17, 1963, 244ff가 훌륭하다. A.B. Bosworth, *CQ*, 1971, 93ff도 참조.

2 플루타르코스는 알렉산드로스의 출생일을 기원전 356년 7월 20일경으로 보았다.(*Alexander*, 3.5)

3 아리아노스는 이 과정을 매우 간단하게 요약해서 오해의 여지를 남겼다. 디오도로스(17.3~4)에 따르면, 그리스에서 광범위한 동요가 일어나자 알렉산드로스는 테살리아 동맹과 델포이의 암피크티오니아 동맹뿐 아니라 펠로폰네소스 반도 안팎의 각 국가에서 코린트 동맹의 '지도자'라는 인정을 얻어낸 것으로 보인다. 그는 최종적으로 코린트에 대표자 회의를 소집하여 동맹의 '총사령관'으로 임명되었다.

마케도니아로 돌아가 아시아 원정을 준비했다.

이듬해 봄, 트리발리와 일리리아가 계책을 꾸미고 있다는 사실을 확인한 알렉산드로스는 트라키아로 진군했다.[4] 알렉산드로스는 원정에 앞서 마케도니아 국경과 접해 있는 이 두 부족을 철저히 진압하지 않는 것은 현명하지 않다고 판단한 것이다. 암피폴리스를 출발한 알렉산드로스는 필리피와 오르벨루스 산을 왼쪽에 끼고 자유 트라키아라고 불리는 지역으로 들어갔다. 이후 네스토스 강을 건너 열흘 뒤에 하이모스 산에 도착하기까지의 과정에 대해서는 모든 진술이 일치하고 있다. 좁은 골짜기를 따라 나지막하게 솟아 오른 산비탈에서 알렉산드로스는 토착민들과 자유 트라키아인들로 구성된 군대와 맞닥뜨렸다.[5] 그들은 알렉산드로스의 진군을 기필코 저지하겠다는 각오로 마케도니아군이 통과할 고지를 점령하고 있었고, 만약의 경우를 대비하여 방어용 울타리로 사용할 수레를 잔뜩 모아두었다. 마케도니아 병사들이 가장 가파른 산비탈을 기어오를 때 수레들을 비탈 아래로 굴리려는 작전이었다. 이 공격으로 밀집 대형을 유지하는 알렉산드로스의 군대에게 큰 타격을 입힐 작정이었다.

우회로가 없었기 때문에 알렉산드로스는 손실을 최소화하면서 산을 넘어갈 방법을 찾아야 했다. 알렉산드로스는 중장보병대에 명령을 내려 수레가 비탈로 굴러 떨어질 때 공간 여유가 있는 병사들이 옆으로 몸을 피해 길을 터주도록 했고, 좁은 길목에 갇힌 병사들은 가능한 한 밀집 대형을 유지한 채 땅에 엎드린 후 몸 위에 방패들

4 트리발리인들은 다뉴브 강 남쪽, 지금의 플레벤 주에 거주하고 있었다. 이 원정과 관련해서는 Fuller 219ff 참조.

5 기록들에 "상인"이라고 쓰여 있는 것으로 보아 알렉산드로스가 무장한 대상大商들을 만났을 수도 있다.

을 겹쳐서 덮으라고 지시했다. 이는 비탈을 타고 내려오는 무거운 수레들을 방패 위로 굴림으로써 병사들을 보호하기 위한 방책이었다. 알렉산드로스의 작전은 제대로 맞아떨어졌다. 여유 공간이 있는 병사들은 대열 사이로 수레가 지나갈 길을 만들었고 나머지 병사들은 수레가 방패 위로 굴러가도록 했다. 사상자는 한 명도 없었다. 마케도니아 병사들이 가장 두려워한 공격이 바로 수레였는데, 적의 공격이 허사로 돌아가자 뜨거운 환성을 지르는 마케도니아 병사들의 사기는 충천했다. 알렉산드로스는 오른쪽 끝에 위치한 궁수들을 본대 앞으로 이동시킨 다음 트리키아인들의 공격을 일제 사격으로 맞받아치도록 지시했다. 그리고 자신은 개인 경비대와 다른 경비 연대들 그리고 아그리아인들을 이끌고 왼쪽으로 이동했다. 궁수들이 트라키아인들의 공격을 저지하자 적군 가까이 접근한 보병 대대들은 무기와 장비가 충분치 못한 적군을 어렵지 않게 몰아낼 수 있었다. 실제로 알렉산드로스가 지휘하던 좌측 병사들이 전투에 돌입하기도 전에 적들은 무기를 내던지고 산비탈로 달아나기 바빴다. 그들은 대부분 날랬고 지형을 잘 알고 있었기 때문에 사망한 적군은 1500명 정도였지만 생포된 인원은 얼마 되지 않았다. 반면 병사들을 따라가던 여성과 아이들은 모두 붙잡혔고 장비와 비축된 물자들도 빼앗겼다.

알렉산드로스는 전리품을 해안 마을로 옮겨 리사니아스와 필로타스(헤타이로이의 지휘관이었던 파르메니오의 아들 필로타스가 아니다. 파르메니오의 아들 필로타스는 뒤에서 언급되고 있다)의 명령에 따라 처리하도록 지시한 뒤 산을 넘어갔다. 그 후 하이모스 산맥을 넘어 트리발리 땅으로 진군해 리기누스 강에 도착했다. 이 강에서 사흘간 진군하면 다뉴브 강에 도착할 수 있었다. 알렉산드로스가 도착하기 얼마 전 이 소식을 들은 트리발리의 왕 시르무스는 여자들과 아이들에게 다뉴브 강에 있는 페우체(소나무라는 뜻) 섬으로 피신하도록 했다. 트리발리와 이웃한 트라키아 사람들 역시 알렉산드로스가 쳐들어온다는 소식에 이 섬으로 달아났고, 시르무스 왕도 수행단과 함께 이곳으로 몸을 피했다. 하지만 대부분의 트리발리인은 알렉산드로스가 전날 떠났던 강으로 다급하게 달아났다.

트리발리인들의 도주 소식을 접한 알렉산드로스는 곧바로 교전에 나섰다. 진군 방향을 돌려서 되돌아왔을 때 트리발리인들은 강변에 진을 치고 있는 중이었다. 방심하고 있다가 발각된 트리발리인들은 전열을 정비해 강변의 으슥한 숲에서 싸울 태세를 갖추었고, 알렉산드로스는 보병대를 종대로 배치하여 적을 향해 진격했다. 숲의 그늘진 곳에 숨어 있는 적들을 공터로 끌어내기 위해 궁수와 투석병들은 선두에서 내달리며 화살과 돌을 쏘기 시작했다. 돌과 화살의 위력이 느껴질 정도로 거리가 가까워지자 트리발리인들은 앞으로 뛰쳐나와 경무장을 한 마케도니아 궁수들과 맞붙어 싸우기 시작했다. 숲에서 적을 끌어내는 데 성공한 알렉산드로스는 필로타스에게 북부 마케도니아 기병대를 이끌고 적의 우익을 공격하라고 지시했다. 동시에 헤라클레이데스와 소폴리스에게는 보티아이아와 암피폴리스의 기병대를 이끌고 적의 좌익으로 진군할 것을 명했다. 알렉산드로스 자신은 나머지 기병대를 앞세우고 보병 본대를 이끌면서 적의 중앙을 공격했다.

전투가 멀리서 진행되는 동안 트리발리인들은 진영을 지키고 있었다. 하지만 이미 밀집 대형을 이룬 마케도니아 보병대의 위세와 투지에 압도된 데다 기병대가 화살을 쏘는 대신 전장 전체에서 맹렬한 공격을 퍼부으며 바짝 쫓아오기 시작하자 진영을 이탈하여 숲 너머 강 쪽으로 달아났다. 이 전투에서 3000명이 목숨을 잃었다. 그러나

사리사를 든 밀집 대형 보병대.

강둑 옆의 숲이 매우 울창한데다 마케도니아 병사들이 추적을 완수하기도 전에 해가 떨어졌기 때문에 생포된 인원은 얼마 되지 않았다. 프톨레마이오스에 따르면 마케도니아 측은 기병 70명, 보병 40명 정도를 잃었다.

전투를 치른 지 사흘 뒤 알렉산드로스는 다뉴브 강에 도착했다. 유럽에서 가장 길고 가장 넓은 유역을 자랑하는 다뉴브 강은 매우 호전적인 일부 부족들 간의 경계선 역할을 했다. 이 부족들은 대부분 켈트 족 혈통이었고(실제로 강의 발원지가 켈트 족의 영토였다) 가장 먼 곳에 콰디 족과 마르코만니 족의 땅이 있었다. 강은 여기서부터 동쪽으로 흘러 이아지게스 족(사우로마티아 족의 한 갈래), 게타이 족('영생'을 믿었던 부족), 사우로마티아 족, 스키타이 족의 땅을 지나 다섯 곳의 강어귀를 거쳐 흑해로 흘러들었다.[6] 알렉산드로스는 다뉴브 강에서 자신을 기다리고 있던 전함들과 합류했다. 비잔티움에서 흑해를 건너온 배들이었다.[7] 알렉산드로스는 배

---

6 아리아노스는 알렉산드로스 생전이 아니라 2세기에 다뉴브 강 북쪽 둑에 살던 부족들을 나열했다(서쪽에서 동쪽으로). 아리아노스는 다뉴브 강 국경에서 복무했다.(*Indica*, 4.15)
게타이 족은 로마인들에게 다키아 족으로 불린 트라키아인으로, 2세기 초 트라야누스에게 정복당했고 영토는 로마의 다키아 주에 합병되었다. 헤로도토스에 따르면(4.94), 게타이 족은 죽은 자는 사라지는 것이 아니라 잘목시스 신에게 간다고 믿었다.

에 중장보병들과 궁수들을 태우고 트리발리인과 트라키아인들이 달아난 섬으로 향했다. 그러나 상륙 상황이 불리했다. 마케도니아군의 배들이 상륙하려는 지점마다 적군이 지키고 있었던 것이다. 배가 몇 척밖에 되지 않아서 병사들도 많이 태울 수 없었다. 게다가 해안가 대부분의 지형이 가팔라서 상륙이 여의치 않았고 좁은 수로로 소용돌이치는 급류가 가로막고 있었다. 알렉산드로스는 일단 철수하여 강 건너편에 살고 있는 게타이 족을 공격하기로 결정했다. 그가 계획을 변경하기로 한 이유 중의 하나는 알렉산드로스군의 도강을 저지하기 위해 게타이 족의 대규모 병력(약 4000명의 기병대와 1만 명이 넘는 보병)이 이미 강둑에 집결해 있는 모습을 보았기 때문이다. 또한 다뉴브 강 건너편에 대한 흥미가 갑자기 발동했기 때문인 듯하다.[8] 알렉산드로스는 야영용 천막에 건초를 가득 채우게 한 뒤 가능한 한 통나무배를 많이 모으도록 지시하고는 몸소 함대에 합류했다. 근방에는 평소 주민들이 물고기를 잡거나 강 상류의 이웃 부족들을 방문하거나 (꽤 보편적인 경우지만) 식량을 약탈할 때 사용하는 통나무배가 흔했다. 통나무배들이 모아지자 알렉산드로스는 가능한 한 많은 병사를 데리고 강을 건넜다. 실제로 알렉산드로스와 함께 강을 건넌 병사는 기병 1500명, 보병 4000명 정도였다.

밤을 틈타 강을 건넌 알렉산드로스군은 적에게 들키지 않도록

---

7 알렉산드로스는 단순히 토벌 원정을 계획한 것이 아니라 다뉴브 강을 북쪽 국경으로 만들려고 생각한 것이 분명하다.

8 아리아노스의 책에서 '열망, 갈망'을 뜻하는 '포토스pothos'라는 단어가 처음 등장하는 구절이다. 아리아노스를 비롯해 알렉산드로스를 다룬 역사가들은 이 단어를 미지의 세계에 가고 싶어하고 신비한 것을 탐사하려는 욕구를 표현하는 데 사용했다. *Alexander and the Greeks*, 52ff에서 빅토르 에렌베르크는 알렉산드로스 스스로 이 단어를 사용했다고 주장했다. 그러나 이 구절은 예외로 보았다.

곡식이 높이 자란 지점에 상륙했다. 그리고 동이 트기 직전에 밭을 헤치고 전진했다. 이때 앞장서서 진격하는 보병들에게는 개간되지 않은 공터가 나올 때까지 창을 땅과 평행하게 들되 나아가는 방향과 사선으로 하여 곡식을 베어버리도록 했다. 밭을 지날 때는 기병대가 보병대 뒤를 따랐지만 공터에 이르자 알렉산드로스는 기병대를 이끌고 우익으로 이동했고, 보병대는 긴 밀집 대형으로 이루어 전진할 것을 니카노르에게 지시했다.

게타이군은 마케도니아 기병대의 첫 번째 공격조차 견디지 못했다. 유럽에서 가장 큰 강인 다뉴브 강을 다리도 띄우지 않고 단 하룻밤에 간단히 건너버린 알렉산드로스의 대담한 작전은 게타이 족을 크게 동요시켰다. 뿐만 아니라 공격 자체도 맹렬했고 대규모 밀집 형태로 진격해 드는 병사들의 모습은 그야말로 무시무시했다. 게타이군은 강에서 6.5킬로미터쯤 떨어진 도시로 달아났다. 하지만 기병대를 앞세운 알렉산드로스가 매복이나 포위공격을 막기 위해 강둑을 따라 추격하자 방어시설이 거의 없는 도시를 포기하고 가능한 한 많은 여자와 아이들을 말에 태우고 강으로부터 멀리 떨어진 인적 드문 지역으로 달아났다. 마을을 점령한 알렉산드로스는 게타이 족이 남겨둔 값나가는 물품들을 챙긴 뒤 마을을 완전히 파괴했다. 멜레아그로스와 필리포스가 전리품들을 기지로 옮기는 사이 알렉산드로스는 다뉴브 강둑에 자리를 잡고 무사히 강을 건너게 해준 답례로 제우스와 헤라클레스 그리고 다뉴브 강에게도 제사를 올렸다.(마케도니아의 왕들은 자신이 헤라클레스의 자손이라고 믿었다.) 그날 알렉산드로스는 군 전체를 이끌고 무사히 막사로 돌아갔다.

이윽고 트리발리의 왕 시르무스와 다뉴브 강가에 거주하는 여러 독립 부족의 사절단이 알렉산드로스를 찾아왔다. 아드리아 해 부근에 사는 켈트 족도 사절단을 보냈는데 그들은 키가 크고 오만했다. 사절단들은 모두 친선의 뜻을 표했고 서약을 주고받았다. 알렉산드로스는 자신의 명성이 이들의 영토까지 퍼져 나가기를 바라는 마음으로 켈트 족의 사절단에게 세상에서 가장 두려운 게 무엇인지 물었다. 내심 그는 "바로 폐하이옵니다"라는 대답을 기대하고 있었다. 하지만 실망스러운 답이 돌아왔다. 켈트 족의 지역은 침략하기에는 너무 멀리 떨어져 있는 데다 알렉산드로스가 다른 지역을 정복 대상으로 삼고 있음을 알고 있던 켈트 족 사절은 하늘이 무너지는 것이 가장 두렵다고 대답한 것이다. 알렉산드로스는 켈트 족이 스스로를 과대평가하고 있다고 낮은 소리로 중얼거리긴 했지만 어쨌든 그들과 친선 동맹을 맺기로 결정하고 사절단을 돌려보냈다.(거의 50년 뒤에 켈트 족은 마케도니아와 그리스를 침략했다.)

그 후 알렉산드로스는 아그리아니아와 파이오니아 땅으로 향했다. 이곳에서 알렉산드로스는 바르디리스의 아들 클레이토스가 반란을 일으켰으며 타울란티의 왕 글라우키아스도 가담했다는 소식을 들었다. 뿐만 아니라 아우타리아테 족이 행군 중인 알렉산드로스를 공격할 계획이라는 보고를 받았다.[9] 알렉산드로스는 이 모든 상황들을 고려하여 진군을 서두르기로 했다.

아그리아니아의 왕 랑가로스는 필리포스 제위 때에도 알렉산드로스에 대한 존경심을 숨기지 않았던 인물이었다. 랑가로스는 친히 사절단에 참여해 알렉산드로스를 알현한 적이 있었는데, 이번에는

---

9 클레이토스의 반란은 기원전 349년에 필리포스에게 진압되었다. 타울란티와 아우타리아테는 이전에는 에피담누스Epidamnus(두라초Durazzo), 나중에는 더 북쪽의 파이오니아 국경 지역에 살던 일리리아 부족들이다.

완전무장한 자신의 우수한 병사들로 하여금 알렉산드로스를 수행케 했다. 아우타리아테 족이 어떤 종족이며 병력은 어느 정도인지 궁금해하는 알렉산드로스에게 랑가로스는 그 지역에서 가장 덜 호전적인 부족이니 개의치 않아도 된다고 조언하면서 자신이 직접 아우타리아테 족의 영토를 점령하겠노라고 제안했다. 이에 알렉산드로스는 동의했고, 랑가로스는 실제로 아우타리아테 족을 공격하여 큰 타격을 입혔다. 그 공로를 인정받아 랑가로스는 마케도니아 궁에서 가장 값진 선물을 비롯한 갖가지 예우를 받았다. 알렉산드로스는 랑가로스가 펠라에 방문할 경우 누이인 키나네Cyna와의 혼사까지 약속했다.[10] 하지만 랑가로스는 고국으로 돌아온 뒤 병에 걸려 죽고 말았다.

이제 알렉산드로스는 에리곤 강(지금의 체르나 강인 악시우스 강의 지류)을 따라 펠리움으로 향했다. 펠리움(리크니티스 강 남쪽에 자리 잡은 마케도니아의 국경 요새)은 그 지역에서 가장 방어가 철저한 도시로, 당시 클레이토스가 장악하고 있었다. 알렉산드로스는 이튿날 공격을 감행할 계획으로 일단은 에오르다이쿠스 강 옆에서 행군을 멈췄다. 도시는 나무가 울창한 감제고지瞰制高地에 둘러싸여 있었는데 클레이토스의 병사들이 주위가 훤히 내려다보이는 이 고지를 차지하고 있었기 때문에 전투가 시작되면 마케도니아군은 사방에서 공격을 받을 수밖에 없었다. 타울란티의 왕 글라우키아스는 아직 모습을 보이지 않았지만 알렉산드로스는 지체하지 않았다. 알렉산드로스가 도시로 향하자 적군은 남자아이 세 명, 여자아이 세 명, 검은 숫양

---

10 키나네는 알렉산드로스의 이복누나로 필리포스 2세와 아우다타라는 일리리아 여인 사이에서 태어났다. 필리포스 2세의 여러 아내에 대해서는 *Athenaeus*, 13.557c 참조.

세 마리를 제물로 바친 후 마케도니아군과 백병전을 벌일 태세를 취했다. 그러나 마케도니아군이 공격 가능한 거리까지 접근하자 클레이토스의 병사들은 유리한 입지에 있음에도 불구하고 방어 진지를 버리고 줄행랑을 쳤다. 하물며 제물로 바쳤던 희생자들의 사체조차 수습하지도 못한 채 황급히 떠나버렸다.

알렉산드로스는 이제 적을 도시 안에 가두는 봉쇄작전을 펼치기 위해 성벽 가까운 곳에 진영을 만들었다. 그러나 다음 날 글라우키아스가 대규모 병력을 이끌고 나타나는 바람에 알렉산드로스는 도시 점령의 계획을 포기할 수밖에 없었다. 병력 규모에서 상대적으로 열세였던 데다 적의 우수한 병사들이 이미 성 안으로 많이 합류했기 때문이다. 게다가 마케도니아군이 수비군을 향해 공격을 시도할 때 글라우키아스의 지휘 아래 더 많은 병사가 마케도니아군의 후방을 칠 태세였다. 이에 알렉산드로스는 필로타스에게 수송용 동물들과 소규모 기마대를 딸려 보내어 보급식량을 구해 오도록 했다. 그러나 필로타스의 움직임은 글라우키아스의 감시를 피할 수 없었다. 글라우키아스군은 필로타스와 부하들이 식량을 모으려는 지역을 둘러싼 고지대에서 공격을 준비하고 있었기 때문이다. 이제 어둠이 내리면 필로타스의 기병대와 동물들이 위험에 처할 것이라는 보고를 받자 알렉산드로스는 곧바로 아그리아니아인, 궁수들, 근위대, 기병 400명을 이끌고 구출작전에 나서기도 하고, 나머지 병사들은 도시 부근에 남겨두었다. 전 병력을 이끌고 가면 도시 안에 갇힌 적군이 빠져나와 글라우키아스와 합류할 것에 대비한 것이다. 한편 필로타스 일행을 노리던 글라우키아스는 알렉산드로스가 나타나자 고지대의 진지를 버리고 퇴각함으로써 필로타스와 부하들은 무사히 막사로 돌아올 수 있었다.

그러나 여전히 글라우키아스와 클레이토스의 병사들로 인해 곤란한 상황이었다. 적은 상당한 규모의 중장보병대뿐 아니라 기병대, 창과 투석끈으로 무장한 파견대를 갖춘 채 주위가 잘 내려다보이는 고지를 장악하고 있었고, 도시 안에서는 알렉산드로스가 철수하는 순간을 노려 공격할 태세였다. 더욱이 철수하기 위해서는 한쪽에 강이 흐르고 다른 한쪽에 가파른 산들이 자리 잡은 울창한 산길을 통과해야 했는데 병사들 네 명이 나란히 지나기도 힘들 만큼 좁은 길이었다. 상황이 이러하자 알렉산드로스는 보병 본대를 120줄의 밀집 대형으로 세우고 양쪽 끝에 200명의 기병들을 배치한 뒤 조용하고도 민첩하게 명령에 따를 것을 지시했다. 우선 중장보병들에게는 창을 똑바로 세우고 있다가 명령이 떨어지면 창을 겨누어 공격 자세를 취했다가 다시 지시하면 창을 좌우로 돌리라고 했다. 전체 부대원에게는 밀집 대형을 이루어 재빨리 앞쪽으로 나아가되 이리저리 방향을 바꾸면서 복잡하게 움직이도록 했다. 이렇듯 빠른 속도로 대형을 변화시키면서 병사들이 전진할 때 왼쪽 병사들은 쐐기 형태를 이루며 공격하라고 주문했다.

빈틈없이 질서정연한 이들의 기동성에 동요된 적군은 마케도니아 병사들과 맞붙기도 전에 낮은 비탈에 마련한 진지를 버리고 퇴각했다. 그러자 알렉산드로스는 부하들에게 함성을 지르고 창으로 방패를 세게 두드리라고 했다. 창이 방패에 부딪치는 요란한 소리에 겁을 집어먹은 타울란티 병사들은 부랴부랴 도시 안으로 물러났다.

알렉산드로스군이 지나야 할 언덕에는 아직 소수의 적병들이 남아 있었다. 알렉산드로스는 헤타이로이와 개인 호위대에게 전투 준비를 갖추고 말을 달려 공격하라고 지시했다. 그리고 언덕을 차지하고 있는 적이 달아나지 않을 경우 절반의 병사들은 말에서 내린 뒤 말을 탄 전우들을 근접 지원하며 싸우도록 했다. 알렉산드로스군의 이런 움직임을 목격한 적병들은 언덕을 사수하지 않고 산 쪽으로 물러났다. 이제 헤타이로이와 함께 언덕을 차지한 알렉산드로스는 아그리아니아인과 궁수들(약 2000명의 병력)을 불러들였다. 그리고 근위대와 다른 부대들은 차례로 강을 건너는 즉시 왼쪽을 향해 대열을 취하도록 했다. 강을 건넌 병사들의 탄탄한 전선을 적군에게 보여주기 위한 작전이었다. 그동안 자신은 언덕에서 적의 동태를 주의 깊게 관찰했다.

마케도니아 병사들이 강을 건너는 모습을 지켜본 적군은 후방을 습격할 계획으로 고지에서 내려왔다. 이때 알렉산드로스는 재빠른 기습공격으로 대응했고 보병 본대 역시 강 건너편에서 우렁찬 함성을 지르며 공격에 돌입했다. 이렇듯 일치단결한 공세에 적병들은 사방으로 흩어져 달아났고, 알렉산드로스는 아그리아니아인과 궁수들에게 서둘러 강 쪽으로 진격하라고 지시했다. 가장 먼저 강을 건넌 알렉산드로스는 후위를 맡은 부하들이 적병들의 공격에 처한 것을 목격하고는 강둑에 포병대를 배치시켜 투척 무기들을 원거리에서 발사하도록 했다. 강을 건너고 있는 궁수들에게도 강 한가운데에서 활을 쏘라고 지시했다. 사정거리 내에 있던 글라우키아스의 병사들은 모험을 감수하려 하지 않았고, 이에 마케도니아군은 한 명의 사상자도 없이 안전하게 강을 건너 철수할 수 있었다.

사흘 뒤, 글라우키아스와 클레이토스의 병사들이 별다른 경계 없이 야영 중이라는 정보가 입수되었다. 그들은 무모하리만큼 전선을 확장한 상태에서 보초들을 세우지도 않았고, 목책을 설치하거나 참호를 파지도 않은 상태였다. 짐작컨대 적은 알렉산드로스가 허둥지둥 퇴각한 것으로 판단한 듯했다. 알렉산드로스는 적의 이러한 부주의를 곧바로 이용했다. 우선 근위대, 아그리아니아인, 궁수들, 페르디카스와 코이누스의 병사들을 이끌고 어둠을 틈타 다시 강을 건너면서 나머지 병사들도 뒤를 따르도록 했다. 하지만 적절한 공격 기회가 찾아오자 전체 병력이 집결될 때까지 기다리지 않고 아그리아니아인과 궁수들을 보내어 적진의 특정 지점을 기습공격했다. 이는 적의 가장 취약한 지점에 최대의 충격을 가할 수 있는 전술이었다. 급습한 마케도니아군은 잠든 적병들을 참살했고 달아나려는 병사들도 어렵지 않게 사로잡았다. 많은 적병이 현장에서 잡히거나 목숨을 잃었고 더 많은 병사는 무질서하게 달아났다. 포로로 잡힌 병사들도 적지 않았다. 알렉산드로스군은 타울란티 영토의 여러 산으로 침투하여 집요하게 추격했고, 적병들은 추격을 따돌리기 위해 무기를 버리지 않을 수 없었다. 클레이토스는 도시로 달아났으나 도시에 불을 지른 후 글라우키아스와 함께 피신처를 찾아 타울란티로 향했다.

한편 테베에서도 사건이 벌어지고 있었다.[11] 일부 테베인들이 반란을 일으킬 목적으로 정치적 망명자들에게 귀국을 요청한 것이다. 망명자들은 밤을 틈타 도시로 들어와서는 카드메이아 요새를 지키고 있던 아민타스와 티몰라오를 사로잡아 살해했다.[12] 그런 뒤 반란자들은 집회를 열어 '자유'와 '자치' 등의 거창한 옛 구호들을 들먹이며 알렉산드로스에게 저항하여 마케도니아의 굴레에서 벗어나자고 시민들을 선동했다.[13] 또한 알렉산드로스는 일리리아에서 죽었다고

---

11 디오도로스(17.8~14)는 테베에서 일어난 사건을 더욱 자세히 설명했는데, 알렉산드로스에게 상당히 불리한 내용이었다.

12 기원전 338년 이후 마케도니아 수비대가 테베의 요새인 카드메이아를 차지했다. 티몰라오는 마케도니아의 열렬한 지지자였다.(Demosthenes, *On the Crown*, 295) 아민타스는 데모스테네스가 티몰라오와 함께 테베의 반역자라고 언급한 아네모이타스로 짐작된다.

주장하면서 더 강력한 지지를 끌어내려 했다. 공교롭게도 오랜 동안 알렉산드로스가 소식을 보내지 않은 그 즈음 알렉산드로스가 사망했다는 소문이 널리 퍼져 있었던 것이 사실이다.[14] 이렇듯 진상을 알 수 없는 경우에는 대부분 자기가 믿고 싶은 대로 받아들이게 마련이다.

이 소식은 알렉산드로스에게 심각한 고민을 안겨주었다. 오랫동안 아테네를 우려하고 있었는데 오히려 테베에서 분란이 벌어졌기 때문이다. 알렉산드로스 입장에서는 이 일을 심각하게 받아들이지 않을 수 없었다. 마케도니아의 지배에 조용히 분개하고 있던 스파르타인들과 펠로폰네소스 반도의 다른 주들 그리고 결코 믿을 수 없는 아이톨리아에까지 반감이 확산될 수 있기 때문이다. 조치를 취하기로 한 알렉산드로스는 군대를 이끌고 에오르다이아와 엘리미오티스를 거쳐 스팀파이아 산맥과 파라바이아 산맥을 넘었다. 그리하여 7일도 되지 않아 테살리아의 펠리나에 도착했고, 다시 엿새 뒤에는 보이오티아에 도착했다. 알렉산드로스가 '관문'을 지났다는 소식은 마케도니아군 전체가 옹케스토스에 도착할 때까지 테베인들의 귀에 들어가지 않았다.[15] 그때까지도 반란 주도자들은 알렉산드로스가 죽었다는 주장을 계속 펼치면서 알렉산드로스가 마케도니아군을 이끌

---

13 '자치'라는 단어는 사본들에는 등장하지 않지만, 분명 두 번째 명사가 필요하다. '표현의 자유 freedom of speech'라는 단어가 제안되어 왔지만 '자치'가 더 알맞아 보인다. '자유'와 '자치'는 자주 짝을 이루어 사용된 단어들이며, 그리스의 주들은 코린트 동맹의 '헌장'에서 이 권리들을 분명하게 보장받았다.(Pseudo-Demosthenes 17.8 참조)

14 데모스테네스가 아테네에 데려온 병사가 자신이 부상을 당한 전투에서 알렉산드로스가 죽었다고 주장한 것으로 전해진다.

15 옹케스토스는 테베에서 북서쪽으로 10킬로미터 정도 떨어진 코파이스 호숫가에 있다. 펠리움에서 옹케스토스까지의 거리는 최소한 400킬로미터이다. 아리아노스가 말하는 '관문Gates'은 테르모퓔레 고개를 뜻한다.

고 오고 있다고 말하는 사람에게 화를 내며 부정했다. 그러면서 알렉산드로스가 아니라 안티파테르[기원전 334~323. 마케도니아의 정치가이자 장군. 알렉산드로스 대왕의 페르시아 원정 중 섭정]가 마케도니아에서 군대를 이끌고 오는 것이라 단언했다. 지휘관이 알렉산드로스가 맞다면 그는 아에로포스의 아들 알렉산드로스일 것이라고 우겼다.

다음 날 알렉산드로스는 옹케스토스를 떠나 테베로 진군했다. 그리고 테베인이 마음을 돌려 자신을 환영할 시간을 주기 위해 이올라우스의 영내에서 잠시 멈추었다. 그러나 상대는 타협하거나 물러서려는 태도를 보이지 않았다. 오히려 테베에서는 기병대와 대단위의 경보병대를 신속히 파견하여 원거리 투석기로 마케도니아군의 전초기지를 공격하기 시작했다. 이에 따라 마케도니아군은 약간의 타격을 받았다. 알렉산드로스는 경보병대와 궁수들에게 테베군에 반격하라고 명령했다. 테베군은 알렉산드로스의 본진을 공격할 수 있는 거리에 있었지만 마케도니아군은 어렵지 않게 적을 물리쳤다. 이튿날 알렉산드로스는 전군을 이끌고 엘레우테라이와 아티카로 향하는 관문으로 이동했다. 이번에도 그는 도시 수비대를 공격하지 않고 카드메이아 요새에서 멀지 않은 곳에 진지를 구축했다. 이는 카드메이아를 지키고 있는 마케도니아인들을 지원하기 위해서였다. 테베인들은 카드메이아 주위에 이중 목책을 세워 봉쇄함으로써 포위된 마케도니아 주둔군을 외부에서 돕지 못하도록 철저히 감시하고 있었다. 자신들이 요새 바깥의 적을 공격할 때 내부에서의 기습공격을 방어하기 위한 조치였다. 그러나 테베인과 합의되기를 여전히 바라고 있던 알렉산드로스는 전투를 벌이지 않고 계속 상황을 주시했다.[16]

이런 상황에 처하자 도시를 위해 어떻게 해야 할지 고민에 빠진 테베 시민들은 알렉산드로스를 찾아가 반란에 대한 용서를 구하려 했다. 그러나 망명자들과 이들을 불러들인 무리들은 알렉산드로스가 인도적으로 대우할 리 만무하다며 가능한 한 모든 방법을 동원하여 싸울 것을 주장했다. 그들 중에는 보이오티아 동맹의 관리들도 있었기 때문에 더욱 더 용서받기 어렵다고 보았다. 그러나 여전히 알렉산드로스는 공격을 전개하지 않고 기다렸다.

라구스의 아들 프톨레마이오스는 이 작전에 관한 진술에서 적의 목책으로부터 멀지 않은 곳에 배치되어 있던 호위대 장교 페르디카스가 알렉산드로스의 명령을 기다리지 않고 자신의 부대를 이끌고 단독으로 공격에 나섰다고 썼다.[17] 페르디카스는 목책을 뚫고 테베의 선발부대를 향해 돌진했다. 같은 진지에 배치되었던 안드로메네스의 아들 아민타스도 페르디카스가 목책 안으로 진격하는 모습을 보고는 곧바로 출격했다. 알렉산드로스는 그들이 고립되어 테베인들에게 붙잡히지 않도록 전체 병력을 전진시킨 뒤 궁수들과 아그리아니아군을 목책 안으로 들여보냈다. 하지만 개인 경호대와 나머지 수비대는 여전히 목책 밖에 머물도록 했다.

페르디카스는 두 번째 목책을 뚫으려던 중 부상을 당했다. 기지로 옮겨진 그의 상처는 심했지만 가까스로 목숨을 건질 수 있었다. 페르디카스의 부하들은 알렉산드로스의 궁수들과 함께 헤라클레스 신전으로 이어지는 나지막한 길로 테베인들을 몰아넣으면서 후퇴하는 적들을 압박했다. 그러나 테베인들이 분노의 함성을 내지르며 등

---

16 알렉산드로스가 테베군 앞에서 지체했다는 것은 디오도로스와 플루타르코스에게서도 확인된다. 플루타르코스는 알렉산드로스가 마케도니아에 적대적이었던 지도자 포이닉스와 프로타이테스에게 반란을 용서해주는 조건으로 항복을 요구했지만 모욕적인 대답을 들었다고 기록하고 있다.

17 디오도로스(17.12.3)는 페르디카스가 알렉산드로스의 명령에 따라 행동했다고 기록했다.

을 돌려 추격자들에 대항하기 시작하자 마케도니아군은 퇴각했다. 이 과정에서 지휘관인 크레타의 에우리보타스를 비롯한 70명 이상의 궁수들이 목숨을 잃었지만 나머지 병사들은 알렉산드로스의 경호대와 수비대가 대기하고 있는 지점으로 복귀했다.

부하들이 후퇴하고 테베인들이 뒤에서 쫓아오는 광경을 본 알렉산드로스는 곧바로 반격을 가했다. 우선 그는 보병대를 밀집 대형으로 출격시켜 적을 성문 안으로 몰아넣었고, 혼비백산하여 패주하던 적병들은 제때 성문을 닫아걸지 못했다. 그 덕분에 뒤따라 붙은 마케도니아 병사들이 적병들과 함께 엎치락뒤치락하며 요새 안으로 몰려들었다. 성벽 위에는 병사들이 배치되어 있지 않았는데, 이는 여러 전초기지로 병력이 분산 배치되었기 때문이다. 마케도니아군의 일부는 카드메이아 주둔군과 합류하여 암피온 신전을 지나 도심까지 진입했고, 일부는 앞서 도주한 테베군이 점령하고 있던 성벽을 기어오른 뒤 시장 광장 쪽으로 돌격했다.

테베의 무장 병력은 암피온 신전 근처에서 잠시 완강히 버텼지만 사방에서 마케도니아군의 거센 공격을 받는 가운데 알렉산드로스가 전투 현장을 누비는 모습을 확인하자 기세가 꺾여버렸다. 테베의 기병들은 여러 갈림길을 통해 들판으로 달아났고 보병대는 위기를 모면하기 위해 안간힘을 다했다. 이후 조직적인 저항이 불가능해진 테베인들에 대한 무차별 학살이 벌어졌다. 그러나 정복욕에 사로잡혀 가혹한 살육을 저지른 자들은 마케도니아 병사들이 아니라 포키스, 플라타이아 그리고 보이오티아의 다른 도시에서 온 병사들이었다. 이들은 민가로 쳐들어가 시민들을 살해했다. 시민들은 맞서 싸우다가 목숨을 잃기도 했고, 사원 제단에 매달려 애원하다가 최후를 맞기도 했다. 여자와 아이에게도 무자비했다.[18]

그리스인에게 닥친 이 끔찍한 참화는 행위의 폭력성, 함락된 도시의 크기와 중요성, 무엇보다도 승자와 패자 모두에게 예상치 못한 사건이었다는 점에서 직접적인 관련자들 못지않게 다른 그리스인들에게도 크나큰 충격이었다. 아테네인들에게는 사망자 숫자만 해도 시칠리아 원정에 비견할 만한 재앙이었다. 그러나 시칠리아 원정은 본국으로부터 멀리 떨어진 곳에서 벌어진 경우였으며, 사망자는 주로 아테네 사람이 아니라 동맹군 병사들이었다. 게다가 도시는 파괴된 곳 하나 없이 오랫동안 페르시아와 스파르타 동맹군에 계속 저항할 수 있었다. 따라서 시칠리아의 패배는 아테네 사람들에게 이만큼 압도적인 재앙의 충격을 안겨주지 않았을 뿐만 아니라 다른 그리스 지역에도 이처럼 소름끼치는 공포를 불러일으키진 않았다.[19] 또 한 번의 패전인 아이고스포타미 전투는 해전이었다. 아테네는 이 전쟁에서 대패하여 장성長城을 허물고 해군 대부분을 스파르타에 넘겨준 데다 제국을 잃는 굴욕을 당했지만 전통적인 정부 형태를 유지했으며 얼마 지나지 않아 예전의 세력을 회복할 수 있었다. 장성을 재건하고 해군력을 복구함으로써 한때 가공할 위력으로 아테네를 파괴할 뻔했던 스파르타인의 위협에서 벗어났다.[20] 스파르타로서는 손실 규모보다는 예상하지 못한 패배라는 점에서 루크트라와 만티네이아에서 패했을 때보다 더 큰 충격을 받았다. 보이오티아인들과 아르카디아인

---

18 6000명이 넘는 테베인이 목숨을 잃었고 3000명 이상이 포로가 되었다. 포로들을 매매하여 440달란트를 벌었다.(Diodorus, 17.14; Plutarch, *Alexander* 11.2)

19 시칠리아 원정(기원전 415~413년)에서 아테네가 입은 손실은 정확하게 추정되지 않는다. 200척이 넘는 트리에레스선에 탔던 4만 명 이상의 병사들 중 아테네인이 몇 명이었는지 알 수 없기 때문이다. 하지만 아테네는 적어도 4000명의 기병, 장갑보병, 경장비병을 잃었다. 시칠리아 원정에 투입된 병력에 대해서는 N.G.L. Hammond, *History of Greece* 390, 1에 인용된 투키디데스의 글 참조. 페르시아는 기원전 412년에 참전했고 아테네는 기원전 404년 봄까지 저항했다.

이 에파미논다스의 지휘 아래 공격을 전개했을 때에도 스파르타인과 동맹군을 공포에 떨게 한 것은 직접적인 위험보다는 예상치 못한 상황이 발생했기 때문이었다.[21] 플라타이아 함락 역시 중대한 재앙으로 여겨지지 않았다. 플라타이아는 작은 도시인 데다 주민 대부분이 이미 아테네로 피신하여 도시가 함락되었을 때 붙잡힌 사람은 소수였다. 마지막으로 밀로스와 스키오네의 함락도 이번 경우보다 대단치는 않았다. 두 도시는 섬이었고, 도시 파괴는 잔혹행위를 저지른 자에게 수치를 안겨주었을망정 그리스 전체에 심각한 충격을 안겨주진 않았다.[22]

테베의 경우는 달랐다. 반란이 비계획적으로 급속히 진행되었고, 도시는 순식간에 함락되었으며, 동족끼리 해묵은 원한을 되갚는 가혹한 학살까지 벌어졌다. 그리하여 막강한 힘과 군사력으로 그리스 지역에서 탁월한 위력을 떨치던 도시가 완전히 노예 상태로 전락하고 말았고, 이 모든 일은 신을 화나게 한 결과로 인식되었다. 실제로 사람들은 마침내 테베가 배신의 대가로 벌을 받은 것이라고 생각했다. 즉 페르시아 전쟁에서 그리스를 배신한 것, 휴전 기간 동안 플라

---

20 아이고스포타미에서의 패배(기원전 405년 8월)로 아테네는 항복을 피할 수 없게 되었다. 항복 조건은 "장성과 피레에프스를 허문다. 함선 12척만 남기고 함대를 넘겨준다. 제국을 해체한다. 망명자들을 다시 불러들인다. 모든 외교정책은 스파르타의 뜻에 따른다"였다. (Hammon, op. cit., 418) 아테네가 해군력을 회복한 것은 기원전 394년 8월에 크니도스에서 코논이 스파르타의 함대를 물리쳤을 당시로 볼 수 있다. 이보다 약간 앞서 재건설되기 시작한 장성은 기원전 391년경에 완공되었다. 해군력 회복과 장성 재구축에는 페르시아의 보조금이 큰 몫을 했다.

21 테베를 맹주로 한 보이오티아 동맹은 기원전 371년 루크트라에서, 기원전 362년 만티네이아에서 스파르타를 무찔렀다. 스파르타 침략은 기원전 369년에 일어났다. Xenopoh, *History of Greece*, 6.4.4.~15; 7.5.18~27; 7.1.15~22 참조.

22 세 도시 모두 펠로폰네소스 전쟁에서 오랜 포위 끝에 항복해야 했다. 플라타이아는 기원전 427년에 스파르타에게, 밀로스와 스키오네는 각각 기원전 415년과 기원전 421년에 아테네에게 항복했다. 성인 남성들은 처형당했고 여성과 아이들은 노예가 되었다.

타이아를 점령하여 사람들을 무자비하게 노예로 만든 것, 테베가 아닌 스파르타에 항복한 사람들을 학살한 것, 그리스 연합군이 페르시아 침략군을 격퇴한 지역을 대대적으로 파괴한 것, 아테네인들을 노예로 팔아버리자는 스파르타 동맹의 제안에 찬성함으로써 아테네에게 잔인한 악의를 드러낸 것에 대한 대가라고 생각했다.[23] 그러자 모두들 이번 재앙이 일어나기 전에 신들이 수차례 경고를 보냈다고 주장했다. 당시에는 그러한 징후들을 무시했으나 오랜 시간이 지난 현재에 되짚어보니 이번 사건은 파멸이 닥치리라는 오랜 예언이 입증된 것이라는 견해였다.[24]

알렉산드로스는 전투에 참여한 동맹군에게 테베의 최종 운명을 결정하도록 했다. 이에 동맹군은 카드메이아에 수비대를 주둔시키고 도시를 완전히 파괴하기로 결정했다.[25] 종교적 성지를 제외한 모든 영토는 동맹군끼리 나눠 가지고 여성과 아이들 그리고 살아남은 모든 남성은 노예로 팔기로 했다. 사제나 여사제, 알렉산드로스나 필리포스와 개인적 친분이 있거나 마케도니아와 공식적인 관계에 있는 사람들은 제외되었다. 또한 알렉산드로스는 자신이 존경하는 시인 핀

---

23 테베군은 기원전 431년 3월에 플라타이아를 기습공격했지만 도시를 떠나야 했다. 기원전 479년에 그리스인들이 마르도니우스가 지휘하는 페르시아군을 물리쳐 그리스에서 쫓아낸 곳이 플라타이아 근방이었다. 테베는 페르시아군의 기지로 이용되었고 테베의 한 파견대는 페르시아 편에서 싸웠다. 펠로폰네소스 전쟁이 끝나자 테베의 에리안투스는 아테네를 파괴하고 시민들을 죽이거나 노예로 만들어야 한다고 제안했다. 스파르타는 자국의 이익을 위해 이 제안에 반대했다.

24 디오도로스(17.10)는 여러 징후를 언급하고 있다.

25 알렉산드로스가 외형적으로 동맹군에게 결정을 맡긴 건 분명하지만 도의적인 책임은 그에게 있었다. 반란으로 공동 평화가 무너졌고 알렉산드로스는 (패권국으로서) 동맹군을 소환했을 것이다. 하지만 테베의 이웃 국가들(플라타칸, 포키스, 테스피아, 오르코메노스가 언급되었다)에만 군을 보낼 수도 있었다. 테베의 철천지원수인 그 국가들이 어떤 벌을 내릴지 알렉산드로스가 몰랐을 리 없다. 그는 반란을 기도할 수 있는 다른 국가들에게 테베의 운명이 무서운 경고가 되길 바랐던 게 분명하다.

다로스의 집을 보존하고 후손들도 모두 살려주었다는 것이 통설이다. 동맹군은 오르코메노스와 플라타이아를 재건설하고 요새화하기로 결정했다.[26]

테베가 대패했다는 소식이 널리 퍼지자 반란을 지원하기 위해 출발했던 아르카디아인은 테베를 돕자고 주장했던 자들에게 사형을 선고했다. 엘레아인은 단지 알렉산드로스와 우호적인 사이라는 사실만으로 정치적 망명자들을 용서했다. 또한 아이톨리아의 여러 부족은 알렉산드로스에게 사절단을 보내 테베 사람들의 이야기만 듣고 반란을 지원한 것에 대한 용서를 빌었다. 아테네에서는 대비밀 의식[9~10월에 아테네에서 시작해 엘레우시스에 있는 데메테르 신전까지 행진하는 의식]이 거행되고 있는 동안 테베에서 도망친 난민들이 찾아들었다. 테베의 소식에 충격을 받은 아테네인들은 의식을 급히 마무리하고는 모든 재산을 신속하게 주변 시골에서 도시로 옮기기 시작했다. 집회가 열렸고 데마데스의 제안에 따라 알렉산드로스와 친분이 있는 열 명의 대표를 보내어 아테네의 입장을 표하기로 했다. 늦었지만 아테네인은 알렉산드로스가 일리리아인과 트리발리인의 땅에서 무사히 돌아온 것을 기쁘게 생각하며, 테베인의 반란을 응징한 데 전적으로 찬성한다는 뜻을 전했다. 이 사절단에 대한 알렉산드로스의 반응은 전반적으로 우호적이었다. 그러나 그는 아테네에 서한을 보내어 카이로네이아에서의 패배와 필리포스가 죽은 뒤 자신과 부왕에게 해를 끼친 정책에 대한 대가로서 데모스테네스를 비롯한 리쿠르구스, 히페레이데스, 폴리에욱투스, 카레스, 카리데무스, 에피알테

---

26 카이로네이아 전투 이후 필리포스는 테베가 기원전 373년과 기원전 364년에 각각 파괴했던 플라타이아(두 번째 파괴)와 오르코메노스를 재건하자고 제안했지만 진척이 없었던 것으로 보인다.

스, 디오티무스, 모에로클레스를 넘겨줄 것을 요구했다.[27] 뿐만 아니라 이들은 반역을 실행에 옮긴 테베인 못지않은 책임을 져야 한다고 주장했다.[28] 아테네인들은 지목된 자들을 내주면서 다시 사절단을 보내 노여움을 풀어줄 것을 간청했다. 이에 알렉산드로스는 화를 누그러뜨렸다. 이는 아테네에 대한 존중일 수도 있고, 서둘러 아시아 원정을 재개하려면 그리스에 어떤 불신의 씨앗도 남겨놓아선 안 된다는 판단에 따른 것일 수도 있다. 그러나 알렉산드로스는 넘겨달라고 요구했던 인물들 가운데 한 명(카리데무스)을 타국으로 망명시키도록 지시했고, 카리데무스는 아시아에 있는 다리우스 왕의 궁전으로 몸을 피했다.[29]

그 후 알렉산드로스는 북쪽의 마케도니아로 돌아갔다. 그리고 아르켈라오스[마케도니아의 왕. 재위기간은 기원전 413~399. 예술과 문학의 후원자로 명성이 높았다. 에우리피데스는 아르켈라오스의 궁에서 말년을 보내며 『바카이Bacchae』를 집필했다] 치세 때부터 시행해온 추수감사 의식에 따라 올림포스의 제우스 신에게 제물을 바쳤다. 또한 아이가이에서 열리는 올림픽 경기를 축하했고, 일부 진술에 따르면 뮤즈의 신들을 기리는 경기를 베풀었다고 한다. 이 경기의식이 거행되고 있을 때

27　플루타르코스(*Demosthenes* 23.3)에 따르면 가장 신뢰성 있는 저자들은 9명의 이름을 제시했지만 다른 사람들은 10명을 거론했다. 남아 있는 명단들은 서로 차이가 난다. 아리아노스가 언급한 사람들은 카레스, 카리데무스, 에피알테스를 제외하고는 모두 웅변가들이다. 아리아노스는 데모스테네스가 필리포스의 살해자인 파우사니아스를 사당에 모신 일(Aeschines 3.160)과 마케도니아의 장군 아탈루스[필리포스의 새 왕비의 숙부]에게 편지를 보낸 일을 염두에 둔 것으로 보인다. 아탈루스는 파르메니온과 함께 기원전 336년 초에 페르시아와의 전쟁을 시작했다.

28　데모스테네스는 테베에 무기를 공급했고, 아테네는 이들을 지원하는 데 찬성했지만 실제 조치를 취하지는 않았다.

29　다른 사람들도 아테네를 떠났다. 카레스는 기원전 334년에 시게움에서 알렉산드로스를 만났고, 에피알테스와 트라시불로스(이 인물은 아리아노스의 명단에서 빠졌다고 한다)는 할리카르나소스에서 페르시아와 싸웠다. (Diodorus, 17.25.6)

피에리아에서 트라키아의 왕 오이아그로스의 아들 오르페우스[그리스 신화에 등장하는 최고의 시인이자 음악가]의 조각상이 땀을 흘리고 있다는 소식이 전달되었다. 예언자들은 이 현상을 다양하게 해석했다. 그러나 한 예언자(텔미소스의 아리스탄데르)는 알렉산드로스와 그의 공적을 시와 노래로 찬미하기 위해 찬가와 서사시와 서정시를 짓는 시인들이 열심히 노력했음을 의미하는 것이라면서 알렉산드로스에게 불안해할 필요가 없다고 했다.[30]

다음 원정을 떠날 시기가 되자 알렉산드로스는 안티파테르에게 마케도니아와 그리스의 내정을 맡긴 뒤 경보병들과 궁수들을 포함해 3만 명이 조금 넘는 보병대와 5000명이 넘는 기병대로 구성한 군대를 이끌고 헬레스폰투스 해협으로 향했다.[31] 알렉산드로스는 케르키니 호수를 지나 암피폴리스와 스트리몬 강 어귀 쪽으로 가는 경로를 택했다. 마케도니아군은 스트리몬 강을 지나고 핑가이온 산을 넘어 해안가에 있는 그리스인 정착지인 아브데라와 마로네이아로 향했다. 그리고 이곳에서 헤브루스 강까지 진군하여 어렵지 않게 강을 건넜다. 그런 뒤 파에티카를 지나고 멜라스 강을 건너 고국을 떠난 지 20일 만에 세스토스에 도착했다. 알렉산드로스는 엘라이우스에서

---

30 습기가 응결되어 나타나는 이 현상은 고전문학에서 자주 언급되며, 알렉산드로스가 테베에 도착하는 순간 일어났다고 전해진다. 아리스탄데르는 알렉산드로스(그리고 아마도 필리포스의) 수석 예언가였고 아리아노스의 책에서 정확한 예언을 한 것으로 자주 언급되고 있다. 카리아의 텔미소스 주민들은 6세기 중반에 이미 점술로 유명했다.

31 안티파테르에게는 보명 1만2000명과 기병 1500명을 남겼다. 디오도로스(17.17)는 알렉산드로스가 아시아로 넘어간 뒤의 병력을 보병 3만2000명, 기병 5000명으로 제시하여 아리아노스의 수치를 확인해주었다. 다른 저자들이 제시한 더 높은 수치들(보병 4만 3000명; 4만 명)은 기원전 335년 아시아에 있던 1만 명의 병사들을 포함한 것으로 보인다. 하지만 아마도 이들 중 대다수는 이 무렵에는 철수했을 것이다. 이들이 기병의 수치를 더 낮게 제시한 것에 관해서는 만족할 만한 설명이 발견되지 않는다. 최근 자료는 P.A. Brunt, *JHS*, 1963, 33ff와 E.W.Marsden, *The Campaign of Caugamela*(Liverpool, 1964), 24ff 참조.

프로테실라오스의 무덤에 제물을 바쳤다. 프로테실라오스는 그리스군이 트로이 원정에 나섰을 때 아가멤논의 병사들 중 아시아 땅에 처음 발을 들여놓은 인물이다. 알렉산드로스는 프로테실라오스보다 더 큰 행운이 따르길 기원하며 의식을 올렸다.[32]

세스토스에서 헬레스폰투스 해협을 건너 아비도스까지 기병대와 보병대 대부분을 인솔하는 임무는 파르메니오에게 맡겨졌다. 병사들은 160척의 트리에레스 선triremes[노가 3단인 고대 그리스·로마의 군용선]과 다수의 상선을 타고 해협을 건넜다. 일반적으로는 알렉산드로스가 직접 기함의 키를 잡고 엘라이우스에서 아카이아 항구(트로이 동서쪽, 시게이움 곶 근방)까지 항해했다고 알려져 있다. 알렉산드로스는 항해 중에 황소를 잡아 포세이돈에게 제물로 바치고 네레이스Nereïds(바다의 요정)를 달래기 위해 황금 잔에 담긴 포도주를 바다에 뿌렸다고 한다. 또한 완전무장 차림으로 가장 먼저 배에서 내려 아시아 땅을 밟았고,[33] 떠나온 유럽 해안의 출발 지점과 해협 건너편의 상륙 지점에 각각 제단을 지었다는 이야기도 전해진다. 둘 다 안전한 상륙의 수호자인 제우스, 아테나, 헤라클레스에게 바치는 제단이었다. 그 뒤 알렉산드로스는 내륙의 트로이로 가서 도시의 수호신인 아테나 여신에게 제물을 바쳤다. 알렉산드로스는 자신의 갑옷을 신전에 바치고 그 답례로 신전 벽에 걸려 있던 무기들을 받았다. 이 무기들은 트로이 전쟁 때부터 보존되어 온 것으로, 이후 알렉산드로스가 전투에 나설 때면 호위대가 이 무기를 그의 앞에 대령했다.(말리

---

32 Homer, *Iliad* 2.701; Herodotus, 9.116.

33 디오도로스(17.17.2)는 알렉산드로스가 창을 땅에 집어던지며 아시아가 '창으로 얻은 상'이라고 선언한 뒤 제일 먼저 해안으로 뛰어내렸다고 썼다. 이것이 사실이라면 알렉산드로스는 이미 페르시아 제국을 정복하기로 결심했음을 알 수 있다.

의 요새를 공격할 때는 페우케스타스가 방패를 들고 갔다.) 또한 알렉산드로스는 제우스 헤르케이오스의 제단에 프리아모스(트로이 최후의 왕으로, 트로이 전쟁 당시 네오프톨레모스에게 살해됨)에게 바치는 제물을 올렸다고 한다. 자신의 조상인 네오프톨레모스(아킬레우스의 아들이자 몰로시아 왕조의 창시자. 알렉산드로스는 자신이 어머니 올림피아가 네오프톨레모스의 후손이라고 주장했다)에 대한 프리아모스의 노여움을 달래기 위해서였다.

트로이에서 항해장인 메노이티오스는 알렉산드로스에게 황금왕관을 씌워주었다. 그 지역 토착민 혹은 그리스인 다수와 시게이움에서 찾아온 아테네인 카레스가 했던 것처럼 말이다. 헤파이스티온이 파트로클로스[트로이 전쟁 당시 헥토르의 창에 찔려 죽은 그리스 영웅]의 무덤에 화관을 바쳤다는 진술도 있다.(헤파이스티온은 어릴 적부터 알렉산드로스의 가장 친한 친구였다. 아킬레우스와 파트로클로스의 무덤에 화관을 바친 것은 두 사람의 관계를 상징한다.) 한편 알렉산드로스는 아킬레우스의 무덤에 화관을 바치면서 호메로스가 아킬레우스의 위업을 알리고 길이 보전했으니 아킬레우스는 운이 좋은 사람이라고 말했다는 이야기도 전해진다. 알렉산드로스에게는 호메로스 같은 저술가가 없었으므로 그로서는 아킬레우스의 이런 행운을 부러워할 만했다. 알렉산드로스에게 없었던 한 가지, 말하자면 성공이라는 기나긴 연결고리에서 빠져 있는 단 하나의 사슬은 그의 위업을 세상에 알릴 만한 훌륭한 기록자를 얻지 못했다는 점이다.

알렉산드로스에 관한 어떤 산문도 서사시도 쓰이지 않았다. 히에로, 겔로, 테로 혹은 그 외에 알렉산드로스와 비교도 안 되는 많은 사람의 이름과 행적을 칭송하는 노래 가운데 알렉산드로스를 찬양하는 노래는 없었다. 그리하여 오늘날 알렉산드로스의 삶과 놀라운 업적은 고대의 아주 사소한 일들보다 덜 알려져 있다.[34] 심지어 1만 명의 용병대가 아르타크세르크세스에 반기를 든 키루스의 지휘 아래 원정을 떠난 사건, 클레아르쿠스 장군과 동료 포로들이 맞은 운명, 크세노폰의 지휘 아래 바다로 철수한 사건도 크세노폰이 남긴 역사서 덕분에 알렉산드로스의 위대한 업적보다 훨씬 더 잘 알려져 있다.[35] 하지만 크세노폰과 달리 알렉산드로스는 한낱 하급 지휘관이 아니었으며 페르시아 왕에게 패배하지도 않았다. 바다로 철수하지 못하게 막는 군대만 물리친 것도 아니었다. 그리스인이건 다른 종족이건 알렉산드로스처럼 혼자 힘으로 그토록 빛나는 위업을 이룩한 사람은 이 세상에 없었다. 이것이 바로 내가 알렉산드로스의 일생을 사람들에게 알리기에 자격이 없지 않다는 믿음 아래 이 역사 기술에 착수한 이유다. 내가 누구든 간에 나는 이렇게 주장할 수 있다. 내 이름은 밝힐 필요가 없고(알려지지 않은 이름은 아니지만), 나라와 가족 그리고 내가 맡은 관직을 구체적으로 말할 필요도 없다. 오히려 이렇게 말하고 싶다. 내가 쓴 이 책이 나의 국가, 친족, 관직의 지위보다 더 중요하다고. 어린 시절부터 그러했다. 실제로 내게는 이 책이 나의 국가이며 친족이며 관직이다. 그리고 내가 지금 다루고 있는 알렉산드로스는 최고의 군인이었기 때문에 그리스 문학의 선두를 차지한다고 감히 주장하는 바다.

이제 알렉산드로스는 트로이에서 아리스베까지 행군했고, 헬레스폰투스 해협을 건넌 군 전체가 이곳에 진을 쳤다. 다음 날은 페르

---

34 히에로와 겔로는 기원전 5세기 초에 시라쿠사와 테로 아크라가스(아그리겐툼)를 지배했다. 핀다로스와 바킬리데스가 이들의 업적을 찬양했다.

35 Xenophon, *Anababis*. 클레아르쿠스가 맞은 운명은 2권에 소개된다.

코테에 도착했고, 그다음 날은 람프사코스를 지나 프락티우스 강 옆에서 멈추었다. 프락티우스 강은 이다 산에서 발원해 흑해와 헬레스폰투스 해협을 연결하는 바다로 흘러든다. 알렉산드로스의 군대는 이곳에서 콜로나이를 지나 헤르모투스로 향했다. 행군하는 동안 알렉산드로스는 아라바에우스의 아들 아민타스가 지휘하는 정찰대를 사톤의 아들 소크라테스가 이끄는 아폴로니아의 헤타이로이 기병대대와 전위 정찰대라 불리는 4개 대대와 함께 본대보다 앞서 보냈다. 행군 경로에 위치한 도시 프리아푸스가 항복을 전하자 알렉산드로스는 헤타이로이의 일원인 리카고라스의 아들 파네고루스를 보내어 도시를 넘겨받았다.

페르시아군은 아르사메스, 레오미트레스, 페티네스, 니파테스 그리고 리디아와 이오니아의 태수인 스피트리다테스와 프리기아 북부의 총독 아르시테스가 공동으로 지휘했다. 이들은 페르시아 기병대, 그리스 용병대와 함께 젤레이아 근방에 진을 쳤고, 알렉산드로스가 아시아로 건너왔다는 소식에 작전을 의논했다. 로도스의 멤논은 알렉산드로스와 싸우는 위험을 감수해선 안 된다는 입장이었다. 멤논은 마케도니아 보병대가 수적으로 훨씬 우세할 뿐 아니라 알렉산드로스는 전장에 직접 나서지만 다리우스는 그렇지 않다는 점을 지적했다. 따라서 농작물을 전부 불태우고 풀과 말 사료를 짓밟아 못쓰게 만드는 초토焦土 작전을 쓰자고 제안했다. 심지어 도시까지 파괴하여 알렉산드로스가 물자 부족으로 이 지역에 머물지 못하게 만드는 편이 더 낫다고 주장했다. 그러나 아르시테스는 자신이 다스리는 지역에서는 집 한 채도 불태울 수 없다고 대응했다. 다른 지휘관들도 아르시테스를 지지했다. 그들은 싸움이 너무 일찍 시작될 경우 다리우스로부터 받은 직위를 잃게 될까 봐 멤논이 겁을 내고 있다고 의심

했다.[36]

한편 알렉산드로스군은 전투 대형을 이루어 그라니코스 강으로 진군했다. 보병대가 두 개의 밀집 대형을 이루었고 기병대가 양익兩翼을 지켰다. 짐을 실은 수레는 맨 뒤에서 따르도록 했다. 헤겔로쿠스는 정찰대와 창기병 그리고 약 500명의 경장보병대를 지휘했다. 알렉산드로스군이 강에 도착하기 직전 정찰대가 급히 달려와 페르시아군이 강 건너편에서 전투 태세를 갖추었다는 소식을 전했다. 이에 알렉산드로스는 전투 준비를 하도록 명령했다. 하지만 파르메니오가 알렉산드로스 앞으로 나가 다음과 같이 반대 주장을 펼쳤다. "전하, 현재 상황에서 우리에게 최선책은 강 안쪽에서 멈추는 것입니다. 적의 기병대는 우리보다 훨씬 더 수가 많습니다. 그리고 적군은 밤새도록 우리 군 가까이에 머무르는 위험을 무릅쓰지 않을 것으로 보입니다. 따라서 새벽 무렵 적이 후퇴한 뒤에 강을 건넌다면 그들이 대응 태세를 갖추기 전에 강 건너편에 무사히 도착하게 될 것입니다. 하지만 지금 강을 건너는 것은 대단히 위험하다고 생각합니다. 수심이 깊은 지점이 많고 강둑도 꽤 높은 데다 여기저기 깎아지른 듯 가파르기 때문에 넓은 대형을 이루면서 일렬로 강을 건널 수 없습니다. 그러면 종대로 산개하여 건너야 하는데, 적의 기병대는 밀집해 있다가 우리가 강을 벗어나는 가장 불리한 시점에 공격해올 것입니다. 처음부터 패배를 당한다면 당장도 심각한 문제지만 장기적으로 우리의 성공에 큰 피해를 끼칠 것입니다."

---

36 멤논은 단순한 용병대장이 아니라 페르시아의 지배층이 되었고 아르타바주스의 누이와 결혼했다. 기원전 335년 멤논은 소아시아에서 마케도니아의 진군을 저지하는 데 성공했고, 이때 전쟁을 유럽으로 옮겨가는 안을 지지했다.(Diod. 17.19.2) 태수들이 멤논의 계획에 반대한 데는 (아마) 질투도 어느 정도 작용했을 것이다.

하지만 알렉산드로스는 이렇게 대답했다. "알겠네, 파르메니오. 하지만 헬레스폰투스 해협도 쉽게 건넌 우리가 이렇게 작은 강(그라니코스 강을 얕잡아본 발언이었다)을 당장 건너는 게 어렵다고 한다면 부끄럽지 않겠는가. 그렇게 주저하는 태도는 마케도니아인의 이름 높은 투지에도 맞지 않고, 위험에 신속하게 맞서온 나에게도 어울리지 않네. 자네 말대로 하면 분명 페르시아군이 득의양양하게 나올 걸세. 아직 적들을 공포에 떨게 한 경우가 없었기 때문에 자신들이 우리만큼 뛰어난 병사들이라고 생각할 걸세."[37]

알렉산드로스는 더 지체하지 않고 파르메니오에게 좌익을 지휘하도록 한 뒤 자신은 우익으로 갔다. 헤타이로이, 궁수병, 아그리아니아의 창병들로 구성된 우익의 지휘는 이미 파르메니오의 아들 필로타스에게 맡겨두었고 그 옆에는 아라바에우스의 아들 아민타스가 창기병들, 파이오니아인, 소크라테스의 대대와 함께 배치되었다. 그 옆에는 파르메니오의 아들 니카노르가 지휘하는 수비 대대, 오론테스의 아들 페르디카스, 폴레모크라테스의 아들 코이노스, 안드레메네스의 아들 아민타스가 이끄는 보병대가 차례로 배치되었고, 마지막으로 아민타스의 아들 필리포스의 부대가 자리 잡았다. 좌익의 선두에는 하르팔루스의 아들 칼라스가 지휘하는 테살리아 기병대가 섰고 메넬라우스의 아들 필리포스의 연합 기병대와 아가톤이 이끄는 트라키아인들이 이들을 지원했다. 그들의 바로 오른쪽에는 보병

---

37 싸우겠다는 페르시아의 결정이 알렉산드로스로서는 더할 나위 없이 흡족했을 것이다. 알렉산드로스는 승리를 거둘 경우 소아시아에 있는 그리스 도시들의 사기가 높아질 것을 알고 있었고, 페르시아의 분명한 패배에 대해 상대 지휘관들이 변명의 여지가 없길 원했다.
이번 일은 알렉산드로스가 파르메니오의 조언을 거절한 많은 사례 중 첫 번째 경우이다. 하지만 이런 사례들 중 일부는 공식 역사가였던 칼리스테네스가 파르메니오의 암살에 대한 증오를 완화하기 위해 이 늙은 장군을 폄하하는 이야기를 꾸며낸 것일 수 있다.

그라니코스 강 전투.

대(크라테루스, 멜레아그로스, 필리포스의 대대)가 군 전체의 중심부까지 늘어섰다.

페르시아군은 약 2만 명의 기병과 그에 준하는 수의 보병 용병들을 갖추고 있었다. 강둑은 높고 가팔랐다. 기병대가 둑을 따라 광대한 전선을 이루며 진을 쳤고 보병대가 그 뒤쪽에 섰다.[38] 알렉산드로스가 좌측 전선을 위협하고 있음을 알아차린 적은 강둑의 그 지점에 여러 대대를 집결시켰다. 웅장한 갑옷을 입은 데다 수행원들이 숭배하다시피 모시고 있는 알렉산드로스는 멀리서도 눈에 띄었다.

양쪽 군대는 앞으로 다가올 일을 두려워하는 듯 잠시 강가에 꼼짝 않고 서 있었다. 깊은 정적이 흘렀다. 페르시아군은 마케도니아 병사들이 강을 건너 둑으로 올라올 때 공격하기 위해 대기하고 있었다. 이윽고 말에 뛰어오른 알렉산드로스는 호위대에게 용맹하게 뒤따르라고 독려했다. 그리고 필리포스의 아들 프톨레마이오스가 이끄는 소크라테스의 기병 대대를 필두로 아라바에우스의 아들 아민타스가 전위 정찰대, 파이오니아인들, 보병 중대에게 먼저 강으로 뛰어들라고 명령했다. 소크라테스의 부대는 당시 최고의 기병 부대였다. 알렉산드로스 자신은 우익의 선두에 서서 요란스런 트럼펫 소리와 전쟁의 신에게 바치는 우렁찬 함성을 내지르며 강으로 돌진했다. 알렉산드로스는 병사들에게 물살의 방향과 사선을 유지하며 강을 건너게 했다. 물에서 나갈 때 측면 공격을 막고 가능한 한 견고한 전선을 이룬 상태로 적과 교전을 시작하기 위해서였다.

---

38 이런 대열 때문에 전세가 돌이킬 수 없을 정도로 기울 때까지 기병대가 돌격할 기회와 보병대(분명 2만 명이 되지 않았다)가 싸울 기회가 주어지지 않았다. 이런 실수를 저지른 이유는 분명하지 않다.

주위를 내려다볼 수 있는 고지와 비교적 평평한 강가의 양쪽에 주둔해 있던 페르시아군은 아민타스와 소크라테스가 이끄는 선두 대열이 강기슭에 다다르자 강을 향해 투척 무기를 퍼부었다. 마케도니아 기병대는 기슭으로 오르려 하고 페르시아군은 이를 저지하는 가운데 백병전이 벌어졌다. 페르시아 병사들의 창이 연이어 쏟아졌고 마케도니아군은 긴 창을 내뻗어 찔러대기 시작했다. 수적으로 열세인 알렉산드로스의 군대는 이 첫 번째 전투에서 심각한 피해를 입었다. 강둑 위에서 내려다보며 공격하는 적을 상대로 아래쪽에서 싸워야 하는 알렉산드로스의 병사들은 바닥이 불안정한 강에 지지한 상태였기 때문이다. 또한 그들은 가장 우수한 페르시아 기병대와 대적한 상태였고 전장 한복판에는 용맹한 멤논과 그의 아들이 있었다.

결국 페르시아군과 맨 처음 맞붙었던 병사들은 거의 전사했지만 일부 선두부대는 강을 건너고 있는 알렉산드로스 쪽으로 합류하기 위해 물러섰다. 우익의 맨 앞에 선 알렉산드로스는 이제 건너편 강둑에 닿았고, 잠시 후 부하들의 선두에 서서 치열한 전장에 뛰어들었다. 그는 적의 기병들이 가장 빽빽하게 밀집해 있는 지점, 즉 페르시아 지휘관들이 자리한 곳을 공략했다. 그에 따라 알렉산드로스를 둘러싼 곳에서 격렬한 싸움이 벌어졌고, 그러는 사이에 처음보다는 강을 건너기가 훨씬 수월해진 마케도니아군이 한 중대씩 차례로 강을 건넜다. 이 전투는 보병 전술을 이용한 기병전이었다. 말과 말, 사람과 사람이 서로 뒤엉켜 싸웠다. 마케도니아군은 적을 기슭에서 공터로 밀어내기 위해 안간힘을 다했고 페르시아군은 적병들의 상륙을 저지하거나 다시 강으로 던져버리려 사력을 다했다.

전황은 곧 알렉산드로스 측에 유리하게 바뀌었다. 마케도니아군의 경험과 공격력이 발휘되기 시작했을 뿐만 아니라 층층나무로 만든 긴 창이 페르시아군의 가벼운 창보다 더 유리했기 때문이다.

싸우던 중 창이 부러지자 알렉산드로스는 마부 중 한 명인 아레티스를 불러 다른 창을 가져오게 했다. 그러나 역시나 부러진 창의 나머지 반쪽으로 꿋꿋하게 싸우던 아레티스는 부러진 창을 알렉산드로스에게 보이면서 다른 사람에게 시키라고 부탁했고, 알렉산드로스의 개인 호위대 중 한 명인 코린트의 데마라투스가 창을 가져다 주었다. 새 무기를 손에 쥔 알렉산드로스는 본대보다 훨씬 앞에서 쐐기 대형을 이룬 기병대와 더불어 말을 달리고 있는 다리우스의 사위 미트리다테스를 발견했다. 알렉산드로스는 곧바로 부하들을 앞질러 달려가 미트리다테스의 얼굴을 창으로 찔러 바닥에 떨어뜨렸다. 그 순간 말을 몰고 달려온 로에사케스가 언월도偃月刀[초승달 모양의 큰 칼]로 알렉산드로스의 머리를 내리쳤다. 투구가 쪼개지긴 했지만 칼의 충격을 덜어준 덕분에 머리는 다치지 않았다. 알렉산드로스는 로에사케스를 향해 창을 던져 그의 갑옷을 뚫었다. 가슴에 칼이 꽂힌 로에사케스가 쓰러지자 뒤쪽에 있던 스피트리다테스가 언월도를 쳐들고 알렉산드로스를 내리치려 했다. 그러나 드로피데스의 아들 클레이토스가 더 빨랐다. 클레이토스는 스피트리다테스의 어깨를 베어 그 손에 들렸던 언월도까지 떨어트렸다. 그러는 동안 강에서 올라온 기병대가 차례로 합류하면서 알렉산드로스의 군대는 꾸준히 보강되고 있었다.

페르시아군은 이제 위험한 처지에 놓였다. 말과 기병들은 마케도니아 병사들의 창을 피할 길이 없었다. 진지에서 밀려나게 된 페르시아 병사들은 맹렬하게 몰아대는 중앙 공격뿐만 아니라 기병대들 사이에서 튀어나와 돌진하는 경보병대의 공격으로 상당한 피해를 입었다. 페르시아 기병들은 알렉산드로스가 대응하고 있는 정면부터 무너지기 시작했다.

일단 중앙이 무너지자 좌우 진영도 붕괴되어 페르시아 기병대는 완전한 패배를 맞았다. 이 전투에서 약 1000명이 목숨을 잃었다. 전사자가 이 정도에 그친 이유는 알렉산드로스가 용병들 쪽으로 주의를 돌리면서 페르시아 병사들에 대한 추격을 중단시켰기 때문이다. 용병들은 아직 달아나지 않고 원래의 진지에 빽빽하게 모여 있었다. 자신들이 용맹하다는 걸 보여주기 위해 남아 있었던 게 아니라 갑작스런 참사에 판단력을 잃어버린 탓이었다. 알렉산드로스는 보병대와 기병대에게 합동 공격을 지시하여 곧 항복을 받아낸 뒤 마지막 한 명까지 모두 죽였다. 어쩌면 한두 명쯤은 시체 무더기 틈에서 눈에 띄지 않고 살아남았을지도 모르겠다.[39] 포로로 잡힌 병사는 약 2000명이었다. 전사자 중에는 니파테스, 페티네스, 리디아의 태수 스피트리다테스, 카파도키아 총독 미트로부자네스, 다리우스의 사위 미트리다테스, 다리우스의 아들이자 아르타크세르 크세스의 손자인 아르부팔레스, 다리우스의 처남 파르나케스, 외국 파견대 지휘관 오마레스도 끼어 있었다. 아르시테스는 프리기아로 달아났으나 페르시아인들에게 패배의 책임을 추궁당하여 자살한 것으로 전해진다.

마케도니아 측의 손실은 소소했다. 첫 공격에서 헤타이로이 대원 약 25명이 전사했다. 현재 디움에는 이들의 조각상이 세워져 있는데, 알렉산드로스는 이 조각 작업을 리시포스라는 이에게 맡겼다. 리시포스는 수많은 경쟁자를 제치고 알렉산드로스의 석상을 제작할 조

---

39 이러한 살육은 코린트 동맹의 법령에는 부합하지만 그리스인에게 강제노동을 시킨 조치와 마찬가지로 실책이었다. 알렉산드로스는 밀레투스를 점령했을 때 자신의 실수를 알아차렸고, 끝까지 저항하려 했던 300명의 용병들이 자신의 군에 들어오도록 허가했다.

각가로 뽑힌 인물이었다.[40] 그 외에 다른 기병대원 60명 이상과 보병 대원 약 30명이 목숨을 잃었다.(용병들의 저항을 감안한다면 마케도니아군의 피해 수치는 미심쩍을 정도로 적다.) 전투가 끝난 다음 날, 알렉산드로스의 지시에 따라 모든 전사자를 각자의 무기와 장비와 함께 땅에 묻어주었다. 전사자들의 부모와 자식들은 지방세를 비롯하여 모든 형태의 개인 노역과 재산세를 면제받았다. 알렉산드로스는 부상자들에게도 큰 관심을 기울였다. 모든 부상자를 찾아가 일일이 상처를 살펴보면서 어떤 상황에서 다쳤는지를 물어보았다. 그리고 부상자들이 자신의 공적을 한껏 부풀려 말하는 것을 허락했다. 또한 페르시아군의 지휘관들과 적군을 위해 싸우다 죽은 그리스인 용병들도 땅에 묻어주었다. 그러나 그리스인 포로들은 코린트 동맹의 결의안을 위배하고 외국군의 편에 서서 동포를 공격한 벌로 사슬에 묶어 마케도니아로 보낸 후 강제노동을 시켰다. 또한 아테나 여신에게 바치는 공물로 300개의 갑옷과 투구를 아테네에 보내면서 다음과 같은 글귀를 새기도록 했다.

"필리포스의 아들 알렉산드로스와 그리스인(스파르타인 제외)이 아시아에 사는 페르시아인에게서 빼앗은 이 전리품들을 바칩니다."[41]

알렉산드로스는 아르시테스가 맡고 있던 태수 자리에 칼라스를 앉히고 세금을 예전과 같은 수준으로 유지하도록 지시했다. 산속에 숨어 있다가 투항한 주민들은 모두 집으로 돌려보냈고, 젤레이아

---

40 아리아노스가 잘못 알았던 것으로 보인다. 벨레이우스(1.11.4)에 따르면, 148년에 메텔루스 마케도니쿠스가 조각상을 로마로 옮겼다.

41 그리스인이 전투에서 큰 역할을 하지 않았다는 점을 고려하면 (마케도니아인에 대한 언급이 누락된) 이 문구는 그리스 동맹국들을 겨냥한 선전으로 보인다. 알렉산드로스는 스파르타인이 빠졌음을 강조하는 것도 잊지 않았다.

인의 경우에는 강압에 의해 어쩔 수 없이 페르시아 편에서 싸웠음을 알고 있었기 때문에 조건 없이 용서해주었다. 또한 파르메니오를 파견하여 다스킬리움을 점령토록 했는데, 수비대가 달아나는 바람에 어렵지 않게 도시를 차지할 수 있었다.[42]

알렉산드로스의 다음 목표는 사르디스였다. 사르디스에 도착하기까지 13~14킬로미터를 남겨두고 알렉산드로스는 내부 요새의 지휘관인 미트리네스와 도시의 지도자들을 만났다. 지도자들은 알렉산드로스에게 도시를 넘겨주었고 미트리네스는 요새와 보물들을 내주었다. 알렉산드로스는 사르디스에서 4킬로미터 정도 떨어진 헤르무스 강에서 행군을 멈추고 안드로메네스의 아들 아민타스를 보내 요새를 접수했다. 알렉산드로스는 미트리네스에게 지위에 걸맞은 대우를 해주며 곁에 두었다. 또한 사르디스인과 리디아인이 고유한 옛 풍습을 지킬 수 있도록 허용하고 자유를 주었다.[43]

사르디스에 머무는 동안 알렉산드로스는 페르시아 수비대가 주둔했던 성채에 올라가보았다. 요새는 높고 가파른 언덕 위에 구축되었고 삼중의 벽으로 둘러싸여 있었다. 알렉산드로스는 이 요새가 매우 튼튼한 진지임을 한눈에 알아보았다. 이곳에 올림포스의 제우스 신을 기리는 신전과 제단을 짓기로 결심한 알렉산드로스는 가장 적합한 장소를 물색했다. 그런데 리디아 왕들의 궁전이 있는 곳에 갑자기 천둥이 치더니 여름 폭우가 몰아쳤다. 이를 본 알렉산드로스는

---

42 젤레이아는 그리스 도시지만 아마 지역의 다른 주민들과 같은 세금을 냈을 것이다. 그리스 도시에 대한 알렉산드로스의 정책에 대해서는 E. Badian, 'Alexander the Great and the Greeks of Asia', in *Ancient Society and Institutions. Studies Presented to Victor Ehrenberg*(Oxford, 1966), 37ff 참조.

43 알렉산드로스의 협정에서 알 수 있는 것처럼 이들은 고유의 풍습과 자유를 예전과 똑같이 즐겼다.

제우스 신이 자신의 신전 자리를 직접 알려준 것이라 믿고 그에 맞춰 지시를 내렸다.

알렉산드로스는 헤타이로이 대원 중 한 명인 파우사니아스를 요새의 책임자로 앉히고, 공물을 정리하고 걷어들이는 업무를 니키아스에게 맡겼다. 이전에 스피트리다테스가 다스리던 리디아와 그 외의 영토에는 필로타스의 아들 아산데르를 총독으로 임명하고 적절한 병력의 경보병대와 기병대를 주었다. 또한 칼라스, 아에로포스의 아들 알렉산드로스를 펠로폰네소스인과 그 외의 동맹군들과 함께 멤논의 땅[트로아드에 속한 지역]으로 보냈다. 다만 아르고스인들은 요새의 수비대로 임명하여 사르디스에 남겼다.

한편 그라니코스 강에서의 기병전 소식이 에페수스에 전해졌다. 그러자 에페수스를 수비하던 용병들은 두 척의 함선을 타고 달아났는데, 그중에는 알렉산드로스를 피해 마케도니아를 떠났던 안티오쿠스의 아들 아민타스도 끼어 있었다. 아민타스는 알렉산드로스의 대우에 불만은 없었지만 알렉산드로스에게 반감을 갖고 있었기에 그가 나타났을 때의 불편함을 피한 것이다.

사흘 뒤 에페수스에 도착한 알렉산드로스는 자신을 지지하다가 추방된 사람들을 모두 다시 불러들였다. 또한 소수 지배층의 권력을 빼앗고 민주제를 회복했다. 페르시아에 바치던 세금은 전부 아르테미스 신전에 올리도록 했다.(알렉산드로스는 새 신전을 봉헌하겠다고 제안했지만 에페수스인들은 거절했다. 공물이 면제되지는 않았다는 점에 주목해야 한다.) 옛 지배층에 대한 두려움에서 벗어난 에페수스 시민들은 멤논을 불러들인 사람들, 신전을 약탈하거나 그곳에 세운 필리포스의 조각상을 박살낸 사람들, 광장에 있는 해방자 헤로피투스의 무덤을 파헤친 사람들을 처형했다. 시르팍스와 그의 아들 펠라곤, 조카들도 신전에서 끌어내 돌로 쳐 죽였다. 하지만 죄인을 색출할 기회가 주어지면 복수심에 휩싸인 에페수스 대중이 개인적인 원한이나 탐욕에 사로잡혀 무고한 사람들까지 해칠 것을 잘 알고 있던 알렉산드로스는 복수를 중단할 것을 강경하게 요구했다. 에페수스의 상황을 이렇게 마무리한 덕분에 알렉산드로스는 그 어느 때보다 높은 인기를 얻었다.

그 무렵 마그네시아와 트랄레스에서도 대표단을 통해 항복의 뜻을 보냈다. 알렉산드로스는 파르메니오와 2500명의 연합 보병, 2500명의 마케도니아인, 약 200명의 헤타이로이 대원을 두 도시에 보냈다. 또한 아가토클레스의 아들 알키마쿠스에게 이와 비슷한 규모의 병력을 내주면서 아이올리아의 여러 도시와 아직 페르시아의 지배를 받고 있는 이오니아의 도시들로 진군하라고 명했다. 알렉산드로스는 지역 전체에서 지배층을 쫓아내는 대신 민주 정부를 세워 모든 도시가 자체적인 법과 관습을 지키게 했고, 이전에 페르시아에 바치던 세금도 내지 않도록 했다.(민주제를 구축한 것은 알렉산드로스 측이 민주 정부를 선호했기 때문이 아니라 페르시아가 과두제를 지지했기 때문이었다.) 그 사이에 자신은 에페수스에 머물면서 아르테미스 여신에게 제물을 바치고 완전무장한 병사들이 전투 대형으로 행진하는 의식을 열었다.

이튿날 알렉산드로스는 나머지 보병, 궁수, 아그리아니아인, 트라키아의 기병대, 왕실 헤타이로이 대대, 그 외의 3대대로 구성된 병력을 이끌고 밀레투스로 향했다. 밀레투스 외곽 지역(밀레투스는 전성기에 아이올리아와 도심으로 구성되어 있었고 각각에 요새가 있었다)은 수비대가 철수하여 공격을 하지 않고도 손에 넣을 수 있었다. 알렉산드로스는 이곳에서 행군을 멈추고 도심의 수비대를 봉쇄하자고 제안했다. 도심 수비대에서는 다리우스가 도시 방어를 맡긴 헤기시스트라투스가 여전히 저항하려 하고 있었다. 사실 헤기시스트라투스는 얼마 전에 알렉산드로스에게 편지를 보내 항복하겠다는 뜻을 전했지만 이후 페르시아 함대가 가까이 오자 용기를 얻어 다리우스를 위해 도시를 지키려 했다. 그러나 니카노르가 더 빨랐다. 니카노르는 페르시아 함대보다 사흘 앞서 그리스 함대를 이끌고 밀레투스로 들어와 도시에서 조금 떨어진 라데 섬에 함선 160척을 정박시켰다. 페르시아군은 기회를 잃고 말았다. 니카노르의 함대가 먼저 라데에 들어갔다는 소식을 받자 페르시아의 지휘관들은 미칼레 산 밑에 배들을 정박시켰다. 반면 알렉산드로스는 함대를 섬 해안에 정박시켰을 뿐 아니라 트라키아 파견대와 4000여 명의 용병들을 배치하여 이미 라데를 장악하고 있었다.

페르시아군의 함선은 약 400척이었다. 마케도니아군이 수적으로 열세였지만 파르메니오는 알렉산드로스에게 해전을 전개할 것을 촉구했다. 파르메니오는 틀림없이 해전이 그리스인에게 유리하다고 믿었다. 그가 그렇게 믿었던 진짜 이유는 알렉산드로스의 함선들 뒤쪽 해안에 나타난 독수리 한 마리를 하늘의 계시로 받아들였기 때문이다. 파르메니오는 현재 상황에서 마케도니아군이 승리를 거두게 되면 전략적으로 매우 유리할 것이며, 이미 페르시아가 바다를 장악하고 있으니 이쪽이 패하더라도 크게 심각한 결과는 없을 것이라고 했다. 그는 스스로 배에 오를 위험을 각오하고 있었다. 그러나 알렉산드로스는 파르메니오의 판단이 틀렸으며 징조를 잘못 해석했다고 대답했다. 우선 훨씬 더 우세한 병력을 상대로 무턱대고 해전에 돌입하여 고도로 훈련된 키프로스와 페니키아의 해군에 맞서는 건 말도 안 된다고 했다. 게다가 바다는 까다롭고 변덕스러운 공간인 만큼 알렉산드로스는 자기 부하들의 기술과 용맹성을 전부 노출하는 위험을 무릅쓸 생각이 없었다. 여기서 패한다면 실로 심각한 피해를 입을 뿐만 아니라 출정의 초기 단계를 지켜보는 사람들의 태도에도 지대한 영향을 끼칠 것이다. 특히 페르시아군이 바다에서 승리했다는 소식이 그리스에 전해진다면 반란을 부추기는 결과를 불러올 것이다. 알렉산드로스는 싸워서는 안 되는 이유들을 제시하면서 자신은 독수리 징조를 파르메니오와는 달리 해석한다고 말했다. 독수리의 등장은 분명 길조겠지만 바다가 아닌 육지에 나타난 것은 해군이 아니라 육군이 페르시아 함대를 무찌를 것이라는 뜻이 분명하다고 했다. 말하자면 자신이 육지에서 페르시아 해군을 섬멸한다는 뜻으로 받아들였다.

이 중대한 시점에 글라우키푸스라는 밀레투스의 저명인사가 시민과 도시를 수비하고 있는 외국 용병들의 제안을 가지고 알렉산드로스를 찾아왔다. 그 제안이란 양쪽 군대가 똑같이 항구를 자유롭게 이용하고 성벽 안으로 들어올 수 있도록 조치할 테니 포위를 풀라는 것이었다. 하지만 알렉산드로스는 글라우키푸스에게 다음 날 새벽 자신들을 지킬 준비나 하라는 말과 함께 서둘러 친구들에게 돌아가라고 했다. 그러고 나서 부하들에게 공성攻城 장비[성이나 요새를 공격하는 데 사용된 탑, 공성망치, 스크루 등의 장비]로 공격할 것을 명령했다. 가까운 거리에서 기다란 공성 망치로 방어 시설을 들이받는 공격이 시작되자 알렉산드로스는 안으로 들어갈 만한 틈이 있거나 취약한 지점에 거점을 확보하도록 지시했다. 한편 미칼레 산에 있던 페르시아군은 아군을 공격하는 알렉산드로스의 작전 진행을 확인할 수 있을 만큼 가까이 접근했다.

라데에 있던 니카노르의 병사들은 알렉산드로스의 공격이 시작된 것을 보자 해안을 따라 밀레투스 항으로 나아갔다. 그리고 페르시아 함대가 항구로 들어오지 못하도록 항구 입구의 가장 좁은 곳에 배들을 밀착시켜 밀레투스가 더 이상 해군의 도움을 기대할 수 없도록 했다. 도시의 밀레투스 시민들과 용병대는 이미 알렉산드로스의 공격에 시달리고 있었다. 이렇게 새로운 국면이 펼쳐지자 어떤 이들은 방패를 바다에 띄우고 그 위에 올라탄 채 인근의 작은 섬(이름은 알려지지 않았다)을 향해 노를 저었다. 어떤 이들은 마케도니아 전함들이 도착하기 전에 배를 타고 도망치려 사력을 다했지만 항구 입구에서 사로잡히고 말았다. 대부분의 밀레투스 시민과 용병은 성 안에서 목숨을 잃었다.

도시를 손에 넣은 알렉산드로스는 이제 작은 섬으로 달아난 사람들에게 관심을 돌렸다. 섬의 해안 지형은 무척 가팔라서 상륙하려면 거의 벽을 기어오르다시피 해야 했다. 알렉산드로스는 작전을 용이하게 하기 위해 뱃머리에 성곽 공격용 사다리를 고정시켰다. 하지만 달아났던 자들이 죽기 살기로 응전했고, 이들의 용기와 충성심에 연민을 느낀 알렉산드로스는 앞으로 자신의 군대에서 복무하는 조건을 내걸고 그들에 대한 공격을 중단했다. 이들은 약 300명의 그리스 용병들이었다. 알렉산드로스는 도시를 점령한 뒤에 살아남은 밀레투스 시민들을 모두 풀어주었다.

페르시아인들은 한동안 미칼레 산을 기지로 삼아 밀레투스에 있는 그리스 함대를 계속 자극했다. 싸움을 걸려는 듯이 매일 밀레투스 쪽으로 이동했다가 밤에는 기지에 머물렀다. 그러나 배에서 사용할 물을 구하기 위해서 수고스럽게도 멀리 떨어진 미안데르 강까지 가야 했다.(밀레투스는 미안데르 강 어귀에서 약 16킬로미터 떨어진 곳에 위치했다.) 알렉산드로스는 마케도니아 함대에게 계속 항구에서 경계

근무를 서게 함으로써 페르시아군이 밀고 들어오지 못하게 막았다. 또한 필로타스와 기병대, 보병 중대를 미칼레 산으로 보내어 페르시아군의 상륙을 막으라고 지시했다. 물과 물자가 부족해 사실상 포위 상태에 놓인 페르시아 병사들은 결국 사모스 섬으로 배를 몰고 가서 필요한 물품을 가득 실은 뒤 밀레투스로 돌아와야 했다. 페르시아군은 마케도니아군을 넓은 바다로 유인하기 위해 항구에서 멀리 떨어진 곳에 진을 쳤지만, 다섯 척의 배가 라데와 해안의 마케도니아 진지 사이로 은밀히 진입했다. 그들은 마케도니아 병사들이 대부분 땔감이나 식량 등의 물자를 구하러 나간 때를 노려서 병사들이 자리를 비운 사이에 배를 기습 공격할 작정이었다. 하지만 마케도니아군의 일부가 자리를 비웠을 뿐 배에는 충분한 인원이 남아 있었다. 다섯 척의 적선이 다가오는 것을 본 알렉산드로스는 즉각 배 열 척에 병사들을 태워 내보내며 격퇴할 것을 지시했다. 페르시아군은 예상과 달리 마케도니아군의 배들이 돌진하는 것을 확인하자 먼 거리에 있었음에도 불구하고 서둘러 뱃머리를 돌렸다. 다섯 척 중에서 야수스군을 태운 배는 속도가 느려서 붙잡혔지만 나머지 네 척은 추적자들을 따돌리고 함대로 합류했다. 이 사건으로 페르시아 함대는 아무런 성과도 거두지 못한 채 밀레투스를 떠나야 했다.

비로소 알렉산드로스는 함대를 해산하기로 결정했다. 당시 그에게는 함대를 유지할 만한 자금이 없었다. 알렉산드로스는 자신의 함대가 페르시아 해군의 상대가 되지 않는다는 사실을 알고 있었고, 배든 사람이든 자기 병력의 어떤 부분도 무모한 위험을 겪게 하고 싶지 않았다.(또한 알렉산드로스는 그리스 동맹군의 충성심을 믿지 않았던 것이 분명하다. 알렉산드로스는 20척의 아테네 배를 유지했는데 그 배에 탄 병사들은 인질이었다고 볼 수도 있다.) 게다가 자신의 육군이 이미 대륙을 장악했기 때문에 함대가 더 이상 필요 없다고 판단했다. 아시아의 해안에서 페르시아군이 이용할 항구가 없으면 병사들을 보충할 수도 없기 때문에 해안 도시들을 장악하는 그 자체로 페르시아 해군을 무력화시킬 수 있었던 것이다. 독수리 징조에 대해 알렉산드로스가 내린 해석의 핵심은 바로 이것이었다. "육지에서 배들을 정복할 것이다."

밀레투스의 상황을 매듭지은 알렉산드로스는 할리카르나소스에 토병과 용병으로 구성된 상당한 페르시아 병력이 있다는 전갈을 받고는 카리아로 출발했다. 그의 출정길에 거치는 모든 도시는 저항 없이 항복했다. 그러나 할리카르나소스에 도착한 알렉산드로스는 장기적인 포위공격을 예상하고 도시에서 800미터 이상 떨어진 지점에 진을 쳤다. 지형적 입지가 불리할 뿐만 아니라 이미 멤논이 철저히 대비하고 있었기 때문이다. 다리우스는 남부 아시아를 통할하고 함대 전체를 지휘할 수 있는 권한을 멤논에게 부여한 상태로, 도시에는 페르시아 병사들과 용병으로 이루어진 강력한 군대가 지키고 있었고 항구에는 군함들이 배치되어 있어 여차하면 페르시아군은 해군의 지원을 받을 수도 있었다.[44]

첫째 날 알렉산드로스는 밀라사를 마주보는 요새 쪽으로 움직였다. 알렉산드로스군이 성문 쪽으로 다가가자 수비대가 원거리 무기를 투척하기 시작했다. 반격에 나선 알렉산드로스군이 이를 막아내자 페르시아 수비대는 성벽 안으로 철수했다. 며칠 뒤 알렉산드로스는 수비대와 헤타이로이 그리고 아민타스, 페르디카스, 멜레아그로스가 지휘하고 아그리아니아인들과 궁수부대가 보병 대대를 지원

---

44 포위공격, 특히 마지막 단계에 대한 다소 다른 진술은 Diodorus, 17.23~27 참조.

하는 공격대를 편성하여 민두스를 마주한 요새 쪽으로 향했다.(민두스는 할리카르나소스가 위치한 반도의 서쪽 끝에 있었다.) 더 쉽게 접근하기 위해 그 구역의 수비 상태를 정찰할 목적이었지만 민두스를 차지한다면 할리카르나소스를 점령하기도 수월하기 때문에 기습 가능성을 타진할 작정이었다. 특히 어둠을 틈타 알렉산드로스군에게 문을 열어주겠다는 민두스 사람들의 구미 당기는 제안도 받은 터였다. 그들의 제안을 의심 없이 받아들인 알렉산드로스는 자정 무렵 도시 쪽으로 다가갔다. 그러나 민두스 쪽에서는 투항의 기미가 보이지 않았다. 할리카르나소스를 배신한 민두스를 수중에 넣을 수 있을 것으로 예상했기에 알렉산드로스는 포위공격에 필요한 공성 망치나 공성 무기도 없었고 사다리도 준비하지 않은 상황이었다. 알렉산드로스는 보병들로 하여금 성벽 밑에 참호를 파서 무너뜨리라는 명령을 내렸다. 보병들은 보루 하나를 무너뜨렸지만 성벽의 수비는 뚫리지 않았다. 민두스 사람들은 바다를 통해 도착한 할리카르나소스 증원군의 힘을 빌려 알렉산드로스군의 기습공격을 필사적으로 저지하고 있었던 것이다. 목적을 이루지 못한 채 철수해야 했던 알렉산드로스는 다시 할리카르나소스 포위공격으로 관심을 돌렸다.

알렉산드로스는 도시 바깥에 파놓은 너비 14미터 깊이 7미터가량의 참호를 메우기 시작했다. 공성 무기를 사용하기 위해서였다. 이 작업은 어렵지 않게 완료되었고 공성 무기들은 적절한 곳에 배치되었다. 어둠이 내리자 일단의 할리카르나소스군이 잠입하여 충차[衝車, 성의 문이나 성벽에 충격을 가해 파괴시키는 무기]를 포함하여 진지에 설치했거나 이동시키려던 마케도니아의 공성 무기에 불을 지르려 했다. 그러나 보초를 서던 마케도니아 병사들에 의해 발각되었고, 이들이 싸우는 소리에 잠이 깬 다른 병사들의 협공으로 적들은 도시 방어벽 안으로 달아났다. 이 과정에서 할리카르나소스는 170명의 병사를 잃었는데, 그중에는 아라바에우스의 아들이자 아민타스의 형제로서 다리우스에게 달아났던 네오프톨레모스도 있었다.(디오도로스에 따르면 네오프톨레모스는 마케도니아 편에서 싸우다가 목숨을 잃었다.) 알렉산드로스 측은 16명의 사망자와 300명의 부상자가 발생했다. 부상자가 비교적 많았던 이유는 방어하기 어려운 야간 기습이었기 때문이다.

며칠 뒤, 페르디카스 대대에 소속된 마케도니아 보병 두 명이 막사에서 술을 마시면서 자신의 무용담을 늘어놓고 있었다. 술에 취해 경쟁하듯 자신의 공적을 떠벌리던 두 병사는 마침내 무기를 집어 들고는 밀라사를 마주보는 고지의 성벽으로 돌격했다. 목숨을 건 진지한 대결이라기보다는 자신이 얼마나 강한지를 증명하려는 충동의 발로였다. 두 얼간이가 달려오는 모습을 본 도시 안의 병사들은 즉시 공격에 나섰다. 할리카르나소스 쪽의 수가 더 많았고 고지에서 무기를 발사할 수 있는 유리한 형국이었지만 두 명의 마케도니아 병사는 가까이 접근한 적병들을 죽이고 멀리 있는 적들을 향해 투척무기를 던졌다. 위협적인 상황이 벌어지자 페르디카스 부대의 병사들이 출격했고 할리카르나소스 쪽에서도 증원군이 달려왔다. 치열한 전투 끝에 이번에도 마케도니아 병사들은 적을 성 안으로 쫓아냈다. 사실 이 순간은 도시 자체를 점령할 절호의 기회였다. 성벽 방어가 철저하지 않았고 두 개의 탑이 벽과 함께 무너져 있어서 전면적으로 공격했다면 쉽게 도시 안으로 진격할 수 있었다. 게다가 세 번째 탑 역시 심하게 파괴되어 토대를 허물면 쉽게 무너뜨릴 수 있었다. 하지만 마케도니아군이 손을 쓰기도 전에 도시 안에서는 초승달 모양으로 벽돌을 쌓아 성벽의 틈을 메워버렸다. 인력이 많아서 그 정도의 보수작업은 가볍게 해결되었다.

이튿날 알렉산드로스가 새로 쌓은 성벽을 공격하기 위해 공성 무기들을 대동하고 나타나자 도시 쪽에서는 바로 반격에 나섰다. 할리카르나소스의 목적은 알렉산드로스의 공격 기구들을 불태워버리는 것으로, 성벽 가까이 접근한 차폐막의 일부와 목조탑 중 하나를 태우는 데 성공했다. 하지만 나머지 기구들은 보초를 서고 있던 필로타스와 헬라니쿠스의 병사들이 지켜냈다. 기습공격에 나섰던 할리카르나소스 공격대들은 알렉산드로스가 등장하자 횃불을 떨어뜨리고 (대부분 무기까지 던져버리고) 도시 안으로 줄행랑을 쳤다.

이렇게 기세가 꺾였음에도 불구하고 이어진 전투의 첫 단계에서는 수비 쪽이 유리했다. 우세한 고지를 차지하고 있었기 때문으로, 공성 기구 앞을 지키고 있던 알렉산드로스의 병사들은 정면뿐만 아니라 측면의 공격까지 감수해야 했다. 붕괴된 원래의 성벽 양쪽에 아직 남아 있는 탑들에서도 무기가 날아올 수 있기 때문이다. 더욱이 새로 만든 성벽으로 다가갈 때는 후방 공격을 받을 수도 있었다.

며칠 뒤 알렉산드로스는 도시 안쪽에서 새로 축조한 벽을 향해 다시 공격을 전개했다. 이번에는 알렉산드로스가 직접 작전을 지휘했다. 그러나 그의 작전은 할리카르나소스의 총력전에 부딪쳤다. 할리카르나소스의 한 사단은 알렉산드로스가 위치한 무너진 벽 쪽에서, 다른 사단은 마케도니아군이 전혀 예측하지 못한 지점인 삼중문 쪽에서 불 붙인 나무를 공성 기구 쪽으로 던지거나 그밖의 불에 잘 타는 것들을 함께 던져 불길이 번지도록 했다. 마케도니아 병사들은 알렉산드로스의 지휘 아래 강하게 반격했다. 공성탑 위에 올려놓은 투석기로 무거운 돌을 쉴 새 없이 날리는 동시에 창을 연달아 쏘아서 어렵지 않게 도시 수비대를 또 다시 방어벽 안으로 후퇴시켰다.

할리카르나소스 측은 상당한 병력을 동원해 대담한 공격을 벌인 만큼 큰 손실을 입었다. 마케도니아 병사들과 육탄전을 벌이다 죽은 자도 있고 성벽의 부서진 잔해에 깔려 목숨을 잃은 자도 있었다. 많은 병사가 한꺼번에 통과하기엔 벽의 틈이 좁았고 돌무더기들이 가로막고 있어 넘어가기도 어려웠다.

삼중 문에서 진격했던 할리카르나소스의 병사들은 마케도니아의 근위대장 프톨레마이오스가 이끄는 아다에우스와 티만데르의 부대 그리고 이들을 지원하는 경보병대와 맞닥뜨렸다. 프톨레마이오스의 병사들은 도시 수비대의 공격을 어렵지 않게 물리쳤다. 이에 따라 삼중 문에서 싸우던 할리카르나소스 병사들은 후퇴하는 과정에서 심한 타격을 입었다. 병사들이 성 안으로 돌아가기 위해 해자 위에 놓인 좁은 다리를 통과할 때 과도한 무게를 이기지 못하고 다리가 무너진 것이다. 수많은 병사가 해자로 떨어져 죽거나 동료들에게 밟혀 죽거나 마케도니아 병사들이 위에서 던진 무기에 맞아 죽었다. 하지만 최악의 학살은 성문 근처에서 벌어졌다. 도망치는 할리카르나소스 병사들의 뒤를 바짝 쫓는 마케도니아 병사들을 성 안으로 들이지 않으려고 수비대가 성문을 너무 일찍 닫아버린 것이다. 그 결과 성 안으로 들어가지 못한 많은 할리카르나소스 병사가 성벽 앞에서 마케도니아 병사들의 손에 살육되었다. 도시는 또 다시 알렉산드로스의 손아귀를 벗어났다. 그러나 그런 와중에도 도시를 구하고 싶었던 알렉산드로스는 할리카르나소스 시민들에게 협상 기회를 주기 위해 공격을 중단했다.

이 전투에서 할리카르나소스는 약 1000명의 병사를 잃었고 알렉산드로스는 근위대장 프톨레마이오스, 궁수부대를 지휘하던 클레아르코스, 천부장(대대 지휘관) 아다에우스를 포함하여 유명한 마케도니아 병사 40명 정도를 잃었다.

페르시아의 지휘관 오론토바테스와 멤논은 상황을 의논하기 위해 만났다. 이미 일부 성벽은 무너졌고 다른 부분도 훼손이 상당해서 더 이상 버티기 힘든 상태였으며, 무엇보다 병력의 손실이 심각했다. 많은 병사가 죽었거나 부상으로 움직일 수 없는 지경이었다. 그러자 자정이 가까운 시각에 그들은 적의 공격 무기에 대응하기 위해 세웠던 목조탑과 무기고에 불을 질렀다. 탑과 무기고의 불길이 바람을 타고 다른 건물들로 번지는 동안 성벽 근처의 가옥들에도 불을 질렀다. 살아남은 병사들은 아르코네스라는 섬의 요새와 살마키스라 불리는 고지로 후퇴했다.

이때 알렉산드로스에게 달려와 투항한 할리카르나소스 사람들은 이 일을 알렉산드로스에게 보고했다. 눈앞에서 불이 번지는 모습을 확인한 알렉산드로스는 자정이 가까운 시각이었지만 마케도니아 병사들을 출동시켜 건물에 불을 지르는 자들을 죽이고 집에 갇힌 사람들을 구조하라고 지시했다.

날이 밝자 페르시아군과 용병들이 살마키스와 아르코네스 요새를 차지했다는 보고를 받았으나 알렉산드로스는 두 요새를 공격하지 않기로 결정했다. 그러기에는 시간이 많이 허비될 뿐 아니라 도시 자체를 수중에 넣은 마당에 그 요새들을 얻어봤자 별 이득이 없다고 판단했기 때문이다. 알렉산드로스는 밤사이 전투에서 죽은 병사들을 묻어주고 공성 무기를 담당하는 병사들에게 기구들을 트랄레스로 옮기라고 지시한 뒤 도시를 완전히 파괴했다. 그리고 이곳과 카리아의 나머지 지역을 지킬 3000명의 보병(용병들)과 약 200명의 기병을 프톨레마이오스의 지휘 아래 남겨두고 프리기아로 떠날 채비를 했다.

알렉산드로스는 헤카톰누스의 딸 아다를 카리아의 총독으로 임명했다. 아다는 히드리에우스의 왕비이자 여동생으로, 카리아에서는 왕이 여동생과 결혼하는 관습이 있었다. 히드리에우스는 죽음을 앞두고 왕비에게 권좌를 물려주었다. 여성 통치는 세미라미스 Semiramis[아시리아의 전설적인 여왕이자 바빌론 창건자] 이후 아시아에서 익숙한 일이었다.[45] 훗날 픽소다루스가 아다를 쫓아내고 권력을 차지했고, 그가 죽은 뒤에는 사위 오론토바테스가 알렉산드로스의 임명을 받아 권좌를 차지했다. 당시 카리아에서 가장 방어가 튼튼한 곳 중 하나인 알린다 지역을 다스리고 있던 아다는 알렉산드로스가 카리아를 침략하자 그에게 도시를 넘겨주었다. 그리고 알렉산드로스를 자신의 양자로 삼겠다고 제안했으나 거절당했다. 알렉산드로스는 알린다를 아다에게 돌려주었고, 할리카르나소스를 함락시켜 카리아를 손에 넣자 전 지역의 통치권까지 그녀에게 주었다.

원정에 참여한 마케도니아 병사 중에는 출정 직전에 결혼한 이들이 적지 않았다. 그러한 병사들을 배려할 필요를 느낀 알렉산드로스는 그들이 아내와 함께 겨울을 보낼 수 있도록 카리아에서 귀향 조치했다. 그들을 인솔할 인물로는 근위대 장교인 셀레우코스의 아들 프톨레마이오스, 고위급 장교인 폴레모크라테스의 아들 코이누스와 네오프톨레모스의 아들 멜레아그로스를 선정했는데, 코이누스와 멜레아그로스 역시 신혼이었기 때문에 귀향자에 포함되었다. 그런 한편 장교들에게는 병사들을 데리고 군대에 복귀할 때 가능한 한 많

---

45 카리아의 통치자 헤카톰누스는 세 명의 아들 마우솔루스, 히드리에우스, 픽소다루스 그리고 두 명의 딸 아르테미시아, 아다를 남겼다. 아르테미시아는 마우솔루스와 결혼하고 아다는 히드리에우스와 결혼하여 모든 자식이 권좌를 물려받았다.

은 기병과 보병을 모집해 오도록 지시했다. 이러한 조치로 인해 알렉산드로스는 마케도니아 병사들로부터 그 어느 때보다 큰 인기를 얻었다.

알렉산드로스는 폴레모크라테스의 아들 클레안데르를 펠로폰네소스 반도로 보내 병사들을 징집하는 한편 파르메니오에게는 헤타이로이 기병 연대, 테살리아 기병대, 그 외의 동맹군 파견대로 구성된 병력, 짐수레를 이끌고 사르디스로 향하도록 했다. 그다음에는 프리기아로 진군케 했다. 알렉산드로스 본인은 리키아부터 팜필리아까지 해안 지방을 장악함으로써 적의 함대를 옴짝달싹 못하게 만들었다. 이 행군에서 처음 점령한 지역은 요새 도시 히파르나였다. 용병 수비대가 도시를 지키고 있었지만 알렉산드로스 측이 휴전을 권하자 그들은 성채를 포기하고 밖으로 나와 굴복했다. 전투는 없었다. 리키아로 들어간 알렉산드로스는 텔미소스를 차지했고, 텔미소스 주민은 알렉산드로스에게 저항하지 않을 것을 약속했다. 그 뒤 알렉산드로스는 크산투스 강을 건넜고 피나라, 크산투스, 파타라 그리고 약 30개의 소규모 지역으로부터 항복을 받아내었다.(유일하게 저항이 있었던 마르마라에서는 주민들 스스로 도시에 불을 질렀다.)

드디어 한겨울로 접어들었을 때 알렉산드로스는 밀리아스라는 지역에 도착했다. 밀리아스는 실제로는 프리기아에 속해 있으나 그 당시엔 페르시아 왕의 명령으로 리키아 영토에 포함되어 있었다.(밀리아스는 리키아의 옛 이름이지만 나중에는 북동쪽의 피시디아까지 뻗은 고지대를 지칭했다.) 이곳을 찾은 파셀리스의 사절단은 알렉산드로스에게 황금 왕관을 바치며 친선을 제안했으며, 대부분의 남부 리키아 지역에서도 비슷한 제안이 잇따랐다. 알렉산드로스는 파셀리스와 리키아 사절단에게 각 도시를 적절한 인물에게 넘길 것을 명했고, 이에 따라 항복의 절차가 진행되었다. 그런 직후 알렉산드로스는 직접 파셀리스로 가서 피키디아인이 파셀리스 사람들을 괴롭히기 위해 건설했던 요새를 파괴하는 데 힘을 보탰다. 실제로 그 요새는 파셀리스의 농부들을 약탈하기 위한 기지로 이용되고 있었다.

알렉산드로스가 파셀리스에서의 작업을 마무리하고 있을 때 아에로포스의 아들 알렉산드로스가 반역을 꾀하고 있다는 소식이 들려왔다. 아에로포스의 아들 알렉산드로스는 헤타이로이의 일원으로서 왕과 가까운 사이였고 테살리아 기병대의 지휘관이기도 했다. 또한 필리포스의 암살에 연루되었던 헤로메네스와 아라바에우스(둘 다 처형당했다)와 형제지간이기도 했다. 필리포스가 암살당했을 때 아에로포스의 아들 알렉산드로스가 연루된 증거가 있었지만 그는 부왕이 죽었을 때 가장 먼저 무장을 하고 궁으로 들어와 알렉산드로스를 지원했던 사람들 중 한 명이었기 때문에 알렉산드로스 왕은 그를 용서해주었다. 이후 알렉산드로스는 그에게 명예로운 지위를 내리고 측근으로 삼아 트라키아의 작전 지휘관을 맡기기도 했고, 이후에는 속주(헬레스폰투스 해협의 프리기아)의 총독으로 파견된 칼라스를 대신하여 테살리아 기병대의 지휘관으로 임명했다.

음모가 알렉산드로스에게 알려진 경위는 다음과 같다. 페르시아군으로 달아난 아민타스가 다리우스에게 동료 알렉산드로스(이후 '동료 알렉산드로스'로 지칭하기로 한다)의 제안이 담긴 편지를 전달했다. 편지를 읽은 다리우스는 측근 중 시시네스라는 믿을 만한 인물을 해안 지방에 파견했다. 표면상의 목적은 프리기아의 태수 아티지에스를 방문하는 것이었으나 실상은 동료 알렉산드로스와 만나 알렉산드로스 왕을 암살하는 데 성공할 경우 마케도니아 왕좌와 금 1000달란트를 주겠다는 밀약을 맺기 위해서였다. 그러나 시시네스는 파르메니오에게 붙잡혀 자신의 진짜 임무를 실토할 수밖에 없었고, 그 후 삼엄한 감시 속에서 알렉산드로스 왕에게 끌려가 또 다시 음모를 자백했다. 왕은 친구들을 불러 모아 이 일을 상의했다. 알렉산드로스의 최측근인 헤타이로이 대원들은 신뢰할 수 없는 장교에게 최고 기병대의 지휘를 맡긴 것 자체가 잘못이며 동료 알렉산드로스가 테살리아인과 결탁하여 반란을 일으키기 전에 당장 처단해야 한다고 주장했다.

더욱이 이때 불길한 현상이 나타나 근심거리를 더했다. 할리카르나소스를 포위공격하던 무렵 낮잠을 즐기고 있는 알렉산드로스의 머리 주위로 제비 한 마리가 날아와 경고라도 하듯 빙빙 돌면서 시끄럽게 울어대더니 침대 여기저기에 앉았다. 매우 피곤했던 알렉산드로스는 눈을 감은 채 귀에 거슬리는 제비를 쫓아내려고 팔을 휘휘 내저었다. 그러나 제비는 알렉산드로스의 손짓을 두려워하는커녕 머리맡에 내려앉더니 그가 잠에서 깰 때까지 꼼짝하지 않았다.

이것을 예사롭지 않은 징조로 확신한 알렉산드로스는 예언자인 텔미소스의 아리스탄데르에게 이 이야기를 들려주었다. 아리스탄데르는 친구의 배신이 있을 징조라고 단언했다. 또한 제비는 사람들에게 친근하고 수다스럽다는 점을 들어 음모가 발각될 것이라고 예언했다.

이 사건은 시시네스의 고백에 확신을 더해주었다. 그래서 왕은 알렉산드로스의 아들 암포테로스(크라테루스의 형제)를 파르메니오에게 보내면서 페르가 지역의 토병들을 안내자로 수행시켰다. 그 지방의 옷차림으로 위장하여 들키지 않고 파르메니오를 찾아간 암포테로스에게 명령서 따위는 없었다. 알렉산드로스는 이런 경우 문서화된 모든 것이 위험하다고 판단했기 때문이다. 암포테로스는 명령을 구두로 전했고 동료 알렉산드로스는 붙잡혀 감금되었다.

이제 알렉산드로스는 파셀리스를 떠났다. 군의 일부는 트라키아인들이 알렉산드로스를 위해 닦아놓은 길을 따라 산 너머 페르가로 향하도록 했는데, 그 길이 아니었으면 길고 험난한 행군이 되었을 것이다. 알렉산드로스 자신은 정예 병사들과 함께 해안을 따라 나아갔다. 이 경로는 북풍이 불 때는 통과할 수 있지만 남풍이 몰아칠 때는 불가능한 길로, 알렉산드로스가 출발하기 직전에 남쪽에서 강한 바람이 불기 시작했다. 그러나 (알렉산드로스와 참모들이 믿는 것처럼 신의 은총으로) 바람은 곧 북풍으로 바뀌었고 알렉산드로스 일행은 쉽고 빠르게 길을 지날 수 있었다.[46]

페르가에서 진군하던 알렉산드로스는 아스펜두스에서 온 사절단을 만났다. 그들은 알렉산드로스에게 도시를 넘겨줄 테니 도시 안에 수비대를 배치하지 말 것을 부탁했다. 알렉산드로스는 이 부탁을 들어주는 조건으로 병사들의 급여 50달란트를 내고 다리우스에게 조공하려고 기르던 말을 요구했다.[47] 사절단은 두 가지 요구에 합의하고 아스펜두스로 돌아갔다.

알렉산드로스의 다음 목적지는 시데였다. 시데 주민들은 원래 아이올리아의 키메 출신이었다. 전해지는 이야기에 따르면 키메에서 배를 타고 건너와 이곳에 정착한 이들은 새 보금자리를 마련하자마자 모국어인 그리스어를 버리고 이국의 언어를 쓰기 시작했다고 한다.

---

46 플루타르코스는 많은 역사가들이 알렉산드로스를 '인상적이고 과장되게' 다룰 만한 사건으로 인식하여 '하늘이 내려준 뜻밖의 행운'에 관해 서술했다고 언급했다.(*Alexander*, 17.6) 그는 알렉산드로스는 이 기적적인 일에 대해 아무 언급도 하지 않았지만 아마도 칼리스테네스가 알렉산드로스의 동의를 얻어 이렇게 과장하는 작업을 시작했음을 나타내는 편지를 인용했다.

47 바디안(*Ehrenbert Studies*, 65)은 50달란트는 그리스의 도시가 내기에는 엄청나게 큰 금액이었으며, 이 요구는 알렉산드로스가 당시 돈이 필요했다는 사실을 알려준다고 언급했다.

그 언어는 이 지역 사람들이 사용하던 언어가 아닌 완전히 새로운 그들만의 방언으로, 그때부터 시데 사람들은 언어를 비롯한 모든 것이 주변 지역과는 다른 이방인으로 살았다.

알렉산드로스는 시데에 주둔군을 남겨놓은 뒤 용병들과 토병들이 지키는 요새 도시 실리움으로 향했다. 하지만 본격적인 포위작전 없이 기습공격으로는 요새 도시를 공략할 수 없었고, 아스펜두스 사람들이 합의한 바를 어겼다는 전갈을 받게 되자 알렉산드로스는 아스펜두스로 방향을 돌리기로 했다. 아스펜두스 사람들은 앞서 합의대로 기르던 말들을 관리에게 넘기지도 않았고 돈을 내려고도 하지 않았으며, 오히려 재산을 성 안으로 옮긴 뒤 알렉산드로스의 병사들이 들어오지 못하도록 성문을 닫아걸고는 성벽을 수리하고 있었다.

아스펜두스는 매우 가파르고 수비하기 좋은 언덕에 자리 잡고 있었고 아래로는 에우리메돈 강이 흘렀다. 중앙 요새를 둘러싼 평지에는 많은 집이 있었고 그리 높지 않은 벽이 집들을 에워싸고 있었다. 그러나 알렉산드로스가 돌아오고 있다는 소식에 시민들은 평지의 집에서 나와 허둥지둥 언덕 위의 중앙 요새 안으로 피신했다. 알렉산드로스는 아스펜두스에 도착하자 부하들을 이끌고 (이제 무방비 상태인) 외벽 안으로 들어가 버려진 집들에 막사를 쳤다.

알렉산드로스가 나타나고 마케도니아군이 주위를 에워싸자 두려움에 떨던 시민들은 대변인을 보내 원래의 조건을 수행하게 해달라고 간청했다. 아스펜두스의 진지는 견고했고 마케도니아군은 장기적인 포위공격 준비를 갖추지 않은 상황이었지만 알렉산드로스는 이 요청을 거절했다. 그리고 앞서 약속했던 말들과 50달란트 외에 50달란트를 추가로 바치고 도시의 지도자들을 인질로 넘길 것을 요구했다. 또한 아스펜두스 시민들은 알렉산드로스가 임명한 총독에게 복종하고 매년 마케도니아에 공물을 바쳐야 하며, 이들이 이웃 국가들의 땅을 무력으로 차지했다는 혐의에 따라 토지 소유 조사에 응하라고 했다.

이 문제가 만족스럽게 해결된 후에야 알렉산드로스는 페르가로 돌아갔고, 여기에서 텔미소스Telmissus(테르메소스. 아리아노스의 표기 실수로 보임)를 경유하는 길을 따라 프리기아로 향했다. 텔미소스인들은 피시디아 혈통의 아시아 종족이며, 텔미소스는 높고 가파른 고지에 자리 잡고 있어 이곳을 지나는 길은 몹시 험했다. 높은 지대의 도시에서 형성된 언덕이 뻗어 내려오다가 갑자기 절벽을 이루고 길 건너편으로 다시 가파른 절벽이 솟아오른 형국이었다. 길 양쪽의 낭떠러지가 자연적인 관문 역할을 했기 때문에 고지에 형성된 도시는 소규모의 병력으로도 수비가 가능했는데, 텔미소스 사람들은 정확히 이 전략을 수행했다. 가능한 한 많은 병사를 동원하여 길 양쪽의 고지를 지키고 있었던 것이다. 알렉산드로스는 병사들의 진군을 즉각 중단시켰다. 밤을 보내기 위해 진을 치는 모습을 보여주면 텔미소스군은 대부분 도시로 철수하고 언덕에는 소수만이 남아 감시할 것이라 확신한 것이다. 알렉산드로스의 추측은 틀리지 않았다. 텔미소스군의 본대는 물러나고 전초부대만 남았다. 그러자 알렉산드로스는 궁수와 투창병, 기동성이 뛰어난 보병들에게 즉각 공격을 지시했다. 산등성이에 남아 있던 소규모의 병사들은 알렉산드로스군의 투척무기 공격을 견디지 못하고 달아났고, 알렉산드로스는 좁은 통로를 지나 도시 근처에 새로운 진을 쳤다.

이 상황에 셀게의 사절단이 알렉산드로스를 찾아와 면담을 청했다. 제법 규모가 큰 도시를 이룬 셀게 사람들 역시 (아시아 종족인) 피시디아인으로, 뛰어난 전사들을 갖추고 있었다. 텔미소스와 숙적 관계인 셀게는 알렉산드로스를 지원하겠다고 제안했고 알렉산드로스는 이를 받아들였다. 이후 모든 상황에서 셀게인들은 신뢰를 보여주었다.

장기적인 포위공격 없이는 텔미소스를 정복하기 힘들다고 결론을 내린 알렉산드로스는 우선 사갈라수스로 진군했다. 사갈라수스 역시 꽤 큰 도시로, 이곳 주민들도 텔미소스인과 마찬가지로 피시디아 혈통이었다. 피시디아인은 모두 탁월한 전사였지만 특히 사갈라수스인들이 출중했다. 당시 사갈라수스인들은 성벽 못지않게 방어전에 유리한 고지를 차지한 채 도시 앞에서 마케도니아군의 공격을 기다리고 있었다. 알렉산드로스는 공격대의 우익에 근위대를 배치하고 직접 지휘했다. 바로 곁에는 보병 대대들로 전선의 중심부를 구성하고 그날 당직을 맡은 여러 장교에게 지휘를 맡겼다. 좌익은 아라바에우스의 아들 아민타스에게 지휘를 맡겼다. 우익의 선두에는 궁수부대와 아그리아니아인들을 배치하고 시탈케스가 지휘하는 트라키아 투창 부대로 하여금 자신의 왼쪽을 지키게 했다. 지형상 기병전이 적합하지 않았으므로 기병대는 투입하지 않았다. 적은 텔미소스에서 온 지원군으로 병력을 강화한 상태였다.

알렉산드로스군이 언덕 위 피시디아인들의 진지로 이어지는 가파른 지점에 이르렀을 때 좌우에서 소규모 병력의 공격이 시작되었다. 피시디아인들은 자기들이 잠입하기에는 쉽지만 적이 반격하기에는 매우 어려운 지형의 특성을 이용했고, 이 공격은 부분적으로 성과를 올릴 수 있었다. 가벼운 무장을 한 채 공격의 선두에 섰던 알렉산드로스의 궁수 부대를 후퇴시켰기 때문이다. 반면 아그리아니아인들은 전혀 굴하지 않았다. 가까운 곳에 마케도니아 보병 사단들이 있었고, 그 선두에 선 알렉산드로스를 보고 용기를 얻었기 때문일 것이다. 이제 백병전으로 이어졌다. 갑옷을 입지 않은 피시디아인들은 완전무장을 한 중보병들과의 싸움에서 심각한 손실을 입고 무너졌다. 이 전투에서 약 500명이 죽었지만 포로는 거의 없었다. 피시디아인들은 그곳 지형 구조에 밝았고 가벼운 무장을 하여 달아나기 쉬웠던 반면 중무장을 한 마케도니아 병사들은 지형에 어두워 패주병들을 추격하기 어려웠다. 하지만 알렉산드로스는 달아나는 병사들을 끈질기게 쫓는 가운데 도시를 급습했다. 마케도니아군에서는 궁수들을 통솔하던 클레안데르를 비롯해 약 20명이 전사했다.

이후 알렉산드로스는 피시디아인의 다른 도시들을 공격해나갔다. 일부 요새 도시들은 무력으로 정복했고 일부 도시들은 무혈입성했다.

알렉산드로스의 다음 목적지는 프리기아였다. 알렉산드로스는 아스카니아 호수를 지나는 경로를 택했다.(아스카니아 호수 인근의 주민들은 호수에서 천연 소금을 얻을 수 있었기에 바다에서 생산되는 소금에 의지할 필요가 없었다.) 닷새 후 알렉산드로스는 케라이나이에 도착했다.

케라이나이의 중심부에는 사방이 깎아지른 듯 가파른 꼭대기에 요새가 있었고, 카리아 병사 1000명과 그리스 용병 100명이 프리기아의 페르시아인 총독의 지휘 아래 요새를 지키고 있었다. 그들은 날짜를 특정하여 그날까지 지원군이 도착하지 않는다면 도시를 넘겨주겠다고 미리 알렉산드로스에게 제안했다. 난공불락의 성을 포위공격하기보다는 협정을 받아들이는 편이 더 낫다고 생각한 알렉산드로스로서는 도시를 감시할 1500명 정도의 병력을 남긴 채 열흘간 기다린 뒤 고르디움으로 향했다. 떠나기 전에 알렉산드로스는 필리포스의 아들 안티고누스를 프리기아 총독으로 임명하고 아민타스의 아들 발라크루스를 안티고노스가 맡았던 연합 파견대의 지휘관으로 진급시켰다.[48] 또한 파르메니오에게 휘하 병사들과 함께 고르디움으로 마중 나올 것을 지시했다. 파르메니오는 이 지시를 지켰다. 휴가를 보내주었던 신혼의 마케도니아 병사들 역시 새로 모집된 병사들을 이끌고 고르디움에서 합류했다. 이 부대는 마케도니아 보병 3000명, 기병 약 300명, 테살리아 기병 200명, 알키아스의 지휘를 받는 엘리스군 150명으로 구성되었으며 부대 전체는 셀레우코스의 아들 프톨레마이오스, 폴레모크라테스의 아들 코이누스, 네오프톨레무스의 아들 멜레아그로스가 지휘했다.

헬레스폰투스 프리기아에 있는 고르디움은 상가리오스 강가에 자리 잡은 도시였다. 상가리오스 강은 프리기아에서 발원하여 비티니아의 트라키아 지역을 지나 흑해로 흘러들었다. 알렉산드로스가 고르디움에 머무는 동안 아테네의 사절단이 찾아와 그라니코스 강 전투에서 포로가 된 아테네인들을 풀어줄 것을 요청했다. 당시 이 포로들은 다른 죄수 2000명과 함께 마케도니아에 감금되어 있었다. 당시 이 요청은 거절되었고 사절단은 임무를 완수하지 못한 채 돌아서야만 했다. 알렉산드로스로서는 페르시아와 전쟁을 벌이고 있는 와중에 동포를 배신하고 아시아를 위해 싸운 그리스인들에게 자비를 베푸는 것은 위험한 행동이었다. 그러면서도 상황이 좋아지면 다시 찾아와 그 문제를 이야기할 기회를 주었다.(이 포로들은 알렉산드로스가 이집트에서 돌아온 뒤인 기원전 331년에 풀려났다.)

---

48 '포위자' 디미트리오스의 아버지 '애꾸눈' 안티고누스는 알렉산드로스의 통신선을 유지하는 데 큰 공헌을 했음에도 불구하고 (쿠르티우스는 이수스 전투 후 페르시아군에게 거둔 세 차례의 승리를 언급했다) 『원정기』에서는 유일하게 이곳에서만 언급되고 있다. 역사가 탄(*Alexander*, 2.110)은 안티고누스가 언급되지 않은 이유는 후계자 전쟁에서 프톨레마이오스가 그의 원수였기 때문이라고 해석했다.

The Campaigns
of Alexander

2권

그러니 아시아 대륙의 왕에게 나아가듯이 나에게 오라. 내게 모욕을 당할까 겁이 난다면 그대의 친구 몇 명을 보내라. 그러면 모욕적인 대우를 하지 않겠다는 보증을 해주겠다. 그런 뒤 나를 찾아와 그대의 어머니, 아내, 아이들, 그 외에 그대가 원하는 것을 돌려달라고 부탁하라. 그러면 그들뿐만 아니라 나를 설득시킬 만한 것이라면 무엇이든 얻게 될 것이다.

이후 키오스 섬은 멤논의 수중에 들어갔다. 멤논은 다리우스가 페르시아 해군의 총사령관으로 임명하여 아시아 해안 전체 수비를 맡긴 인물로, 그의 목표는 전장을 그리스와 마케도니아 쪽으로 옮기는 것이었다. 키오스 섬을 손에 넣은 뒤 멤논은 레스보스로 가서 미틸레네 섬을 제외한 다른 섬의 모든 도시를 수중에 넣었다. 미틸레네 시민들에게 교섭을 거부당한 멤논은 미틸레네에 상륙한 뒤 섬의 한쪽 끝에서 반대쪽 끝까지 이중 방책을 설치하여 도시를 봉쇄했다. 그런 후 다섯 개의 작은 요새를 세워 어렵지 않게 섬을 장악했다. 멤논은 함대 중 일부는 항구를 지키게 한 뒤 다른 배들은 시그리움 곶(섬의 서쪽 끝)으로 보냈다. 시그리움 곶에는 키오스, 게라이스투스, 말레아의 상선들이 자주 드나드는 부두가 있기 때문에 해안을 감시하면서 미틸레네가 바다를 통해 지원받지 못하도록 통제할 수 있었다.

그러나 멤논은 과업을 끝내기도 전에 와병으로 세상을 떠나고 말았다. 멤논의 죽음은 이번 전쟁에서 페르시아에게 가장 심각한 타격이 아닐 수 없었다.

멤논은 임종 직전에 (다리우스의 결정이 내려질 때까지) 조카인 아르타바주스의 아들 파르나바주스에게 지휘권을 넘겨주었다. 파르나바주스는 아우토프라다테스와 함께 미틸레네에 맹렬한 포위공격을 펼쳤다. 육지와 차단되고 강력한 함대들로 봉쇄된 미틸레네 시민들은 파르나바주스에게 사절단을 보내어 여러 조건에 합의할 수밖에 없었다. 첫째는 알렉산드로스가 미틸레네에게 보낸 지원 용병대를 없애는 것이고, 둘째는 알렉산드로스와 맺은 조약을 파기하고[1] 안탈키다스Antalcidas 평화협정[2]의 조건에 따라 다리우스와 동맹을 맺는 것, 마지막으로 추방되었던 이들을 다시 불러들여 원래 재산의 절반을 돌려주는 것이었다. 그러나 막상 도시에 입성한 파르나바주스와 아우토프라다테스는 로도스의 리코메데스가 지휘하는 수비대를 데려왔고 추방자 중 한 명인 디오게네스에게 독점적인 지배권을 주었다. 또한 분담금의 일부를 부자들로부터 강탈하고 나머지는 일반 세금으로 주민들에게 부과했다. 그 후 파르나바주스는 용병대와 함께 리키아로 출항했고 아우토프라다테스는 다른 섬들로 향했다.

한편 다리우스는 멘토르의 아들 티몬다스를 보내 파르나바주스가 맡고 있는 용병들을 데려오게 하고 파르나바주스로부터 멤논의 지휘권을 공식적으로 물려받으라고 지시했다. 그리하여 용병들은 티몬다스의 지휘를 받게 되었고 파르나바주스는 아우토프라다테스의

---

1 글자 그대로는 "알렉산드로스와의 조약이 새겨진 기둥을 파괴한다"였는데, 아리아노스가 부드럽게 표현했다. 테네도스 섬의 경우처럼 이 조약은 틀림없이 '알렉산드로스와 그리스인들'이 맺은 것이었다. 다시 말해 미틸레네는 코린트 동맹의 일원이었다.

2 기원전 385년에 이루어진 이 평화 협상의 주된 책임자였던 스파르타인의 이름이 붙었다. 이 협정은 종종 '왕의 평화협정'이라고 불리기도 하는데, 이는 알맞은 칭호라 볼 수 있다. 이 협정으로 인해 페르시아 왕은 소아시아에 있는 그리스 국가들에 대한 지배권을 획득했기 때문이다. 한편 그리스의 모든 국가가 자치권이 있어야 한다고 규정한 조항은 적대적인 제국의 수립을 막았다.

함대와 합류하기 위해 출항했다.[3] 파르나바주스는 합류 이후 함선 10척을 다타메스라는 페르시아인의 지휘 아래 키클라데스 제도로 보냈다. 그러고 나서 100명으로 이루어진 소함대를 이끌고 테네도스 섬으로 배를 몰아 '북항north harbour'이라 불리는 곳에 배를 정박한 뒤 알렉산드로스 및 그리스인들과의 협정을 폐기하고 페르시아와 맺었던 안탈키다스 평화 협정을 지킬 것을 섬 주민들에게 요구했다.

테네도스 주민들은 알렉산드로스나 그리스인과 우호적인 관계를 유지하길 원했지만 페르시아의 조건을 받아들이지 않으면 안전을 장담할 수 없는 상황이었다. 더욱이 알렉산드로스로부터 다시금 함대를 마련하라는 명령을 받은 헤겔로쿠스는 신속히 병력을 모으지 못했기에 테네도스 사람들에게 희망을 줄 수 없었다.(멤논이 마침 세상을 떠나지 않았더라면 함대를 해체한 알렉산드로스의 결정은 뼈아픈 대가를 치렀을지도 모른다.) 따라서 테네도스는 파르나바주스와 부하들의 위협에 어쩔 수 없이 항복했다고 말할 수 있다.

이 무렵 안드로니쿠스의 아들 프로테아스가 안티파테르의 명령을 받아 유비아 섬과 펠로폰네소스 반도에서 많은 함대를 모았다. 페르시아군이 바다를 통해 공격해올 경우 그리스 해안과 섬들을 보호하기 위해서였다. 다타메스가 10척의 배로 구성된 소함대를 이끌고 시프노스 섬에 도착했다는 정보를 입수한 프로테아스는 밤을 틈타 15척의 배를 통솔하여 에우리푸스 해협의 칼키스로 향했다. 동이 틀 무렵에 키트노스 섬에 도착한 그는 닻을 내리고 하루 종일 머물렀다.

---

3 티몬다스는 이 용병들을 배에 태워 트리폴리스로 데려간 다음 소치로 가서 다리우스의 군대와 합류했다. 그 결과 이들은 이수스 전투에 참전했는데, 이번 철수로 인해 실질적으로 해군의 공격력이 크게 위축되었다.

이수스 전투.

10척의 적선에 관해 좀더 확실한 정보를 얻은 뒤 야간 공격으로 깊은 타격을 가할 심산이었다. 곧이어 다타메스가 시프노스 섬에 있다는 사실을 확보한 프로테아스는 동이 트기 전에 출항하여 기습공격을 감행했고, 그 결과 적선 10척 중 8척과 병사들을 나포했다. 다타메스는 교전 초반에 두 척의 배를 이끌고 퇴각하여 나머지 페르시아 함대에 합류했다.

이제 고르디움에 있는 알렉산드로스의 이야기로 돌아가자. 고르디움에 도착한 알렉산드로스는 아크로폴리스 높은 곳에 축조된 고르디우스와 그의 아들 미다스의 궁을 방문했다. 그 유명한 고르디우스의 수레와 멍에를 묶어놓은 매듭을 시찰하고 싶었기 때문이다. 인근 주민들 사이에는 이 수레에 관한 전설이 널리 퍼져 있었다. (전설에 따르면) 고대 프리기아에 고르디우스라는 사람이 살았다. 그는 가난했지만 두 쌍의 소와 약간의 경작지를 소유하고 있었는데, 한 쌍의 소는 땅을 가는 데 부리고 나머지 한 쌍은 수레를 끌게 했다. 어느 날 고르디우스가 땅을 일구고 있는데 독수리 한 마리가 날아와 쟁기 자루에 내려앉더니 일과를 모두 마치고 소의 멍에를 풀어줄 때까지 자리를 떠나지 않았다. 이 기이한 사건에 불안해진 고르디우스는 하늘에서 내린 징조라 생각하고 예언자에게 물어볼 요량으로 텔미소스의 어느 마을로 향했다. 텔미소스 사람들은 신의 수수께끼를 푸는 데 능하여 남자뿐 아니라 여자와 아이들까지도 점을 치곤 했다. 고르디우스는 마을 근처에서 물을 긷고 있는 한 처녀를 만나 독수리 이야기를 들려주었다. 예언자 집안에서 태어난 그녀는 그 징조를 보았던 곳으로 돌아가 제우스신에게 제물을 바치라고 조언했다. 고르디우스는 그녀에게 제물의식을 치르는 방법을 알려달라면서 동행해줄 것을 요청했고, 그녀의 지시에 따라 제사를 올렸다. 그 후 고르디우스는 그 처녀와 결혼하여 미다스라는 아들을 낳았다.

미다스가 늠름하고 잘생긴 청년으로 성장했을 무렵 프리기아 사람들 사이에 분쟁과 갈등이 발생했다. 이때 짐마차가 이 분쟁을 해결해줄 왕을 데려다줄 것이라는 신탁이 내려졌다. 이 신탁에 대해 무엇을 어떻게 해야 할지 사람들이 한창 논쟁을 벌이고 있는데 마침 미다스가 부모와 함께 수레를 몰고 사람들이 모여 있는 곳에 도착했다. 그러자 신탁에 따라 신께서 수레를 보낸 것이라 생각한 사람들은 미다스를 왕위에 앉혔다. 실제로 미다스는 분쟁과 갈등을 종식시킨 뒤, 독수리를 보내준 제우스신에 대한 감사의 제물로 아버지의 수레를 아크로폴리스에 세워놓았다.

수레에 대해서는 또 다른 전설이 있다. 멍에를 묶어놓은 매듭을 푸는 자가 아시아 제국(알렉산드로스의 시대에는 페르시아 제국을 뜻했다)의 왕이 될 것이라는 전설이었다. 그러나 산딸나무 껍질로 만든

고르디우스의 매듭을 자르는 알렉산드로스. 베르텔레미 작품.

끈으로 묶은 매듭은 매우 교묘하게 얽혀 있어 어디가 시작이고 어디가 끝인지 알아낼 수 없었다. 알렉산드로스 역시 매듭을 풀 수 없었지만 자신이 매듭을 풀지 못하면 대중이 동요할 것이라는 생각에 그대로 놔둘 수가 없었다. 그 후에 일어난 일에 대해서는 진술이 엇갈린다. 알렉산드로스가 검을 내리쳐 단번에 매듭을 자른 뒤 "내가 매듭을 풀었도다!"라고 외쳤다는 사람도 있다. 하지만 아리스토불루스는 알렉산드로스가 못(수레의 손잡이에 박아 매듭을 마차와 연결시킨 일종의 나무못)을 뽑아 매듭이 손잡이에서 떨어지게 했을 것이라 했다. 나는 이 문제에 대해 주제넘게 독단적인 주장을 펼치지는 않겠다. 어쨌든 알렉산드로스와 수행단이 수레가 있던 장소를 떠났을 때 매듭과 관련된 신탁이 충족되었다는 게 전반적인 분석이다. 게다가 그날 밤 또 다른 하늘의 계시인 양 번개와 천둥이 쳤다. 이런 기운에 힘입은 알렉산드로스는 다음 날 계시를 내려준 신들에게 제물을 바치고 매듭을 풀었음을 선포했다.

이튿날 알렉산드로스는 갈라티아의 앙키라로 출발했고 이곳에서 파플라고니아의 사절단을 만났다. 사절단은 자진해서 항복 의사를 표하면서 자신들의 땅을 침략하지 않는다면 친선을 맺고 싶다고 했다. 그러자 알렉산드로스는 이들에게 프리기아(소小 프리기아. 대大 프리기아, 즉 나중의 갈라티아는 안티고누스가 다스렸다) 총독인 칼라스의 통치를 받으라고 지시한 뒤 카파도키아로 진군했다. 카파도키아에서 알렉산드로스는 할리스 강에 인접한 모든 영토와 그 너머 서쪽과 북쪽의 넓은 지역으로부터 항복을 받아냈다. 그런 뒤 사빅타스(아마도 지방의 지도자였을 것이다. 사빅타스에 관해서는 더 알려진 바가 없다)를 카파도키아 총독으로 남겨두고 킬리키아 관문으로 진군했다. 키로스가 크세노폰과 함께했던 원정에서 진을 쳤던 지점에 도착한 알렉산드로스는 킬리키아 관문의 수비가 철저하다는 사실을 확인했다.[4] 그리하여 기습공격을 감행할 작정으로 파르메니오와 중보병대를 그곳에 남겨두고 근위대, 아그리아니아인들을 이끌고 밤을 틈타 관문으로 진격했다. 적에게 들키기는 했지만 이 대담한 작전은 성공을 거두었다. 알렉산드로스가 직접 쳐들어온다는 소식에 수비하던 적병들은 진지를 버리고 달아났기 때문이다. 결국 이튿날 새벽 알렉산드로스는 전체 부하들을 거느리고 관문을 지나 킬리키아로 입성했다. 페르시아를 위해 타르수스를 지키려 했던 아르사메스는 이 소식을 듣고 도시를 포기할 것이라는 보고가 알렉산드로스에게 전달되었다. 그런 한편 타르수스 시민들은 아르사메스가 도시를 떠나기 전에 도시를 쑥대밭으로 만들어놓을까 봐 두려워한다는 보고도 이어졌다. 이에 알렉산드로스는 기병대와 가장 기동성이 좋은 경보병대를 이끌고 최대한 빠르게 타르수스로 진격했다. 알렉산드로스의 출격 소식을 받은 아르사메스는 도시 약탈을 중단하고 전력을 다해 다리우스의 궁으로 달아났다.

그 무렵 알렉산드로스는 병치레를 겪었다. 아리스토불루스에 따르면 피로에 의한 탈진이 원인이었는데, 어떤 이들은 더위에 땀을 많이 흘린 알렉산드로스가 수영을 즐기려고 키드노스 강에 뛰어들었다가 병에 걸렸다고 전하기도 한다. 타우루스 산에서 발원하여 타르수스 들판을 흐르는 키드노스 강은 물이 맑고 차가운 편으로, 그로 인해 알렉산드로스는 경련을 일으켰고 고열과 불면에 시달렸다는 것이다. 모든 의사는 그가 회복하지 못할 것으로 판단했으나, 믿

---

4 카파도키아와 킬리키아 사이에 있는 타우루스 산맥을 넘는 주된 통로인 지금의 귈레크-보아즈Gülek-Boghaz 고개. (Xenophon, *Anabasis* 1.2.20~21 참조)

을 만한 의사이자 뛰어난 군인으로서 알렉산드로스를 수행하던 아카르나니아의 필리포스는 왕에게 설사약을 권했다. 알렉산드로스는 이 처방에 동의하여 필리포스가 물약을 준비하는 동안 파르메니오는 알렉산드로스에게 쪽지 한 장을 건넸다. 쪽지에는 "필리포스를 조심하십시오. 필리포스가 다리우스에게 매수되어 왕을 독살하려 한다는 정보가 있습니다"라고 적혀 있었다. 이 경고의 글을 읽은 알렉산드로스는 쪽지를 손에 쥔 채 약이 든 그릇을 받았다. 그러고는 필리포스에게 쪽지를 내밀었다. 필리포스가 쪽지를 받아 읽는 동안 알렉산드로스는 약을 들이켰다. 필리포스는 파르메니오의 경고에도 당황하는 기색 없이 자신의 지시를 따르면 병이 나을 것이라고 알렉산드로스에게 말했다. 곧 필리포스의 약에는 아무 문제가 없음이 밝혀졌다. 약은 효험이 있었고 알렉산드로스는 건강을 회복했다. 그때 이후로 필리포스는 알렉산드로스가 자신의 진정한 친구임을 깨닫게 되었다. 또한 이 사건은 알렉산드로스가 친구를 의심하려 들지 않으며 죽음 앞에 의연한 성정을 지닌 인물임을 모든 사람에게 각인시키는 계기가 되었다.(이는 4년여 뒤 필로타스를 대하는 알렉산드로스의 태도와 비교된다.)

이제 알렉산드로스는 킬리키아와 아시리아의 경계선에 있는 관문('아시리아 관문'으로도 불리는 시리아 관문은 알렉산드레타 동남쪽의 아마누스 산맥을 지나는 벨렌 고개를 지칭한다)으로 파르메니오를 파견했다. 휘하의 병사들(연합 보병, 그리스인 용병들, 시탈케스 아래의 트라키아인들, 테살리아 기병대)과 함께 관문들을 점령한 뒤 사수하라는 명령을 받은 파르메니오가 떠나자 알렉산드로스는 타르수스에서 출발하여 하루 만에 안키알로스에 도착했다. 아시리아의 사르다나팔루스 Sardanapalos[방탕하고 사치스러운 생활로 유명한 아시리아의 마지막 왕]가

건설했다는 안키알로스는 주변 성벽과 견고한 토대로 보아 애초에 큰 규모로 설계되어 매우 큰 도시로 발달했음이 확실하다. 성벽 옆에는 사르다나팔루스의 묘가 있으며, 박수를 치고 있는 듯한 자세를 취한 그의 조각상과 아시리아 문자(설형문자)로 된 비문이 새겨져 있었다. 아시리아인들에 따르면 이 비문은 시의 형태로 되어 있는데, 그것이 시든 아니든 간에 묘비명의 전반적은 뜻은 다음과 같다. "아나킨다락세스의 아들 사르다나팔루스, 단 하루 만에 타르수스와 안키알로스를 세웠도다. 오, 낯선 자여, 먹고 마시고 즐겨라. 인생에서 이것보다 가치 있는 일은 없기 때문이다." 여기에서 '이것'이란 손뼉으로 이해되며, '즐겨라'는 원래의 아시리아 단어를 완곡하게 표현한 것이다.

안키알로스를 떠난 알렉산드로스는 솔리로 진군하여 그곳에 수비대를 배치한 뒤 페르시아를 지지했던 대가로 은 200달란트의 벌금을 부과했다. 그 후 고산 지대를 끼고 있는 킬리키아인을 치기 위해 마케도니아 보병대 3개 부대, 아그리아니아인, 궁수 부대를 지휘하여 일부는 몰아내고 일부는 항복을 받아냈다. 일주일 뒤 솔리로 돌아온 알렉산드로스는 프톨레마이오스와 아산데르가 할리카르나소스의 성채와 민두스, 카우누스, 테라, 칼리폴리스를 지키고 있던 페르시아의 지휘관 오론토바테스를 격파하여 코스 섬과 트리오피움 섬을 차지했다는 소식을 들었다. 급보에 따르면 오론토바테스는 대격전에서 보병 700여 명과 기병 50명을 잃었고, 적어도 1000명의 병사를 포로로 넘겨주었다.

알렉산드로스는 이 승리를 축하하고자 아스클레피오스Asclépios[의술의 신]에게 제물을 바치고(타르수스에서 열병을 앓았다가 회복된 감사의 의미로 보인다) 병사 전체가 참여하는 행렬의식을 열었다. 또한 횃불 경주를 벌이고 운동경기뿐 아니라 음악과 시를 겨루는 대회도 열었다. 솔리에는 자체적인 민주 정부를 유지하도록 한 뒤 알렉산드로스는 타르수스 쪽으로 떠났고, 기병대는 필로타스의 지휘 아래 알레아 평야를 지나 피라모스 강으로 진군하도록 했다. 그 자신은 보병대와 왕실 기병대를 이끌고 마가르수스로 향했고 이 지역에서 섬기는 아테나 여신에게 제물을 바친 다음 말루스로 진군했다. 말루스에서는 신격화된 영웅인 암필로코스를 기리는 제사를 올렸고, 정치적 분란을 해결하기도 했다. 또한 아르고스의 식민지였던 말루스가 다리우스에게 바치던 공물을 면제해주면서 스스로를 아르고스의 헤라클레이다이Heraclides[그리스 신화에 나오는 헤라클레스의 후손들]의 핏줄이라고 주장했다.

알렉산드로스가 말루스에 머물고 있을 무렵 다리우스와 페르시아군 전체가 아시리아 관문에서 이틀간 행군하면 닿는 소치에 머물고 있다는 보고를 받았다. 알렉산드로스가 곧바로 참모들을 불러 모아 이 중요한 소식을 전하자 모두들 당장 진격할 뜻을 표했다. 알렉산드로스는 참모들에게 감사의 말로써 회의를 마쳤고, 다음 날 굳건한 의지를 품고 진군에 나섰다. 이틀 뒤 알렉산드로스는 관문을 지나 미리안드로스 근방에 진을 쳤다. 그러나 밤이 되자 강한 바람을 동반한 폭풍우가 닥쳐 숙영지에서 계속 머물러야 했다.

한편 다리우스는 움직일 기미를 보이지 않았다. 다리우스는 기병전을 벌이기에 좋고 방대한 병력을 지휘하기에 적합한 아시리아의 탁 트인 평원을 진지로 택했다. 알렉산드로스 휘하에서 달아났던 안티오쿠스의 아들 아민타스는 병력과 장비의 규모로 볼 때 페르시아 군대에게는 넓은 공간이 유리하므로 이 지점에서 벗어나지 말라고 다리우스에게 강력히 권했다. 다리우스는 이 조언을 받아들였다. 그

이수스 전투. 얀 브뤼헐 작품. 루브르 소장.

러나 알렉산드로스가 병에 걸려 한동안 타르수스에 머물렀고, 웅장한 행렬과 종교의식을 벌이느라 소치에서도 시간을 지체한 뒤에 고산 부족인 킬리키아 원정길에 오르자 다리우스는 슬슬 의구심이 들기 시작했다. 평소 듣기 좋은 말에 잘 넘어가는 편인 다리우스는 왕의 주위에 맴돌기 마련인 아첨꾼 신하들의 말에 설득되어 알렉산드로스가 더 이상 아시아 깊숙이 진출하기를 원치 않는다고 생각하게 되었다. 조신들은 알렉산드로스가 주저하고 있는 진짜 이유는 다리우스가 직접 출정한다는 소식을 들었기 때문이라고 말했다. 또한 페르시아 기병대가 마케도니아 군대를 제압하여 무참히 짓뭉개버릴 것이라는 감언이설로 다리우스의 자만심에 부채질을 했다.[5] 그러나 아민타스만은 다리우스가 있는 곳이라면 알렉산드로스는 무조건 쫓아올 것이므로 자리를 이동하지 말 것을 촉구했다. 그러나 나쁜 조언이 더 강력했다. 다리우스가 듣고 싶은 말이었기 때문이다. 또한 다리우스가 기병대나 병력의 수적인 우세 그리고 막강한 무기들의 이점을 거의 활용할 수 없었던 데는 초자연적인 힘도 작용했던 게 분명하다. 그는 자신의 수많은 군사로 적을 혼란에 빠트릴 기회를 얻기는커녕 알렉산드로스와 마케도니아인에게 손쉬운 승리를 선사했기 때문이다. 아시리아가 메디아에게 통치권을 빼앗겼다가 다시 페르시아에게 빼앗겼던 것처럼, 운명은 페르시아에서 마케도니아인이 아시아의 통치권을 거머쥐는 쪽으로 정해져 있었다.

드디어 다리우스가 움직이기 시작했다. 그는 아마니아 관문(아마누스 산을 지나는 고개)이라 불리는 고지를 넘어 알렉산드로스의 후방부대가 눈치 채지 못하게 이수스로 나아갔다.[6] 이수스를 손에 넣은 다리우스는 현지에 남은 마케도니아 병사들을 발견하는 대로 불구로 만들거나 죽이면서 피나루스 강으로 진군했다. 다리우스가 바로 자기 뒤쪽에 있다는 보고를 받은 알렉산드로스는 헤타이로이 기병대원 일부에게 갤리선을 타고 이수스로 돌아가서 그 사실을 직접 확인하도록 지시했다. 이수스의 해안선은 매우 들쭉날쭉했기 때문에 갤리선의 병사들은 확인하고자 하는 광경을 쉽게 찾아낼 수 있었다. 페르시아군은 그곳에 있었다. 알렉산드로스에게 돌아간 기병대원들

---

5 Aeschines, *Against Ctesiphon*(164)에 따르면 이때 데모스테네스도 비슷한 말을 했다.

6 킬리키아에서 동부 지역까지는 두 가지 경로가 있었다. 알렉산드레타 근방의 시리아 관문을 지나는 길과 아파메아의 유프라테스 강으로 이어지는 북쪽의 아마니아 관문(Bogtche Pass)을 넘는 길이 그것이다. 알렉산드로스는 이 고개에 대해 알지 못했거나 대수롭지 않게 여겼을 것이다. 다리우스가 자신의 연락망을 따돌렸다는 소식은 분명 알렉산드로스에게 충격을 주었을 것이다. 플루타르코스(*Alexander* 20)는 "두 군대가 밤에 서로를 놓쳤다"라고 썼다. 실제로 다리우스는 소치에서 북쪽으로 진군했고 광대한 아마누스 산맥이 두 군대를 갈라놓았다.

은 다리우스가 정말 지척에 있음을 알렸다.

알렉산드로스는 보병대와 기병대 지휘관, 연합군 담당의 장관들을 불러 모아 다가올 전투에 자신감과 용기로 임할 것을 호소했다. 알렉산드로스는 "기억하라, 제군들은 이전에도 자주 위험을 겪었지만 당당하게 맞서왔다. 이번 전투는 이미 승리한 군대와 패배한 적과의 싸움이 될 것이다. 게다가 신께서 다리우스에게 넓은 평원을 버리고 좁은 공간에 대규모 군사를 쑤셔 넣음으로써 우리를 대신하여 작전을 펼쳐주셨다. 우리에겐 보병들을 배치할 충분한 공간이 있으며, 육체적 능력이나 결의에서 우리와 상대가 되지 않는 적들은 수적 우위가 아무 소용 없다는 걸 깨닫게 될 것이다. 우리 적들은 수백 년 동안 안이하고 사치스럽게 생활해온 메디아인과 페르시아인이다. 반면 우리 마케도니아인은 지난 수 세대에 걸쳐 위기와 전투를 통해 강하게 단련되어 왔다. 무엇보다 우리는 자유민이고 그들은 노예다. 분명 페르시아군에는 그리스 병사들도 고용되어 있다. 하지만 그들의 대의는 우리와 전혀 다르다! 그들은 단지 돈을 위해, 그것도 많지 않은 돈을 위해 싸울 뿐이다. 반면 우리는 그리스를 위해 싸우며 우리 마음은 그곳에 있을 것이다. 트라키아인, 파이오니아인, 일리리아인, 아그리아니아인 같은 우리의 외국 군대들은 유럽에서 가장 뛰어나고 용감한 병사들이지만 상대는 아시아에서 가장 해이하고 약해빠진 부족들이다. 마지막으로 최고 지휘관인 두 사람은 어떠한가. 그들에겐 다리우스라는 존재가 있지만 제군들에겐 알렉산드로스가 있다!"

앞으로의 전투에서 마케도니아군이 지닌 이점을 이토록 자세하게 나열한 알렉산드로스는 승리의 보상도 그만큼 많을 것임을 강조했다. 이번 승리는 단지 페르시아 왕의 부하들과 그라니코스 강가의 페르시아 기병대 혹은 2만 명의 외국 용병들을 이기는 것이 아니라 메디아와 페르시아인의 핵심 그리고 그들이 지배하는 아시아 사람들을 이기는 것이다, 게다가 대왕이 군과 함께할 것이다, 전투가 종결되었을 때 남은 일이란 병사들의 노고에 아시아의 통치권으로써 보답하는 것밖에 없을 것이다…….

뿐만 아니라 알렉산드로스는 그들이 이미 훌륭한 성취를 함께 이루어왔다는 점을 상기시키면서 용맹함을 빛냈던 병사들의 공적을 세세히 언급했다. 그리고 자신이 전장에서 직접 겪었던 위험에 대해서도 최대한 거슬리지 않게 암시했다. 알렉산드로스는 크세노폰과 1만 명의 용병들을 상기시키면서, 이 부대는 병력이나 명성에서 지금의 마케도니아군과 비교도 되지 않지만(마케도니아군과는 달리 테살리아, 보이오티아, 펠로폰네소스, 마케도니아, 트라키아, 그 외의 지역 기병대들로부터 지원받지 못했으며, 크세노폰이 급하게 조직한 크레타와 로도스의 소규모 파견대를 제외하면 궁수나 투석병도 없었다) 바빌론 관문(바빌론에서 약 75킬로미터 떨어진 쿠낙사에 있다)에서 페르시아 왕과 군대를 격파하고 흑해로 철수하는 동안 길을 막으려던 토병들을 모두 물리친 전투를 언급했다. 알렉산드로스는 목숨을 걸고 싸우려는 병사들이 용감한 지휘관에게 기대하는 격려의 말도 빼놓지 않았다. 연설을 들은 장교들은 앞으로 나와 알렉산드로스의 손을 움켜잡고 이런저런 공감의 변을 토로하면서 지체 없이 전투를 지휘해줄 것을 재촉했다.

알렉산드로스는 먼저 병사들에게 식사할 시간을 주고 그동안 소수의 기병대와 궁수들을 해안가의 좁은 고개로 파견하여 마케도니아군이 우회할 길을 정찰하게 했다. 그런 다음 어두워지자 군 전체를 이끌고 그 좁은 관문을 차지하기 위해 출발했다. 자정 무렵 통행로를 확보한 알렉산드로스는 병사들을 바위 지대에서 쉬게 하고 전초병들에게는 아침까지 삼엄한 경계를 서게 했다. 다음 날 동이 트기 전에 고개를 출발한 부대는 해안가의 길을 따라 진군했다. 좁은 길에서는 종대로 행군해야 했지만 지형이 조금씩 넓어지자 중보병대를 한 번에 한 부대씩 앞으로 나오게 하여 전열을 확장시켰다. 그리하여 마케도니아군은 오른쪽 산기슭에서 왼쪽 바다까지 쭉 늘어선 형태로 이동했다.

넓은 지형에 도착하자 알렉산드로스는 진군하는 동안 뒤쪽에 있던 기병대에게 전투 대형을 이루도록 지시했다. 니카노르의 아들 파르메니오가 지휘하는 호위대 3개 부대를 근처 둔덕의 우익 끝으로 보내고 그 왼쪽에 코이누스의 부대를, 그 바로 옆에는 페르디카스의 병사들을 배치하여 전군의 우익과 중앙을 맡게 했다. 좌익 끝에는 아민타스의 병사들을, 그 옆에는 프톨레마이오스의 부대와 멜레아그로스의 부대를 차례로 배치했다. 좌익의 보병대는 크라테루스에게 지휘를 맡기고 좌익 전체의 지휘는 파르메니오에게 맡겼다. 이들에게는 어떤 경우에도 좌익 진영과 바다 사이에 간격이 벌어지지 않도록 하라는 지시를 내렸다. 빈 공간이 생기는 순간 수적으로 우세한 적군의 측면 공격을 받아 마케도니아 병사들이 포위될 수 있었기 때문이다.[7]

알렉산드로스가 진격 중이라는 소식을 들은 다리우스는 본대를 쉽게 배치할 수 있도록 기병 3만 명과 경보병 2만 명을 피나루스 강 건너편으로 보냈다. 다리우스군의 배치는 다음과 같았다. 마케도니아 보병대와 마주하는 중보병대 선두에는 3만 명의 그리스 용병들을 세우고 이들을 지원하는 페르시아 중보병(카르다케스라 불린다) 6만 명

---

7 알렉산드로스 역사가들의 기록 외에 본 전투에 관한 칼리스테네스의 진술을 비판한 Polybius 12.17~22 참조. 칼리스테네스는 들판의 폭이 약 3킬로미터에 해당하는 14스타데였다고 썼다.

을 양쪽 측면에 각각 3만 명씩 배치했다.[8] 병사들은 횡대로 늘어섰는데, 지형적으로 더 이상의 병력을 수용할 수 없었다. 좌익, 즉 알렉산드로스의 우익과 마주보는 둔덕에는 약 2만 명으로 이루어진 또 다른 사단을 배치했는데, 그 일부는 사실상 알렉산드로스군의 배후까지 이르렀다. 왼쪽 둔덕이 일종의 만처럼 뒤쪽에서 앞쪽으로 굽은 지형이라서 이곳에 배치된 병사들은 알렉산드로스군 우익의 후방과 가까운 거리였다. 그리스인 용병과 양쪽에서 이들을 지원하는 페르시아인 병사들의 뒤쪽에는 다리우스의 나머지 군사들(경보병과 중보병들 대다수)이 배치되었다. 출신국가별로 모여 있는 이 병력은 그 수가 많은 탓에 길쭉한 대형으로 늘어섰는데, 실질적인 전투력을 발휘하기에는 불리했다. 다리우스군 전체 병력은 약 60만 명에 이르렀다고 기록되어 있다.[9]

알렉산드로스는 지대가 약간 넓어지는 곳에 이르자 뒤쪽에 있던 기병대(테살리아인과 마케도니아인 사단[10])를 헤타이로이와 함께 자신이 지휘하는 우익으로 불러들이고 펠로폰네소스 병사들과 그 외의 연합 사단들을 좌익의 파르메니오 쪽으로 보냈다. 한편 보병 본대를 정해진 위치에 세운 다리우스는 앞서 강 건너편으로 보냈던 기병대에게 신호를 보내어 바로 불러들였고, 그중 일부를 바다 쪽의 우익으로 보내 파르메니오를 위협하게 했다. 기병 작전에는 우익이 배치된 지

---

8 이 군단에 관해서는 Strabo, 14.3.18 참조. 풀러는 카르다케스가 중보병이 아니라 경보병이었다고 거의 확신한다.

9 플루타르코스도 같은 숫자를 제시한다. 반면 디오도로스와 유스티누스는 40만 명, 쿠르티우스는 25만 명이라고 제시한다. 비현실적인 숫자들이지만 오늘날에는 진실을 알 길이 없다.

10 이 마케도니아인들은 누구였을까? 이들이 마케도니아인 부대였다면 아마도 '전위 정찰대'였을 것이다. 아니면 이 '마케도니아인'은 가령 파이아오니아인 같은 다른 단어의 대용으로 쓰였다고 추정할 수도 있다.

대가 좀더 적합했다. 다리우스는 좌익 측면의 언덕 밑에도 일부의 병력을 보냈는데 공간이 부족하여 무의미하다는 사실이 확인되자 다시 그 병력을 우익 측면으로 보냈다. 다리우스 자신은 전통적으로 페르시아 왕의 자리인 중앙에 섰다.(크세노폰은 페르시아 전투 배치의 일반적인 원칙을 설명하고 있다.)[11]

페르시아의 거의 모든 기병부대는 알렉산드로스의 좌익과 마주 보는 바다 쪽 진영으로 이동했다. 이들과 맞설 알렉산드로스군은 펠로폰네소스인과 그 외의 연합 기병대뿐이었다. 알렉산드로스는 이러한 취약점을 보완하기 위해 테살리아 기병대를 지원군으로 보내면서 밀집한 보병대 뒤쪽을 지날 때 적에게 들키지 않도록 최대한 신속히 이동하라고 지시했다. 동시에 프로토마쿠스가 이끄는 전위 정찰대를 아리스톤이 이끄는 파이오니아인, 안티오쿠스의 궁수부대와 함께 전선의 다른 쪽 끝에 투입했다.

또한 아탈루스가 이끄는 아그리아니아인들과 이들을 지원하는 몇몇 기병대와 궁수들을 전진선과 비스듬하게 고지 쪽으로 배치하여 우익을 두 부분으로 나누었다. 한쪽은 다리우스와 강 건너의 페르시아군 본대와 맞붙고 다른 한쪽은 마케도니아군 후방의 언덕 쪽에 배치된 부대들과 대적시킬 계획이었다. 마케도니아 좌익의 보병대 선두에는 크레타의 궁수부대와 시탈케스가 이끄는 트라키아인들이 섰고 그 앞에는 기병대가 위치했다. 모든 부대에는 일정한 비율로 외국인 용병들이 할당되었다.

우익이 다소 취약하여 전선의 오른쪽 끝이 공격당할 위험이 있다고 판단한 알렉산드로스는 헤타이로이 대대(페로이다스가 지휘하는 안

---

11 *Anabasis*, 1.8.21,22.

테무스의 기병대와 클레안데르의 아들 판토르다누스가 이끄는 소위 리아우가이아 대대) 2부대를 중앙에서 빼내어 최대한 눈에 띄지 않도록 우익으로 이동하라고 지시했다. 또한 횡대로 세웠던 아그리아니아 파병대와 그리스 용병으로 우익을 더 강화해 페르시아의 좌익을 측면에서 포위했다. 언덕 위의 페르시아 병사들은 공격의 낌새를 보이지 않았다. 실제로 알렉산드로스가 소수의 아그리아니아인과 궁수병에게 공격을 지시했을 때 이들은 다급히 진지를 이탈하여 위쪽의 안전한 곳으로 달아났다. 이에 알렉산드로스는 원래 그들을 상대하려던 병력을 주 공격대로 합류시켜 강화할 수 있으리라 판단했다. 탈주자들을 감시하는 데는 300명의 기병으로 충분했다.[12]

한동안 알렉산드로스는 일부러 천천히 진군하면서 가끔씩 멈추도록 하여 시간을 끌수록 이쪽이 유리하다는 인상을 심어주었다. 다리우스는 공격 움직임을 보이지 않았고 그의 부하들은 원래대로 강둑에서 배치를 유지하고 있었다. 가파른 곳이 많은 강둑의 방어가 쉽지 않은 지점에는 방책을 세워 강화했다. 이러한 예방조치들을 확인한 알렉산드로스 측은 다리우스가 겁이 많다는 사실을 간파했다.

양쪽 군은 이제 서로 공격할 수 있는 거리에 다다랐다. 알렉산드로스는 말을 타고 전선의 한쪽 끝에서 다른 쪽 끝까지 누비며 전군을 격려했다. 고위 장군들뿐만 아니라 대대와 중대의 지휘관들 이름과 직위를 정확히 호명하면서 그들의 공적을 언급했다. 심지어 공적을 쌓았거나 용맹한 행동을 드러냈던 용병들까지도 그 이름을 잊지 않고 불러주었다. 그러자 모든 병사가 "더 이상 기다리지 말자! 전진

12 이들은 바로 위에서 언급한 헤타이로이 2개 대대가 아니라 앞에서 아그리아나인들과 함께 언급한 '기병 부대들'이었고 쿠르티우스에 따르면 2개의 대대였다.(3.11.2). 이들은 용병이 틀림없다.

하여 공격하자!"라는 외침으로 화답했다.

페르시아군 전체가 한눈에 보였으나 알렉산드로스는 여전히 느긋하게 횡대로 나아갔다. 너무 급하게 전진하면 전선이 들쭉날쭉해져 어딘가에 틈이 생길 수 있기 때문이다. 그러나 투석 무기가 닿을 거리에 이르자 우익의 선두에 선 알렉산드로스는 전속력으로 말을 달려 강으로 돌진했다. 그러자 모든 병사도 빠르게 돌격했다. 이런 민첩한 공격은 적을 혼란에 빠트릴 뿐만 아니라 신속하게 적군과 맞붙을수록 페르시아 궁수로부터의 타격을 줄일 수 있다. 알렉산드로스의 판단은 틀리지 않았다. 페르시아군의 좌익은 알렉산드로스가 공격을 가하자 곧바로 무너졌다. 이렇게 알렉산드로스가 직접 지휘하는 정예 부대들은 좌익에서 빛나는 성공을 거두었으나 중앙의 상황은 순조롭지 않았다. 중앙 병력의 일부가 우익 쪽으로 붙으면서 전선에 틈이 생긴 것이다. 재빨리 강을 건너 근접전을 벌임으로써 페르시아 병사들을 몰아낸 알렉산드로스와 달리 전선의 중앙은 대처가 더뎠다. 게다가 강둑에 가파른 곳이 많아서 대열이 끊어지지 않도록 유지하기가 곤란했다. 다리우스의 그리스인 용병들은 틈이 가장 크게 벌어진 지점을 공략했고, 이 지점에서 격렬한 싸움이 벌어졌다. 다리우스의 그리스인 용병들은 마케도니아 병사들을 강둑에서 강물로 밀어내면서 좌익이 후퇴하고 있는 불리한 전세를 극복하기 위해 전력을 다했다. 반면 좌익에서 알렉산드로스가 승리를 거두는 것을 똑똑히 목격한 마케도니아 병사들은 그와 동등한 승리를 이루어 자랑스러운 불패不敗의 영예를 잃지 않겠노라 결의를 다졌다. 전투는 그리스인과 마케도니아인 간의 오랜 경쟁심으로 인해 더욱 치열해졌다. 바로 이 전투에서 셀레우코스의 아들 프톨레마이오스(중장보병 대대 지휘관)와 뛰어난 마케도니아 병사 120여 명이 전사했다.

승리를 거둔 알렉산드로스의 우익 부대는 마주한 페르시아 병사들이 퇴각하는 모습을 확인하고는 왼쪽으로 방향을 돌려 전선의 중앙으로 향했다. 중앙의 아군은 다리우스의 그리스인 용병들의 공격에 몰려 고전 중이었다. 우익 부대는 중앙의 마케도니아병사들을 강에서 끌어 올려주는 동시에 무너진 적의 좌익을 측면에서 포위하면서 용병들을 공격하여 격퇴했다. 알렉산드로스의 테살리아 부대와 마주한 페르시아 기병대는 전투가 벌어지자 강 건너편에 머무르지 않고 강을 가로질러 와 맹공을 퍼붓기 시작했다. 이어서 필사적인 기병전이 벌어졌다. 페르시아군은 그리스인 용병들이 마케도니아 보병대에게 무너지고 다리우스가 도주했음을 확인한 순간부터 무너지기 시작했다. 이것은 전면적이고 분명한 패주의 신호였다. 중무장한 기병들을 태운 채 달아나는 말들은 혹독한 고통을 겪었으며, 공포에 질린 채 절망적으로 우왕좌왕하던 수천 명의 병사들은 적에게 추격당해 죽은 경우보다 전우들에게 밟혀 죽은 경우가 더 많았다. 테살리아 병사들은 인정사정없이 그들을 뒤쫓았고, 페르시아군은 보병대와 기병대 양쪽에서 심각한 피해를 입었다.

전차에 타고 있던 다리우스는 페르시아군의 좌익이 알렉산드로스의 공격에 붕괴되는 모습을 보자마자 달아나기 시작했다. 그는 안전한 곳을 찾아 가장 먼저 몸을 피한 사람들 중 한 명이었다. 다리우스는 평탄한 길이 이어질 때까지는 전차를 탔지만 골짜기와 다른 장애물들에 가로막히자 전차를 버려야 했다. 결국 방패를 집어던지고 망토까지 벗어던진 그는 (심지어 전차에 활까지 놔둔 채) 말에 뛰어올라 필사적으로 도주했다. 이윽고 어둠이 내렸다. 다리우스가 알렉산드로스에게 잡히지 않을 수 있었던 것은 순전히 어둠 덕분이었다. 알렉산드로스는 해가 떠 있을 때까지 집요하게 추격했으나 어둑해지자 다리우스의 전차와 방패, 망토, 활을 입수한 채 돌아갈 수밖에 없었다. 사실 전투 초기에 중보병대 쪽 전선이 무너졌을 때 합류하지 않았다면 알렉산드로스는 다리우스를 따라잡을 수 있었다. 그러나 알렉산드로스는 그리스인 용병들과 페르시아 기병대가 강둑에서 퇴각하는 모습을 확인한 뒤에야 다리우스를 뒤쫓기 시작했다.

페르시아군의 전사자 중에는 그라니코스 강 전투에서 기병대 장교로 싸웠던 아르사메스, 레오미트레스, 아티지에스도 있었다. 이집트 총독인 사바케스와 페르시아의 고위 인사인 부바케스도 목숨을 잃었다. 일반 병사들 중에는 1만 명이 넘는 기병을 포함해 약 10만 명이 전사했다.[13] 알렉산드로스와 함께 참전했던 라구스의 아들 프톨레마이오스의 회상에 따르면 마케도니아 병사들이 협곡에 깔린 페르시아 전사자들의 시체를 밟으며 다리우스를 추격했다고 한다.

다리우스가 지내던 막사도 마케도니아의 수중에 들어갔다. 다리우스의 어머니, (다리우스의 누이이기도 한) 아내, 어린 아들, 두 딸 그리고 이들의 시중을 들던 페르시아의 귀족 여인들 몇 명이 포로로 붙잡혔다. 페르시아의 장교들은 장비와 여자들을 미리 다마스쿠스로 이동시켰으며, 다리우스도 대부분의 보물을 비롯하여 원정의 와중에도 대왕의 화려한 생활을 뒷받침하던 온갖 물품들을 다마스쿠스로 보낸 뒤였다.[14] 그 결과 그의 막사에서는 고작 3000달란트만 발견되었을 뿐이다. 그러나 알렉산드로스는 오래지 않아 파르메니오를

---

13 플루타르코스, 쿠르티우스, 디오도로스는 사상자 수에 동의한다. 하지만 이는 페르시아군의 병력에 관한 수치만큼이나 신뢰할 수 없는 수치다. 쿠르티우스(3.11.27)는 마케도니아군 사망자는 450명, 부상자는 4500명으로 제시했다.

14 자세한 내용은 Plutarch, *Alexander* 20.11~13 참조. 풀러가 언급한 대로, 소치에서 남쪽으로 약 320킬로미터 떨어진 다마스쿠스는 귀중품을 보관할 장소로 선택하기에 좋은 곳이었다.

파견해 다마스쿠스의 보물들을 확보했다. 니코크라테스가 아테네 집정관이던 11월(기원전 333년)에 벌어진 이수스 전투는 이렇게 종결되었다.

알렉산드로스는 칼에 허벅지를 찔린 부상에도 불구하고 전투가 끝난 뒤 부상자들을 직접 찾아갔다.[15] 전사자들에 대해서는 군 전체가 완전무장한 차림으로 대열을 이룬 가운데 극진한 군장軍葬으로 치러주었다. 장례식에서 알렉산드로스는 자신이 직접 보았거나 믿을 만한 보고를 통해 확인된 공로자들 모두를 치하하고 각각의 경우에 적합한 보상을 내렸다. 그는 왕실 호위대의 일원인 니카노르의 아들 발라크루스를 킬리키아 총독으로 임명하고 발라크루스의 후임으로 디오니시우스의 아들 메네스를 발탁했다. 또한 전사한 셀레우코스의 아들 프톨레마이오스가 이끌던 대대의 지휘관 자리에는 심미아스의 아들 폴리스페르콘을 선임했다. 솔리 시민들에게는 50달란트의 벌금이 남아 있었지만 알렉산드로스는 이를 면제해주고 인질들을 돌려보냈다.[16]

알렉산드로스의 관용은 다리우스의 어머니, 아내, 아이들에게도 베풀어졌다. 일부 진술에 따르면 다리우스를 놓치고 돌아온 날 알렉산드로스가 특별 전리품으로 격리시켜 놓은 다리우스의 막사 안으로 들어가려는데 근처에서 비통해하는 여성들의 목소리가 들려왔다. 알렉산드로스는 그 여인들이 누구이며 왜 이렇게 가까운 막사에

15 알렉산드로스가 경미한 부상을 당한 것은 사실이다. 그러나 카레스는 이 부상이 다리우스에 의한 것이라고 주장했다. 플루타르코스(*Alexander* 20.9)는 이 말을 믿지 않았고, 이 진술이 틀렸음을 입증하는 알렉산드로스의 편지를 인용했다.

16 이 말은 솔리 시민들이 자그마치 150달란트를 냈다는 뜻이다. 기원전 431년 아테네의 소득이 속주들로부터 받는 공물을 포함해 고작 1000달란트 정도로 추정되는 사실을 감안하면 매우 큰 액수다.

머물고 있는지 물어보았다. 그러자 "전하, 그들은 다리우스의 어머니와 처와 아이들입니다. 전하께서 다리우스의 활과 망토, 방패를 가지고 돌아오신 것을 알고 다리우스의 죽음을 애도하고 있습니다"라고 대답했다. 이 말을 들은 알렉산드로스는 당장 헤타이로이 중 한 명인 레온나투스를 시켜 다리우스가 살아 있음을 전하게 했다. 더불어 망토와 무기는 그가 달아날 때 전차 안에 남겨둔 것으로, 자신이 가져온 것은 그것이 전부라는 사실도 알리도록 했다. 레온나투스는 여인들의 막사로 들어가 다리우스의 말을 전한 뒤, 알렉산드로스가 다리우스와 개인적인 원한으로 싸운 게 아니라 아시아의 통치권을 놓고 정정당당히 전쟁을 벌인 것이므로 그들 왕족의 상징, 예법, 칭호를 유지하도록 해주겠다는 내용을 덧붙였다. 이 이야기는 프톨레마이오스와 아리스토불루스의 진술이다.

그러나 다음과 같은 이야기도 전해진다. 다음 날 알렉산드로스는 헤파이스티온을 대동하고 여인들의 막사로 갔다. 다리우스의 모친은 두 남자의 차림새가 비슷하여 왕을 알아보지 못한 채 헤파이스티온 앞에 엎드렸다. 헤파이스티온의 키가 더 컸기 때문이다. 헤파이스티온은 뒤로 물러섰고 그녀의 시종 한 명이 알렉산드로스를 가리키며 잘못을 바로잡아주었다. 다리우스의 어머니가 크게 당혹스러워하자 알렉산드로스는 헤파이스티온 역시 알렉산드로스, 즉 '병사들의 보호자'이므로 대수롭지 않은 실수라고 말해주었다. 이 일화는 충분한 신빙성이 있긴 하지만 나로서는 분명한 사실이라고 단언하지 않겠다. 다만 이것이 사실이라면 여인들을 측은지심으로 대하면서 친구에 대한 깊은 존중과 믿음을 보여준 알렉산드로스를 존경하지 않을 수 없다. 사실이 아니라 해도 알렉산드로스의 성격을 바탕으로 하여 생겨난 일화, 즉 알렉산드로스라면 이렇게 행동하고 이렇게 말

다리우스의 어머니와 처자식을 환대하는 알렉산드로스.

했을 것이라는 토대에서 비롯된 이야기일 테니 알렉산드로스에 대한 존경의 마음은 그대로이다.[17]

한편 다리우스는 부하 몇 명을 데리고 밤새도록 전력을 다해 달아났다. 날이 밝자 생존한 페르시아 병사들과 용병 무리가 차츰 합류하여 4000여 명에 이르렀다. 다리우스는 그들과 함께 최대한 신속하게 타프사쿠스와 유프라테스 강을 향해 나아가 가능한 한 알렉산드로스와의 사이에 강이 놓이도록 할 계책이었다.[18] 다리우스에게 투항했던 네 사람(안티오쿠스의 아들 아민타스, 멘토르의 아들 티몬다스, 페라이의 아들 아리스토메데스, 아카르나니아의 비아노르)은 예하의 병사들 8000명(그리스인 용병들)을 데리고 산으로 달아나 페니키아의 트리폴리스에 도착했다. 이들은 예전에 레스보스에서 타고 온 배들이 해안가에 끌어올려져 있는 것을 발견하자 자신들이 이용할 몇 척의 배만 남기고 나머지는 추격을 늦추기 위해 부두에서 모두 불태웠다. 그런 다음 키프로스를 거쳐 이집트로 향했다. 그 후 얼마 지나지 않아 아민타스는 남의 일에 간섭했다가 이집트인들의 손에 죽었다.[19]

그동안 파르나바주스와 아우토프라다테스는 키오스 섬에 머물러 있었다. 이들은 섬에 수비대를 배치한 뒤 일부 함대를 코스 섬과 할리카르나소스로 보내고 자신들은 가장 빠른 배 100척을 이끌고

---

17 플루타르코스(*Alexander* 22.5)는 알렉산드로스가 파르메니오에게 보낸 편지를 인용했는데, 이 편지에서 알렉산드로스는 다리우스의 아내를 본 적이 없다고 했다.

18 많은 페르시아 기병은 카파도키아로 달아났다. 이들은 프리기아를 되찾기 위해 토병들에 합류했지만 안티고누스에게 패했다.(Curtius 4.1.34~35, 여기에서 '리디아'는 '프리기아'를 잘못 말한 것이다.)

19 디오도로스(17.48.2~5)와 쿠르티우스(4.1.27~33)는 이집트에서 일어난 사건들을 더 자세히 설명했다. 이들은 아민타스와 4000명의 용병만 언급했지만 병력이 나뉘어졌을 가능성이 있다. 아마 다른 4000명은 스파르타의 왕 아기스의 군으로 갔을 것이다. 아기스 왕이 이수스에서 도망친 용병 8000명을 고용했다는 기록이 있다. E. Badian, *JHS*, 1963, 25~26 참조.

출항했다. 시프노스 섬에서 두 사람은 트리에레스 선 한 척을 이끌고 전쟁 자금을 모으러 나온 스파르타의 왕 아기스를 만났다. 아기스 왕은 두 사람에게 최대한 어느 정도의 배와 병사들을 펠로폰네소스 반도로 보내줄 수 있을지를 타진했다. 이때 이수스 전투 소식이 들려왔다. 이 소식은 그들에게 엄청난 충격을 안겨주었다. 이수스 전투에서의 패배가 키오스 섬에 문제를 일으킬 수 있다고 걱정한 파르나바주스는 당장 배 12척과 1500명의 용병을 이끌고 섬으로 출발했다. 아기스 왕은 히피아스를 타이나룸으로 파견하여 아우토프라다테스에게서 받은 배 10척과 30달란트를 동생 아게실라우스에게 전하면서 수병들의 급여를 모두 지급하고 크레타 섬을 지키러 당장 출발하라고 지시했다. 아기스 자신은 한동안 시프노스 섬에 머물다가 나중에 할리카르나소스에서 아우토프라다테스와 합류했다.[20]

알렉산드로스는 케르딤마스의 아들 멤논을 시리아 저지대의 총독으로 임명하고 이 지역을 지배할 연합 기병대를 남긴 뒤 페니키아로 출발했다. 가는 도중에 알렉산드로스는 아라두스와 주변 주민들의 군주인 게로스트란투스의 아들 스트라톤을 만났다. 게로스트란투스는 페니키아와 키프로스의 작은 지역들을 다스리는 다른 군주들과 마찬가지로 아우토프라다테스와 함께 항해 중이었다. 그래서 자신의 황금 왕관을 알렉산드로스에게 넘겨주는 일과 아라두스 섬, 맞은편 본토에 위치한 크고 번성한 도시 마라토스 그리고 시곤과 마

20 아기스 왕은 이수스 전투의 결과에 구애받지 않고 준비를 계속했고 기원전 331년에 '그리스인들에게 자유를 지키기 위해 연합하자고 호소했다.'(Diodorus, 17.62.6) 아기스는 초기에는 성공을 거두었지만 기원전 331년 가을에는 결국 메갈로폴리스에서 안티파테르에게 패했다. 관련 근거를 보려면 Diodorus, 17.48.1~2; 62.6~63.4;73.5~6; Curtius, 6.1 참조. 아기스에 대한 현대의 설명을 보려면 E. Badian, *Hermes* 1967, 170ff 참조.

리암메, 그밖의 자신이 통솔하는 모든 지역의 통치권을 넘기는 권한을 아들인 스트라토에게 맡겼다.

알렉산드로스가 마라토스에 머무는 동안 페르시아의 사절단이 찾아와 다리우스의 어머니, 아내, 아이들을 풀어줄 것을 청했다. 이들은 다음과 같은 내용의 다리우스의 편지도 전했다.[21]

> 필리포스와 아르타크세르크세스는 원래 우호적 동맹 관계였다.[22] 그런데 아르타크세르크세스의 아들 아르세스가 왕위에 오르자 필리포스가 이유 없이 침략했고,[23] 다리우스 즉위 후로 알렉산드로스는 사절을 통해 양국 사이의 우호 관계를 확인하지 않았으며, 오히려 군대를 이끌고 아시아로 건너와 페르시아인에게 큰 피해를 입혔다. 이런 이유로 다리우스는 조국과 자신의 왕좌를 지키기 위해 전장에 나갈 수밖에 없었다. 신의 뜻대로 전투가 마무리된 현재 다리우스 왕은 알렉산드로스 왕에게 포로로 잡힌 아내, 어머니, 아이들을 풀어주길 요청하며 알렉산드로스 및 알렉

---

21 디오도로스는 알렉산드로스가 평화 교섭을 거절하기 위해 다리우스의 편지를 숨기고 '자신의 이해관계에 더 부합하는' 다른 편지로 바꾸어 헤타이로이에게 보여주었다는 흥미로운 이야기를 전한다(17.39.2). G. T. 그리피스(*Proc. Camb. Phil.Soc.* 1968, 33ff)는 아리아노스의 『원정기』에 나오는 편지는 위조된 것이라고 했다. 예를 들어 다리우스는 재정이나 영토와 관련된 유인책을 제시하지 않았고(Diodorus, 1.39 그리고 Curtius, 4.1.7의 편지에서처럼) 전쟁의 책임에 대한 문제 제기는 다리우스의 입장에서는 불리하다는 점을 지적했다.

22 비교적 기록이 많이 남아 있는 시대이지만 이 동맹관계에 대해서는 전혀 알려져 있지 않다. 예를 들어 데모스테네스는 이 관계를 언급하지 않았다.

23 아르타크세르크세스 3세(오쿠스)는 기원전 359~338년, 아들인 아르세스는 기원전 338~336년까지 통치했다. 다리우스는 마케도니아가 기원전 336년 봄에 소아시아를 침략했다고 언급했다. 여기에는 그럴 만한 이유가 있었는데, 기원전 340년 페르시아가 페린투스를 도와 필리포스에게 맞섰기 때문이다. 하지만 필리포스는 기원전 342년 아타르네우스의 헤르메이아스와 동맹을 맺고 침략자가 되었는데, 이 구절은 이 일을 언급한 것일 수도 있다.

산드로스의 동맹국들과 친선을 맺기를 원한다. 아울러 이를 위해 이 요청을 전하는 메니스쿠스와 아르시마스가 돌아올 때 알렉산드로스의 사절단이 함께 오기를 촉구한다.

알렉산드로스는 답장을 써서 테르시포스에게 주며 다리우스의 사절단과 동행하라고 명령했다. 그리고 다리우스에게 자신의 편지를 전할 때 이 편지에 대한 어떤 질문에도 답하지 말라는 엄명을 내렸다. 편지 내용은 이러했다.

그대의 조상들은 마케도니아와 그리스를 침략하여 나의 나라를 파괴했다. 하지만 우리는 이런 공격을 당할 만한 일을 한 적이 전혀 없다. 나는 그리스 전체의 총사령관으로서 이 일에 대해 페르시아를 벌하기 위해 아시아 땅으로 건너왔다. 이 일은 전적으로 그대의 책임이다. 그대는 내 부친에 대항하여 반란을 일으킨 페린투스 사람들을 도왔고 오쿠스는 우리 영지 중 일부인 트라키아에 군대를 보냈다. 그대가 편지에서 대놓고 자랑한 것처럼 나의 부친은 그대가 고용한 자객들에게 암살당했다.[24] 또한 그대는 바고아스의 도움으로 아르세스를 살해하여 부당하고 불법적으로 왕위를 찬탈함으로써 그대의 나라에 죄를 지었다.[25] 그리고 그리스인들에게 나에 대한 그릇된 정보를 퍼트려 그들을 나의 적으로 돌리려 했고, 비록 스파르타는 수용했으나 그리스인들에게 자금

---

24 이 일에 대한 다른 증거는 없다.

25 알렉산드로스 (혹은 아리아노스)가 잘못 알고 있었다. 바고아스는 아르세스와 그의 자식들을 독살하고 다리우스를 왕위에 앉혔다. 나중에 바고아스는 다리우스도 독살하려고 했지만 왕이 오히려 바고아스에게 그 독을 마시게 했다. (Diodorus, 17.5.3~6 참조)

을 지원하려고 했다.[26] 또한 그대의 첩자들은 내 친구들을 매수하여 내가 그리스에 확립한 평화를 망가뜨리려 했다. 이 때문에 내가 그대와 전쟁을 벌이려 한 것이니 싸움을 시작한 쪽은 바로 그대인 것이다. 나는 먼저 그대의 장군들과 총독들을 물리쳤다. 그리고 그대와 그대가 이끄는 군대 역시 무찔렀다. 나는 신의 도움으로 그대 나라의 지배자가 되었고 내게 투항한 그대의 병사들을 데리고 있다. 그들은 강제로 억류된 것이 아니라 자발적으로 내 밑에서 복무하기를 원했다.

그러니 아시아 대륙의 왕에게 나아가듯이 나에게 오라. 내게 모욕을 당할까 겁이 난다면 그대의 친구 몇 명을 보내라. 그러면 모욕적인 대우를 하지 않겠다는 보증을 해주겠다. 그런 뒤 나를 찾아와 그대의 어머니, 아내, 아이들, 그외에 그대가 원하는 것을 돌려달라고 부탁하라. 그러면 그들뿐만 아니라 나를 설득시킬 만한 것이라면 무엇이든 얻게 될 것이다.

그리고 앞으로 나와 대화하고 싶다면 편지의 수신자를 아시아 전체의 왕으로 하고, 나와 동등한 입장에서 편지를 쓰지 말라. 그대의 소유였던 것들이 이제 모두 내 것이 되었다. 그러니 원하는 게 있으면 예의를 갖추어 부탁하라. 그렇지 않으면 그대를 죄인으로 취급할 것이다. 그대가 왕위를 되찾길 원한다면 달아나지 말고 맞서 싸우라. 그대가 숨는 곳이 어디든 나는 그대를 찾아낼 것이다.

한편 파르메니오는 다리우스가 아르타바주스의 아들 코펜의 책

---

26 아이스키네스(*Against Ctesiphon* 239)는 다리우스가 아테네에 300달란트를 보냈지만 거절당했고 스파르타는 70달란트를 받았다고 주장한다.

임 아래 다마스쿠스로 보냈던 돈과 귀중품들의 소재를 파악하여 이를 지키던 페르시아인들과 함께 다른 곳으로 옮겼다. 이 보고를 받은 알렉산드로스는 파르메니오에게 모든 보물을 다시 다마스쿠스로 가져가 보관하라고 지시했다. 전투 전에 다리우스를 찾아갔던 그리스의 사절들도 파르메니오에게 붙잡혀 있었는데, 알렉산드로스는 그들을 자신에게 데려올 것을 명했다. 그리하여 스파르타의 에우티클레스, 이스메니우스의 아들 테살리스쿠스, 테베의 디오니시도로스(올림픽 우승자), 아테네의 유명한 장군 이피크라테스의 아들 이피크라테스(아버지와 같은 이름)가 알렉산드로스 앞에 불려나왔다. 테살리스쿠스와 디오니시도로스는 테베 사람이었지만 (어쩌면 그 때문에) 알렉산드로스는 두 사람을 즉시 풀어주었다. 알렉산드로스는 테베인에 대한 측은한 감정을 갖고 있었으며, 마케도니아군에 의해 노예로 전락한 테베 시민들이 다리우스에게 사절을 보낸 일에 대해서도 크게 비난할 수 없다고 생각했다. 어쨌거나 이 두 사람은 자신과 나라를 위해 페르시아로부터 도움을 구하려 했을 뿐이므로 알렉산드로스는 관대한 태도를 보였다. 테살리스쿠스에게는 넌지시 테베의 귀족인 그의 가문을 존경하기 때문에 풀어주는 것이며, 디오니시도로스에게는 올림픽 경기의 승리자이기 때문에 풀어주는 것이라 말하기도 했다. 이피크라테스는 아테네인에 대한 애정과 그의 아버지에 대한 기억 때문에 측근으로 삼아 예우해주었다. 이피크라테스가 병에 걸려 죽었을 때는 그의 유골을 아테네의 친지들에게 보내주기도 했다.[27] 반면 에우티클레스는 당시 알렉산드로스에게 매우 적대적인

---

27 알렉산드로스는 조부인 아민타스 3세가 대大 이피크라테스를 입양했다는 사실에 영향을 받았을까? Aeschines, *On the Legation* 28. 이피크라테스가 그에게 군사 지원을 해준 시기는 확실하게 알려져 있지 않다.

도시의 대표자였을 뿐만 아니라 관용을 베풀 만한 이유가 없었으므로 한동안 구금해두었으나 족쇄를 채우지는 않았다. 하지만 나중에 알렉산드로스가 승승장구하게 되자 에우티클레스도 풀어주었다.

이제 알렉산드로스는 마라토스에서 진군을 재개했다. 비블로스와 시돈이 항복했는데, 다리우스와 페르시아인을 싫어하던 시돈 시민들은 알렉산드로스에게 도시로 입성할 것을 적극 청하기까지 했다.[28] 그 후 티레(티로스) 쪽으로 향하던 알렉산드로스는 티레에서 온 사절단을 만났고, 티레 시민들이 알렉산드로스의 명령이라면 무엇이든 따르기로 결정했음을 전달받았다. 사절단 중에는 티레에서 가장 명망 있는 가문 출신들과 티레의 왕 아제밀쿠스의 아들도 끼어 있었다. 아제밀쿠스는 당시 아우토프라다테스와 함께 항해를 떠나 티레를 비운 상태였다. 알렉산드로스는 사절단에게 감사를 표한 뒤 도시로 돌아가 시민들에게 자신이 티레에서 헤라클레스에게 제의를 올리고 싶다는 말을 전하도록 했다.

이와 관련하여 사람들에게 알려진 가장 오래된 헤라클레스 사원이 티레에 있다는 사실을 언급해야겠다. 그런데 티레에서 숭배하던 헤라클레스는 알크메네의 아들인 아르고스의 헤라클레스가 아니다. 이 헤라클레스는 카드모스가 페니키아에서 테베로 와서 세멜레를 낳기 몇 세대 전에 티레에서 숭배되고 있던 인물이었다.(시리아의 바알 신, 멜카르트) 세멜레는 제우스와의 사이에서 디오니소스를 낳았다. 디오니소스는 카드모스, 폴리도루스, 라브다쿠스의 후손으로 세 번째 세대였던 반면 아르고스의 헤라클레스는 아마도 라이오스의

---

28 시돈에서 알렉산드로스는 페르시아에 우호적인 태수를 내쫓고 대신 아브달로니무스 왕을 앉혔다.

아들 오이디푸스와 같은 세대일 것이다. 이집트에서도 헤라클레스를 숭배했지만 그 역시 티레나 그리스의 헤라클레스는 아니었다. 헤로도토스에 따르면 이집트인들은 헤라클레스를 12신 중 한 명의 신으로 여겼다. 이와 비슷하게 아테네에서는 제우스와 코레의 아들인 디오니소스를 숭배했고, 엘레우시스 제전Eleusinian mysteries[곡식의 여신 데메테르와 페르세포네와 이아코스를 받드는 신비주의 의식]에서 부르는 찬가 「이아코스Iacchus」의 대상도 테베의 디오니소스가 아니라 바로 이 디오니소스였다. 내 생각에 타르테수스(헤라클레스의 기둥이 있는 곳)에서 이베리아인에게 숭배된 헤라클레스는 티레의 헤라클레스다. 타르테수스의 기원이 페니키아이고 그곳의 헤라클레스 신전과 제례 의식도 페니키아의 전통을 따르고 있기 때문이다. 게다가 연대기 기록자인 헤카타이오스에 따르면 게리오네스(에우리스테우스 왕이 헤라클레스에게 게리오네스의 소 떼를 미케네로 데려오라고 했다)는 이베리아와 아무 연관이 없고 헤라클레스가 해협 너머의 에리테이아 섬에 간 적도 없었다. 게리오네스는 암브라키아와 암필로키아 지역 어딘가의 군주였고 헤라클레스가 맡은 임무(결코 만만한 임무는 아니었다)는 소 떼를 그곳에서 훔쳐오는 것이었을 가능성이 훨씬 크다. 나는 오늘날에도 이 지역에 훌륭한 목초지가 있고 이곳 사람들은 우수한 품종의 소를 기른다는 것을 알고 있다. 에우리스테우스는 이 소들의 명성과 그 지역을 통치하는 군주의 이름을 모르지는 않았겠지만 유럽의 가장 외진 구석에 있는 이베리아의 왕 이름이나 멀리 떨어진 땅에 좋은 소들이 있는지는 잘 몰랐을 것이다. 있을 것 같지 않은 이야기를 앞뒤가 맞게 만들려면 신화를 지어내고 헤라 여신을 끌어들여 여신이 에우리스테우스의 입을 빌어 헤라클레스에게 임무를 주었다고 말해야 했을 것이다.

당시 알렉산드로스가 제의를 올리려 한 대상은 티레의 헤라클레스였고 사절단은 그의 요구를 시민들에게 전했다. 티레 시민들은 알렉산드로스가 원하는 모든 것을 들어주겠으나 단 한 가지, 페르시아인이나 마케도니아인을 성벽 안으로 들이는 것만은 강력히 거부했다. 그들로서는 그렇게 하는 것이 이 시점에서 가장 품위 있는 태도일 뿐 아니라 전쟁의 결과를 확신할 수 없는 상황에서 앞으로의 안전을 확보하는 최선의 길이라 판단한 것이다.[29] 이 결정을 전해들은 알렉산드로스는 매우 화를 내며 사절단을 돌려보낸 뒤 당장 헤타이로이와 각 부대의 장교들을 불러 다음과 같은 연설을 했다.

“친구이자 전우들이여, 페르시아가 바다를 장악하고 있는 한 우리는 무사히 이집트로 진군할 수 없을지도 모른다. 또한 어느 쪽에도 속하지 않은 티레를 후방에 남겨두고 이집트와 키프로스를 적의 수중에 방치한 채 다리우스를 쫓는다면 현재 그리스의 상황을 고려할 때 심각한 위협이 될 것이다. 우리 군이 바빌론 내륙 깊숙한 곳에서 다리우스를 쫓는 동안 페르시아군이 해안 지역을 수복하고 그 여세를 몰아 전장을 그리스로 옮길 수도 있다. 그리스에서 스파르타는 이미 우리에게 노골적으로 적대적인 태도를 보이고 있고, 현재 아테네는 호의가 아닌 두려움 때문에 마지못해 우리 편을 들고 있는 동맹국일 뿐이다. 하지만 티레를 무너뜨리면 페니키아 전체가 우리 차지가 될 것이고 수적으로나 질적으로 페르시아 해군의 주축인 페니키아 함대가 우리에게 넘어올 가능성이 매우 높다. 자신들의 도시가 우리

29 디오도로스는 다리우스에 대한 티레 시민의 충성을 강조했다.(17.40.3) 이들은 알렉산드로스에게 도시 밖의 신전에서 제사를 올리라고 제안했다고 한다. 알렉산드로스가 빠른 결정을 강요한 이유는 다음 연설에 나와 있다.

수중에 들어오면 페니키아의 수병과 선원 혹은 병사들로서는 다른 도시를 위해 싸우는 위험을 감수하지 않을 것이기 때문이다. 그다음 차례는 키프로스가 될 것이다. 키프로스는 별 어려움 없이 우리 편이 되거나 쉽게 공략할 수 있을 것이다. 우리가 키프로스, 마케도니아, 페니키아의 연합함대를 얻는다면 해상의 패권을 보장받을 것이며 이집트 원정도 수월해질 것이다. 마지막으로, 이집트를 차지한다면 우리는 더 이상 그리스에 대해 불안해할 이유가 없을 것이다. 이렇게 우리는 본국의 안전을 보장하고 명성을 드높이며 바다뿐 아니라 유프라테스 강에 이르는 대륙 전체에서 페르시아를 몰아내고 바빌론으로 진군할 수 있을 것이다."

알렉산드로스는 티레 공격에 대해 큰 어려움 없이 사령관들을 설득할 수 있었다. 하지만 알렉산드로스 자신은 하늘의 계시로부터 더 큰 힘을 얻었는데, 그날 밤 꿈에서 도시 성벽으로 다가가고 있는 자신을 헤라클레스가 반겨주면서 들어오라고 했기 때문이다. 이 꿈에 대해 아리스탄데르는 헤라클레스가 숱한 고난 속에서 모든 일을 이루었기 때문에 알렉산드로스도 티레를 점령하기는 하겠지만 큰 고생을 겪을 것으로 풀이했다.

(해몽이 맞든 틀리든 간에) 티레 포위공격은 확실히 대단한 난제였다. 티레는 튼튼하고 높은 성벽으로 둘러싸여 있는 섬 도시였을 뿐만 아니라 당시 페르시아가 바다를 장악하고 있고 티레의 함대도 강력하다는 점을 고려할 때 해상 공격은 시도하기 어려운 상황이었다. 그러나 이러한 온갖 난관에도 불구하고 알렉산드로스의 공격 결정은 받아들여졌다.

알렉산드로스의 계획은 본토 해안과 도시(섬) 사이의 얕은 해협에 제방을 쌓는 것이었다.[30] 해협에서 본토의 해안 쪽은 얕은 개펄이었지만 도시와 가까운 쪽은 수심이 깊어서 거의 3패덤fathom[수심을 측정할 때 사용하는 단위로, 1패덤은 1.83미터 정도]에 이르렀다. 인근에는 제방을 만드는 데 사용할 돌과 목재가 풍부했고, 돌과 목재를 진흙 속에 단단히 박아 넣는 일은 손쉬웠다. 진흙이 접착제 역할을 하여 돌들을 고정시켜주기 때문이다. 알렉산드로스는 항상 현장에 나와 작업을 정확히 지시하고 격려를 아끼지 않았을 뿐만 아니라 성과가 두드러지는 경우에는 특별한 보상까지 베풀어 병사들은 지휘관 못지않은 결의로 임했다.

해안 쪽에 제방을 쌓을 때는 물이 얕고 적의 방해도 없었기 때문에 어려움이 없었다. 그러나 티레 섬 쪽으로 다가가자 수심이 깊은 데다 높은 성벽에서 발사하는 무기들의 사정권이어서 난관에 부딪쳤다. 마케도니아 병사들은 무장도 하지 않은 작업복 차림인 반면 티레군은 바다에서의 우위를 이용해 제방 여러 곳을 계속 공격하는 바람에 지속적인 작업이 불가능했다. 이런 공격에 반격하기 위해 마케도니아군은 제방(꽤 상당한 길이가 되었다)에 두 개의 탑을 세우고 그 위에 투석기를 배치했다. 그리고 화공火攻에 대비하면서 탑을 지키는 병사들이 화살에 맞지 않도록 가죽으로 탑을 씌웠다. 제방에서 일하는 병사들을 괴롭히는 티레의 수병들을 바로 이 탑 위에서 투석기로 공격하여 쫓아냈다.

티레군도 곧 대응책을 찾아냈다. 이들은 가축을 실어 나르는 배에다 마른 땔나무와 불이 잘 붙는 갖가지 목재들을 가득 싣고 뱃머리에 두 개의 돛대를 세웠다. 그리고 역청, 황 등의 인화 물질을 가능

---

30 섬은 본토 해안에서 약 800미터 떨어져 있었다. 디오도로스(17.40)에 따르면 제방의 폭은 약 60미터였다. 돌은 티레 구시가지에서, 목재는 리바누스 산에서 얻었다.

한 한 많이 싣고는 뱃전의 사방에 울타리를 최대한 높이 세웠다. 두 개의 돛대 사이에는 보통 길이의 두 배나 되는 활대를 가로로 덧대고 그 위에 큰 솥을 걸었다. 솥 안에는 거센 불길을 일으키는 물질들이 가득 담겨 있었다. 마지막으로, 뱃머리를 최대한 높이 들어올리기 위해 고물 쪽에 무거운 바닥짐을 실었다. 그런 뒤 순풍이 불기를 기다렸다가 여러 척의 트리에레스 선들에다 이 화공선을 굵은 밧줄로 묶어서 제방 쪽으로 끌고 갔다. 두 개의 탑 근처에 이른 티레군은 화공선에 불을 붙였고, 트리에레스 선의 수병들은 불타는 배를 힘껏 밀어 제방 가장자리로 충돌시켰다. 화공선에 타고 있던 병사들은 제방에 부딪치기 전에 물속으로 뛰어들어 안전한 곳으로 헤엄쳐 나왔다.

탑들은 곧 맹렬한 화염에 휩싸였다. 화공선의 부러진 활대가 타면서 솥에 담겨 있던 인화물질들이 쏟아져 불길이 번진 것이다. 또한 트리에레스 선들이 제방 근처에 머문 채 수병들이 탑을 향해 계속 인화 물질을 쏘아댔기 때문에 아무도 불을 끄기 위해 접근할 수 없었다. 일단 탑에 불이 붙자 도시에 있던 티레군이 몰려나와 배를 타고 제방의 이곳저곳을 공격하기 시작했다. 티레군은 제방을 보호하기 위해 설치한 울타리를 순식간에 망가뜨렸고 이제껏 공격으로부터 안전했던 공성 장비들까지 모두 불태워버렸다.

알렉산드로스는 해안 쪽부터 제방을 다시 쌓기 시작하라고 명령했다. 이번에는 더 많은 탑을 세울 수 있도록 더 넓게 제방을 쌓기 위해 기술자들은 새 공성 장비 제작에 착수했다. 그동안 알렉산드로스는 전투선을 모으기 위해 근위대와 아그리아니아군을 데리고 시돈으로 떠났다. 사실상 티레군이 바다를 장악하고 있는 한 티레 정복은 쉽지 않았기 때문이다.

한편 아라두스와 비블로스가 알렉산드로스의 수중에 들어갔다는 보고를 받은 게로스트라투스와 에닐루스(비블로스의 제후)는 아우토프라다테스의 함대를 떠나 자신의 배를 이끌고 알렉산드로스 측에 합류했다. 시돈의 전함들도 함께 온 덕분에 알렉산드로스는 약 80척의 페니키아 배를 얻을 수 있었다. 또한 로도스의 정찰선과 그 외의 배 9척, 솔리와 말루스의 배 3척, 리키아의 배 10척, 안드로니쿠스의 아들 프로테아스가 지휘하는 50개의 노가 달린 마케도니아 갤리선 1척도 합류했다. 키프로스 섬의 제후들은 이수스에서 다리우스가 패했다는 놀라운 소식을 들은 지 얼마 되지 않아서 또 다시 페니키아 전체가 알렉산드로스의 수중에 들어갔다는 전갈을 받자 120여 척의 배로 이루어진 함대를 이끌고 시돈으로 왔다.(이 일은 티레 포위작전의 전환점이 되었다.)

알렉산드로스는 이 도시들이 어쩔 수 없이 페르시아를 도왔다는 사실을 알고 있었기 때문에 과거의 행적에 대해서는 기꺼이 눈감아 주었다.

병기를 제작하고 실전에 대비하여 함대를 정비하는 동안 알렉산드로스는 기병대, 근위대, 아그리아니아인, 궁수들을 거느리고 아라비아의 안틸리바누스 산으로 원정을 떠났다.[31] 그리고 열흘 만에 무력과 협상을 병행하여 부근 지역을 정복하고 시돈으로 돌아왔다. 시돈에는 펠로폰네소스 반도에서 약 4000명의 그리스 용병대를 데리고 온 폴레모크라테스의 아들 클레안데르가 도착해 있었다.

함대가 충분히 갖추어지자 알렉산드로스는 티레를 공격하기 위

31 안틸리바누스 산은 코엘레-시리아 계곡을 에워싼 두 산맥으로부터 더 동쪽에 있었다. '아라비아'라는 표현은 정확하지 않다. 이곳 주민들은 뗏목과 탑을 만들 목재를 모으는 마케도니아 병사 30여 명을 죽였다.(Curtius, 4.2.18;4.3.1)

해 가능한 한 많은 병사를 배에 태웠다. 앞으로 벌어질 전투에서는 해전 전술보다는 근접전이 중요하다고 예상한 것이다. 함대는 밀집 대형으로 티레를 향해 진격했다. 크라테루스와 함께 좌익을 지휘한 프니타고라스(키프로스의 아홉 개 주요 도시 중 하나인 살라미스의 제후)를 제외한 모든 페니키아인과 키프로스의 왕들은 바다 쪽의 우익을 맡은 알렉산드로스를 지원했다.

티레군은 알렉산드로스가 바다에서 공격해오면 맞서 싸울 작정이었다. 그러나 상황은 완전히 달라져 있었다. 키프로스와 페니키아의 배들이 모두 알렉산드로스 함대에 합류한 사실을 몰랐던 티레군은 예상 외로 강력한 적을 상대하게 된 것이다. 알렉산드로스의 함대는 도시에서 약간 떨어진 바다에 멈추어 싸움을 유도했다. 그러나 티레군이 도발에 넘어오지 않자 알렉산드로스 함대는 다시 전투 대형을 이루어 전속력으로 다가갔다. 상황을 지켜본 티레군은 위험한 교전을 피하는 대신 적선이 들어오지 못하도록 가능한 한 많은 배로 항구 입구를 틀어막았다.

티레군이 계속 대응하지 않자 알렉산드로스는 도시 쪽으로 진군했다. 그는 시돈을 마주보는 쪽 항구로 들이닥칠 생각은 없었다. 그 지점은 입구가 좁은 데다가 수많은 전함이 적이 다가오는 쪽으로 뱃머리를 향한 채 막고 있었기 때문이다. 그러나 페니키아군이 가장 바깥쪽에 있던 배 세 척을 정면으로 들이받아 적선이 가라앉았고, 그 배에 타고 있던 병사들은 티레에 우호적인 지역의 해안으로 헤엄쳐서 달아났다. 이 사건으로 인해 함대는 제방에서 그리 멀지 않고 바람도 피할 만한 해안에 정박할 수 있었다.

다음 날 알렉산드로스는 도시를 봉쇄하라는 명령을 내렸다. 안드로마쿠스가 지휘하는 키프로스 파견대는 (시돈을 마주보는) 북쪽 항구에, 페니키아군은 알렉산드로스의 막사가 있는 제방 맞은편 남쪽 항구에 자리 잡았다.

그동안 알렉산드로스는 키프로스와 페니키아의 여러 지역에서 많은 인력을 모았고 제작해둔 공성 장비도 충분했다. 이제 그 병력의 일부를 제방 위에 배치하고 일부는 시돈에서 끌고 온 수송선들과 속도가 좀더 느린 트리에레스 선에 나눠 실었다. 모든 준비가 갖추어지자 제방뿐만 아니라 도시의 성벽 근처에 이미 자리를 잡고 공격을 시도하던 배들에게도 돌격 명령이 내려졌다.

티레군은 제방이 내려다보이는 성벽에 방어용 목탑을 여러 채 세워 마케도니아의 공성 장비가 위협을 가할 때마다 투석 무기로 대응했다. 배가 다가오면 불화살을 쏘아 알렉산드로스의 수병들이 사정거리 안으로 접근하지 못하게 위협했다. 제방 맞은편에는 커다란 돌들을 단단히 쌓아 올려 높이가 약 46미터에 두께도 그에 비례하는 탄탄한 성벽이 버티고 있었다. 이런 난점과 더불어 공성 장비를 실은 마케도니아의 수송선들과 트리에레스 선들이 도시에 접근하기 어려운 또 다른 원인이 있었는데, 바로 티레군이 돌덩어리들을 바다에 던져서 진로를 방해한다는 점이었다. 알렉산드로스는 이 돌덩어리들을 제거하라고 지시했지만 작업은 만만치 않았다. 병사들이 흔들리는 갑판에서 움직여야 하는 점도 문제였지만 티레군이 특수 장갑선을 타고 마케도니아의 트리에레스 선 뱃머리 쪽으로 다가와 닻줄을 끊는 바람에 배들이 제자리에 있을 수 없었던 것이다. 이에 알렉산드로스는 노가 30개인 여러 갤리선에 티레의 배와 비슷한 방어용 철갑을 입혀 트리에레스 선의 닻줄 앞을 가로막는 식으로 티레군의 공격을 막아냈다. 그러나 티레군은 포기하지 않고 잠수부들을 내보내 종전처럼 닻줄을 끊었다. 급기야 마케도니아군은 밧줄을 쇠사슬로 바꾸었다. 쇠사슬 앞에서는 잠수부도 속수무책이었다. 그리하여 마케도니아군은 돌덩어리에 밧줄을 묶어 제방에서 끌어당긴 다음 기중기로 들어 올려 배가 다니는 데 방해가 되지 않는 깊은 바다에 버렸다. 성벽 근처 바다에서 장애물을 걷어내자 배들은 어려움 없이 성벽 가까이 다가갈 수 있었다.

이제 심각한 위협에 봉착한 티레군은 북쪽 항구를 봉쇄하고 있는 키프로스 파견대를 공격하기로 했다. 티레군은 몰래 병사들을 승선시키기 위한 일종의 차단막으로 항구 입구에 돛들을 활짝 펼쳤다. 한낮이 되어 그리스 배의 수병들이 저마다 맡은 일을 하기 위해 흩어지고 알렉산드로스도 도시 맞은편의 함대를 떠나 자신의 막사로 돌아갔을 때 티레군은 공격 준비를 끝내고 대기 중이었다. 이들은 5단 갤리선 3척, 4단 갤리선 3척, 트리에레스 선 7척에 정예병들(해전에서 보여준 용맹함을 기준으로 특별히 선발된 가장 똑똑한 병사들과 잘 무장된 해병대원들)을 태우고 조용히 일렬로 항구를 빠져나갔다. 노 젓는 병사들을 위한 구령 소리도 없었다. 병사들은 침묵 속에 노를 젓다가 키프로스군의 눈에 띄기 직전에 우렁찬 함성과 격려의 환호성을 지르며 맹렬하게 노를 저어 최고 속력으로 적에게 돌진했다.

마침 그날 알렉산드로스는 막사로 돌아가긴 했지만 평소처럼 휴식을 취하지 않고 바로 함대로 돌아와 있었다. 티레의 기습공격은 성공을 거두었다. 항구를 봉쇄하고 있던 소함대의 일부 배에는 사람이 타고 있지 않았고, 다른 배들에 있던 병사들은 갑작스런 적의 함성에 이어진 기습에 속수무책이었다. 첫 번째 교전에서는 프니타고라스의 5단 갤리선이 적선에 부딪쳐 가라앉았다. 아마투스의 안드로클레스와 쿠리움의 파시크라테스가 지휘하는 배들도 같은 운명을 맞았다.(아마투스와 쿠리움은 프로스 남쪽 해안에 위치했다.) 소함대의 나머지 배들은 항구로 끌려가 박살이 났다.

알렉산드로스는 티레의 트리에레스 선들이 출격했다는 보고를 받자마자 도시 남쪽에 있는 전 함대에게 전투 준비를 갖추고 당장 남쪽 항구 앞쪽에 진을 쳐서 티레의 다른 배들이 출격하지 못하도록 막으라고 명령했다. 그런 뒤 자신의 5단 갤리선과 가장 먼저 병사들을 태운 트리에레스 선 대여섯 척을 거느리고 공격 중인 티레의 소함대를 찾아 도시 북쪽으로 향했다. 성벽에서 상황을 살피던 티레군은 알렉산드로스가 소함대를 이끌고 다가오는 것을 발견하자 아군 병사들에게 항구로 돌아오라고 외쳤다. 시끄러운 전투 소음에 목소리가 묻혀버리자 이번에는 안전한 곳으로 철수하라는 신호를 보냈다. 그러나 이미 티레의 수병들이 항구 쪽으로 방향을 바꾸기에는 늦었다. 가까스로 항구로 피한 몇 척 외에 대부분의 배는 알렉산드로스의 공격을 받아 크게 파손되었고 5단 갤리선 1척과 4단 갤리선 1척은 항구 입구에서 붙잡혔다. 인명 손실은 크지 않았다. 배에 타고 있던 병사들은 가망 없는 배를 버리고 바다로 뛰어들어 항구로 헤엄쳐 달아났기 때문이다.

이제 함대가 도시를 보호해주리라는 기대는 모두 사라졌다. 바로 그때 마케도니아는 공성 장비를 사용하기 시작했다. 그러나 제방 쪽의 성벽은 매우 튼튼해서 공성 장비는 큰 성과를 거두지 못했고, 도시 북쪽에서도 공성 장비를 실은 많은 배가 공격을 전개했지만 역시 별 효과가 없었다. 그러자 알렉산드로스는 성의 남쪽으로 주의를 돌려 성벽이 약한 지점을 면밀히 찾았고, 한 지점에서 처음으로 공격에 성공을 거두었다. 상당한 시간을 들여 성벽에 타격을 가한 뒤에야 넓지 않은 틈을 만들어낸 것이다. 알렉산드로스는 기회를 놓치지 않고 그 틈새에 다리를 놓아 시험 삼아 공격을 가했으나 티레군에게 간단히 저지되었다.

사흘 후 날씨를 살펴본 알렉산드로스는 지휘관들을 격려하는 연설을 마친 뒤 배에 실은 공성 장비들을 총동원하여 공격하라고 명령했다. 이 공격으로 성벽에 충분한 틈이 만들어지자 알렉산드로스는 곧바로 공성 장비를 실은 배를 철수하고 현문을 설치한 배 두 척을 출동시켜 성벽 틈에 다리를 놓도록 했다. 배 한 척에는 아드메투스가 지휘하는 근위대가, 다른 배에는 코이누스가 지휘하는 중보병대가 타고 있었다. 알렉산드로스 자신은 근위대와 함께 무너진 성벽으로 기어 오를 준비를 하고 있었다. 한편 트리에레스 선 일부를 두 항구 쪽으로 보내어 적들이 다른 지점의 공격을 막기에 급급할 때 항구 입구로 밀고 들어가도록 했다. 궁수들이 타고 있거나 투석 무기를 실은 다른 배들에게는 섬 주위를 돌아다니면서 성벽에 접근할 수 있는 곳을 노리고, 접근이 불가능할 경우에는 사정거리 밖에서 정박한 채 모든 방향에서 티레 수비대를 향해 투석 무기를 발사하도록 지시했다.

알렉산드로스의 배들이 무너진 성벽 밑에 도착하자 근위대 병사들은 현문에서 내리기가 무섭게 힘차게 돌격했다. 이어진 전투에서 아드메투스는 군인으로서의 본분을 다했고, 알렉산드로스는 다른 병사들과 함께 싸우면서도 위험 속에서 누가 용맹함을 발휘하는지 살피기를 잊지 않았다. 그래서인지 알렉산드로스가 직접 지휘하는 쪽 수비가 가장 먼저 무너졌다. 처음으로 수직 벽이 아닌 탄탄한 지면을 밟자 알렉산드로스군은 티레군을 간단히 물리쳤다. 선두에 서서 자신의 뒤를 따르라며 부하들을 독려하던 아드메투스는 성벽을 오를 때 창에 찔려 전사했으나 아드메투스의 뒤를 바짝 따라가던 알렉산드로스는 무너진 성벽을 점령했다. 일부 탑들과 그 사이의 성벽을 장악한 알렉산드로스는 도시로 향하는 길로 보이는 흉벽을 지나 왕궁으로 진격했다.

함대 쪽 작전 역시 성공적이었다. 남쪽 항구에 정박하고 있던 페니키아군이 수비용 방책을 박살내고 순식간에 진입하여 일부 적선을 들이받아 침수시켰고 다른 배들은 해안으로 몰아냈다. 방책도 설치되어 있지 않은 북쪽 항구는 키프로스군에게 식은 죽 먹기였다. 이들은 바로 항구로 들어가 일대를 장악했다. 성벽이 적의 수중에 들어간 것을 본 티레의 주력 수비대는 성벽을 포기하고 아게노르(티레와 시돈의 창건자)의 신전으로 물러나 마케도니아군과 맞서려 했으나 알렉산드로스와 근위대가 나타나자 일부는 맞서 대응하고 일부는 달아나기 시작했다. 알렉산드로스는 도망병들을 추격했다. 항구에서 군대가 들어오자 도시는 점령되었고, 코이누스의 대대도 이미 도시 안에 들어가 있었다. 이어서 지독한 살육전이 벌어졌다. 오랜 포위작전에 시달려온(기원전 332년 1월부터 8월까지 7개월이 걸렸다) 마케도니아 병사들이 무자비하고 잔인해진 탓이기도 했지만 티레군이 시돈에서 오고 있던 일부 마케도니아 병사들을 사로잡아 성벽에 세우고는 다른 마케도니아 병사들이 지켜보는 가운데 목을 치고 시체를 바다에 던져버렸기 때문이기도 했다.

티레 측 전사자는 약 8000명에 달했다. 마케도니아 측에서는 가장 앞장서서 성벽을 오르다 전사한 아드메투스를 비롯하여 그와 함께 싸우던 근위대 병사 20명을 잃었고, 전체 포위작전 기간 중에는 약 400명이 희생되었다.

티레의 왕 아제밀코스는 고대 관습에 따라 헤라클레스에게 경의를 표하기 위해 모도시母都市[가까이 있는 다른 도시에 대하여 경제적, 사회적으로 지배적 기능을 하는 도시]를 방문했던 도시의 고관들 그리고 카르타고의 사절들과 함께 헤라클레스의 신전으로 피신했다.[32] 알렉산드로스는 이들을 너그럽게 용서해주었지만 그 외의 사람들은 모두 노예로 팔았다. 그리하여 도시에서 붙잡힌 티레 시민과 외국인들 3만 명이 노예로 팔려갔다.[33]

승리를 거둔 뒤 알렉산드로스는 헤라클레스에게 제물을 바치고 완전군장을 갖춘 병사들의 거리행진을 개최했다. 신에게 경의를 표하는 이 행사에는 함대도 참여했으며, 신전 안에서 운동경기와 횃불계주도 열었다. 성벽을 무너뜨려 틈을 만들어냈던 공성 장비와 해전 중에 포획한 헤라클레스를 위한 제의용 배도 신전에 바쳤다. 배에는 알렉산드로스 혹은 다른 누군가가 쓴 글이 새겨져 있었지만 기억할 만한 글이 아니므로 여기에 기록하는 것은 적합하지 않을 듯하다. 티레는 이렇게 정복당했다. 아니케토스가 아테네 집정관이던 해 8월의 일이다.

한편 알렉산드로스가 앞서 포위 작전을 벌이고 있을 때 다리우스의 사절단이 찾아와 1만 달란트를 지불할 테니 처와 아이들을 돌려달라는 뜻을 전했다. 또한 유프라테스 강 서쪽부터 에게 해까지의 영토 전부를 내줄 것이며 다리우스의 딸을 줄 테니 혼사로써 페르시아와 우호적인 동맹관계를 맺자고 제안했다.[34] 알렉산드로스가 개인

---

32 디오도로스(20.14)에 따르면, 카르타고는 수입의 10분의 1을 멜카르트에게 바치고 티레에서 매년 열리는 축제에 참석했다. 또한 포위공격이 시작될 때 티레를 돕겠다고 약속했지만 시라쿠사와의 전쟁 때문에 약속을 지키지 못했다고 한다.(Curtius, 4.2.10;4.3.19)

33 디오도로스는(17.46.4) 포로의 수가 약 1만3000명으로 제시하고 있고 2000명이 십자가에 못 박혔다고 언급했다. 또한 (개연성은 낮지만) 쿠르티우스(4.4.15)는 마지막 전투에 참전했던 시돈인들이 1만5000명을 안전한 곳으로 몰래 피신시켰다는 내용을 추가하고 있다. 이 수치들을 전부 합하면 3만 명이 되는데, 이는 우연일까?

34 디오도로스(17.39.1)와 쿠르티우스(4.11.1)는 다리우스가 가우가멜라 전투 직전에 비슷한 조건으로 사절단을 보냈다고 했다. (아마도 부정확한 진술로 보인다.) 사절단에 대한 자세한 이야기는 C. B. Welles가 편집·번역한 러브Loeb판 Diodorus, 참조(loc.cit).

자문들이 모인 회의에서 이 제안을 밝히자 파르메니오는 자신이 알렉산드로스라면 그 조건을 받아들여 전쟁을 끝내고 더 이상의 모험을 하지 않겠다고 말했다. 그 말에 알렉산드로스는 "내가 파르메니오라면 그랬겠지. 하지만 나는 알렉산드로스이니 다리우스에게 다른 답을 보낼 것"이라고 응수했다고 한다. 그러고는 다음과 같은 내용의 답신을 보냈다. 자신은 다리우스의 돈도 필요 없고 대륙 전체가 아닌 일부를 받아들일 생각도 없다. 보물을 포함해 아시아 전체가 이미 자신의 것이다. 그리고 다리우스가 바라거나 말거나 자신이 다리우스의 딸과 결혼하고 싶다면 그렇게 할 것이다. 다리우스가 자신의 온정과 배려를 원한다면 직접 와서 요청해야 한다. 이 답변을 받은 다리우스는 협상할 의사를 깨끗이 버리고 다시 전쟁 준비를 시작했다.

알렉산드로스의 다음 목표는 이집트였다. 시리아 팔레스타인 지역은 가자 지역만 빼고 모두 알렉산드로스의 지배를 받아들였다. 그러나 가자를 지배하고 있던 환관 바티스는 알렉산드로스와의 친선을 거부했다. 그는 아라비아 용병대를 모으고 얼마 전부터 장기적인 포위공격에 대비해 물자를 충분히 비축해둔 만큼 어떤 공격에도 무너지지 않을 만큼 방어가 탄탄하다고 확신하여 알렉산드로스의 입성을 거절한 것이다.

가자는 바다로부터 약 4킬로미터 떨어져 있는데, 도시에서 해안까지는 넓은 모래사장이 펼쳐져 있고 앞바다에는 숨은 위험이 적지 않았다. 또한 높은 언덕 위에 자리를 잡고 튼튼한 성벽으로 둘러싸여 있었다. 그러나 가자는 페니키아에서 남쪽 이집트로 향하는 경로의 마지막 도시였다.

공격이 가능한 거리에 닿자 알렉산드로스는 성벽의 가장 취약해 보이는 곳에 진을 치고 공성 장비들을 조립하라고 지시했다. 기술자들은 도시를 받치고 있는 언덕이 너무 높아서 기습으로 점령하기 힘들다는 의견을 내놓았다. 하지만 난관이 클수록 도시를 점령하겠다는 알렉산드로스의 의지는 더욱 확고해졌다. 이성적인 판단과 낮은 가능성을 극복하여 공격에 성공한다면 적의 사기에 심각한 타격을 입힐 것이다. 반면 실패하여 그 소식이 다리우스와 그리스인들에게 알려진다면 알렉산드로스의 명성 또한 크게 훼손될 것이다.

알렉산드로스는 공성 장비들을 성벽 가까이에 설치할 수 있도록 도시 둘레에 성벽의 토대 높이만큼 토루土樓를 쌓은 뒤 그 위에 공성 장비를 올리는 작전을 짰다. 이 작업은 다른 곳보다 성벽이 약해 보이는 남쪽 구역에 집중되었는데, 토루가 충분한 높이로 완성되자 그 위에 공성 장비를 올리고 전투를 준비했다. 그에 앞서 제의를 올리기 위해 알렉산드로스가 머리에 의식용 화관을 쓰고 의식에 따라 첫 번째 희생제물을 바치는데 어디선가 맹금 한 마리가 제단 위로 다가오더니 발톱에 움켜쥐고 있던 돌 하나를 그의 머리로 떨어뜨렸다. 아리스탄데르에게 이 징조의 의미를 물어보자 "전하는 이 도시를 정복할 것입니다. 하지만 오늘은 전하의 안위를 보살펴야 합니다"라고 대답했다.[35]

이 예언에 따라 알렉산드로스는 한동안 사정거리 밖 공성구들이 배치된 곳 근처에 머물렀다. 그런데 얼마 후 도시 수비대 쪽에서 대규모 공격을 전개했다. 아라비아 병사들은 공성 장비를 불태우기 위해 아래가 한눈에 내려다보이는 유리한 지점에서 투척 무기를 퍼부었

---

35 플루타르코스(*Alexander* 25.4)는 이 새가 나중에 비틀림식 투석기 줄에 걸려 붙잡혔다고 말하고 쿠르티우스(4.6.11)는 새가 역청과 황을 바른 탑에 달라붙어 꼼짝하지 못했다고 한다. 아마도 그 때문에 아리스탄데르가 알렉산드로스가 도시를 정복할 것이라 예언했을 것으로 추정된다.

고, 이로써 마케도니아군을 토루 밑으로 밀어내는 데 거의 성공했다. 마케도니아군이 밀리는 모습을 보자 알렉산드로스는 예언가의 경고를 잊어버렸다. 어쩌면 일부러 잊은 것일지도 모른다. 전투로 인한 흥분이 머릿속에서 예언을 지워버렸을 것이다. 아무튼 알렉산드로스는 근위대의 선두에 서서 마케도니아군이 가장 곤경에 처한 지점으로 달려갔다. 그가 제때 전투 지점에 도착하여 병사들이 토루의 진지에서 밀려나는 굴욕은 막을 수 있었지만 적이 쏜 투석기 화살이 알렉산드로스의 방패와 갑옷을 뚫고 어깨를 관통했다. 아리스탄데르의 예언이 들어맞았던 것이다. 그러나 부상을 당한 알렉산드로스는 도시가 함락된다는 다른 예언도 적중할 것이라는 생각에 오히려 기뻐했다. 알렉산드로스의 부상은 심각했고, 쉽게 치료되지 않았다.[36]

그즈음 알렉산드로스가 가져오라고 한 공성 장비들이 배편으로 도착했다. 그것은 티레를 정복할 때 요긴하게 사용한 것이었다. 알렉산드로스는 너비 400미터 높이 17미터(25피트를 환산한 높이. 원래 '250피트'라고 되어 있는 원고를 수정한 것일 수 있다)의 토루를 쌓아 도시를 에워싸도록 한 뒤 조립한 공성 장비들을 토루에 올려 공격에 돌입하도록 지시했다. 이 공격으로 성벽에 상당한 손상을 입힐 수 있었다. 성벽의 여러 지점에 참호를 파고 적들 몰래 흙을 파내자 토대가 약화된 성벽의 여러 곳이 주저앉았다. 이 틈을 타 마케도니아 병사들은 투척 무기를 집중적으로 퍼부으며 성벽 일대를 장악하여 수비대를 탑에서 밀어낼 수 있었다. 가자군은 엄청난 사망자와 부상자를 내면서도 세 번의 연이은 공격에 용감하게 저항했지만 네 번째 공격

36 쿠르티우스는 알렉산드로스가 부상을 입기 직전에 한 아라비아 병사의 암살 시도를 피한 일도 언급했다.

에서 알렉산드로스가 중보병대 본대를 전격적으로 투입하자 토대가 약해진 성벽은 무너지거나 공성 장비의 공격을 받은 곳에 넓은 틈이 생겨 사다리를 대고 도시로 진입할 수 있게 되었다. 사다리가 설치되자 마케도니아 병사들은 자신의 용맹함을 증명하기 위해 경쟁하듯 성벽을 기어올랐으며, 헤타이로이의 일원이자 아이아쿠스의 후손인 네오프톨레모스가 그 영광을 차지했다. 각 대대는 장교들의 지휘를 받으며 네오프톨레모스의 뒤를 바짝 쫓아 차례대로 올라갔고, 선두 부대들은 수비대를 뚫은 뒤 성문을 부수어 군대 전체를 성 안으로 들였다.

도시가 함락되고 난 뒤에도 가자 수비대는 마지막까지 맞붙어 싸웠다. 모든 병사는 자기 자리를 지키다 죽음을 맞았고, 여자와 아이들은 노예로 팔려갔다.[37] 이웃 부족들이 이 도시에 정착했고, 알렉산드로스는 이곳을 앞으로의 작전을 위한 요새로 삼았다.

---

37 아킬레우스가 헥토르의 시체를 트로이 성벽 주위에 끌고 다녔던 것처럼(Homer, Iliad, 22.395ff) 알렉산드로스가 살아 있는 바티스를 전차 뒤에 매달고 성벽 주위를 끌고 다녔다는 이야기(Curtius, 4.6.29)를 믿을 필요는 없다.
포위공격은 두 달 동안 이어졌고(기원전 332년 9월/10월) 수비대 1만 명이 희생되었다.

The Campaigns
of Alexander

3권

사실 알렉산드로스가 암몬 신전을 찾으려는 또 다른 이유는 페르세우스, 헤라클레스와 같은 명성을 갈망했기 때문이다. 그는 자신에게 두 영웅의 피가 흐르고 있으며, 그들이 제우스의 혈통이라는 전설이 있는 것처럼 자신도 어떤 면에서 암몬의 혈통이라고 느꼈다.

이제 알렉산드로스는 원래 목표였던 이집트로 향했고, 가자를 떠난 지 일주일 만에 펠루시움(이집트에서 가장 중요하고 매우 굳건한 국경 요새로, 이집트인들은 이곳에서 수차례 침략군들과 맞섰다)에 도착했다. 페니키아에서 해안을 따라 내려온 함대는 이미 펠루시움에 정박해 있었다. 한편 이집트의 페르시아인 총독이자 다리우스의 부하인 마자케스에게는 현지인으로 편성된 군대가 없었다. 게다가 이수스 전투를 비롯하여 다리우스가 불명예스럽게 허둥지둥 도망친 사실, 페니키아·시리아·아라비아 지역 대부분이 마케도니아군에게 정복되었다는 소식에 마자케스는 알렉산드로스에게 우호적인 태도를 보이며 저항 없이 이집트 도시들의 문을 열어주었다.[1]

알렉산드로스는 펠루시움에 수비대를 주둔시키고 함대에게는 나일 강을 따라 상류의 멤피스까지 올라가라고 지시한 뒤, 자신은

1 전임 총독 사바케스는 이수스 전투에서 전사했다. 쿠르티우스에 따르면(4.7.4) 마자케스는 800 달란트에 달하는 보물을 넘겨주었다고 한다.

사막을 건너 헬리오폴리스로 향했다. 이 원정길에서 만난 모든 지역을 저항 없이 굴복시킨 알렉산드로스는 드디어 강을 건너 멤피스에 당도했다. 이곳에서 알렉산드로스는 많은 신 가운데 특히 아피스에게 제사를 올렸고, 운동경기와 문학 경연을 개최하자 그리스에서 가장 유명한 예술가들이 경연을 위해 이곳을 찾았다.[2] 그뒤 알렉산드로스는 근위대, 궁수들, 아그리아니아군, 헤타이로이를 거느리고 강 하류로 내려가 카노부스에 다다랐다. 그리고 마레오티스 호수를 돌아 지금의 알렉산드리아에 도착했다. 알렉산드리아는 그의 이름을 따서 건설된 도시로, 이 지역에 매료된 알렉산드로스는 도시를 세우면 번성하리라 확신했다. 열정에 찬 그는 당장 건설 공사에 착수하여 새 도시의 전체적인 구조를 직접 설계했고 시장 광장의 위치, 건축할 사원의 수, 신전에 모실 신들(그리스의 신들과 이집트의 이시스), 외벽의 정확한 경계선까지 결정했다. 그리고 도시 건설에 축복을 기원하는 제물의식을 거행했는데, 결과적으로 제물의 효험이 있었던 것 같다.[3]

알렉산드리아 건설과 관련하여 전해지는 이야기가 있다.(나로서는 이 이야기를 믿지 않을 이유가 없다.) 알렉산드로스는 자신이 구상한 도시 외벽의 도면을 일꾼들에게 알려주고자 했으나 바닥에 도면을 표시할 방법이 없었다. 그러자 부하들 중 한 명이 병사들의 배낭에 남

---

2 아피스Apis는 멤피스에서 숭배하던 프타Ptah[멤피스를 지배한 최고의 신]의 황소이다. 알렉산드로스는 이집트인(그리고 그 외의 피정복민들)의 종교를 존중하여 테베에서 파라오로 추대되었다. 반면 캄비세스Cambyses[이집트를 정복한 페르시아의 왕]는 아피스를 칼로 찔렀다.

3 알렉산드로스는 많은 도시를 세웠는데, 이곳은 그중 최초로 건설된 가장 큰 도시이다. 그리고 (대다수의 도시와 달리) 무역 중심지로 설계되었다. 플루타르코스(*Alexander* 26.4)는 이 도시가 알렉산드로스가 시와를 방문하기 전에 건설되었다는 아리아노스의 의견에 동의하지만, 시와 방문 후에 건설되었다는 설도 전해지고 있다.(쿠르티우스, 디오도로스, 유스티누스가 대표적이다.) 후자를 지지하는 주장들에 대해서는 C. B. Welles, *Historia* 11(1962), 271ff 참조.

은 곡물가루를 모아 왕의 뒤를 따라가면서 땅에 뿌리자는 아이디어를 냈다. 알렉산드로스의 외벽 설계는 이런 식으로 땅에 옮겨졌다. 예언자들(특히 알렉산드로스에게 이미 여러 차례 진정한 예언자임을 입증하여 명성을 얻은 텔미소스의 아리스탄데르)이 이 사례의 의미를 깊이 분석한 결과, 새 도시가 번성할 것이며 많은 은총 중에서 특히 땅의 산물이 풍요로울 것으로 풀이했다.

한편 바다를 건너 이집트에 도착한 헤겔로쿠스는 페르시아가 강제로 합병했던 테네도스가 반란을 일으켜 마케도니아 편에 서게 되었다는 소식을 전했다. 키오스 섬 역시 아우토프라다테스와 파르나바주스가 괴뢰정부를 세웠음에도 불구하고 마케도니아군의 도시 입성을 허락한다는 전갈을 보내왔다. 그리하여 파르나바주스와 메팀나의 군주 아리스토니쿠스는 키오스 섬에서 체포되었다. 아리스토니쿠스는 키오스가 이미 마케도니아의 수중에 들어간 사실을 모른 채 항구의 배들이 파라나바주스의 함대라는 수비대의 말을 믿고 해적선 5척을 이끌고 항구로 들어왔다가 잡힌 것이다. 헤겔로쿠스는 해적들을 모두 현장에서 죽이고 반란에 가담해 섬을 불법적으로 장악했던 아리스토니쿠스와 아폴로니데스, 피시누스, 메가레우스 등을 체포하여 알렉산드로스 앞에 대령했다. 또한 헤겔로쿠스는 카레스로부터 미틸레네 지배권을 빼앗고,[4] 레스보스의 다른 도시들도 알렉산드로스를 지지하기로 했음을 보고했다. 한편 코스 섬 주민들의 초청을 받아 암포테로스에게 배 60척을 이끌고 코스 섬으로 보냈는데, 헤

4 카레스는 아테네의 장군. 알렉산드로스는 기원전 335년 카레스를 넘겨달라고 요구했으나 강요하지는 않았다. 카레스는 이듬해 봄에 시게이움에서 알렉산드로스에게 황금 왕관을 바쳤을 때 마지막으로 언급되었다.

겔로쿠스가 도착했을 때는 이미 암포테로스가 섬을 수습해놓은 상태였다고 보고했다. 헤겔로쿠스는 코스 섬에서 감시를 따돌리고 달아난 파르나바주스를 제외한 모든 포로를 데려왔다.

알렉산드로스는 정치 지도자들을 각자의 도시로 돌려보냈다. 그곳 시민들이 원하는 대로 이들을 처리하라는 뜻이었다. 그러나 키오스인들과 아폴로니데스는 철저한 감시 아래 이집트의 엘레판티네로 보냈다.[5]

그 이후 알렉산드로스는 갑자기 리비아에 있는 암몬 신전을 방문하고 싶은 열망에 휩싸였다.[6] 신탁이 정확하기로 유명한 암몬 신전에서 직접 신탁을 받고 싶기 때문이었다. 이곳은 페르세우스와 헤라클레스가 신탁을 받은 신전으로, 폴리덱테스가 고르곤을 퇴치하라고 페르세우스를 보냈을 때 헤라클레스는 안타이오스와 부시리스를 찾아 리비아와 이집트를 돌아다니던 중 암몬 신전을 찾았다. 사실 알렉산드로스가 암몬 신전을 찾으려는 또 다른 이유는 페르세우스, 헤라클레스와 같은 명성을 갈망했기 때문이다. 그는 자신에게 두 영웅의 피가 흐르고 있으며, 그들이 제우스의 혈통이라는 전설이 있는 것처럼 자신도 어떤 면에서 암몬의 혈통이라고 느꼈다.[알렉산드로스는 이집트 최고의 신인 암몬을 그리스 최고의 신인 제우스와 동일시하여 자신을 제우스-암몬의 아들이라고 내세웠다.] 아무튼 알렉산드로스는 자신의 혈통에 대해 더 자세히 알기 위해 혹은 자신의 혈통을 확인

---

5 하지만 1년여 전에 알렉산드로스가 키오스인들에게 내린 칙령(Tod 192)에서 배반자들은 코린트 동맹 위원회의 재판을 받아야 한다고 규정했다.

6 암몬은 한 세기 전부터 그리스인들에게 알려졌고 제우스와 동일시되었던 신이다. 암몬의 신전은 테베에서 약 643킬로미터 떨어진 시와 오아시스에 자리 잡고 있었다. (Diodorus, 17.49~51, Curtius, 4.7.5~30, Plutarch, *Alexander* 26~27, Strabo, 17.1.43)(칼리스테네스에 근거함)

했다고 말하기 위해 리비아로 떠났다.[7]

아리스토불루스에 따르면 알렉산드로스는 먼저 해안을 따라 320킬로미터쯤 행군하여 파라에토니움에 도착했다.[8] 그 노정에서 마을은 찾아볼 수 없었지만 물은 구할 수 있었다. 파라에토니움에서 암몬 신전이 있는 남쪽의 내륙으로 가려면 모래로 뒤덮인 사막을 통과해야 했으나 다행스럽게도 알렉산드로스가 지날 때는 비가 많이 내렸다. 알렉산드로스는 이것을 신의 선물로 받아들였다. 그러나 남풍이 불어 모래가 자취를 덮어버리는 통에 방위를 잃은 바다 위의 선원들처럼 길을 분간할 수가 없었다. 선원들은 별을 보고 길을 찾을 수 있지만 알렉산드로스군에게는 방향을 잡아줄 만한 어떤 표지도 없었고 산, 나무, 솟은 언덕도 전혀 없었다. 길잡이들조차 어디로 가야 할지 갈피를 잡지 못했다. 그러나 이 위태로운 상황에서 신은 또 다른 선물을 주었다. 라구스의 아들 프톨레마이오스에 따르면 어디선가 뱀 두 마리가 나타나 쉭쉭거리는 소리를 내며 알렉산드로스군을 이끌기 시작한 것이다. 알렉산드로스는 길잡이들에게 신의 섭리를 믿고 뱀들을 따르도록 했고, 그들은 지시에 따랐다. 그런 결과 뱀들은 신전까지 가는 길과 되돌아가는 길까지 안내했다. 아리스토불루스가 전하는 좀더 평범한 이야기에 따르면, 두 마리의 까마귀가

7 신의 혈통이라는 알렉산드로스의 믿음에 동의하지 않고 회의적으로 언급한 사람은 프톨레마이오스로 보인다. (쿠르티우스 역시 그러했다.) 알렉산드로스는 테베의 파라오로 추대되면서 다른 모든 파라오들처럼 자동적으로 암몬의 아들이 되었다.
Pseudo-Callistehnes(1.30)은 알렉산드로스가 알렉산드리아를 건설하기 전에 암몬의 허락을 얻고 싶어했다고 한다. Welles의 글 참조.(149, n.4)

8 마르사 마투르흐Mersa Matruh. 알렉산드로스는 이곳에서 키레네의 사절단을 만나 평화 및 동맹 조약을 맺었다.(Diodorus, 17.49.2)

이집트 서북부의 오아시스 도시 시와. 알렉산드로스는 기원전 332년 겨울에 사막을 횡단, 이곳의 암몬 신탁소를 찾아와 "암몬 신의 아들"이라는 신탁을 얻었다.

알렉산드로스 앞을 날아다니며 길잡이 노릇을 했다. 어쨌든 나로서는 알렉산드로스가 어떤 형태로건 신의 도움을 받았음을 의심하지 않는다. (난관을 헤친 것에 대한 더 그럴듯한 설명이 있을 수 있을까?) 하지만 여러 기록들의 차이로 인해 정확히 어떤 형태의 도움이었는지는 알 수 없다.

암몬 신전은 메마른 모래사막에 둘러싸여 있었다.[9] 그러나 이 열사의 땅 한가운데에 과실수들(올리브나무와 대추야자)이 울창한 숲을 이룬 작은 땅이 있었다.(넓은 곳은 폭이 8킬로미터 정도나 되었다.) 사막 한가운데 유일하게 물이 존재하는 이 땅에 바로 신전이 있었다.

이곳에서는 이슬이 맺혔으며 여느 샘물과는 다른 물이 솟았다. 한낮에 마셔도 시원하고 손에 닿으면 더 차갑게 느껴지는 물로, 그 무엇도 이보다 더 차가운 건 없었다고 한다. 그러나 해가 지고 저녁이 찾아오면 샘물은 따뜻해지기 시작했다. 수온이 계속 올라가서 자정에 가장 따뜻한 온도를 보이다가 자정 이후에는 다시 식기 시작하여 정오 때 가장 차가워졌다. 이런 온도 변화는 매일 주기적으로 반복되었다. 이곳에서는 천연소금도 채굴되었는데, 사제들은 야자나무 잎으로 만든 바구니에 이 소금을 담은 선물을 이집트로 가져가곤 했는데, 때로는 왕(프톨레마이오스 왕조를 의미한 것으로 짐작되며, 아마도 그리스의 자료를 참조했을 것이다)에게 바치기도 했다. 이 소금은 알이 굵어 어떤 것들은 너비가 3핑거(핑거는 길이의 최소 단위로, 1인치의 약 10분의 7에 해당)가 넘기도 했고 수정처럼 투명했다. 이집트인들과 종교의식을 까다롭게 지키는 사람들은 바다소금보다 훨씬 더 맑은 이 소금을 제물용으로 선호했다.

알렉산드로스는 깊은 존경심을 안은 채 신전과 부지를 둘러보았다. 그리고 신께 질문을 했고 염원하던 답을 받았다.(혹은 받았다고 말했다.)[10] 그러고 나서 이집트로 돌아갔는데 아리스토불루스는 올 때와 같은 길로 돌아갔다고 전하는 반면 라구스의 아들 프톨레마이오스는 알렉산드로스가 다른 길을 통해 곧장 멤피스로 갔다고 전한다.

알렉산드로스가 멤피스에 있는 동안 그리스에서 많은 사절이 찾아왔다. 그러나 알렉산드로스는 누구에게도 호의적인 답변을 주지 않고 돌려보냈다. 그 무렵 안티파테르가 보낸 400명의 그리스 용병대

---

9 시와 오아시스와 암몬 신전에 대한 설명은 Diodorus, 17.50, Curtius, 4.7.16ff, 특히 H. W. Parke, *The Oracle of Zeus*(Oxford, 1967) 196ff 참조.

(헤게산데르의 아들 메니다스가 지휘)와 500명의 테살리아 기병대(에우니쿠스의 아들 아스클레피오도루스가 지휘)가 멤피스에 도착했다. 알렉산드로스는 제우스에게 제사를 올리고 전투 대형으로 행렬식을 연 뒤 운동경기와 문학 경연을 개최하기도 했다. 그리고 정치 개편을 실시해 이집트인 돌로아스피스와 페티시스를 지방 총독으로 임명해 각자 나라를 절반씩 다스리게 했다. 하지만 페티시스는 통치를 거절함에 따라 돌로아스피스가 나라 전체를 다스리게 되었다. 멤피스와 펠루시움의 수비대 지휘는 각각 헤타이로이의 일원인 피드나의 판탈레온과 펠라의 폴레몬(메가클레스의 아들)에게 맡겼다. 아이톨리아 출신 그리스인 리키다스에게는 용병대의 지휘관 자리를 주었고 크세노판테스의 아들이자 헤타이로이의 일원인 에우그노스투스는 외국군 행정관에 앉혔다. 그리고 아이스킬로스와 칼키스의 에피푸스에게 리키다스와 크세노판테스의 업무를 감독하게 했다. 리비아 인근 지역은 카리누스의 아들 아폴로니우스에게 맡겼고, 나우크라티스(나우크라티스는 밀레투스인이 세웠으며 그리스의 도시로 남았다)의 클레오메네스를 헤루폴리스 근방의 아라비아 총독으로 임명했다. 클레오메네스에게는 기존 주지사나 지방 총독이 예전처럼 일할 수 있게 하되 공물 징수는 직접 하도록 지시했다. 마카르투스의 아들 페우케스타스와

---

10 아마 신전의 제사장이 (파라오인) 알렉산드로스를 '암몬의 아들'(혹은 '제우스의 아들')로 맞이했고 왕은 혼자서 신전으로 들어갔을 것으로 보인다. 그렇다면 플루타르코스, 디오도로스, 쿠르티우스가 제시한 알렉산드로스가 신의 혈통이고 앞으로 세계를 정복할 것이라는 암몬의 예언은 사제들이나 알렉산드로스가 나중에 직접 이 일들을 밝혔다고 가정하지 않는 한 분명 미심쩍은 일이다. 칼리스테네스는 알렉산드로스가 신의 혈통이라고 썼고(예를 들어 Plutarch, *Alexander* 33.1 참조) 자신의 생각을 의심하지 않았다. 플루타르코스(*Alexander* 28)와 아리아노스(7.29)는 혼란스러워하는 사람들을 위압하기 위한 정치적 책략으로 생각했다. 이 견해도 분명 일리가 있지만 어떤 면에서는 알렉산드로스가 정말로 자신을 암몬의 아들로 믿었을 가능성도 있어 보인다.

아민타스의 아들 발라크루스는 이집트에 주둔할 병사들의 지휘관으로 임명되었고 테라메네스의 아들 폴레몬은 함대 지휘관이 되었다. 오나수스의 아들 레온나투스는 사망한 아리바스를 대신해 왕의 개인 경호병이 되었다. 궁수 지휘관 안티오쿠스 역시 사망하여 옴브리온이라는 크레타인이 후임으로 임명되었다. 칼라누스는 이집트에 남는 발라크루스 대신 연합보병대의 지휘권을 넘겨받았다.

알렉산드로스는 이집트에서 깊은 인상을 받았다. 그리고 예상보다 대단한 이집트의 잠재력을 고려할 때 한 인물에게 통치를 맡기는 것은 안전하지 않다는 판단 아래 여러 장군이 나누어 지배하도록 했다는 게 일반적인 견해다. 로마인들이 이집트를 엄격하게 감시하고 지방 총독을 보낼 때 원로원 의원이 아닌 기사 계층을 파견한 것도 알렉산드로스를 본받은 것이 분명하다.

봄이 다가오자 알렉산드로스는 멤피스를 떠나 자신을 위해 나일강과 운하에 지은 다리를 건너 페니키아로 진군했다. 티레에 도착하자 함대가 기다리고 있었다. 알렉산드로스는 종교 행사와 운동경기를 열어 다시 한 번 헤라클레스에게 경의를 표했다. 알렉산드로스가 티레에 머물러 있는 동안 디오판투스와 아킬레우스를 태운 아테네의 갤리선이 도착했다. 자유시민들로 구성된 배의 승선자들은 모두 사절단원들로, 알렉산드로스 앞에 나아간 그들은 모든 임무를 달성했다. 그중에서 가장 중요한 임무는 그라니코스 전투에서 붙잡힌 아테네인 포로들의 송환이었다. 한편 펠로폰네소스 반도에서 동요가 일어나고 있다는 소식(처음 들려온 아기스의 반란 소식이다)을 들은 알렉산드로스는 암포테로스를 파견하여, 페르시아 원정에 동의하면서 스파르타의 명령에 따르지 않는 그리스 도시들을 지원하라고 지시했다. 이에 더해 암포테로스와 함께 파견한 함대에 페니키아와 키프로스가 펠로폰네소스에 보낸 배 100척을 추가했다.

이제 내륙의 타프사쿠스와 유프라테스 강을 향해 다시 행군을 시작할 때가 되었다. 떠나기 전에 알렉산드로스는 베로이아의 코이라누스에게는 페니키아의 공물 징수를, 필록세누스에게는 타우루스 서쪽 아시아 지역의 공물 징수를 맡겼다.[11] 그동안 알렉산드로스와 원정길을 함께 누비며 재정을 관리하던 이 둘의 자리는 최근 망명에서 돌아온 마카타스의 아들 하르팔루스가 이어받았다. 하르팔루스는 두 번이나 고국을 떠났던 사람으로, 한 번은 필리포스가 마케도니아의 왕이었을 때 알렉산드로스에게 충성하여 추방되었다. 라구스의 아들 프톨레마이오스, 안드로티무스의 아들 네아르쿠스, 라리쿠스의 아들 에리기우스와 동생 라오메돈도 같은 이유로 망명길에 올라야 했다. 이는 필리포스가 에우리디케와 결혼한 뒤 알렉산드로스의 어머니인 올림피아를 공공연히 멸시할 때 알렉산드로스가 부왕의 의심을 샀기 때문이었다.[12] 알렉산드로스는 필리포스가 죽자 이들을 불러들여 중요한 직책을 맡겼다. 프톨레마이오스는 왕의 경호대로 임명했고 건강이 좋지 않았던 하르팔루스에게는 재무를 맡겼으며, 에리기우스에게는 연합기병대의 지휘를, 페르시아어를 그리스어만큼 유창하게 구사했던 라오메돈에게는 전쟁 포로들의 관리를 맡

---

11 아마 필록세누스의 직무에는 징세 대상인 소아시아의 그리스 도시들로부터 '공물'을 모으는 일도 포함되었을 것이다. 나중에 필록세누스는 이 도시들의 일에 개입할 권력을 얻었다.(혹은 권력을 장악했다.) 최근 Badin은 *Ehrenberg Studies*, 55ff에서 필록세누스의 직위와 직무에 관해 논했다.

12 필리포스의 다른 결혼과 달리 기원전 337년 마케도니아 명문가 출신의 여인과 맺어진 이 결혼은 올림피아와 알렉산드로스의 입지를 위협했고, 결혼식에서 벌어진 수치스러운 사건으로 인해 두 모자는 마케도니아에서 달아났다. 나중에 일리리아에서 돌아온 알렉산드로스는 카리아의 지배자 픽소다루스와 동맹을 맺으려 시도했는데, 이 일로 그의 친구들이 추방되었다. Plutarch, *Alexander*의 9장과 10장 참조.

겼다. 네아르쿠스는 리키아와 타우루스 산을 아우르는 지역의 총독으로 임명했다. 그런데 이수스 전투가 벌어지기 직전 하르팔루스는 타우리스쿠스라는 악인의 꾐에 넘어가 함께 도망쳐버렸다. 타우리스쿠스는 에피루스의 알렉산드로스(알렉산드로스 대왕의 삼촌이자 처남. 그는 타렌툼이 루카니아와 브루티를 칠 때 돕다가 패배하여 기원전 331년[또는 330년]에 전사했다)를 찾아 이탈리아로 갔다가 그곳에서 죽었으며, 하르팔루스는 메가리드로 피신했다. 하르팔루스의 이런 거동에도 불구하고 알렉산드로스는 벌을 내리지 않을 테니 돌아오라고 설득했다. 이에 하르팔루스가 돌아오자 알렉산드로스는 자신이 한 약속을 지켰을 뿐만 아니라 그를 재무 책임자로 복직시키기까지 했다.

마지막으로 알렉산드로스는 헤타이로이의 일원인 메난데르를 리디아 총독으로 보내고[13] 메난데르의 후임으로 클레아르코쿠스를 용병대 지휘관에 임명했다. 또한 시리아 총독 아림마스가 내륙 행군에 대비해 물자를 비축하고 군의 장비를 갖추는 임무에 불성실하다고 판단하여 에우니쿠스의 아들 아스클레피오도루스로 교체했다.

알렉산드로스는 아리스토파네스가 아테네의 집정관이던 해 8월(기원전 331년)에 타프사쿠스에 도착했다.[14] 이곳에서는 이미 강 위에 두 개의 다리가 설치되고 있었다. 그러나 페르시아 왕의 명령을 받은 마자에우스가 기병 3000명(그중 3분의 2는 그리스 용병들이었다)과 함께

---

13 리디아의 원래 총독은 파르메니오의 형제 아산데르였다. 아산데르는 오론토바테스를 물리치는 공을 세웠지만 알렉산드로스는 그 대신 메난데르를 총독 자리에 앉혔다. E. Badin, *Transations of the American Philological Association* 91(1960) 329 참조.

14 다음 몇 달 동안 일어난 사건들은 E. W. Marsden, *The Campaign of Gaugamela*(Liverpool, 1964) 참조.

강 입구를 지키고 있었으며, 그들이 다리 끝에서 공격할까 봐 마케도니아 병사들은 건너편 강둑까지 다리를 잇지 못하고 있었다. 그런데 마자에우스는 알렉산드로스가 다가오고 있다는 소식을 듣자마자 부하들과 함께 줄행랑을 쳤고, 덕분에 다리가 즉각 완공되어 알렉산드로스와 군대는 강을 건널 수 있었다.

그 뒤 알렉산드로스는 유프라테스 강과 아르메니아 산을 왼쪽에 두고 북쪽과 동쪽으로 진군하여 메소포타미아를 통과했다. 강을 건넌 뒤에는 바빌론으로 가는 직선 경로를 택하지 않았다. 다른 길로 가는 편이 말먹이를 포함하여 여러 물자를 구하기가 더 쉬운 데다 더위도 덜했기 때문이다.

마케도니아군은 행군 과정에서 정찰 중이던 다리우스의 병사들을 사로잡았다. 그들로부터 다리우스가 알렉산드로스의 도강을 막기 위해 티그리스 강에 진을 치고 있으며, 다리우스의 병력이 이수스 전투 때보다 훨씬 더 많다는 정보를 입수했다. 이에 알렉산드로스는 티그리스 강을 향해 전속력으로 진군했다. 그러나 강에 도착해보니 다리우스도 수비대도 보이지 않았고, 알렉산드로스군은 물살이 거세어 어려움을 겪기는 했지만 아무 방해 없이 강을 건널 수 있었다. 강을 건넌 뒤에는 군사들에게 휴식 시간이 주어졌다.

병사들이 쉬는 동안 월식 현상이 있었다. 알렉산드로스는 이 현상과 관계가 있다고 생각되는 신적 존재인 달과 해와 지구에 희생제의를 올렸다. 아리스탄데르는 달이 가려지는 현상은 알렉산드로스와 마케도니아군에게 길조이며, 이달 안으로 전투가 벌어질 것이라 예언했다. 또한 희생제물들이 승리의 징조를 보였다고 했다.

이제 알렉산드로스는 티그리스 강을 오른쪽에 고르디예네 산을 왼쪽에 낀 채 아투리아를 지나 계속 진군했다. 강을 건넌 지 나흘째

가우가멜라 전투. 18세기 작품.

되는 날 병력을 가늠할 수 없는 적의 기병대가 평원에 나타났다는 정찰대의 보고를 받자 알렉산드로스는 전군을 전투 대형으로 전환했다. 곧이어 적군을 더 자세히 살펴본 다른 정찰병들이 도착하더니 적병의 수가 1000명이 넘지 않는다고 보고했다. 알렉산드로스는 본대에게는 평소의 속도대로 진군하라고 명령한 후 왕실 기병대, 헤타이로이 1개 대대, 페니키아 특전대를 이끌고 그곳을 향해 전속력으로 달려갔다. 알렉산드로스가 무서운 속도로 다가오는 것을 보자 페르시아 기병대는 부랴부랴 달아나기 시작했고, 알렉산드로스는 집요하게 추격했다. 그들 대부분은 무사히 달아났으나 속력이 느린 말을 탔던 일부는 죽거나 말과 함께 생포되었다. 이들로부터 멀지 않은 곳에 강력한 군대를 대동한 다리우스가 주둔하고 있다는 정보를 입수했다.

다리우스의 군대는 박트리아의 태수 베수스가 지휘하는 소그드군, 박트리아군 그리고 박트리아 국경 지대에 사는 인도인 부족들을 합류시켜 보강한 상태였다. 또한 베수스에게 충성할 의무는 없었지만 페르시아와 군사동맹 관계였던 사카이족(아시아계 스키타이인의 한 분파) 파견대도 이들을 따랐다. 사카이의 파견대는 궁기병이었고 마우아케스가 지휘했다. 아라코티아군과 산간지대의 인도인들은 아라코티아 태수 바르사엔테스가, 아리아군은 아리아 태수 사티바르자네스가, 기병대인 파르티아군, 휘르카니아군, 타푸리아군은 프라타페르네스가 각각 지휘했다. 메디아군과 그 옆에 배치한 카두시아군, 알바니아군, 사케시니아군은 아트로파테스가 지휘했다. 페르시아 만 주변 지역에서 온 파견대는 오콘도바테스, 아리오바르자네스, 오르크시네스가 맡고, 욱시이군과 수시아나군은 아불리테스의 아들 옥사트레스가 맡았다. 또 바빌로니아군과 그 옆에 배치된 시타케니아군 및 카리아군의 지휘관은 부파레스였다.(카리아인들은 예전에 집단 이주당한 뒤 재정착한 사람들이었다.) 아르메니아군은 오론테스와 미트라우스테스가, 카파도키아군은 아리아케스가, 저지대와 메소포타미아 시리아군은 마자에우스가 각각 지휘했다. 다리우스군 전체는 기병 4만 명, 보병 100만 명, 낫전차병 200명 그리고 많지 않은 코끼리로 구성된 것으로 추정된다. 15마리 정도의 코끼리는 인더스 강 안쪽에 사는 인도 병사들이 몰고 온 것이다.[15]

다리우스는 이렇게 구성된 군대를 이끌고 아르벨라에서 120킬로미터 가량 떨어진 부모두스 강(리쿠스 강의 지류인 카지르 강) 부근의 가우가멜라에 진을 쳤다. 다리우스군이 주둔한 지대는 탁 트인 평원이었다. 지면이 울퉁불퉁하여 기병들이 활동하기에 불편한 곳은 페르시아 병사들이 미리 평평하게 다져서 전차와 기병대가 쉽게 다닐 수 있게 만들었다. 이러한 예방 조치는 이수스 전투의 패인, 즉 군사들의 전투 공간이 협소했다는 분석을 수용한 결과였다.

페르시아 포로들로부터 이와 같은 정보를 입수한 알렉산드로스는 일단 나흘간 머물면서 행군에 지친 병사들을 쉬게 했다. 알렉산드로스는 전투가 어려운 병사들과 짐을 운반할 동물들을 그곳에 남길 작정으로 참호를 파고 방책을 세워 진영을 강화했다. 그리고 나머지 군사들에게는 무기만을 챙겨 전투에 나서도록 했다. 정렬 명령이 떨어진 날 밤 10시쯤 진격이 시작되었는데, 이는 새벽에 교전을 벌이기 위해 시간을 안배한 것이다. 한편 알렉산드로스가 진격 중이라는 소식이 전해지자 다리우스는 부하들에게 전투 준비를 지시했다. 알렉산드로스가 가까이 다가오는 동안 다리우스의 부대는 교전 태세를 갖추었지만 양 군대는 아직 11킬로미터나 떨어져 있는 데다 높은 산등성이가 두 진영 사이를 가로막고 있어 서로를 볼 수 없었다.

알렉산드로스의 군대가 산마루를 지나 내리막길로 막 접어들었을 때 약 6.4킬로미터 떨어져 있는 적군이 비로소 눈에 들어왔다. 알렉산드로스는 진군을 멈추고 장교들(개인 참모, 장군들, 대대 지휘관들, 연합파견대와 용병대 장교들)을 불러 모아 작전을 의논했다. 선택할 수

---

15 쿠르티우스(4.12.13)는 페르시아군의 보병이 20만 명이었다고 좀더 적정한 수치를 제시했다. 이 수치는 일부 학자들에게는 인정받았지만 신뢰할 만한 근거에 기반했다는 증거는 없다. 기병의 경우 쿠르티우스는 4만5000명, 마스든Marsden은 약 3만4000명으로 추산했다.

있는 전략은 두 가지였다. 하나는 대다수 장교들이 강력히 주장하는 바 당장 보병 본대를 이끌고 진군하는 것이고, 다른 하나는 파르메니오의 조언에 따라 전장 전체가 완전히 정찰될 때까지 머무르는 것이었다. 사실 눈에 보이지 않는 장애물이 있거나 참호와 말뚝이 숨겨져 있을 가능성을 감안한다면 신중을 기할 필요도 있고, 적의 대형을 좀더 정확히 파악하는 편이 도움이 될 터였다. 파르메니오의 제안이 더 설득력을 얻었기에 병사들은 일단 진군하지 않고 전투 대형을 유지한 채 그곳에 머물렀다.

그동안 알렉산드로스는 경보병대와 헤타이로이 기병대를 데리고 전투가 벌어질 지역 전체를 면밀하게 살펴보면서 광범위한 정찰을 펼치고 돌아왔다. 그는 2차 장교회의를 열어 앞선 전투들에서 장교들이 보여준 용기와 영웅적 자세만으로도 충분하므로 새삼스레 강조할 것이 없다고 말했다. 다만 계급이 높든 낮든, 중대를 지휘하든 기병대대를 지휘하든, 여단 혹은 보병대대를 지휘하든 간에 최대한 부하들을 독려하도록 했다. 사실 다른 전투는 시리아, 페니키아, 이집트를 얻기 위한 싸움이었지만 이번 전투는 아시아 대륙 전체의 지배권이 걸려 있는 싸움이었다. 이미 장교들의 가슴에 용맹심이 들끓고 있었기에 많은 말은 필요치 않았다. 그러나 알렉산드로스는 위기의 순간에 각자 스스로 기강을 유지해야 한다는 점을 강조했다. 조용히 진격하라는 명령을 받았을 때는 완전한 침묵을 유지하고, 함성을 질러야 할 때는 쩌렁쩌렁하게 소리를 내질러 적을 두렵게 해야 했다. 또한 명령이 떨어지면 일사분란하게 명령을 따르고 지체 없이 부하들에게 전달해야 했다. 마지막으로, 각자 맡은 임무에 충실하면 승리를 쟁취할 수 있지만 한 명이라도 이를 무시하면 군 전체가 위험에 처할 수 있기 때문에 각자의 행동에 전체의 운명이 걸려 있다는 각오로 임하라고 했다.

알렉산드로스가 이와 같은 짧고 강력한 권고의 연설을 하자 지휘관들은 자신들을 전적으로 믿으라는 말로 화답했다. 그러고는 병사들에게 휴식과 식사를 취하도록 했다.

몇몇 기록에는 파르메니오가 알렉산드로스의 막사로 찾아가 야간 습격을 조언했다는 기록이 있다. 예상치 못한 공격으로 적군을 큰 혼란에 빠뜨리자는 계획이었다. 당시 막사 안에는 알렉산드로스와 파르메니오만 있었던 게 아니었다. 다른 지휘관들도 이 대화를 듣고 있었기에 알렉산드로스는 아마도 다음과 같이 대답했을 것이다. "도둑처럼 비열하게 승리를 훔치진 않겠네. 나 알렉산드로스는 떳떳하고 정직하게 적을 무찔러야 하네." 이 고고한 발언은 아마도 자만심이라기보다는 자신감을 나타낸 것으로, 그 근거 또한 전적으로 타당하다. 야간 전투는 양측 모두(방어하는 측 못지않게 공격 계획을 면밀히 세운 측도 마찬가지로) 돌발 변수가 큰 예측 불가능한 싸움이다. 따라서 때로는 모두의 예상과 달리 우세한 쪽이 패하기도 하고 불리한 쪽이 승리를 거머쥐기도 한다.[16] 알렉산드로스는 전투에서 위험을 무릅쓰는 결정을 자주 내렸지만 이번에는 야간 습격을 예측하기가 너무 어렵다고 느꼈다. 게다가 어둠을 틈타 공격함으로써 다리우스군을 무찌른다면 다리우스로서는 자신이나 자신의 병사들이 열등하다는 사실을 인정하지 않을 구실을 얻는 셈이다. 반면 뜻밖에도 마케도니아군이 패한다면 낯선 적진 한가운데에서 적군과 그의 동맹

---

16 야간 공격에 따르는 위험(Thucydides, 7.43~4; Xenophon, *Anabasis* 3.4.35참조) 외에도 알렉산드로스는 공평한 조건에서 페르시아군을 격파했을 때의 선전적 가치를 알고 있었다. 이수스 전투에서 다리우스는 공간이 부족하여 고전했다는 주장을 할 수 있었다. 이번에 알렉산드로스는 다리우스가 아무 핑계도 대지 못하게 할 작정이었다.

국들에게 둘러싸인 패잔군이 될 것이다. 그 적들 가운데에는 적지 않은 전쟁포로들도 포함되어 있다. 마케도니아군이 패했을 때는 말할 것도 없고 확실한 승리를 거두지 못할 경우에도 포로들은 어둠을 틈타 마케도니아군을 공격할 수 있었다.

이와 같은 논거들은 충분히 타당하기에 나는 알렉산드로스의 결정이 옳았다고 믿으며, 떳떳하게 전투에 임하겠다는 그의 단호한 주장에도 경의를 바친다.

다리우스의 군대는 야간 공격을 두려워하고 있었고 진지에 수비시설도 없었기 때문에 야간에도 낮과 같은 전투 대형을 유지했다. 이 중요한 시기에 페르시아군에게 특히 부정적인 영향을 끼친 요인은 병사들이 무장한 채로 오래 서 있어야 한다는 점과 목숨이 위태로울 때 자연스레 찾아오는 두려움이었다. 특히 위기가 갑자기 닥쳤을 때의 순간적인 두려움보다가 매시간 조금씩 쌓이는 불안이 더욱 정신력을 약화시키기 때문에 견디기 힘든 것이다.

아리스토불루스에 따르면 전투가 끝난 후에 다리우스가 직접 쓴 군사 배치 명령서를 그리스인들이 입수했고, 그 덕분에 지금 우리는 다리우스군의 배치를 알 수 있게 되었다.(이 문서에는 페르시아군의 병력이 적혀 있지 않았다.) 좌익에는 다에군과 아라코티아군의 지원을 받는 박트리아 기병대가 배치되었고 그 옆에는 페르시아 기병대와 보병대가 섞여 있었다. 그 옆에는 수시아나군, 카두시아 파견대가 차례로 섰다. 이렇게 구성된 좌익은 중앙까지 포진하고 있었다. 우익에는 저지대 시리아와 메소포타미아, 메디아 파견대가 자리 잡았고 그 옆으로 파르티아군과 사카이군, 타푸리아군, 히르카니아 파견대가 차례로 섰다. 그리고 마지막으로 중앙 바로 옆으로는 알바니아군과 사케시니아군이 배치되었다. 중앙에는 다리우스, 그의 친지들, 창끝이 황금사과 모양인 창을 든 페르시아 왕실 경호대, 인도인들, 소위 '국적 없는' 카리아인들(중앙아시아로 강제 추방된 자들), 메디아 궁수들이 자리 잡았다. 그 뒤에는 욱시이군, 바빌로니아군, 페르시아 만에서 온 부대들, 시타케니아군이 길게 정렬했다. 알렉산드로스의 우익과 마주보는 좌익의 선두에는 스키타이 기병대, 약 1000명의 박트리아군, 100대의 낫전차가 섰고 코끼리들과 전차 50대가 왕실 기병대대를 근접 지원하도록 배치되었다. 페르시아군 우익의 선두에는 낫전차 50대와 아르메니아와 카파도키아 기병대가 섰다. 그리스 용병대는 두 부대로 나뉘어 각각 다리우스와 페르시아 근위대 옆에 서서 마케도니아 보병대 맞은편에 배치되었다.(그리스 용병대는 마케도니아 보병대를 대적할 만한 유일한 부대였다.)

알렉산드로스군의 우익에는 맨 가장자리에 드로피데스의 아들 클레이토스가 이끄는 왕실 기병대와 헤타이로이 기병대가 섰다. 그 바로 왼쪽에는 글라우키아스, 아리스톤, 헤르모도루스의 아들 소폴리스, 안티오쿠스의 아들 헤라클레이데스, 알타헤메네스의 아들 데메트리우스, 멜레아그로스가 이끄는 기병 대대들이 차례로 배치되었다. 마지막으로 히포스트라투스의 아들 헤겔로쿠스가 지휘하는 기병대대가 자리 잡았고, 파르메니오의 아들 필로타스가 헤타이로이 전체를 지휘했다. 보병대의 경우 근위대의 돌격대가 기병대 가장 가까이에 섰고 파르메니오의 아들 니카노르가 지휘하는 또 다른 근위부대가 왼쪽에서 이들을 지원했다. 그 옆에는 폴레모크라테스의 아들 코이누스가 지휘하는 부대가 섰고 그 옆으로(중앙 쪽으로) 각각 오론테스의 아들 페르디카스, 네오프톨레모스의 아들 멜레아그로스, 심미아스의 아들 폴리스페르콘, 안드로메네스의 아들 아민타스가 지휘하는 부대들이 배치되었다. 아민타스가 신병들을 징집하러 마케도니아로 파견되었기 때문에 이 마지막 부대는 심미아스가 지휘했다.

마케도니아 보병 전선의 좌익에는 알렉산드로스의 아들 크라테루스가 이끄는 부대들이 배치되어 보병대를 지휘했다. 바로 옆에는 라리쿠스의 아들 에리기우스의 연합 기병대가 배치되었고, 메넬라우스의 아들 필리푸스가 지휘하는 테살리아 기병대가 이들을 지원했다. 테살리아 기병대는 좌익까지 늘어섰고 필로타스의 아들 파르메니오가 전반적인 지휘를 맡았다. 그리고 그 가까이에는 테살리아 기병대 중에서 가장 뛰어나고 병사도 많은 파르살루스의 기병대가 모여 있었다.

알렉산드로스군의 제1선은 이렇게 배치되었다. 알렉산드로스는 후위 공격에 대처할 견고한 예비 병력으로써 보병대를 배치하고 그 지휘관들에게는 적이 포위공격을 해올 경우 뒤로 돌아서서 대응공격하라고 지시했다. 또한 갑자기 제1선의 보병대를 연장하거나 밀집해야 할 경우를 대비해 아탈루스가 지휘하는 아그리아니아군의 절반을 브리손의 마케도니아 궁수들과 함께 우익의 왕실 기병대 옆에 사선으로 투입했고, 클레안데르가 지휘하는 용병대인 소위 '구舊 근위대'가 궁수들을 지원했다. 아그리아니아군과 궁수들 앞에는 아레테스와 아리스톤이 지휘하는 전위 정찰대와 파이오니아군이 섰고 메니다스가 이끄는 용병 기병대가 선두에 배치되었다. 왕실 기병대와 그 외의 헤타이로이 부대들 앞에는 나머지 아그리아니아 파견대와 궁수들이 자리 잡았고, 페르시아의 낫전차를 마주보고 선 발라크루스의 창병들이 이들을 지원했다. 메니다스에게는 적이 포위공격을 시도할 경우 방향을 바꾸어 측면으로 공격하도록 했다.

알렉산드로스의 우익에 대해서는 이 정도로 이야기하겠다. 좌익에는 시탈케스의 트라키아군, 코이라누스의 연합 기병대, 티림마스의 아들 아가톤이 이끄는 오드리시아 기병대가 본대와 사선을 이루며 차례로 배치되었다. 이 구역의 선두에는 히에론의 아들 안드로마쿠스가 지휘하는 용병 기병대가 자리 잡았고, 트라키아 보병대는 수레를 끄는 동물들을 지키라는 명령을 받았다. 알렉산드로스군의 총병력은 기병 약 7000명, 보병 약 4만 명이었다.

이제 양쪽의 거리가 가까워져 다리우스와 정예군들이 모두 시야에 들어왔다. 알렉산드로스와 왕실 기병대는 끝이 황금사과 모양인 창을 든 페르시아 왕실 경호대, 인도인들, 알바니아군, 카리아군, 메디아의 궁병 등 페르시아군에서 가장 뛰어난 부대들을 정면으로 마주 보며 진격했다. 그러나 알렉산드로스가 살짝 오른쪽으로 향하자 페르시아군의 좌익은 상당한 거리를 두고 마케도니아군을 에워싸기 시작했다. 다리우스의 스키타이 기병대와 마케도니아의 전위부대가 격돌할 때도 알렉산드로스는 계속 오른쪽으로 전진하여 페르시아군이 평평하게 다져놓은 지역을 거의 벗어났다. 다리우스는 마케도니아군이 울퉁불퉁한 땅에 도달하면 전차가 무용지물이 될 것을 포착하고, 좌익의 선두 기병대에게 알렉산드로스가 이끄는 마케도니아군의 우익을 포위하여 더 이상 전선을 확장하지 못하도록 하라고 지시했다. 그때 알렉산드로스는 메니다스와 용병 기병대에게 즉각 공격 명령을 내렸다. 반격에 나선 스키타이 기병대와 박트리아군이 수적인 우위를 앞세워 알렉산드로스군의 용병 기병대를 밀어내자 알렉산드로스는 아리스톤의 파이오니아 파견대와 용병대를 출격시켜 지원했다. 이 작전은 효과를 발휘하여 적들을 물러서게 했다. 그러나 남아 있던 박트리아의 부대들이 파이오니아군과 용병대를 상대로 반격함으로써 달아나던 병사들을 다시금 불러들였다. 뒤이어 치열한 기병전이 벌어졌다. 수적으로 열세인 데다 말과 병사 모두 스키타이군만큼 방어 장비를 갖추지 못한 마케도니아군의 피해가 심각했다. 그러나 마케도니아 기병대는 공격을 멈추지 않고 반격을 거듭하여 적의 대형을 차례로 깨뜨리는 데 성공했다.

알렉산드로스가 전진하자 페르시아는 적의 전선을 흐트러뜨리기 위해 낫전차를 투입했다. 그러나 결과는 실망스러웠다. 낫전차들이 출발하자마자 헤타이로이의 선두에 서 있던 아그리아니아군과 발라크루스 투창병들은 집중 공격을 퍼부으면서 달려가 말의 고삐를 잡아챈 뒤 전차병들을 땅으로 떨어뜨리고 말들을 에워싸서 쓰러뜨렸다. 일부 전차는 전선을 통과하는 데 성공했지만 그 역시 헛수고였다. 전차 공격을 받았을 때 대형을 해체하라는 명령에 따라 병사들이 빈 공간을 만들어 전차들을 통과시켰기 때문이다. 전차나 전차병은 그대로 통과한 뒤에 왕실 근위대와 군 마부들의 손에 처단되었다.[17]

이제 다리우스는 보병 본대를 전투에 투입했다. 그러자 알렉산드로스는 아레테스에게 마케도니아의 우익을 둘러싸고 측면 공격을 전개하는 페르시아 기병대를 향해 공격 명령을 내렸다. 한동안 종대로 전진하던 알렉산드로스는 페르시아 기병대가 마케도니아의 우익을 포위하는 병력을 지원하기 위해 이동할 때 페르시아군의 전선에 틈이 생긴 것을 포착했다. 그는 곧바로 그 틈을 향해 돌진했고, 그 근처에 있던 헤타이로이와 모든 중보병대가 쐐기 대형을 이루더니 우렁찬 함성을 내지르며 다리우스가 있는 곳을 향해 빠른 속도로 돌진했

---

17 이들은 쿠낙사에서도 마찬가지로 효과가 없었던 것으로 나타났다.(Xenophon, *Anabasis* 1.8.19~20)

돌격하는 페르시아의 낫전차. 앙드레 카스타뉴 작품.

다. 이어 접전이 벌어졌으나 곧 끝나고 말았다. 마케도니아의 기병대와 그 선두에 서 있던 알렉산드로스가 저돌적으로 백병전에 뛰어들어 창으로 페르시아 병사들의 얼굴을 찔러댔고, 긴 창을 든 보병 밀집방진 또한 불가항력의 위력을 발휘했기 때문이다. 전투가 전개된 이후 안절부절못하던 다리우스는 끝내 공포에 사로잡혀 가장 먼저 피신처를 향해 달아났다. 마케도니아 우익을 측면 공격하려던 적군 기병대 역시 아레테스가 이끄는 병사들의 강경한 공격에 무너졌다.

마케도니아의 우익을 공격하던 페르시아군이 완전히 궤멸되자 마케도니아군은 말을 몰아 도주병들을 뒤쫓으며 베어 넘겼다. 한편 심미아스가 지휘하는 부대는 여전히 위태로운 좌익을 지원하기 위해 알렉산드로스의 추격전에 합류하는 대신 전장에 남아 계속 싸워야 했다. 붕괴된 마케도니아군의 좌익 전선으로 일부 인도인들과 페르시아 기병대가 치고 들어와 견인용 동물들이 있는 후방까지 침투한 상태였다. 페르시아군은 패기 있게 공격을 밀어붙였다. 페르시아군이 이중의 밀집방진을 뚫고 후방까지 돌파하리라 예상할 수 없었기 때문에 거의 비무장 상태로 이곳에 배치된 마케도니아 병사들은 속수무책이었다. 그 와중에 포로들까지 공격에 가담했다. 그러나 이 구역에 배치되었던 예비대 지휘관들은 곧 상황을 파악하고는 알렉산드로스가 명령했던 대로 뒤로 돌아서서 페르시아군의 후방을 공격했다. 동물들 근처까지 접근했던 많은 페르시아 병사가 목숨을 잃었고, 나머지 병사들은 싸우기를 포기하고 황급히 달아났다.

한편 다리우스가 도주한 사실을 모르고 있던 페르시아의 우익은 알렉산드로스군의 좌익을 포위하고 파르메니오의 부대를 측면 공격 중이었다. 양면 협공에 처한 파르메니오는 알렉산드로스에게 전갈을 보내어 자신의 진영이 극심한 곤경에 빠졌음을 알려 지원을 요청했다. 소식을 들은 알렉산드로스는 파르메니오 부대에 합류하기 위해 즉시 추격을 중단하고 헤타이로이와 함께 전속력으로 달렸다.[18] 알렉산드로스는 먼저 파르티아군, 일부 인도인 그리고 페르시아군에서 가장 강하고 우수한 기병대와 맞붙어 맹렬한 전투를 벌였다.[19] 이 교전은 당시의 전투 중에서 가장 치열했다. 잇따라 정면으로 돌진하여 공격하는 페르시아 기병대를 상대로 작전 행동을 하거나 창을 던지는 등의 전통적인 기병 전술은 불가능했다. 병사들은 오직 눈앞의 적

---

18 다리우스를 맹렬히 뒤쫓고 있던 알렉산드로스를 전령이 따라잡을 수 있었다는 것은 납득하기 어렵다. 따라서 '알렉산드로스는 어디에 있었을까?'라는 의문이 생긴다. G. T. Griifth, *JHS* 1947, 87은 알렉산드로스가 곤경에 빠진 우익을 돕기 위해 오른쪽으로 방향을 바꾸었다고 제시하고, 마스든은 알렉산드로스가 페르시아군의 중앙과 우익을 포위하기 위해 이미 왼쪽으로 움직이고 있었다고 주장한다.

19 이 인도인들과 페르시아군은 앞의 문단에서 언급한 "일부 인도인과 페르시아 기병대"와는 구분된다. 후자는 소규모여서 주어진 시간 내에 8킬로미터 정도 떨어져 있던 마케도니아 진영을 공격하고 알렉산드로스와 마주치지 못했을 것이다.

을 쓰러뜨리는 것만이 전부였다. 승리나 패배를 생각할 겨를도 없이 그저 살기 위해 필사적으로 칼을 휘둘렀다. 이 교전으로 헤타이로이 60명이 전사했고 코이누스, 멘디스, 헤파이스티온이 부상을 당했다.

알렉산드로스는 이 싸움을 승리로 이끌었고, 마케도니아군에 맞서 사력을 다하던 페르시아군은 이제 살기 위해 달아나기 시작했다.

알렉산드로스는 페르시아의 우익과 대적할 곳으로 달렸다. 하지만 알렉산드로스가 도착했을 때는 이미 테살리아 기병대가 알렉산드로스 못지않게 훌륭한 반격을 전개하고 있었고, 페르시아군은 후퇴하고 있었다. 알렉산드로스는 다시 방향을 돌려 다리우스를 뒤쫓기 시작했고, 추격전은 해가 질 때까지 계속되었다. 파르메니오도 그리 멀지 않은 간격을 두고 추격을 시작했다. 리쿠스 강을 건너자 알렉산드로스는 병사들과 말에게 휴식을 주었고, 파르메니오는 페르시아군의 막사와 짐을 정리한 뒤 코끼리와 낙타를 포획했다.

자정까지 휴식을 취한 알렉산드로스는 머지않아 다리우스를 잡아서 페르시아 왕이 보유한 물품과 보물들을 손에 넣을 수 있기를 바라며 아르벨라로 진군했다. 다음 날, 즉 전장으로부터 약 120킬로미터 정도를 달려 아르벨라에 당도하긴 했으나 다리우스는 그곳에 없었다. 그동안 한 번도 쉬지 않고 도주했기 때문이다. 대신 다리우스의 전차, 방패, 활을 비롯한 보물과 귀중품을 찾아냈다. 이것이 두 번째 노획이었다.(첫 번째는 이수스 전투에서였다.)

이 전투에서 알렉산드로스의 병사 100여 명이 사망했고[20] 1000마리가 넘는 말(거의 절반은 헤타이로이 소속이었다)이 부상을 입거나 추

---

20 이 수치는 지나치게 적게 어림한 것이 분명하다. 쿠르티우스(4.16.26)는 사망자가 300명, 디오도로스(17.61.3)는 '엄청 많은 부상자와 함께' 사망자가 500명이라고 제시했다.

격전으로 지쳐 죽었다. 반면 페르시아군의 사망자는 약 30만 명으로 추정되며, 포로는 이를 훨씬 웃돌았다.[21] 전투 중에 망가지지 않은 전차와 코끼리도 포획했다. 아리스토파네스가 아테네의 집정관이던 해 10월에 벌어진 가우가멜라 전투는 이렇게 끝이 났다. 앞서 아리스탄데르는 월식이 발생한 달이 끝나기 전에 전투가 벌어지며 알렉산드로스가 승리한다고 예언한 바 있다. 과연 그는 진정한 예언자였다.[22]

다리우스는 전장을 벗어나자마자 아르메니아 산을 거쳐 곧장 메디아로 향했다. 전투 중에 다리우스 옆에 배치되었던 박트리아 기병대와 몇몇 페르시아인(친지와 소수의 근위대)이 그와 함께했고, 도중에 포키스의 파론과 아이톨리아의 글라우쿠스가 지휘하는 외국 용병 2000명이 합류했다. 다리우스가 메디아로 향한 이유는 전투를 치른 알렉산드로스가 이동하기 쉬운 수사와 바빌론으로 향하리라 판단했기 때문이다. 그 경로에는 정착 집단이 있을 뿐만 아니라 바빌론과 수사는 승리한 군대가 탐낼 만한 도시였다. 반면 메디아로 가는 길은 대규모 군대가 움직이기 힘든 경로였다.[23]

다리우스의 짐작이 정확했다. 실제로 알렉산드로스는 아르벨라에서 바빌론으로 향했다. 알렉산드로스는 바빌론을 얼마 남겨놓지 않은 지점에서 병사들에게 전투 대형을 갖추라고 명령했다. 그러자 바빌론의 사제, 행정관들과 시민들이 알렉산드로스에게 몰려와 온갖 선물을 바치면서 성채와 보물뿐만 아니라 도시를 넘기겠다고 했

---

21 디오도로스(9만 명), 쿠르티우스(4만 명)가 제시한 수치가 더 적정하다.

22 개기월식은 9월 20일에서 21일로 넘어가는 밤에 발생했고 전투는 10월 1일, 즉 아티케력으로 보에드로미온(9/10월) 26번째 날에 벌어졌다. (Plutarch, *Alexander* 31.4; Camillus 19.5)

23 알렉산드로스는 이동이 힘든 지역에서 패군을 뒤쫓는 것보다 바빌론과 수사를 정복하는 편이 정치적으로 더 중요하다고 판단했다.

가우가멜라 전투 부조. 에스파냐 국립 고고학박물관에 소장된 18세기 작품.

가우가멜라 전투에서 패배해 달아나는 다리우스 3세. 에스파냐 국립 고고학박물관에 소장된 18세기 작품.

다. 이에 바빌론으로 입성한 알렉산드로스는 시민들에게 크세르크세스가 파괴했던 사원들, 특히 바빌로니아인이 가장 경외하는 벨의 신전을 복구하라고 지시했다.[24] 알렉산드로스는 마자에우스를 바빌론 총독으로 임명하고 암피폴리스의 아폴로도루스에게 주둔군을 지휘하게 했다. 공물 징수는 필로의 아들 아스클레피오도루스에게 맡겼다. 사르디스의 내부 요새를 알렉산드로스에게 바친 미트리네스는 아르메니아 총독으로 임명되었다.[25]

알렉산드로스는 바빌론에 들어와서 칼데아인들을 만났다.[26] 그는 종교의식과 관련된 모든 문제에서 칼데아인의 조언을 받았고, 특히 벨에게 제사를 드릴 때는 그들의 지시를 그대로 따랐다.

알렉산드로스의 다음 목표는 수사였다. 수사로 가는 도중에 알렉산드로스는 수사 총독의 아들과 필록세누스가 보낸 편지를 받았다. 전투 직후 알렉산드로스는 먼저 필록세누스를 수사로 파견했는데, 그가 보낸 편지에는 수사 시민들이 성문을 열어주었으며 보물을 모두 확보했다고 적혀 있었다. 바빌론에서 수사까지 가는 데는 20일이 걸렸다. 수사에 입성한 알렉산드로스는 은 5만 달란트에 달하는 보물과 더불어 이전에 왕이 소유했던 귀중품들까지 손에 넣었을 뿐만 아니라 크세르크세스가 그리스에서 가져왔던 보물까지 획득했다. 그중에는 하르모디오스와 아리스토게이톤의 청동상도 있었는

---

24 벨(마르두크) 신전 재건은 기원전 323년에 알렉산드로스가 바빌론에 재입성할 때까지 완공되지 않았다.

25 마자에우스는 동양인으로서는 처음 총독으로 임명되었다. 이것은 가우가멜라 전투에서 세운 공에 대한 보상이었을까(Curtius, 5.1.18을 인용한 Tarn, *Alexander* 2.109) 참조), 아니면 바빌론을 넘겨준 데 대한 보상이었을까?

26 아리아노스가 말한 '칼데아인'은 마르두크Marduk(고대 바빌로니아의 신으로, '벨'과 같은 존재)를 모시는 사제들을 뜻한다.

데, 알렉산드로스는 이 청동상들을 아테네로 돌려보냈다. 현재 이 청동상들은 아크로폴리스로 가는 길에 있는 케라메이코스에 세워져 있다. 아크로폴리스 맞은편에는 메트룬이 있고 그리 멀지 않은 곳에 에우다네미의 제단이 있다.[27] 엘레우시스에서 시작된 두 여신(데메테르와 페르세포네)의 신비교에 입문한 모든 이들에게 널리 알려져 있는 이 제단은 평지에 있다.

수사에서 알렉산드로스는 전통적인 방식에 따라 제물을 바치고 운동경기와 횃불 계주를 열었다. 그리고 떠나기 전에 아불리테스라는 페르시아인을 수사 총독으로 임명하고[28] 헤타이로이 소속인 마자루스를 도시 수비대 사령관으로 앉혔다. 또한 테오도루스의 아들 아르켈라우스를 대장으로 진급시켰다. 알렉산드로스는 페르시아로 출발하기에 앞서 메네스를 시리아·페니키아·킬리키아의 총독으로 임명하여[29] 해안 지방으로 파견하면서 스파르타 전쟁 비용에 필요한 은 3000달란트를 안티파테르에게 전달하라고 지시했다. 한편 안드로메네스의 아들 아민타스는 마케도니아에서 모집한 기병과 보병들을 이끌고 수사로 와서 합류했다.[30] 알렉산드로스는 기병들을 헤타이로이에 배속하고 보병들은 국적에 따라 여러 보병대에 분산 배치했다. 또한 각 기병 대대 내에 두 개의 중대를 만들고 헤타이로이 가운데

---

27 나중에 아리아노스는 이 청동상들이 기원전 323년에 아테네로 보내졌다고 말한다. 하르모디오스와 아리스토게이톤에 대해서는 217쪽 참조.

28 아리아노스가 잘못 이야기했다. 아불리테스는 아들 옥사트레스를 알렉산드로스에게 보냈던 총독이다. 아불리테스는 새로 임명된 것이 아니라 총독 직위를 계속 유지했다.

29 여기에서 '총독'으로 번역된 그리스어는 'hyparchos'로, 이 단어는 다양한 직책에 사용된다. Tarn, *Alexander* 2.173 n.1 "Menes was...a general in charge of a very import sector of communications"(Tarn, op.cit., 2.177) 참조.

30 마케도니아 보병 6000명, 기병 500명을 포함해 모두 1만5000명에 가까운 병력이었다. 상세한 사항은 Diodorus, 17.65.1, Curtius, 5.1.40~42 참조.

뛰어난 지휘관들에게 중대의 지휘권을 부여하는 혁신적인 조치를 취했다.

그 후 알렉산드로스는 페르시아를 향해 출발했다. 파시티그리스강을 건너 욱시이족의 영토로 들어가자 일부(평지에 거주하고 페르시아 총독에게 충성했던 부족들)는 알렉산드로스에게 항복한 반면 페르시아의 지배를 인정한 적이 없는 산간지대의 부족들은 알렉산드로스에게 전령을 보내어 페르시아의 왕이 그들의 땅을 지날 때마다 지불하던 통행료를 내지 않으면 페르시아로 가는 고갯마루를 통과할 수 없다고 으름장을 놓았다.[31] 그들은 이 고갯마루를 장악하고 있으면 페르시아로 들어가는 길에 대한 통제권을 행사할 수 있다고 믿었다.(전령들은 그렇게 생각했다) 알렉산드로스는 전령을 보내어 요구를 들어줄 테니 고갯마루 길목에서 만나자는 답신을 보냈다. 그러고는 개인 경호대와 근위대 및 약 8000명의 병사들로 구성한 부대와 수사에서 온 안내원들을 거느리고 어둠을 틈타 욱시이의 땅으로 출발했다. 아무도 예상하지 못한 험한 경로로 하루 만에 욱시이 마을에 도착한 알렉산드로스는 기습적인 공격에 이어 약탈을 감행했다. 살아남은 주민들은 산으로 달아났다. 이제 알렉산드로스는 욱시이인들이 최대한 병력을 소집하여 관례적인 통행료를 받으려고 기다리고 있을 고개로 향했다. 그러면서 크라테루스를 미리 보내 욱시이 병사들이 달아날 만한 고지를 먼저 차지하도록 했다.

알렉산드로스는 거침없이 돌진해 욱시이군보다 먼저 고개를 차지했다. 유리한 위치를 점유한 알렉산드로스군은 전투 대형을 이루

---

31 풀러는 이 통행료를 영국이 인도 북서쪽 국경지대에 사는 부족들에게 가끔 지불했던 통행료와 비교했다.

어 공격에 나섰다. 적군은 알렉산드로스 군대의 기민한 공격에 속수무책이었고, 가장 유리한 고지마저 빼앗기자 반격할 엄두도 내지 못한 채 뿔뿔이 흩어져 달아났다. 일부는 도주하려다가 목숨을 잃었고, 그보다 많은 이들이 가파른 산길에서 죽었다. 그들 대부분은 가까스로 높은 산으로 피했다가 먼저 자리를 잡고 있던 크라테루스의 병사들을 맞닥뜨린 것이다. 이것이 바로 알렉산드로스가 욱시이인에게 지불한 '통행료'였다. 이들은 해마다 공물을 바칠 테니 자신들의 영토를 소유할 수 있게 해달라고 알렉산드로스에게 애걸했다. 라구스의 아들 프톨레마이오스에 따르면 다리우스의 모친이 나서서 욱시이인을 고향에 살게 해달라고 알렉산드로스에게 간청했다. 결국 목축생활을 하기 때문에 돈도 없고 경작지도 없는 욱시이인들은 1년에 말 100마리, 노새 500마리, 양 3만 마리의 공물을 바치기로 했다.

이 사건 이후 파르메니오는 테살리아 기병대, 연합 파견대와 용병대, 그 외의 모든 중무장 부대, 짐차와 동물들을 이끌고 페르시아로 가는 큰길로 진군하라는 명령을 받았다. 알렉산드로스 자신은 마케도니아 보병대, 헤타이로이, 아그리아니아군, 궁수부대, 전위 정찰대로 구성된 군대의 선두에 서서 빠른 속도로 산을 넘었다.(알렉산드로스의 목표는 아리오바르자네스가 페르세폴리스에 있는 막대한 보물을 다른 곳으로 빼돌리지 못하게 막는 것이었다.) 알렉산드로스는 페르시아 관문에서 그 지역 태수인 아리오바르자네스와 맞닥뜨렸다. 아리오바르자네스는 이미 고개에 수비벽을 쌓고 알렉산드로스군을 저지하기 위해 보병 4만 명과 기병 700명의 부대를 구성하여 진을 치고 있었다. 알렉산드로스는 진군을 중지시켰다가 이튿날 고개를 공격했다. 그러나 적들이 유리한 고지를 차지한 데다 공격 측에 불리한 지형 때문에 알렉산드로스 군대는 고전을 면치 못했다. 적병들이 위쪽에서 돌을 던지고 투석기로 무기를 쏘아대자 알렉산드로스는 피해를 줄이기 위해 일단 후방 진지로 후퇴해야 했다. 다행히도 그때 마침 페르시아의 포로들로부터 고개를 넘을 수 있는 우회로 정보를 입수했다. 험하고 좁은 길이었지만 선발대를 고개 건너편으로 보내어 페르시아군의 진지를 공격하도록 했고, 크라테루스에게는 나팔수의 신호를 받는 즉시 멜레아그로스의 대대, 소수의 궁수들, 약 500명의 기병들과 함께 고개 위의 수비벽을 공격하라고 지시했다.

어둠을 틈타 움직이기 시작한 알렉산드로스는 19킬로미터쯤 행군한 지점에서 군대를 둘로 나누었다. 자신은 근위대, 페르디카스의 대대, 경무장한 궁수들, 아그리아니아군, 헤타이로이 왕실 기병대, 기병대대로 구성된 군을 이끌고 포로들의 안내를 받아 고개를 우회하기로 했다. 그리고 아민타스, 필로타스, 코이누스에게는 나머지 병사들을 데리고 산을 내려가 페르시아로 들어가기 위해 건너야 하는 강에 다리를 놓고 기다리도록 했다. 알렉산드로스가 넘어야 하는 길은 험하고 거칠었으나 시간을 낭비하지 않으려고 빠른 속도로 진군했다. 그리하여 날이 밝기 전에 적의 첫 번째와 두 번째 전초기지를 습격하여 제압했고, 병사들 대부분이 달아난 세 번째 전초기지는 간단히 장악했다. 이곳에서 도망친 적병들은 본대로 돌아가 합류하지 않고 허둥지둥 산으로 달아났다. 그 덕분에 알렉산드로스는 날이 밝기 직전에 아리오바르자네스의 본진을 기습할 수 있었다. 알렉산드로스군이 적의 참호를 습격하는 순간 나팔수가 보낸 신호에 따라 크라테루스는 건너편에서 외벽을 공격하기 시작했다. 꼼짝없이 갇혀버린 적들은 저항하기를 포기하고 달아나기에 급급했으나, 이미 마케도니아군이 도처에 포진하고 있었다. 한쪽에서는 알렉산드로스가 압박하고 있고 다른 쪽에서는 크라테루스와 부하들이 빠르게 쳐들어왔다. 결국 그들은 살아남기만을 소망하며 수비벽 안으로 들어갔으나 그곳 역시 마케도니아군의 수중에 있었다. 이런 상황을 예견한 알렉산드로스가 프톨레마이오스와 3000명의 보병을 수비벽 안에 남겨두었던 것이다. 곧 백병전이 벌어졌고 대부분의 적병은 처참한 최후를 맞았다. 일부는 도망쳤으며 일부는 도륙을 피해 달아나다가 벼랑 끝에서 떨어져 죽기도 했다. 아리오바르자네스와 소수의 기병대는 산으로 도망쳤다.

이제 알렉산드로스는 강을 향해 전속력으로 달려갔다. 강안에는 다리가 준비되어 있었으므로 전혀 힘들이지 않고 건널 수 있었다. 페르세폴리스로 향하는 알렉산드로스군의 행군 속도가 어찌나 빨랐던지 페르세폴리스의 수비대는 도시의 보물을 빼돌릴 새도 없었다.[32] 알렉산드로스는 파사르가데에 있는 키루스 1세의 보물을 차지할 수 있었다.(파사르가데는 키루스가 세운 페르시아의 옛 수도로, 알렉산드로스는 이곳에서 6000달란트를 획득했다.) 페르세폴리스의 새로운 총독으로 알렉산드로스는 레오미트라스의 아들 프라사오르테스를 임명했다. 그리고 여러 가지 이유로 궁전을 보존해야 한다는 파르메니오의 조언을 무시하고 페르시아 왕의 궁전을 불태워버렸다. 파르메니오의 주장은 이미 알렉산드로스의 재산이 된 궁전을 파괴하는 것은 현명치 않으며, 알렉산드로스가 왕으로서 아시아를 안전하게 다스리기보다 정복하고 지나가는 데 급급한 인상을 보인다면 아시아인들의 지지를 받기 어렵다는 것이었다. 그러나 그리스를 침략했던 페르시아인에게 벌을 내려야 한다는 게 알렉산드로스의 대답이었다. 페르시아 왕

---

32 디오도로스(17.71)와 쿠르티우스(5.6.9)에 따르면 보물이 12만 달란트에 달했고, 플루타르코스(*Alexander* 37)와 스트라보(15.3.9)는 4만 달란트로 제시했다.

의 궁전을 불태우는 것은 페르시아인이 아테네를 파괴하고 신전을 불태우고 그 외에 그리스인들에게 저질렀던 모든 범죄에 대한 응징이라는 것이다. 하지만 나의 관점으로 볼 때 이것은 잘못된 조치였다. 게다가 오래전에 죽고 없는 페르시아인을 응징한다는 건 어려운 일이 아닐까?[33]

다리우스가 메디아에 있다는 사실을 알게 된 알렉산드로스는 메디아를 다음 목적지로 정했다. 다리우스는 알렉산드로스가 수사와 바빌론 부근에 머물 경우 자신은 계속 메디아에 머무르면서 동정을 살필 생각이었다. 그러나 알렉산드로스가 자신을 쫓아 메디아 쪽으로 진군한다면 내륙의 파르티아와 히르카니아, 박트리아까지 철수하면서 일대를 초토화하여 마케도니아군의 진군을 방해할 작정이었다. 다리우스는 여자들과 덮개 마차들 그리고 아직 보존하고 있는 다른 장비들을 카스피 해 관문(메디아에서 엘부르즈 산맥을 넘어 히르카니아와 파르티아로 가는 길목의 주요 고개. 테헤란에서 동쪽으로 약 64킬로미터 떨어져 있다)으로 보내고, 자신은 겨우 끌어 모은 병사들과 함께 엑바타나(지금의 하마단)에 머물렀다. 알렉산드로스가 지체 없이 메디아로 출발한 이유는 이러한 정보를 입수했기 때문이었다. 알렉산드로스는 메디아로 가는 도중에 파라에타카이를 침략해 정복하고 수사의 총독인 아불리테스의 아들 옥사트레스를 총독으로 임명했다. 이때 스키타이와 카두시아로부터 병력을 보강한 다리우스가 알

---

33 이 이야기는 알렉산드로스의 원정사업이 표면적으로 지닌 범그리스적 성격과 연결된 공식적인 설명이다. 플루타르코스(*Alexander* 38)와 디오도로스(17.72)는 아테네의 창녀 타이스가 술자리에서 내놓은 제안에 따라 궁전을 불태운 것이라고 전한다. 쿠르티우스의 정확한 연대기에 따르면, 이는 페르세폴리스에서 4개월간의 체류가 끝나갈 즈음인 5월 중반에 일어나 사건이다. 페르세폴리스 파괴에 대해서는 Sir Mortimer Wheeler의 *Flames over Persepolis*나 *Archaeologia Mundi* 시리즈 중 Jean~Louis Hout의 *Persia*(London, 1965) 참조.

페르세폴리스 유적.

렉산드로스와 또 다시 맞붙기로 결정했다는 보고를 받자, 알렉산드로스는 본대를 전투 대형으로 바꾸어 진군하는 한편 짐수레는 경비대와 나머지 짐을 모두 싣고 따르도록 했다.

12일째에 메디아에 도착한 알렉산드로스는 스키타이와 카두시아의 증원군이 다리우스에게 오지 않았으며, 다리우스군은 아직 전투를 감당할 준비가 덜 되었기 때문에 후퇴하기로 했다는 소식을 듣고 진격에 박차를 가했다. 엑바타나에서 사흘 정도 행군했을 때 알렉산드로스는 다리우스의 선왕인 오쿠스의 아들 비스타네스를 만났다. 비스타네스는 다리우스가 이미 닷새 전에 후퇴했음을 알려주었다. 아울러 다리우스가 메디아에서 7000달란트에 달하는 보물을 가져갔고, 전체 병력은 기병 약 3000명과 보병 약 6000명이라는 정보까지 주었다.

엑바타나에서 알렉산드로스는 테살리아 기병대와 그 외의 연합파견대를 해산시키고 에게 해로 돌려보냈다.(알렉산드로스는 이제 동맹 전쟁이 끝났다고 생각했다.) 돌아가는 병사들에게는 약속된 급여를 모두 지급하고 퇴직금으로 2000달란트를 더 얹어주었다. 한편 용병으로 계속 복무하고 싶은 사람은 누구나 급여대장에 등록하도록 했는데, 상당수가 자발적으로 입대했다. 나머지 용병들은 폴리에이데스의 아들 에포킬루스의 지휘 아래 에게 해로 돌아가기로 했다. 메네스에게는 말을 팔아버린 테살리아 병사들을 호위할 기병대를 붙여주었고, 해안에 도착하면 유보이아 섬으로 가는 배편을 마련해주도록 지시했다. 파르메니오에게는 징발한 페르시아의 보물들을 엑바타나의 성채로 옮기고 하르팔루스에게 넘겨 안전하게 보관할 것을 지시했다. 이 보물들을 사수하기 위해 하르팔루스는 마케도니아 병사 6000명, 소수의 경보병, 약간의 기병들과 함께 엑바타나에 주둔하게 되었다.[34] 그 후 파르메니오는 용병대, 트라키아군 그리고 헤타이로이를 제외한 모든 기병대를 이끌고 카두시아를 거쳐 히르카니아로 진군했다. 병에 걸려 수사에 남았던 왕실 기병대 지휘관 클레이토스는 엑바타나에 도착하자마자 보물을 사수하기 위해 남았던 마케도니아 병사들과 함께 파르티아로 출발하도록 했다. 알렉산드로스 자신도 파르티아로 가겠다고 했다.[35]

알렉산드로스는 다리우스라는 목표를 향해 지체 없이 행군을 시작했다. 알렉산드로스의 군은 헤타이로이, 전위 정찰대, 에리기우스가 지휘하는 용병 기병대, 마케도니아 중보병대(보물 사수의 임무를 맡은 병사들을 제외한 전부), 궁수들, 아그리아니아군으로 구성되었다. 그

34 엑바타나에서 모은 보물은 18만 달란트에 이르렀다고 한다.(Diodorus, 17.80; Strabo, 15.3.9)

35 파르메니오는 죽을 때까지 엑바타나에 머물렀다. 짐작컨대 그의 명령들은 철회된 것 같다. 6000명의 보병들은 아리아의 수시아에서 알렉산드로스와 합류한 것으로 보인다.

러나 많은 병사가 행군 속도를 따라잡지 못해 낙오했고 지쳐 쓰러진 말들도 상당히 많았다. 이런 손실을 감수하면서도 알렉산드로스는 속도를 늦추지 않고 달려 11일째에 라가이(카스피 해 관문에서 71킬로미터 떨어진 테헤란에서 동남쪽으로 8킬로미터 더 멀리 위치해 있다)에 도착했다. 이 속도대로 하루만 더 행군하면 카스피 해 관문에 도착할 수 있었다. 그러나 다리우스는 이미 이 관문을 통과한 뒤였다.

다리우스가 후퇴하는 과정에서 많은 병사가 이탈했다. 그들은 고향으로 흩어지기도 했고 알렉산드로스군에게 투항하기도 했다. 이제 알렉산드로스는 다리우스를 따라잡겠다는 기대를 버리고 닷새 동안 쉬었다. 이때 다리우스에게 붙잡혀 수사에 감금되어 있던 옥소다테스라는 페르시아인을 신뢰하여 메디아의 총독으로 임명했다. 이제 알렉산드로스는 파르티아를 향해 나아갔다. 첫날은 카스피 해 관문 가까이에서 행군을 멈추었고, 둘째 날에는 관문을 지나 경작지가 끝날 때까지 계속 나아갔다. 그 너머로는 마을이 없다는 보고에 알렉산드로스는 코이누스에게 일단의 기병들과 소수의 보병들을 인솔하며 식량을 징발해오라고 지시했다.

그때 다리우스군의 주요 인사인 바빌로니아의 귀족 바기스타네스와 마자에우스의 아들 중 한 명인 안티벨루스가 알렉산드로스를 찾아왔다. 알현을 허락받은 두 명은 다리우스와 함께 후퇴했던 기병대의 지휘관 나바르자네스, 박트리아의 태수 베수스, 아라코티아와 드랑기아나의 태수 바르사엔테스가 다리우스를 강제로 잡아두고 있다는 소식을 전했다. 그 말을 듣자 알렉산드로스는 그 어느 때보다 빠른 속도로 행군을 재개했다. 식량을 징발하러 간 코이누스 일행을 기다리지도 않은 채 헤타이로이, 전위정찰대, 경보병대 중에서 정예병들을 선발하여 먼저 출발했다. 크라테루스에게는 다른 병사들을 지휘하여 평소의 속도대로 따라오도록 했다. 무기와 이틀치 식량만을 챙겨 출발한 알렉산드로스는 밤새 행군하여 다음 날 정오가 되어서야 잠시 휴식을 취했다. 이어서 두 번째 철야 행군을 강행하여 동틀 무렵이 되자 바기스타네스가 알렉산드로스를 만나러 오기 전에 머물렀던 진지에 도착했다. 적들은 이미 떠났고 진지는 비어 있었지만 주민들로부터 다리우스가 붙잡힌 상태라는 사실을 확인할 수 있었다. 베수스가 권력을 잡고 있으며 다리우스는 베수스의 통제 아래 덮개 마차에 실려 끌려가는 중이었다. 다리우스의 후퇴에 동행했던 박트리아 기병대와 모든 페르시아인은 베수스에게 왕의 예를 올렸고, 아르타바주스와 다리우스의 아들들 그리고 그리스 용병대는 다리우스에 대한 충성을 저버리지 않았으나 반역 사태를 막지는 못했다. 결국 그들은 베수스와 그를 지지하는 자들로부터 이탈하여 산속으로 숨어들었다. 다리우스를 인질로 잡은 자들은 알렉산드로스가 뒤쫓고 있다면 다리우스를 넘기는 조건으로 협상을 제안할 셈이었다. 그러나 알렉산드로스가 오지 않는다면 가능한 한 많은 병력을 모아 자신들의 권력을 유지하는 데 다리우스를 이용할 생각이었다. 베수스는 다리우스의 친척인 데다 이렇듯 대담한 반역이 자신이 다스리는 지역에서 벌어졌기 때문에 당분간은 총지휘를 맡게 되었다.

이 소식을 듣자 알렉산드로스는 더욱 추격의 고삐를 죄기로 굳혔다. 부하들과 말들은 과도한 행군에 지칠 대로 지쳐 있었지만 알렉산드로스는 멈추지 않았다. 그리하여 그날 밤과 다음 날 오전까지 상당한 거리를 내달린 끝에 정오 무렵 다리우스와 그 일행이 전날 머물렀던 마을에 도착했다. 그들이 밤에도 계속 이동할 것이라는 정보를 입수한 알렉산드로스는 마을 사람들에게 그들을 따라잡을 수 있는 지름길을 물었다. 주민들은 지름길은 있지만 사람이 살지 않는 황무지인 데다 물도 구할 수 없다고 했다. 알렉산드로스는 당장 그 길을 안내하라고 명령했다.

알렉산드로스는 보병들이 행군 속도를 당해낼 수 없음을 헤아려 보병대와 그 외의 부대 장교들 중에서 가장 강인하고 건강한 장교 500여 명을 뽑아 무장시킨 후 기병들의 말을 타고 따르도록 했다. 그리고 각각 근위대와 아그리아니아군을 지휘하는 니카노르와 아탈루스에게는 가능한 한 가볍게 무장하여 베수스 무리가 지나간 길로 따라오도록 지시하고, 남은 보병들은 기본 대형으로 따르도록 했다. 알렉산드로스 자신은 땅거미가 질 무렵 출발하여 밤새 약 80킬로미터를 달린 끝에 날이 샐 무렵 페르시아군이 보이는 지점에 도착했다. 페르시아군은 무장도 하지 않은 채 흐트러진 대형으로 행군하고 있었다. 알렉산드로스가 나타났을 때 저항하는 자들은 소수였고, 대부분은 달아나기 급급했다. 그나마 대적하려던 자들도 몇 명이 죽는 것을 보더니 꽁무니를 뺐다. 베수스와 그 일당은 다리우스를 마차에 태운 채 달아나려 했다. 그러나 알렉산드로스가 바짝 따라오자 나바르자네스와 바르사엔테스는 다리우스를 칼로 찌른 뒤 그 자리에 버려두고는 600명의 기병대와 함께 달아났다. 치명상을 입은 다리우스는 알렉산드로스가 도착하기 전에 숨을 거두었다.[36]

알렉산드로스는 다리우스의 시체를 페르세폴리스로 보내어 선왕들의 왕릉에 함께 묻히도록 했다.[37] 그리고 이집트를 알렉산드로스에게 넘겨준 마자케스 무리의 일원인 암미나페스라는 파르티아인

---

36 다리우스는 담간 혹은 샤루드 근방에서 살해되었다. 알렉산드로스는 카스피 관문에서 약 378~450킬로미터에 이르는 거리를 불과 일주일 만에 주파했다. 더욱이 대부분 사막인 지역을 한여름에 그 속도로 통과한 것이다.

을 파르티아와 히르카니아의 총독으로 임명했다. 또한 헤타이로이 소속인 피토파네스의 아들 틀레폴레무스에게 암미나페스를 도와 두 지방의 현황을 감독하게 했다.

다리우스는 이렇게 최후를 맞았다. 그는 아리스토폰이 아테네의 집정관이던 해 7월(기원전 330년)에 사망했다. 다리우스는 군사 분야에서는 나약하고 무능했으나 다른 분야에서는 처신이 나쁘지 않았고 온건했다. 그러나 사실은 마케도니아와 그리스 연합군이 페르시아에 선전포고를 했을 당시 재위했기 때문에 폭군 노릇을 할 기회가 없었다고 보는 편이 맞을 것이다. 설령 폭정을 누리고 싶었더라도 자신이 부하들보다 더 위험한 처지였으므로 동양의 폭군들이 흔히 그러하듯 부하들을 잔혹하게 대할 수는 없었을 것이다. 즉위 이후로 다리우스의 삶은 끊이지 않는 재난의 연속이었다. 재위 초반 그라니코스 전투에서 태수들과 기병대가 패배하더니 곧이어 이오니아, 아이올리스, 두 개의 프리기아, 리디아 그리고 할리카르나소스를 제외한 카리아 전체를 잃었다. 얼마 지나지 않아 할리카르나소스 역시 넘어갔고 킬리키아까지 해안 지역 전체를 잃었다. 그다음에는 자신이 벌인 이수스 싸움에서 패배했고 어머니, 아내, 자녀들이 적에게 포로로 잡히는 통한을 겪어야 했다. 뒤이어 페니키아와 이집트를 잃은 데다 아르벨라(가우가멜라의 다른 명칭)에서 참패하여 도피하는 수치를 겪었다. 이로써 동방 전체에서 가장 강한 군대는 붕괴되었고, 자신이 한때 다스렸던 땅에서 도망 다니는 처지가 되었다. 결국은 호위대의 배신으로 인해 예전의 영광을 잃고 쇠사슬에 묶인 채 치욕적으로 끌려 다니다가 가장 극진히 모셔야 할 자들의 손에 죽고 말았다. 다

37 왕릉에 대해서는 Diodorus, 17.71.2 참조.

리우스는 이와 같은 불행한 삶을 살았다. 그나마 죽은 뒤에는 운이 좋았다. 알렉산드로스는 다리우스를 왕릉에 묻어주었고, 그의 자식들은 부친이 왕좌에 있을 때와 다름없이 교육을 계속 받을 수 있도록 대우했으며, 다리우스의 딸(보통 스타테이라라고 불리는 바르시네)을 자신의 아내로 삼았다. 최후를 맞았을 무렵 다리우스의 나이는 50세 정도였다.

다리우스를 쫓는 동안 뒤에 남겨졌던 부대들이 합류하자 알렉산드로스는 박트리아로 가는 길 왼쪽에 위치한 히르카니아로 진군했다. 히르카니아의 한쪽에는 높고 우거진 산들이, 다른 쪽에는 카스피 해까지 달하는 평원이 펼쳐져 있었다. 알렉산드로스가 이쪽을 택한 데는 다리우스의 용병대가 타푸리아의 산들로 달아나면서 이 길로 접어들었다는 보고를 받았기 때문이기도 하지만 타푸리아를 정복하려는 작정도 있었다. 알렉산드로스는 군대를 세 부대로 나눈 후, 가장 규모가 크고 기동성이 뛰어난 부대를 직접 통솔하여 가깝지만 험한 길로 진군했다. 그리고 크라테루스가 이끄는 부대와 아민타스의 파견대, 일부 궁수부대, 소수의 기병들에게는 타푸리아를 장악하라고 명령했고, 에리기우스에게는 용병대와 나머지 기병대 그리고 비전투 부대와 짐수레와 동물들을 이끌고 평탄한 길로 우회하라고 지시했다.

첫 번째 산등성이를 넘자 알렉산드로스는 호위대와 일부 궁수들과 마케도니아 보병대 중에서 가장 기동성이 뛰어난 병사들과 함께 진군했다. 길은 험하고 가팔랐다. 알렉산드로스는 위험해 보이는 곳에 일부 병사들을 남겨둠으로써 뒤따라오는 병사들이 산속에 숨어 있을 적으로부터 습격당하지 않도록 조치했다. 자신은 궁수들을 데리고 고개를 넘은 뒤 작은 강이 흐르는 평지에 진을 쳤다.

알렉산드로스가 그곳에 머무르는 동안 다리우스의 기병대 지휘관 나바르자네스, 히르카니아와 파르티아의 태수 프라타페르네스, 그 외에 페르시아의 고위 인사들이 찾아와 항복했다. 알렉산드로스는 이곳에서 나흘간 머무르며 뒤쳐졌던 부하들과 합류했다. 대부분의 부대는 안전하게 당도했지만 후위에 있던 아그리아니아군은 산간 부족의 공격을 받았다. 그러나 뛰어난 원거리 전투 능력으로 적군을 격퇴시켰다.

다시 행군을 시작한 알렉산드로스는 이제 히르카니아의 자드라카르타(현대의 고르간)라는 도시로 진군했고 이곳에서 크라테루스가 이끄는 부대와 합류했다. 알렉산드로스군은 다리우스의 용병대와 맞붙는 일 없이 거쳐가는 모든 지역을 무력으로 혹은 항복으로써 접수했다. 에리기우스도 짐수레와 동물들, 장비를 이끌고 이곳으로 달려와 합류했다. 이후 아르타바주스가 세 아들(코펜, 아리오바르자네스, 아르사메스)과 함께 알렉산드로스에게 투항했고 다리우스 밑에서 복무했던 용병대의 대표단과 타푸리아의 태수 아우토프라다테스도 더불어 항복했다. 알렉산드로스는 아우토프라다테스가 계속 태수 자리를 유지하도록 해주었고, 아르타바주스와 아들들은 직위가 높고 다리우스에게 충절을 지켰다는 점을 고려하여 알렉산드로스 가까이에서 수행하도록 하고 그에 걸맞은 예우를 해주었다. 그리스 사절단은 전쟁포로가 된 그리스 용병들의 처우에 관한 협상을 원했다. 그러나 고국을 배신하고 페르시아를 위해 싸운 그리스 병사들은 범죄자와 다름없으며 그리스인의 결의에 어긋나는 행동을 했다는 사실을 근거로 사절단의 요청을 단호히 거절했다. 오히려 알렉산드로스는 용병들을 자기 뜻대로 처리할 수 있도록 넘겨줄 것을 요구하면서, 용병들이 스스로의 목숨을 지키기 위해 자신과의 대결을 원한다면 받아주겠다고도 했다. 사절단은 할 수 없이 포로들을 안전하게 데려올 장교를 배정해달라는 조건만 제시한 채 전자를 택했다. 포로의 수는 약 1500명으로 추정되었다. 알렉산드로스는 아르타바주스와 아게르후스의 아들 안드로니쿠스를 보냈다.

알렉산드로스는 이제 마르디아로 행군했다. 근위대, 궁수들, 아그리아니아군, 코이누스와 아민타스의 대대, 헤타이로이의 절반 그리고 최근에 구성한 창기병 여단이 함께했다. 알렉산드로스는 마르디아 지역을 대부분 침략하여 초토화했고, 주민들은 참변을 피할 수 없었다. 달아난 주민들도 있었지만 대다수는 저항하려다 죽거나 포로가 되었다. 원래 마르디아 사람들은 알렉산드로스의 공격을 두려워하지 않았다. 지형이 험한 곳에서 빈곤하게 살아가고 있었지만 그들은 강건한 전사들이어서 오랫동안 침략을 당한 적이 없었던 것이다. 게다가 알렉산드로스가 이미 마르디아를 지나갔다고 잘못 판단한 바람에 경계를 소홀히 하여 허를 찔리고 말았다. 가파른 산으로 달아난 마르디아인들은 알렉산드로스가 이곳까지 쫓아올 리 없다고 확신했으나 산에 나타난 알렉산드로스를 발견하자 무조건 굴복했다. 알렉산드로스는 항복을 전하러 온 대표들을 돌려보내고 아우토프라다테스에게 타푸리아와 이 지역의 총독을 겸하게 했다.

알렉산드로스가 마르디아 원정을 마치고 출발지로 돌아오자 포로가 된 그리스 용병들이 기다리고 있었다. 아테네의 드로피데스와 스파르타의 칼리크라티다스, 파우시푸스, 모니무스, 오노마스(다리우스의 궁으로 가던 그리스 사절들)도 와 있었다. 이들은 모두 억류되었다. 그러나 시노페는 코린트 동맹국이 아닌 페르시아의 속국이었으므로 페르시아의 왕에게 사절을 보낼 수밖에 없었다는 점을 감안하여 시노페의 사절단은 돌려보냈다. 다른 그리스인들 중에서도 마케도니아와 평화·동맹 관계를 맺기 전에 페르시아군에서 복무한 사람들과 칼케돈의 대표 헤라클레이데스는 풀어주었다. 나머지 용병들은 페르시아군과 같은 급여로 알렉산드로스 밑에서 복무할 것을 명령했다. 또 알렉산드로스는 이 용병들을 데려왔으며 부하들의 안전이 제일 중요하다는 생각을 분명히 밝힌 안드로니쿠스를 지휘관으로 임명했다.

이 일이 마무리되자 알렉산드로스는 히르카니아의 수도이자 왕궁이 있는 자드라카르타로 향했다. 알렉산드로스는 자드라카르타에서 15일간 머물며 관습에 따라 신에게 제사를 올리고 운동경기를 열었다. 그런 뒤 파르티아를 거쳐 아리아 국경으로 향했다. 이때 아리아의 수시아(아마도 메셰드일 것이다)라는 도시에서 태수 사티바르자네스가 알렉산드로스를 찾아왔다. 알렉산드로스는 사티바르자네스에게 계속 태수의 직을 맡기는 한편 지나가는 군대들이 아리아 주민을 괴롭히지 못하도록 헤타이로이의 일원인 아낙시푸스와 40여 명의 창기병들을 함께 파견하여 수비토록 했다.

이 무렵 몇몇 페르시아인이 찾아와서는 베수스가 스스로를 아시아의 왕으로 천명했다는 소식을 전했다. 베수스는 왕의 망토를 두르고 터번도 윗부분이 수직이 되도록 착용하여 왕의 상징을 드러냈을 뿐만 아니라 이름까지 아르타크세르크세스로 바꾸었다. 그는 이미 박트리아로 도망쳤던 페르시아 병사들과 상당한 수의 박트리아군을 모은 데다 스키타이로부터 증원군을 기대하고 있었다. 알렉산드로스는 재집결한 전군을 이끌고 당장 박트리아로 진군했다. 메넬라우스의 아들 필리포스는 자신이 지휘하는 용병 기병대와 테살리아의 지원병들, 안드로마쿠스의 외국 파견대를 이끌고 메디아에서 바쿠스로 와서 알렉산드로스의 부대에 합류했다. 근위대 지휘관인 파르메니오의 아들 니카노르는 병에 걸려 세상을 떠난 뒤였다.

박트리아(자리아스파Zariaspa라고도 불렸다. 자라아스파는 현대의 발흐Balkh 지역)로 가는 길에 아리아의 태수 사티바르자네스가 아낙시푸스와 그의 부하 40명을 모두 죽였다는 소식이 입수되었다. 사티바르자네스는 무장한 아리아인들을 아르타코아나(궁이 있는 도시)에 집결시킨 뒤 알렉산드로스가 멀리 떨어져 있다는 사실을 확인하자마자 휘하의 군대를 이끌고 바로 베수스에게 달려갔고, 기회가 있을 때마다 마케도니아군에 대한 공격을 지원하기로 결정했다. 이 사실을 보고받은 알렉산드로스는 계획을 변경하여 크라테루스를 남겨둔 채 헤타이로이, 창기병, 궁수들, 아그리아니아군, 아민타스와 코이누스의 연대를 이끌고 사티바르자네스와 아리아인들을 향해 전속력으로 달렸다. 그리고 이틀 만에 약 120킬로미터를 주파하여 아르타코아나에 도착했다.

알렉산드로스가 돌진 중이라는 소식을 들은 사티바르자네스는 그토록 빠른 진격 속도에 깜짝 놀라 서둘러 달아났다. 이 와중에 다소의 기병들을 제외한 대부분의 병사들은 사티바르자네스를 버리고 달아나버렸다. 추격에 성공한 알렉산드로스는 반란에 관여했거나 반란이 일어났을 때 마을을 떠난 사람들을 끝까지 색출하여 죽이거나 노예로 팔아버렸다. 그리고 페르시아인인 아르사케스를 아리아 총독으로 임명했다.

다시금 크라테루스 휘하에 남겨두었던 부대와 합류한 알렉산드로스는 궁전이 있는 자랑기아(아리아노스는 이 지역을 '드랑기아나'라고도 불렀다. 자랑기아는 아라코티아 서쪽에 있었다)에 도착했다. 이 지역은 다리우스를 끌고 달아나다가 다리우스에게 치명상을 입힌 반역자들 가운데 한 명인 바르사엔테스가 다스리고 있었다. 알렉산드로스가 오고 있다는 소식을 들은 바르사엔테스는 인더스 강 서쪽의 인도인들에게 피신했으나 인도인들은 오히려 그를 체포해 알렉산드로스에게 보냈다. 그는 다리우스에게 반역한 죄로 처형되었다.

이곳에서 알렉산드로스는 필로타스의 반역 음모를 알게 되었다.[38] 프톨레마이오스와 아리스토불루스에 따르면, 알렉산드로스는 이미 이집트에서 이 음모에 대해 보고받았지만 믿지 않았다.[39] 알렉산드로스는 오랜 친구인 필로타스를 믿었기에 그의 아버지 파르메니오에게도 최고 지위를 내렸다. 이 사건에 관한 프톨레마이오스의 진술은 다음과 같다. 필로타스는 마케도니아인들 앞에서 재판을 받았다. 알렉산드로스는 단호히 혐의를 추궁했고 필로타스는 항변했다. 그러자 음모를 폭로한 사람들이 등장하여 필로타스와 공모자들의 죄에 대해 반박할 수 없는 증거들을 제시했다. 가장 결정적인 사실은 필로타스가 반역 음모를 알고 있었으며, 하루에 두 번씩 알렉산드로스의 막사를 드나들면서도 이 사실을 전하지 않았음을 스스로 인정한 것이었다.[40] 필로타스는 창에 찔려 처형되었고[41] 음모에 연루된 다른 사람들도 같은 운명을 맞았다. 파르메니오 역시 죽음을 피할 수 없었다. 알렉산드로스는 헤타이로이 소속인 폴리다마스를 메디아로

---

38 프라다에서 벌어진 일이다. 프라다에서 음모가 발각된 일과 관련해 프라다는 나중에 '예측'이란 뜻의 프로프타시아Prophthasia라고 불리게 되었다. 필로타스의 음모 혐의에 대해서는 Plutarch, *Alexander* 48~9, Diodorus, 17.79. 1~80.2, Curtius, 6.7~11 참조. 모두 필로타스를 고문하여 자백을 받아냈다고 진술했다.

39 플루타르코스에 따르면 알렉산드로스는 필로타스의 정부인 안티고네로 하여금 필로타스가 했던 말을 보고하게 했다.

40 케발리누스라는 마케도니아인이 왕에게 전할 중요한 정보가 있다고 주장했는데 필로타스는 그가 알렉산드로스와 만날 자리를 마련해줄 기회를 두 번 놓쳤다. 사실 필로타스에게 불리한 증거는 이것뿐이었다. 그런데 알고 보니 그 정보가 알렉산드로스에 대한 반역 음모와 관련된 것이었다.

41 혹은 돌에 맞아 죽었다.(Curtius, 6.11.38)

보내 파르메니오가 지휘하는 군의 장교들인 클레안데르, 시탈케스, 메니다스에게 편지를 전했고, 파르메니오는 이 세 명의 손에 처형되었다.[42]

파르메니오의 죽음은 아들의 음모와 관련이 없다는 그의 주장을 알렉산드로스가 믿지 못한 결과일 것이다. 그러나 그의 결백을 인정한다 해도 아들을 처형하고 파르메니오를 살려두는 것은 위험한 일이었다. 왜냐하면 파르메니오는 명망 높은 인물이며 알렉산드로스와 맞먹는 지대한 영향력을 군 전체에 끼쳐왔기 때문이다. 마케도니아 부대들은 말할 것도 없고, 종종 알렉산드로스의 명령이나 승인을 받아 특수 임무나 일반 업무를 함께 수행했던 용병들에게도 마찬가지였다.[43]

필로타스와 가까운 사이였던 안드로메네스의 아들 아민타스와 그의 형제들인 폴레몬, 아탈루스, 심미아스도 반역 음모에 연루되어 모두 재판에 회부된 것으로 전해진다.[44] 필로타스가 체포되었을 때 폴레몬이 페르시아 쪽으로 달아났기 때문에 사람들은 대부분 이 형제들이 반역에 관여했다고 믿었다. 그러나 두 형제와 함께 재판정에 선 아민타스는 강경한 변론을 펼쳐 무죄를 선고받았고, 그 즉시 폴레몬을 찾아서 데려올 수 있게 해달라며 왕께 허락을 구했다. 허락이 떨어지자 곧바로 출발한 아민타스는 폴레몬과 함께 돌아왔다. 이 일은 아민타스의 무죄를 증명하는 또 다른 강력한 증거가 되었다. 그러나 얼마 지나지 않아 아민타스는 어떤 마을을 포위공격하던 중 화살

---

42 세부사항은 Curtius, 7.2.11~35 참조.

43 특히 테살리아 기병대가 파르메니오의 지휘를 많이 받았다. 그중 파르살루스 기병대대는 알렉산드로스의 왕실 기병대대에 해당되었다.

44 아민타스의 재판에 관해서는 Curtius, 7.1.10~2.10 참조.

에 맞아 죽었다. 결국 무죄 선고로 인해 아민타스가 얻은 것은 불명예스러운 죽음을 맞지 않았다는 것뿐이었다.

이런 사건들이 일어나자 알렉산드로스는 헤타이로이를 두 개 사단으로 나누고 아민토르의 아들 헤파이스티온과 드로피데스의 아들 클레이토스(그라니코스 전투에서 알렉산드로스의 목숨을 구했던 '검은 장군' 클레이토스)에게 각각 지휘를 맡겼다. 이 정도 규모의 기병대를 (친한 친구라 하더라도) 한 명에게만 맡기는 것은 바람직하지 않다고 판단한 것이다. 특히 헤타이로이는 알렉산드로스의 기병대 중에서 가장 유명하고 강했기 때문에 더욱 그럴 필요가 있었다. 그 후 알렉산드로스는 아리아스피아 족(이 부족은 스키타이 원정을 떠난 캄비세스의 아들 키루스를 도운 공로로 '은인들'로 불렸다)의 땅으로 진군했다. 아리아스피아 족은 모든 예를 갖추어 알렉산드로스를 맞았고, 알렉산드로스도 이들을 예우했다. 아리아스피아 족은 예전에 키루스를 지원한 적이 있는 데다 이 부족의 정치제도가 그 일대의 다른 부족보다 남다른 데가 있다고 보았기 때문이다. 우수한 그리스인들처럼 아리아스피아 족은 옳고 그름을 제대로 구별할 줄 아는 부족으로, 알렉산드로스는 이들에게 자유를 허용하고 원하는 만큼 영토를 주겠다고 제안했지만 아리아스피아 족은 작은 규모의 땅을 원했다.

알렉산드로스는 이곳에서 아폴로에게 제사를 올렸다. 그리고 필로타스의 음모에 가담한 혐의로 데메트리우스라는 호위병을 체포하고 라구스의 아들 프톨레마이오스를 그 자리에 임명했다.

상황이 안정되자 알렉산드로스는 다시 박트리아에 있는 베수스를 찾아 진격했다. 이 과정에서 그는 드랑기아나, 게드로시아, 아라코티아를 제압하고 메논을 아라코티아 총독으로 임명했다. 그리고 주변 지역에 사는 인도 부족들까지 정벌하러 나섰는데, 쌓인 눈을 헤치고 행군하느라 병사들은 극심한 피로와 물자 부족에 시달렸다.

그 무렵 사티바르자네스가 베수스로부터 지원받은 기병 2000명을 이끌고 아리아로 돌아오자 아리아인들이 다시 반란을 일으켰다는 보고가 들어왔다. 알렉산드로스는 페르시아의 장교 아르타바주스와 헤타이로이 소속인 에리기우스, 카라누스를 아리아로 파견했다. 또한 파르티아의 태수 프라타페르네스에게도 이들을 도와 아리아인들을 처리할 것을 지시했다. 에리기우스와 카라누스의 병사들은 사티바르자네스의 부대를 공격했고, 에리기우스와 육탄전을 벌이던 사티바르자네스가 얼굴에 창을 맞고 죽자 전의를 상실한 페르시아군은 부랴부랴 달아났다.

이제 알렉산드로스는 인도 캅카스 산맥으로 향했다.[45] 알렉산드로스는 이곳에 도시를 세우고 알렉산드리아라고 이름 붙였다. 그리고 전통적인 종교의식을 올린 뒤 산맥을 넘었다. 이 지역의 총독으로 프로엑세스라는 페르시아인을 임명하고 헤타이로이 소속이자 사티루스의 아들 네일록세누스를 주둔시켜 감독관 임무를 맡겼다.

아리스토불루스에 따르면 인도 캅카스 산맥은 아시아의 웬만한 산맥보다 높으며 알렉산드로스가 넘어간 지대는 대부분 황량하기까지 했다. 또한 산맥이 매우 멀리 뻗어 있어서 킬리키아와 팜필리아의 경계를 이루는 타우루스 산맥이 이 산맥의 일부로 여겨질 정도였다. 또한 지역에 따라 이름이 다른 큰 산들을 품고 있었다. (아리스토불루스의 말을 한 번 더 인용하자면) 이 산맥은 실피움과 테레빈나무 외에

---

45 아리아노스가 말한 '인도 캅카스' 산맥은 힌두쿠시 산맥을 뜻한다. Strabo, 11.8.1. 비교. 이 도시는 일반적으로 '캅카스의 알렉산드리아'라고 불렸으며 아마도 카불에서 동북쪽으로 40킬로미터쯤 떨어진 베그람에 세워졌을 것이다.

다른 식물들을 볼 수 없을 만큼 척박했다. 그럼에도 불구하고 적지 않은 거주민들이 살았으며 많은 양과 소가 풀을 뜯고 있었다. 실피움을 좋아하는 양들은 실피움 냄새를 잘 맡아서 먼 곳에 자라는 실피움을 뜯어먹었고 심지어 뿌리째 뽑아 먹기도 했다. 이에 따라 키레네 사람들은 양떼를 실피움이 자라는 곳으로부터 되도록 멀리 떼어 두었으며, 때로는 양들이 접근하지 못하도록 울타리를 세우기도 했다. 실피움은 그만큼 그들에게 소중한 식물이었다.(실피움은 키레네의 동전에 새겨져 있다.)

베수스는 알렉산드로스의 진군을 막기 위해 전력을 다했다. 베수스에게는 다리우스를 체포하는 데 가담했던 페르시아인들 외에도 박트리아군과 타나이스 강 안쪽에 사는 다에군 7000여 명을 보유하고 있었다. 그는 이들을 이끌고 진군하면서 캅카스 산맥 기슭 주변의 땅을 초토화했다. 자신과 알렉산드로스 사이에 있는 지역들의 농작물과 식량을 없애버리면 물자가 부족한 알렉산드로스군이 진군하지 못하리라 판단한 것이다. 그러나 그것은 헛된 기대였다. 알렉산드로스는 모든 고난에도 불구하고 계속 전진했다. 쌓인 눈과 부족한 물자도 그를 멈추게 하지 못했다.

알렉산드로스가 지척에 접근했다는 보고를 받은 베수스는 배를 타고 옥수스 강을 건넜다. 그런 뒤 배를 불태우고 소그디아나의 나우타카로 후퇴했다. 스피타메네스와 옥시아르테스의 병사들, 소그디아나 기병대, 타나이스 강 부근에서 온 다에군도 퇴각했다. 박트리아 기병대는 베수스가 교전을 피하기로 한 것을 확인하자 고향으로 흩어졌다.

알렉산드로스는 드랍사카에서 잠시 행군을 멈추고 병사들에게 휴식을 취하게 한 뒤, 다시 박트리아의 주요 도시인 아오르노스와 박트리아로 향했다. 두 도시 모두 저항 없이 항복했다.[46] 알렉산드로스는 헤타이로이 소속인 안드로클레스의 아들 아르켈라오스가 지휘하는 수비대를 아오르노스에 남겼다. 박트리아의 나머지 지역에서도 거의 저항이 없었고, 페르시아의 장교 아르타바주스가 이 지역의 총독으로 임명되었다. 알렉산드로스의 다음 목표는 옥수스 강이었다.

인도 캅카스 산맥에서 발원하여 히르카니아에서 카스피 해로 흘러드는 옥수스 강은 세계에서 가장 큰 인도의 강들을 제외할 때 알렉산드로스군이 아시아에서 만난 가장 거대한 강이었다.(옥수스 강, 즉 아무다리야 강은 아랄 해로 흘러든다. 아리아노스는 잘못 알고 있었다.) 강물의 폭이 약 1200미터에 이르는 데다 수심은 강폭으로 짐작할 수 있는 것보다 훨씬 더 깊어서 도저히 건널 수 없어 보였다. 더욱이 물살도 빠르고 강바닥이 모래로 되어 있어 말뚝을 박기도 어려웠다. 부드러운 모래바닥에는 말뚝을 단단히 고정할 수 없었고, 말뚝을 세워봤자 거센 물살에 금세 흔들렸기 때문이다. 설상가상으로 목재도 부족했고, 목재를 구하러 먼 곳까지 나간다면 많은 시간이 허비될 수밖에 없었다. 알렉산드로스는 천막으로 쓰는 가죽들을 모아 나무껍질과 마른 짚 따위를 채워 묶은 다음 물이 새지 않도록 꼼꼼히 꿰매라고 지시했다.(이것은 기원전 335년 다뉴브 강에서 썼던 방법이다.) 지시에 따라 가죽 안을 채우고 꿰매자 닷새 만에 전군이 강을 건널 수 있는 배가 완성되었다.

강을 건너기에 앞서 알렉산드로스는 더 이상 전투가 어려운 마케도니아 병사들과 군에 남았던 테살리아 지원병들을 모두 고향으로

---

46 다른 두 도시는 각각 현대의 쿤두즈와 타슈쿠르간이다. 알렉산드로스는 해발 3536미터의 하와크 고개를 지나 힌두쿠시 산맥을 넘었다.

돌려보냈다. 그리고 헤타이로이 소속인 스타사노르를 아리아로 보내 태수 아르사케스를 반역 혐의로 체포하고 그 자리를 위임했다.

강을 건넌 뒤에는 베수스가 머물고 있는 것으로 확인된 지역을 향해 전속력으로 진군했다. 한편 스피타메네스와 다타페르네스로부터 병사들과 지휘관을 보내주면 베수스를 체포하여 넘겨주겠다는 전갈을 받았다. 사실 그들은 이미 베수스를 체포한 상태였다. 이 전갈을 받은 알렉산드로스는 진군 속도를 늦추고 간간이 쉬기도 했다. 그에 앞서 라구스의 아들 프톨레마이오스를 스피타메네스와 다타페르네스에게 파견했다. 프톨레마이오스는 헤타이로이 3개 연대, 창기병 전체, 필로타스의 보병 대대, 근위대 1개 연대, 아그리아니아군 전체, 궁수들의 절반을 이끌고 출발했다. 열흘 거리를 나흘 만에 주파한 프톨레마이오스는 스피타메네스의 부하들이 하루 전에 야영했던 곳에 도착했다. 그리고 다타페르네스와 스피타메네스가 베수스를 양도하는 문제를 아직 결정하지 못했음을 파악했다. 프톨레마이오스는 보병들에게 행군 대형으로 따라오도록 한 뒤 먼저 기병대를 데리고 베수스와 소수의 병사들이 있는 마을로 달려갔다. 그러나 베수스를 배신한 것에 양심의 가책을 느낀 스피타네메스와 부하들은 이미 마을을 떠난 뒤였다.

그 작은 마을은 외벽 안쪽에 입구를 만들어 거의 요새화된 곳이었다. 프톨레마이오스는 기병들로 마을을 봉쇄한 뒤, 내부의 페르시아인들에게 베수스를 내주면 안전을 보장하겠다고 선포했다. 결국 페르시아인들은 문을 열어 프톨레마이오스에게 베수스를 넘겨주었고, 프톨레마이오스는 베수스를 생포하여 귀환할 수 있게 되었다. 그는 일단 알렉산드로스에게 전령을 보내어 베수스를 어떤 방식으로 끌고 갈지를 타진했고, 알렉산드로스는 베수스를 발가벗겨서 목줄을 맨 채 끌고 와서 자신과 군이 지나갈 길의 오른쪽에 세워놓으라고 지시했다. 프톨레마이오스는 지시에 따랐다. 베수스를 본 알렉산드로스는 전차를 세운 뒤, 어째서 주군이자 친지이며 은인인 다리우스를 치욕스럽게 사슬로 묶어 끌고 다니다가 살해했는지 물었다. 베수스는 자기 혼자만의 결정이 아니라 당시 다리우스의 측근들과 함께 공모한 일이었으며, 그런 짓을 저지른 이유는 알렉산드로스의 호의를 얻어 목숨을 부지하기 위해서였다고 대답했다. 그러자 알렉산드로스는 베수스를 매질하라고 명령했다. 채찍을 내리칠 때마다 포고관은 베수스에게 비난을 퍼부었다. 이런 굴욕적인 처벌을 받은 뒤 베수스는 박트리아로 송환되어 처형당했다.

이러한 이야기는 프톨레마이오스가 전한 것이다. 한편 아리스토불루스는 베수스를 끌고 온 인물은 프톨레마이오스가 아니며, 스피타메네스와 다타페르네스가 직접 알렉산드로스에게 넘겼다고 전한다. 베수스를 발가벗기고 목줄을 묶었다는 세부 내용은 일치한다.

캅카스 산맥을 오르고 옥수스 강까지 이르는 과정에서 마케도니아군은 많은 말을 잃은 상태였다. 이에 따라 알렉산드로스는 주변 지역에서 새 말들을 구해 기병대를 강화한 뒤 소그디아나의 수도인 마라칸다(현대의 사마르칸트)로 향했다. 그리고 다시 타나이스 강으로 나아갔다. 타나이스 강(아리스토불루스에 따르면 이 지역 사람들은 오렉사르테스 강, 즉 약사르테스 강이라고 불렀다)은 옥수스 강과 마찬가지로 인도 캅카스 산맥에서 발원해 카스피 해로 흘러든다. 역사가 헤로도토스는 타나이스 강이 스키타이 땅에서 여덟 번째로 큰 강이며 큰 호수에서 발원하여 마이오티스라는 더 큰 호수로 흘러든다고 설명한 적이 있는데, 알렉산드로스가 향한 강은 헤로도토스가 말한 타나이스 강이 아닐 것이다. 다른 어떤 이들은 타나이스 강이 아시아와 유럽의 경계라고 여기고 있다. 가데이라와 리비아 유목민들이 사는 지역 사이의 해협이 리비아와 유럽을 가르고, 나일 강이 리비아와 나머지 아시아 지역을 가른다고 생각하는 것처럼, 흑해 부근에서 마이오티스 호수로 흘러드는 강이 실제로 아시아와 유럽을 나눈다고 생각한 것이다.[47]

이 강(타나이스 강 혹은 약사르테스 강이라고 부르자) 유역에서 마케도니아 병사 한 무리가 식량을 구하러 나갔다가 지역의 부족들에게 처참하게 살해당하는 사건이 벌어졌다. 3만 명 규모의 부족민들은 병사들을 공격한 후 사방이 절벽으로 된 가파른 산속의 진지로 숨어버렸다. 알렉산드로스는 가장 기동성이 뛰어난 병사들을 이끌고 공격에 나섰다. 마케도니아 병사들은 깎아지른 오르막에 거점을 마련하려고 애썼지만 투척 무기 공격에 후퇴할 수밖에 없었다. 이 과정에서 많은 병사가 다쳤고 알렉산드로스도 다리에 화살을 맞아 종아리뼈가 부러졌다. 그러나 알렉산드로스는 위기를 극복하고 마침내 진지를 점령했다. 적들은 알렉산드로스군의 칼에 찔려 죽기도 했지만 낭떠러지 밑으로 몸을 던져 죽은 자들도 많았다. 3만 명 가운데 살아서 도망친 자들은 많아야 8000명이었다.

---

47 헤로도토스(4.45.57)가 말한 타나이스 강은 돈 강이고, 마이오티스 호수는 아조프 해를 뜻한다. 알렉산드로스와 부하들은 약사르테스 강을 타나이스 강과 동일시했는데(Plutarch, *Alexander* 45.5), 스트라보(11.7.4)는 이렇게 두 강을 동일시한 것에 대해 알렉산드로스가 아시아 전체를 정복했음을 증명하기 위한 '전략'이라고 보았다. 가데이라는 현재 카디스로 불린다. 고대의 많은 저자와 마찬가지로 아리아노스는 리비아를 아시아의 일부로 생각했다.

The Campaigns of Alexander

4권

알렉산드로스가 외쳤다. "나는 이름뿐인 왕인가? 쇠사슬에 묶여 베수스와 그 무리들에게 끌려 다니던 다리우스와 같은 신세가 된 건가?" 이제 아무도 그를 말릴 수 없었다. 알렉산드로스는 벌떡 일어나서 근위병의 창을 낚아챈 뒤 클레이토스를 찌르고 말았다.

이러한 일들이 발생하고 나서 며칠 뒤, 아비안 스키타이라 불리는 부족(덧붙이자면 호메로스는 이 부족에 대해 인류 가운데 가장 공정하다고 호의적으로 말했다)이 사절단을 보냈다.[1] 아시아계의 이 부족이 독립을 유지할 수 있었던 것은 무엇보다 가난과 공정한 행동 덕분이었다. 유럽계 스키타이 족 가운데 가장 많은 수를 자랑하는 스키타이 족도 사절단을 보내왔다. 이에 알렉산드로스는 헤타이로이의 일부 장교들을 사절단과 함께 보냈다. 표면적인 이유는 정식 우호 조약을 맺기 위해서였지만 진짜 목적은 지리상의 특성, 관습, 인구, 군사 장비 등 스키타이에 관한 정보를 입수하기 위해서였다.

알렉산드로스는 타나이스 강 유역에 도시를 건설하고 자기 이름을 붙일 계획이었다.('가장 먼 알렉산드리아'라는 뜻의 알렉산드리아 에스카테, 지금의 후잔트.) 이곳에 도시를 세우면 크고 중요한 도시로 번창할 것이라는 판단과 더불어 앞으로 있을지 모를 스키타이 침략의 훌

---

1 *Iliad*, 13.6.

륭한 거점이자 강 너머에 거주하는 부족들의 침략을 방어할 진지로 삼을 생각이었다. 많은 거주민과 더불어 알렉산드리아라는 이름에 빛나는 명성은 향후 이 새로운 정착지를 대도시로 변모시키리라 믿어 의심치 않았다.

그러나 타나이스 강 유역의 부족들은 공격을 택했다. 이들은 자기 도시에 주둔해 있던 마케도니아 수비대를 죽이고 자체 수비를 강화하여 안전을 도모하기 시작했다.[2] 베수스를 붙잡아 알렉산드로스에게 넘겨주었던 일당의 선동으로 소그디아나인 대부분과 일부 박트리아인들까지 이 적대적인 움직임에 가담했다. 이런 사태가 벌어진 것은 단순히 알렉산드로스에 대한 공포심 때문일 수도 있고, 알렉산드로스가 회의를 명분으로 그 지역 지도자들에게 수도 자리아스파로 모이라고 지시한 것을 악의적으로 해석했기 때문일 수도 있다.[3]

반란 소식이 전해지자 곧바로 대응책이 마련되었다. 알렉산드로스는 보병대의 각 중대에게 성곽 공격용 사다리를 준비시키고 자신은 주둔지에서 가장 가까운 도시인 가자로 출발했다. 척후병들은 반란 지역 주민들이 7개 도시에 피신해 있다는 소식을 알려왔다. 알렉산드로스는 그중 가장 큰 도시이자 가장 많은 주민이 모여 있는 키로폴리스로 크라테루스를 파견하여 도시 가까이 진을 친 후 참호를 파고 방책을 세우고 공성 무기를 조립하라고 지시했다. 키로폴리스 수비대의 관심을 크라테루스의 부대에 집중시킴으로써 그들이 다른 도시로 지원군을 보내지 못하게 하려는 의도였다.

---

2 아리아노스는 국경지대의 이 7개 주둔지 점령에 관해서는 언급하지 않았다.

3 알렉산드로스는 전반적인 합의를 이룰 수 있을 것이라고 낙관적으로 생각했을 가능성이 더 높다.

가자에 도착한 알렉산드로스는 성벽 사방에 사다리를 설치하고 즉각 공격을 개시했다. 성벽은 그리 높지 않은 흙벽이었다. 보병들이 전진하는 동안 물매병, 궁수, 투창병 들은 성벽의 수비대를 향해 공격을 퍼부었고 투석기까지 동원했다. 몰아치는 공격으로 성벽의 수비가 뚫리자 마케도니아 병사들은 사다리를 고정시키고 재빠르게 올라갔다. 도시 안에 있던 모든 남자는 알렉산드로스의 지시에 따라 몰살되었고 여자와 아이들은 값나가는 물건들과 함께 전리품으로 포획되었다. 지체 없이 다음 도시로 진군한 알렉산드로스는 똑같은 방식으로 도시를 점령한 뒤 주민들을 가혹하게 처리했다. 세 번째 도시는 진군한 이튿날 첫 공격으로 함락시켰다.

보병대가 이런 작전을 벌이는 동안 다른 두 도시로 향한 기병대의 임무는 주민들이 달아나지 못하도록 감시하는 것이었다. 이웃 도시들이 함락되고 알렉산드로스가 곧 들이닥칠 것이라는 소식이 전해지는 즉시 주민들이 뿔뿔이 흩어질 것을 예상한 대책이었다. 알렉산드로스의 추측은 옳았다. 기병대는 주민들이 달아나기 직전에 아슬아슬하게 도착했다. 아직 정복되지 않은 두 도시의 주민들은 인근 도시에서 연기가 피어오르는 것을 보았고, 소수의 생존자들로부터 도시가 함락되었다는 소식을 듣고 황급히 달아나려 했다. 그러나 그들은 기병대가 쳐놓은 그물 안으로 들어간 셈으로, 대부분 죽음을 피할 수 없었다.

이로써 7개 도시 중에서 5개 마을이 이틀 만에 정복되었고 여자와 아이들이 노예로 팔려갔다. 이제 알렉산드로스는 가장 큰 도시인 키로폴리스로 향했다. 키루스가 세운 이 도시의 성벽은 다른 곳보다 높게 둘러쳐져 있었다. 성 안에 숨은 주민 수도 다른 도시보다 훨씬 더 많았으며, 그중에는 일대에서 가장 뛰어난 전사들이 있었다. 키로폴리스 정복은 쉽지 않은 과제였다. 알렉산드로스는 성벽을 부순 뒤 그 틈으로 밀고 들어갈 작정으로 공성 무기들을 동원했으나 곧 무언가를 발견하고는 전술을 바꾸었다. 이 도시에는 겨울에만 물이 흐르는 하천이 하나 있었는데, 당시에는 하천이 말라 있어 성벽의 토대 사이로 병사들이 기어들 만한 틈이 나 있었던 것이다. 알렉산드로스는 적들이 공성 무기 공격에 집중하고 있는 동안 근위대, 궁수, 아그리아니아군, 개인 호위대에게 준비 태세를 유지하도록 한 뒤 소수의 병사를 데리고 메마른 하천 바닥을 통해 성벽 밑으로 기어들어갔다. 일단 도시 안으로 들어간 병사들은 가장 가까운 문들을 부수어 바깥의 병사들은 안으로 들였다.

수비대는 도시가 이미 장악되었음에도 불구하고 맹렬한 공격을 멈추지 않았다. 그 와중에 알렉산드로스는 머리와 목에 돌을 맞았고, 크라테루스는 화살을 맞았으며, 그 외에도 많은 지휘관이 부상을 당했다. 이렇듯 저항은 완강했지만 결국 마케도니아군은 수비대를 도시 중심지에서 몰아냈고 외벽 공격도 성공을 거두었다. 수비대들이 축출된 뒤에야 성벽은 완전히 장악되었다.

이 도시의 적병은 약 1만5000명에 달했다. 첫 번째 작전에서는 8000여 명이 전사했고 나머지 병사들은 중앙의 성채로 달아났다. 알렉산드로스의 병사들은 성채를 둘러싼 뒤 패주병들을 철저하게 감시했다. 하루가 지나 식수가 바닥나자 패주병들은 백기를 들었다.

일곱 번째 도시는 어렵지 않게 정복되었다. 하지만 역사가들은 저마다 조금씩 다르게 전하고 있다. 프톨레마이오스는 이 도시가 항복했다고 말한 반면 아리스토불루스는 알렉산드로스의 군이 도시를 습격하여 사람들을 몰살했다고 썼다. 프톨레마이오스에 따르면 알렉산드로스는 포로들을 여러 부대에 배당하여 포박해두고 그 지역에 머무는 동안 그들을 계속 감시할 것을 지시했다. 반란에 가담했던 사람 중에서 자유의 몸이 된 자는 아무도 없었다.

이 무렵 아시아의 스키타이군이 타나이스 강에 도착했다. 강 너머에 사는 이 부족들은 알렉산드로스에게 적의를 품고 있으며 알렉산드로스군과 격돌하는 일이 발생하면 서로 지원하기로 합의한 상태였다. 한편 마라칸다 요새에 주둔하고 있는 마케도니아 수비대를 스피타메네스가 봉쇄했다는 기별이 왔다. 이 사태에 대처하기 위해 안드로마쿠스, 메네데무스, 카라누스에게 헤타이로이 60명, 카라누스의 용병 800명, 용병 보병 약 1500명으로 구성된 군을 붙여 파견했고, 통역관인 파르누케스도 따르도록 했다. 리키아 출신의 파르누케스는 이 지역의 언어에 능통했고 원주민들을 다루는 데도 종종 뛰어난 솜씨를 보인 인물이었다.

알렉산드로스는 20일에 걸쳐 새 도시를 세울 부지의 방비를 강화하는 한편, 그리스 용병들과 이번 기회를 이용하고 싶다는 뜻을 밝힌 주변 부족들 그리고 현역 복무가 어려운 마케도니아 병사들을 이곳(후잔트)에 정착시켰다. 그런 다음 관례에 따라 종교의식을 올리고 운동경기와 승마 시합을 열었다.

한편 스키타이군은 타나이스 강에서 꿈쩍하지 않았다. 그들이 자리 잡고 있는 지점은 강이 그리 넓지 않아서 병사들이 강물 속으로 화살을 쏘는 모습이 보였고, 감히 알렉산드로스는 자신들을 건드리지 못할 것이라고 큰소리치면서 모욕하는 소리까지 들을 수 있었다. 그들은 알렉산드로스가 공격한다면 스키타이인이 아시아의 야만족들과 얼마나 다른지를 깨닫게 될 것이라고 떠들어댔다. 이런 언동은 알렉산드로스의 심기를 불편하게 만들었다. 놈들에게 합당한 대접을 해주겠노라 마음먹은 알렉산드로스는 강을 건너기 위한 가죽 도구를 준비하도록 했다. 그러나 출발 전에 올리는 제사에서 좋지 않은 징조가 나타나자 알렉산드로스는 최대한 분노를 억누르며 공격을 접었다. 그러나 스키타이군의 도발이 계속되자 알렉산드로스는 다시 한 번 제사를 올렸다. 아리스탄데르는 이번에도 위험한 징조가 나타났다고 전했다. 그러자 알렉산드로스는 크세르크세스의 아버지 다리우스가 오래전에 그랬던 것처럼 아시아 대부분을 정복한 자가 고작 스키타이 무리의 웃음거리가 되느니 차라리 최악의 위험에 맞서겠노라고 대답했다.[4] 그러나 아리스탄데르는 다른 말을 듣고 싶어하는 알렉산드로스 앞에서 신의 예언을 왜곡하지 않았다.[5]

강을 건널 때 사용할 가죽이 모두 준비되고 병사들이 완전무장을 한 차림으로 강둑에 정렬하자 알렉산드로스는 건너편 강가에서 말을 타고 돌아다니는 스키타이군을 향해 투석기로 무기를 발사하도록 했다. 방패와 흉갑이 뚫린 일부 적병들은 말에서 떨어져 죽었다. 장거리 투석기의 위력에 놀라고 우수한 병사까지 잃자 스키타이군은 강에서 조금 떨어진 곳으로 물러났다. 적들의 당황한 기색을 확인한 알렉산드로스는 나팔을 울리도록 한 뒤 앞장서서 강을 건너면서 부하들에게 뒤따르라고 지시했다. 그리고 가장 먼저 강 건너편에 도착한 궁병과 투석병들에게는 기병대가 강을 건널 때까지 활과 돌을 계속 쏘게 하여 적이 보병 본대에 접근하지 못하게 했다. 모든 병사가 건너편 강둑에 집결한 뒤에는 용병 연대와 4개의 창기병 대대를 앞세워 공격하도록 했다. 결전에 돌입하자 스키타이군은 수적으

4 Herodotus, 4.122~142 참조.

5 쿠르티우스(7.7.24~9)에 따르면, 아리스탄데르는 예언을 바꾸어 징조가 그 어느 때보다 좋다고 말했다.

로 우세한 이점을 살려 마케도니아의 소규모 전초부대를 에워싸고 공격을 퍼부은 뒤 안전한 곳으로 달아나려 했다. 이에 알렉산드로스는 기병대, 궁수들, 아그리아니아군, 발라크루스가 지휘하는 나머지 경보병들로 구성된 혼성부대에게 진군을 명령했다. 이윽고 공격 가능 거리에 다다르자 헤타이로이 3개 연대와 창기병 전체에게 돌격 명령을 내리고 자신은 종대로 배열한 나머지 기병들의 선두에서 전속력으로 돌진했다.[6]

이에 스키타이군은 마케도니아군을 에워싼 공격 작전을 중단해야 했다. 경보병들의 근접 지원을 받는 마케도니아 기병대가 돌진하고 있는 마당에 이대로 있다가는 무사할 수 없었기 때문이다. 이때부터 스키타이군의 전열이 무너지기 시작했다. 지휘관 사트라케스를 포함한 1000여 명이 달아나다가 목숨을 잃었고, 포로로 잡힌 사람은 150여 명이었다.

폭염 속에서 전력을 다해 추격하던 마케도니아 병사들은 기진맥진했고 심한 갈증에 시달렸다. 알렉산드로스도 물웅덩이가 나타날 때면 물을 마셨는데, 유감스럽게도 물이 깨끗하지 않아 설사병에 걸리고 말았다. 이러한 사정으로 일부 스키타이군은 목숨을 보전할 수 있었다. 알렉산드로스가 설사로 고생하지 않았다면 스키타이 병사는 단 한 명도 살아남지 못했을 것이다.

사실 알렉산드로스의 상태는 생각보다 더 심각했고, 막사로 옮겨졌다. 결국 아리스탄데르의 예언이 적중한 셈이다.

이 전투 이후 얼마 지나지 않아 스키타이의 왕이 사절을 보냈다.

6　101쪽 이후 처음 헤타이로이 '연대'에 대해 언급된 것이다. 서문 42쪽 참조. 스키타이 공격 작전에 대해서는 Fuller 236~241 참조.

지난 전투 상황은 도적 떼들의 우발적인 공격에 의한 것이었을 뿐 스키타이의 공식적인 결정이 아니었다는 뜻을 전하면서, 앞으로는 알렉산드로스의 지시에 따르겠다고 밝혔다. 스키타이 왕의 해명을 믿을 순 없었지만 군사행동을 계속 전개하기에는 곤란한 처지였던지라 알렉산드로스는 정중한 답변을 보냈다.

그런 중에 마라칸다의 요새에서 포위되었던 마케도니아 주둔군은 성공적으로 스피타메네스의 포위망을 뚫는 데 성공하여 아군의 손실 없이 많은 적병을 죽이고 요새 안에 다시 진을 쳤다.[7] 스피타메네스는 알렉산드로스의 파견대가 접근하자 포위공격을 포기하고 수도를 향해 철수했다. 파르누케스와 부하들은 그들을 이 지역에서 완전히 몰아내기 위해 전속력으로 추격했고, 결국엔 소그디아나 국경까지 달아나도록 했다. 그러나 추격의 막바지에 파르누케스 부대는 유목 스키타이 족과 격돌하게 되었으며, 예상치 못한 이 사건은 심각한 결과를 낳았다. 스키타이 기마부대 600여 명을 지원받은 스피타메네스는 이 뜻밖의 증원에 용기를 얻어 마케도니아군과 맞붙기로 결정한 것이다. 스피타메네스는 스키타이 사막 근처의 평지에 진을 쳤다. 그러나 근접전을 감행할 뜻은 없었기에 기병대에게 마케도니아의 보병 대형을 둘러싸고 화살 공격만 하라고 지시했다. 이에 파르누케스의 병사들이 대응하자 훨씬 빠른 말을 타고 달리는 스키타이군이 사정거리 밖으로 달아나 공격에 실패했다. 게다가 기운 넘치는 스키타이군의 말들에 비해 안드로마쿠스의 말들은 오랜 행군과 굶주림으로 기력이 다한 상태였다. 마케도니아군은 버티기도 하고 후퇴하기도 했지만 스키타이 기병대의 위력을 감당하기에는 역부족이

---

7 쿠르티우스(7.6.10)에 따르면 마케도니아 수비대는 1000명이었다.

어서 많은 병사가 다치거나 전사했다. 마침내 장교들은 병사들에게 방진 대형으로 폴리티메투스 강까지 후퇴하도록 했다. 강 근처에는 작은 숲이 있어서 적의 화살을 어느 정도 막아주었을 뿐만 아니라 보병대를 더 잘 활용할 수 있었다.

이때 기병대 지휘를 맡은 카라누스가 안드로마쿠스와 상의도 없이 자기 병사들과 말들을 강 건너 안전한 곳으로 보내기 시작했다. 이 모습을 지켜본 보병들이 기병대의 뒤를 따라 허둥지둥 가파른 강둑을 내려가 물속으로 뛰어들기 시작했다. 이 치명적인 실수를 발견한 스키타이군이 가만히 있을 리가 없었다. 스키타이군은 사방에서 전속력으로 말을 몰아 강으로 뛰어들더니 거의 강을 벗어난 마케도니아 병사들을 사로잡았고, 강 한가운데에 있는 병사들은 물속에 처박았다. 이어서 아직 물에 들어가지 못한 병사들을 덮쳤다. 측면에서는 마케도니아 병사들을 향해 화살이 빗발쳤다. 마케도니아군은 속수무책이었다. 간신히 살아남은 병사들은 강 가운데 있는 작은 섬으로 피신했으나 이곳 역시 안전하지 않았다. 스피타메네스의 기병대와 스키타이군은 섬을 둘러싸고 마케도니아 병사들을 도륙했고, 사로잡은 포로들까지 잔인하게 죽였다.

이 재앙에 대한 아리스토불루스의 진술은 좀 다르다. 아리스토불루스는 마케도니아 병사들이 대부분 매복 공격을 당해 죽었다고 기록했다.[8] 스키타이군이 골짜기에 숨어 있다가 교전을 벌이고 있는 마케도니아 병사들을 갑자기 덮쳤다는 것이다. 당시 파르누케스는

8 쿠르티우스(4.7.30~9)의 진술은 마케도니아군이 복병을 만났다는 아리스토불루스의 진술과 일치한다. 그 외에도 쿠르티우스 진술은 아리아노스와는 상당한 차이가 난다. 쿠르티우스는 원래 3000명이던 보병과 800명이던 기병 중에서 각각 2000명과 300명이 전사했다고 말한다.

함께 원정을 온 다른 마케도니아 장교들에게 지휘권을 넘겨주려던 참이었다. 파르누케스는 자신이 군사 전술을 잘 모르기 때문에 전투 현장에서 병사들을 지휘하기보다는 원주민들과의 관계 형성에 주력하라는 뜻으로 알렉산드로스가 자신을 파견했다고 판단한 것이다. 게다가 다른 장교들은 순수한 마케도니아인이고 왕의 친위대인 헤타이로이가 아니던가. 하지만 안드로마쿠스, 카라누스, 메네데무스는 지휘권을 거절했다. 알렉산드로스의 명확한 지시도 없이 개인적 결정에 따른 책임을 지고 싶지 않았을 테고, 지금처럼 위험한 상황에서 패배할 경우 문책을 당하거나 통솔 능력을 지적받게 될까 두려웠기 때문이다. 이렇게 모든 것이 혼란스러운 상황에서 스키타이군의 공격을 받았고, 그 결과는 처참했다. 기병 40명, 보병 300명 정도만이 목숨을 부지한 채 달아날 수 있었다.

이러한 참변을 전달받은 알렉산드로스는 격노했다. 스피타메네스와 그를 돕는 부족들을 격퇴하기 위해 최대한 빨리 출정하기로 결정한 알렉산드로스는 헤타이로이의 절반, 근위대 전체, 아그리아니아군, 궁수 그리고 보병대 중에서 가장 민첩한 병사들을 이끌고 마라칸다로 진군했다. 스피타메네스가 마라칸다로 돌아와 요새 안의 수비대를 다시 포위하고 있다는 정보를 입수했기 때문이다. 알렉산드로스는 사흘 만에 약 300킬로미터를 달려 나흘째 동틀 무렵에 도시 근처에 도착했다. 알렉산드로스가 쫓아왔다는 소식에 스피타메네스와 부하들은 바로 요새 포위를 풀고 후퇴했다. 알렉산드로스는 격전지에 당도하자 잠시 추격을 멈추고 여건이 닿는 대로 전사자들을 땅에 묻어주었다. 그런 뒤 다시 사막 끝까지 적들을 추격하다가 요새로 돌아와 그 지역을 철저히 파괴했다. 요새에 피신해 있던 많은 주민이 마케도니아군 공격에 가담했다는 사실에 분노하여 주민들을 몰살해버린 것이다. 알렉산드로스는 폴리티메투스 강(지금의 자라프샨 강)이 흐르는 지역 전체를 이런 식으로 초토화했다.

폴리티메투스 강이 끝나는 지점 너머는 사막이었다. 상당히 큰 강이 사막으로 사라지는 이 현상은 이 지역의 다른 강들에서도 관찰되었다. 작은 개천뿐만 아니라 꽤 큰 규모의 강도 여름에는 말라버렸다. 예를 들어 마르디아를 흐르는 에파르두스 강과 아레이오스 강(아리아 지방의 이름은 이 강에서 따온 것이다), '은인Benefactors' 부족의 땅에 흐르는 에티만드로스 강 역시 마찬가지였다.('은인' 부족에 대해서는 212쪽 참조) 이 강들은 모두 템페 계곡을 지나 바다로 흘러드는 테살리아의 페네우스 강보다 더 컸고, 폴리티메투스 강은 페네우스 강보다 더 거대했다.

토벌 작전을 마친 알렉산드로스는 자리아스파로 가서 혹한기를 보냈다.(기원전 329~328년) 앞서 파르티아의 태수 프라타페르네스, 아르사케스를 체포하기 위해 아리아로 파견되었던 스타사노르가 이곳으로 돌아왔다. 그는 아르사케스를 비롯하여 베수스가 파르티아 태수로 임명했던 바르자네스와 다른 포로들도 잡아왔다. 그들은 모두 다리우스를 폐위시킬 때 베수스를 도왔던 자들이었다. 한편 메네스가 수송하는 보물과 동맹군을 해안까지 호위하는 임무를 맡았던 에포킬루스, 메니다스(1년 뒤 이들이 나우타카에서 임무를 맡아 파견된 일에 대해서는 232쪽 참조), 트라키아의 장군 프톨레마이오스도 비슷한 시기에 돌아왔다.[9] 아산데르와 네아르쿠스도 그리스 용병대를 데리고 자리아스파에서 합류했고 시리아 태수(이 인물의 이름도 베수스였다)와

---

9 아리아노스는 이 부분을 애매하게 썼다. 메네스는 기원전 331년 말경 수사에서 파견되었고 에포킬리우스는 몇 달 뒤 엑바타나에서 파견되었다고 했다.

지방 총독인 아스클레피오도루스도 증원군을 이끌고 해안에서 올라왔다.[10]

알렉산드로스는 전체 장교회의에 베수스를 대령해놓고 다리우스에 대한 배반행위를 질타했다. 그리고 베수스의 코와 귀를 자른 뒤 엑바타나로 데리고 가서 동포인 메디아인과 페르시아인들 앞에서 공개 처형하도록 지시했다.[11]

나로서는 이처럼 지나치게 가혹한 처벌에는 찬성하지 않는다. 코와 귀를 자르는 행위는 야만적인 관습이기 때문이다. 또한 알렉산드로스가 동방의 과도한 풍습과 화려함, 야만적인 왕들이 부하들을 하급자로 대하는 방식을 흉내 내게 되었다는 점도 인정할 수밖에 없다. 헤라클레스의 후손인 그가 마케도니아인들이 태곳적부터 입었던 의복 대신 메디아의 옷을 입고, 오랫동안 당당하게 썼던 익숙한 투구 대신 패배자인 페르시아인들의 뾰족한 모자를 태연하게 썼다는 사실도 유감스럽다.[12] 그런 행동들을 좋게 평가할 수는 없다. 그 어떤 업적도 자기 자신을 이기지 못한다면 행복해질 수 없다는 사실을 알렉산드로스의 눈부신 성취가 분명하게 보여줬다고 생각한다. 예컨대 강건한 신체, 고귀한 혈통, 알렉산드로스가 전쟁터에서 거둔 것보다 더 큰 승리, 심지어 리비아와 아시아를 누비며 유럽뿐만 아니라 아시

---

10 여기에서 베수스라는 이름이 나온 것은 다리우스의 살해자 베수스를 언급하기 직전이었기 때문으로 이해된다. 정정하자면 아마도 '시리아의 태수 아스클레피오도루스', '총독 메네스'일 것이다. (Tarn, *Alexander* 2.179~180 참조) '총독'으로 번역된 그리스어는 'Hyparchos'이다.
전부 1만9000명이던 증원군에 대한 상세한 사항은 Curtius, 7.10.11~12 참조.

11 이 야만적인, 다시 말해 그리스식이 아닌 절단 형벌에 대해서는 Herodotus, 3.154 참조.

12 플루타르코스(*Alexander* 45)는 알렉산드로스가 페르시아인과 메디아인의 의복을 혼합하여 도입했고 메디아인의 복식에서 가장 '야만스러운' 요소들은 피했다고 더 정확하게 말했다. 아리아노스는 나중에 이 일이 정치적 동기 때문이었음을 인정했다.

아까지 자신의 제국으로 만들겠다는 꿈을 이루는 것조차도 그를 행복하게 할 수는 없다.[13]

그러한 맥락에서, 나중에 일어난 일이지만 지금 언급할 만한 사건이 있다. 그것은 바로 드로피데스의 아들 클레이토스의 죽음과 그 일이 알렉산드로스에게 미친 영향에 관한 것이다.[14] 마케도니아에서는 해마다 디오니소스를 기리는 축제가 개최되는데, 알렉산드로스도 같은 날 제사를 올리곤 했다. 그런데 그해에는 무슨 연유에서인지 디오니소스가 아니라 제우스의 아들인 쌍둥이 형제 카스토르와 폴리데우케스에게 제사를 올렸다. 이날 벌어진 술자리에서 사람들은 꽤 많은 술을 마셨다.(이 무렵 알렉산드로스는 술을 마실 때 야만족처럼 과음을 했는데, 이 역시 그의 달라진 면모였다.) 대화 도중 카스토르와 폴리데우케스가 화제에 올랐고, 이 형제의 아버지가 틴다레우스가 아니라 제우스라는 이야기가 나왔다. 그러자 몇몇 사람(지금까지도 그랬고 앞으로도 항상 왕 주위에서 왕을 망칠 아첨꾼들)이 폴리데우케스와 카스토르의 업적은 알렉산드로스의 업적에 비교될 수 없다며 아부를 늘어놓았다. 이미 취한 자들은 알렉산드로스를 헤라클레스에 비교하기까지 했다. 더욱이 살아 있는 영웅이 동시대인들로부터 마땅히 받아야 할 공경을 받지 못하는 것은 질투심 때문이라고 주장했다.

알렉산드로스의 변화에 대해 이전부터 분명한 불만을 표현해왔던 클레이토스도 그 자리에 있었다. 알렉산드로스가 동방의 풍습을 좇는 것과 왕에게 아첨을 떠는 조신들을 못마땅하게 여기던 그로서

---

13 373~410쪽의 아리아노스의 언급 참조. 316~320쪽에 나오는 알렉산드로스의 연설과 비교.

14 기원전 328년 가을 마라칸다에서 일어난 일이다. 이 일에 관한 조금 다른 진술들은 Plutarch, *Alexander* 50~52와 Curtius, 8.1.20~2.12 참조. T.S. Brown, *AJP* 1949, 236ff가 다양한 진술들을 분석했다.

는 이러한 사탕발림 발언에 화를 내며 끼어들었다.(그도 술을 많이 마신 상태였다.) 그는 신을 모욕하는 말은 참을 수 없으며 옛날 영웅들을 희생시키면서까지 알렉산드로스를 치켜세우는 것은 알렉산드로스의 영예를 높이는 게 아니라 부끄럽게 하는 것이므로 누구라도 용납할 수 없다고 했다. 또 조신들이 알렉산드로스가 이룬 놀라운 업적을 지나치게 과장하고 있으며, 그런 위업들은 모두 개인적인 업적이 아닌 마케도니아 전체의 성취라고 주장했다.

이 말에 알렉산드로스는 마음이 언짢았다. 내가 보기에도 클레이토스의 말은 다소 무분별한 면이 있었다. 사람들이 거의 취해 있었다는 사실을 감안할 때 그런 생각은 마음속에 담아두고 역겨운 아첨에 끼어들지 않는 것으로도 충분했다. 하지만 상황은 여기서 끝나지 않았다. 다른 이들이 알렉산드로스의 비위를 맞추려고 필리포스의 이야기를 꺼낸 것이다. 이들은 터무니없게도 필리포스가 이룬 성과는 매우 평범하고 일반적인 것이라고 떠들었다. 그러자 인내심을 잃은 클레이토스가 필리포스의 업적을 부풀리고 알렉산드로스의 업적을 폄하하기 시작했다. 클레이토스는 마구 떠들어댔고(이때쯤 그는 만취해 있었다) 특히 그라니코스에서 페르시아 기병과 싸울 때 자신이 알렉산드로스의 목숨을 구한 일을 들먹이며 알렉산드로스를 조롱했다.

클레이토스는 호들갑스럽게 손을 내밀며 외쳤다. "그날 전하를 구한 것이 바로 이 손입니다."

친구의 모욕적인 술주정에 화가 난 알렉산드로스는 클레이토스에게 덤빌 듯이 벌떡 일어났다. 그러자 다른 사람들이 왕을 만류했다. 클레이토스는 모욕적인 말들을 연신 쏟아냈고 알렉산드로스는 큰 소리로 근위병을 불렀다. 하지만 아무도 대답하지 않았다.

알렉산드로스가 외쳤다. "나는 이름뿐인 왕인가? 쇠사슬에 묶여 베수스와 그 무리들에게 끌려 다니던 다리우스와 같은 신세가 된 건가?"

이제 아무도 그를 말릴 수 없었다. 알렉산드로스는 벌떡 일어나서 근위병의 창을 낚아챈 뒤 클레이토스를 찌르고 말았다.

이 사건에 대해서는 진술들 간에 차이가 있다. 어떤 기록에는 창이 아니라 장창을 사용했다고 되어 있다. 또한 아리스토불루스는 술이 화근이었다고 보지 않았다. 클레이토스가 죽은 건 본인이 자초한 일이라고 했다. 사실 알렉산드로스가 분노에 차서 클레이토스를 죽이려고 일어섰을 때 왕의 근위병 중 한 명인 라구스의 아들 프톨레마이오스가 클레이토스를 데리고 요새 밖으로 나갔다. 그러나 클레이토스는 다시 연회장으로 들어가서 알렉산드로스에게 맞섰다.

그는 "나 여기 있습니다, 알렉산드로스!"라고 소리쳤고, 이어서 무슨 말을 하던 중에 창에 맞아 쓰러졌다.

개인적으로 나는 군주에 대한 클레이토스의 부적절한 행동은 비난받아 마땅하다고 생각한다. 당시 알렉산드로스는 자존감이 강한 사람이 굴복해서는 안 되는 두 가지 악덕, 즉 분노와 술의 노예가 된 모습을 보였다는 데 나로서는 연민을 느끼고 있기 때문이다. 사실 알렉산드로스는 클레이토스를 죽인 뒤 얼마 지나지 않아 자신이 저지른 일에 경악을 금치 못했다. 이 대목에 대해서는 알렉산드로스를 존경한다. 알렉산드로스가 술에 취해 분별력을 잃었을 때 친구를 죽인 자는 살아서는 안 된다며 창의 손잡이 부분을 벽에 대고 자기 몸을 창끝에 밀어넣어 죽으려 했다는 이야기도 있다. 그러나 대부분 저자들은 이 일에 대해서는 언급하지 않았으며, 알렉산드로스가 울면서 침대에 누워 클레이토스와 그의 누나이자 자신의 유모였던 라니

클레이토스를 죽이는 알렉산드로스. 앙드레 카르타뉴 작품.

케의 이름을 불렀다고 기록했다. 알렉산드로스는 "아, 유모의 보살핌을 이렇게 갚다니! 유모의 아들들은 나를 위해 싸우다 죽었는데 나는 내 손으로 유모의 동생을 죽였구나"라고 한탄했고, 거듭하여 자기 자신을 친구를 죽인 자라고 자책하면서 사흘 동안 식음을 전폐한 채 누워 있었다.

이 비극에 대해 예언자들은 알렉산드로스가 디오니소스에게 제사를 올리지 않아 디오니소스 신의 분노를 샀다고 했다. 알렉산드로스는 친구들의 설득으로 어렵사리 마음을 돌려 음식을 먹고 몸을 돌보기 시작했고 지난번에 소홀했던 제사도 올렸다. 그는 이 사건을 자신의 악행 때문이 아니라 신의 노여움 탓으로 돌리고 싶었을 것이다. 그러나 자신이 저지른 범죄를 정당화하려고 하지 않았다는 점에서 나는 알렉산드로스를 존경한다. 적어도 그는 자신을 옹호하고 변호하는 죄까지 저지르지는 않았으며, 자신이 잘못을 저지른 한낱 인간에 불과하다는 사실을 인정했다.

알렉산드로스가 위로를 받고자 소피스트 아낙사르쿠스(트라키아의 아브데라 출신으로 회의주의 철학자 피론의 스승. 그의 사고방식은 종종 칼리스테네스와 비교된다)를 불렀다는 이야기도 전한다. 알렉산드로스가 침대에 파묻혀 자신의 운명을 비탄하고 있을 때 아낙사르쿠스가 도착했다.

아낙사르쿠스는 웃으며 말했다. "옛 현자들이 왜 정의의 여신을 제우스 옆에 앉혔는지 모르십니까? 제우스가 무슨 일을 하건 정당하다는 것을 보여주기 위해서입니다. 마찬가지로 위대한 왕의 모든 행동은 정당하다고 생각해야 합니다. 먼저 왕부터 그렇게 생각해야 다른 사람들도 그렇게 생각합니다."[15]

이 말은 적어도 한동안 어느 정도 위안을 주었다. 하지만 철학자인 아낙사르쿠스가 왕이 공정하게 행동하거나 옳고 그름을 구분하기 위해 최선을 다할 필요가 없다는 뜻으로 제시한 발언이라면, 즉 왕이 무슨 일을 하건 절대로 옳다고 생각해야 한다는 뜻이었다면 그

---

15 정의의 여신과 제우스의 연결은 적어도 헤시오도스(기원전 8세기의 시인)까지 거슬러 올라간다.(*Works and Days*, 256ff); Sophocles, Oedipus at Colonus 1381f 참조. 아낙사르쿠스는 이 신화를 자기 마음대로 해석했다.

는 알렉산드로스가 슬픔에 잠겨 있도록 내버려둔 것보다 더 몹쓸 짓을 한 것이라고 본다.

이와 관련하여 알렉산드로스가 자신에게 무릎을 꿇고 절을 하는 인사(궤배례)를 원했다는 이야기도 널리 알려져 있다. 이는 자신의 아버지가 필리포스가 아닌 암몬이라고 생각했기 때문이기도 하고, 의복과 전반적인 궁정 예법의 변화에서도 나타나듯이 메디아와 페르시아의 과장된 풍습을 점점 더 존중하게 되었기 때문이기도 하다. 더욱이 알렉산드로스에게 잘 보이려고 굽실거리는 사람도 많았는데, 소피스트 아낙사르쿠스와 아르고스의 시인 아기스가 특히 심했다.[16]

그러나 이런 새로운 변화에 찬성하지 않는 사람이 있었다. 바로 아리스토텔레스의 제자인 올린투스 출신의 칼리스테네스였다. 변화에 찬성하지 않는다는 점에서는 나 역시 칼리스테네스와 같은 견해다. 하지만 그는 다소 요령이 없는 사람이었다. 특히 (이 내용이 올바로 전해진 것이라면) 자신이 쓰고 있는 역사서가 아니면 알렉산드로스와 그의 업적은 잊히고 말 것이라는 발언이 가장 유감스럽다. 칼리스테네스는 자신의 영예를 위해서가 아니라 오로지 알렉산드로스의 명성을 세상에 알리기 위해 동방까지 왔다고 말하곤 했다. 뿐만 아니라 사람들이 알렉산드로스를 신의 혈통으로 여긴다면 그건 그의 출생에 관한 올림피아의 터무니없는 이야기 때문이 아니라 자신이 기록할 역사서 덕분이라는 발언까지 했다.[17] 다른 증언에 따르면, 필로

---

16 알렉산드로스가 궤배례 풍습을 궁정에 도입하려 한 것은 그리스와 페르시아의 의복을 혼합하여 도입했던 것과 마찬가지로 마케도니아와 페르시아를 대등하게 두고 싶어서였을 가능성이 높다. *Historia* 1950에 실린 J. P. V. D. Balsdon의 글은 이 문제를 논의한 가장 훌륭한 글이다. T.S.Brown, *AJP* 1950, 242ff도 참조.

타스는 아테네 사람 중에서 가장 명망 높은 사람이 누구라고 생각하는지 칼리스테네스에게 물어본 적이 있었다.

그는 "하르모디우스와 아리스토게이톤이오. 그는 폭군을 죽이고 무책임한 정부를 무너뜨렸기 때문이오"라고 대답했다.[18]

필로타스가 재차 물었다. "그럼 자네는 폭군을 살해한 자가 그리스 사회에서 망명할 곳이 있다고 생각하나?"

그러자 칼리스테네스는 다음과 같이 대답했다고 한다. "다른 모든 곳에서 안 받아준다 해도 아테네에서만큼은 무사할 거요. 아테네인들은 헤라클레스의 자녀들을 위해 심지어 당시 그리스의 절대 군주였던 에우리스테우스 왕과 싸운 적도 있잖소."

궤배례 문제를 놓고 칼리스테네스가 알렉산드로스에게 반발한 일과 관련해 많은 사람이 사실이라고 생각하는 이야기를 하나 더 소개하겠다. 알렉산드로스는 자신의 궁정에 있던 소피스트들 및 페르시아와 메디아의 귀족들을 연회에 불러 모은 뒤 이 문제를 논의했다. 먼저 운을 뗀 아낙사르쿠스는 알렉산드로스가 디오니소스나 헤라클레스보다 더 큰 신의 자격을 갖추었다고 주장했다. 여기에는 알렉산드로스의 눈부시고 성공적인 업적뿐만 아니라 디오니소스와 헤라클레스가 마케도니아와 관련이 없다는 점을 근거로 제기했다. 디오니소스는 테베인이었고 헤라클레스는 아르고스인으로, 헤라클레스와 마케도니아의 유일한 연관성은 알렉산드로스에게 헤라클레스의 피가 흐른다는 사실뿐이니 마케도니아인들은 신에게 바치는 경의를

---

17 Plutarch, *Alexander* 2~3 참조.

18 히파르쿠스는 기원전 514년에 살해당했고 히피아스는 기원전 510년에 아테네에서 쫓겨났다. Thucydides, 6.54~59 참조.

자국의 왕에게 표하는 편이 훨씬 더 적절하다는 것이다. 결국 알렉산드로스가 세상을 떠난 뒤에 신으로 추앙될 것이 확실하니, 알렉산드로스가 죽을 때까지 기다려 공경을 바치는 것보다는 그가 살아 있을 때 찬사를 바치는 편이 모든 면에서 더 낫다는 것이었다.

알렉산드로스의 마음을 '헤아리고 있던' 사람들은 아낙사르쿠스의 말에 동의하며 당장 엎드려 머리를 조아리려 했다. 하지만 그 자리에 있던 마케도니아인들(혹은 대부분의 마케도니아인)은 생각이 달랐기 때문에 아무 말도 하지 않았다. 그때 칼리스테네스가 불쑥 끼어들었다.

"저는 전하가 인간이 받을 수 있는 모든 공경을 받을 만한 분이라고 생각합니다. 하지만 인간을 공경하는 것과 신을 숭배하는 것은 다르다는 걸 잊어서는 안 됩니다. 인간과 신은 여러 가지 면에서 분명하게 다릅니다. 예를 들어 신전을 짓거나 조각상을 세우거나 성역을 바치는 일은 모두 신에게만 해당되는 것입니다. 신에게는 제물을 바치고 신성한 술을 뿌리지요. 신을 숭배할 때는 성가聖歌를 짓지만 인간에게는 찬사의 글을 써서 바칩니다. 하지만 이 모든 일 가운데 어느 것도 궤배례 풍습만큼 중요하진 않습니다. 사람들은 뺨 인사로 서로를 환대합니다. 하지만 우리보다 훨씬 더 높은 곳의 신비로운 옥좌에 앉아 계시는 신을 만지는 건 허용되지 않습니다. 우리가 신 앞에서 땅에 엎드려 절을 하며 경의를 바치는 것은 이 때문입니다.[19]

또한 우리는 의식용 춤을 추고 찬가를 불러 신을 숭배합니다. 이건 전혀 이상하지 않습니다. 신들에게 올리는 숭배의식도 형태가 다

---

19 페르시아인들도 왕을 신으로 생각하지는 않았지만 그리스인들은 무릎을 꿇고 절을 하는 것을 숭배행위로 보았다. Herodotus, 7.136 참조.

양하기 때문입니다. 그러나 영웅과 반신반인에게는 신과는 다른 의식을 올립니다.

따라서 이러한 차이를 무시하는 것은 잘못입니다. 우리는 인간에게 과도하고 터무니없는 경의를 표하여 그 사람이 실제보다 더 훌륭해 보이도록 해서는 안 됩니다. 또한 이런 문제에서 (만약 이러한 것이 가능하다고 한다면) 신을 인간과 동일선상에 두어 불경스럽게도 신을 격하시켜서는 안 됩니다. 누군가가 아주 부당한 투표나 거수로 왕의 영예를 누린다고 가정해보십시오. 전하가 그걸 참아 넘기실까요? 당연히 그러지 못하실 겁니다. 그러니 신에게 바칠 공경을 인간에게 표하거나 이를 허용한 사람들에게 신이 분노하는 것은 당연한 일입니다.

전하는 용자들 중에서 가장 용감하고, 왕들 중에서 가장 왕다우며, 모든 지휘관 중에서 가장 탁월하다는 명성에 충분한 자격을 지닌 분입니다. 전하께 진실을 가르치는 분명한 목적으로 불려온 아낙사르쿠스, 당신이야말로 지금 내가 하고 있는 말을 가장 먼저 해야 할 사람입니다. 나와 반대 주장을 하는 사람들의 입을 막아야 할 사람이란 말입니다. 그런데 이런 식으로 앞장을 서는 건 수치스러운 짓입니다. 당신은 캄비세스나 크세르크세스의 조언자가 아니라 필리포스의 아들, 헤라클레스와 아이아코스의 피가 흐르는 사람, 아르고스에서 마케도니아로 건너와 무력이 아닌 법으로 오랫동안 지배해온 선조들을 둔 사람의 조언자라는 점을 명심해야 합니다.[20]

게다가 헤라클레스 또한 그가 살아 있을 때든 죽은 뒤에든 델포

---

20 알렉산드로스의 어머니 올림피아스는 에피루스의 왕 네오프톨레모스의 딸이었다. 네오프톨레모스는 이름으로 봤을 때 자신이 아킬레우스의 아들, 아이아코스의 손자라고 가계를 추적했다.

이의 아폴로 신탁이 있기 전까지는 그리스인들에게 신으로 숭배되지 않았습니다. 우리가 지금 외국 땅에 있다고 해서 외국식으로 사고해야 한다면 전하, 부디 그리스를 기억하실 것을 간청하나이다. 전하가 이 원정을 시작하여 아시아를 그리스 제국에 합병한 건 오로지 그리스를 위한 것이었습니다. 또한 이것도 생각해주십시오. 고국으로 돌아갔을 때 세상 그 누구보다 자유를 사랑하는 그리스인들로 하여금 전하 앞에 무릎을 꿇고 머리를 조아리도록 하시겠습니까? 아니면 그리스인들은 면제해주고 마케도니아인들에게만 이 부끄러운 의무를 강요하시겠습니까? 아니면 이 문제에 대해 명백하게 차별을 두어 야만족들만 야만스러운 풍습을 지키고 그리스인과 마케도니아인은 그리스의 전통대로 전하를 인간으로서 공경하라고 명하시겠습니까?

무릎을 꿇고 엎드리는 예절을 처음으로 받은 자는 캄비세스의 아들 키루스이고, 그 뒤로 이 굴욕적인 관습이 페르시아에 전해졌다고 합니다. 그렇다면 그 잘난 키루스의 오만은 가난하지만 자유민이던 스키타이 족에게 꺾였다는 사실을 기억하셔야 합니다. 다리우스 역시 스키타이 족에게 혼쭐이 났습니다.[21] 크세르크세스가 아테네와 스파르타에게, 아르타크세르크세스가 클레아르쿠스와 크세노폰의 만인대萬人隊에게 당한 것처럼 말입니다. 그리고 이제 전하는 또 다른 다리우스의 오만을 꺾어버리셨습니다. 아무도 땅에 머리를 대고 전하께 절하지 않았는데도 말입니다."

이 장황한 말에 알렉산드로스는 몹시 분개했지만 마케도니아인들은 칼리스테네스의 말에 크게 공감했다. 이런 분위기를 알아차린

---

21 Herodotus, 1.204~14, 4.83~144 참조.

알렉산드로스는 앞으로 마케도니아인이 무릎을 꿇고 절을 할 일은 없을 테니 이 일은 잊으라고 했다.

잠시 침묵이 흘렀다. 그러나 페르시아의 상급 장교들이 일어나더니 한 사람씩 차례로 왕 앞에 엎드렸다. 헤타이로이의 일원인 레온나투스는 페르시아 장교들 중 한 명의 자세가 어설프다며(사실 비굴해 보이는 자세였다) 웃음을 터뜨렸다.[22] 알렉산드로스는 화가 치밀어 올랐지만 나중에는 화가 풀렸고, 레온나투스와 화해하려 했다.

이 문제에 관한 또 다른 이야기가 기록에 남아 있다.[23] 알렉산드로스가 황금으로 된 화합의 잔을 좌중에게 돌렸는데, 궤배례를 하기로 합의한 사람들에게 먼저 잔을 주었다. 그러자 가장 먼저 술을 마신 사람이 알렉산드로스에게 엎드려 절을 했고, 알렉산드로스는 그에게 뺨 인사를 했다.[24] 다른 사람들도 이를 따랐지만 칼리스테네스는 자기 차례가 오자 술을 마신 뒤 절을 하지 않고 알렉산드로스에게 걸어가 뺨 인사를 하려 했다. 그러나 헤파이스티온과 이야기를 나누고 있던 알렉산드로스는 칼리스테네스가 절을 했는지 안 했는지 보지 못했다. 이 사실을 헤타이로이 중 한 명(피토낙스의 아들 데메트리우스)이 알렉산드로스에게 말해주었고, 알렉산드로스는 칼리스테네스의 뺨 인사를 거절했다.

그러자 칼리스테네스는 "그렇다면 저는 인사를 드리지 못하고 돌아가야겠군요"라고 소리쳤다.

나는 두 가지 이야기 모두 알렉산드로스의 오만해진 면모와 칼

---

22 쿠르티우스(8.5.22)에 따르면 페르시아인을 조롱한 사람은 폴리페르콘이었다.

23 왕의 시종인 카레스가 한 이야기이다.(Plutarch, *Alexander* 54.4~6)

24 페르시아의 왕은 관례적으로 자신의 '동족'에게 뺨 인사를 했다.(Xenophon, *Cyropaideia* 1.4.27, 2.2.31; Herodotus, 1.1.34참조); 364 참조.

리스테네스의 무례한 태도를 반영한다는 점에서 개탄스럽다. 일단 왕을 모시기로 했으면 최대한 주군을 받들어야 하고, 예의 있고 신중한 행동을 벗어나선 안 된다고 생각한다. 따라서 알렉산드로스가 칼리스테네스의 터무니없는 자만심과 경솔하게 지껄인 말들에 화가 난 것도 당연하다. 시동들의 반역 음모에 칼리스테네스가 가담했다는 혐의를 알렉산드로스가 쉽게 믿어버린 데는 이 일이 계기였을 것으로 생각한다. 실제로 그가 이 음모의 주동자였다는 이야기도 있지만 말이다.[25]

알렉산드로스의 아버지 필리포스는 마케도니아 귀족의 자제들이 청소년이 되면 왕의 개인 시동으로 일하는 관례를 만들었다. 이 소년들에게는 왕의 신변을 돌보고 잠든 왕을 지키는 임무가 주어졌다. 또한 왕이 승마를 나설 때 마부에게서 말을 받아와서 왕이 말 위에 오르는 것을 돕기도 하고 사냥에서는 선의의 경쟁자 역할도 했다.[26]

그런 시동 가운데 한 명인 소폴리스의 아들 헤르몰라우스라는 소년은 철학에 관심을 갖고 있었으며 칼리스테네스와 친한 사이였다. 어느 날 사냥을 하던 중 수퇘지 한 마리가 알렉산드로스를 향해 달려드는 것을 본 헤르몰라우스는 알렉산드로스가 돼지를 공격하기 전에 칼을 휘둘러 돼지를 죽이고 말았다. 사냥할 기회를 놓친 알렉산드로스는 크게 화를 내며 다른 소년들 앞에서 헤르몰라우스를 채찍질하라고 명령하고 그의 말을 빼앗아버렸다.[27]

---

25 플루타르코스(*Alexander* 55.1~2)는 칼리스테네스가 절을 하는 데 동의했는데 약속을 지키지 않았다는 헤파이스티온의 주장을 기록하고 있다. 또한 알렉산드로스의 아첨꾼들이 칼리스테네스의 인기를 떨어뜨리려 했다고 적고 있다.

26 Curtius, 8.6.2~6 참조.

27 기원전 327년 초 박트리아에서 일어난 일이다. 쿠르티우스(8.6.8~8.23)는 이 음모를 상세히 소개하고 있다. 그가 제시한 공모자들은 아리아노스가 제시한 사람들과 약간 차이가 있고 사건의 세부적인 사항들도 다르다.

이 고압적인 처벌에 몹시 감정이 상한 헤르몰라우스는 아민타스의 아들이자 절친한 친구인 소스트라투스에게 하소연하면서 지독한 모욕을 갚아주기 전까지는 살아갈 의미가 없다고 했다. 헤르몰라우스를 아꼈던 소스트라투스는 그 말에 설득되어 알렉산드로스 살해 음모에 가담하기로 했다. 두 소년은 전 시리아 총독 아스클레피오도루스의 아들 안티파테르, 아르세우스의 아들 에피메네스, 테오크리토스의 아들 안티클레스, 카르시스라는 트라키아인의 아들 필로타스도 끌어들였다. 소년들은 안티파테르가 야간 근무를 설 때 잠들어 있는 알렉산드로스를 살해하기로 공모했다. 그런데 공교롭게도 거사 당일에 알렉산드로스는 새벽까지 술을 마셨고, 작전은 실행되지 못했다. 이 일은 순전히 우연일 수도 있지만 아리스토불루스는 다르게 말했다.[28] 그의 말에 따르면 미래를 내다보는 능력을 지닌 어느 시리아 여인이 줄곧 알렉산드로스 주변을 맴돌았으며, 이에 대해 알렉산드로스와 친구들은 비웃곤 했다. 그러나 그녀가 신들렸을 때 내뱉은 예언들이 들어맞기 시작하자 알렉산드로스도 태도가 달라졌다. 알렉산드로스는 더 이상 그녀를 우스갯감으로 여기지 않았고, 밤이든 낮이든 자기를 찾아와도 좋다고 허락했다. 또한 자신이 자는 동안 지켜보라고 지시한 적도 적지 않았다.

어느 날 술자리를 마치고 돌아오는 알렉산드로스에게 그 여인은 숙소로 돌아가면 밤새 술을 더 마시라고 청했다. 여인의 말이 인간의 경고가 아님을 확신한 알렉산드로스는 그 조언에 따랐고, 그로 인해 소년들의 음모는 수포로 돌아가고 말았다.

음모 가담자 가운데 한 명인 에피메네스에게는 헤르몰라우스와

---

28 쿠르티우스도 이렇게 진술했다.

마찬가지로 메난데르의 아들 카리클레스라는 절친한 친구가 있었다. 에피메네스는 음모에 실패한 다음 날 카리클레스에게 이 비밀을 털어놓았다. 그리고 카리클레스는 에피메네스의 형제 에우릴로코스에게 이 이야기를 옮겼고, 에우릴로코스는 알렉산드로스의 막사로 찾아가 왕의 근위병인 라구스의 아들 프톨레마이오스에게 보고했다. 그리고 프톨레마이오스는 알렉산드로스에게 전말을 고했다. 알렉산드로스는 에우릴로코스가 언급한 소년들을 모두 체포하라고 명령했다. 소년들은 고문을 견디지 못하고 죄를 인정했고, 연루된 사람들의 이름을 실토했다.

아리스토불루스에 따르면 소년들은 이 모의를 강력히 선동한 자가 바로 칼리스테네스라고 털어놓았다.(프톨레마이오스도 비슷한 진술을 했다.) 그러나 다른 대부분의 문헌에는 그러한 언급이 없으며, 단지 알렉산드로스가 칼리스테네스에 관한 최악의 내용들을 의심 없이 받아들였다고 전할 뿐이다. 이미 칼리스테네스에게 좋지 않은 감정을 갖고 있었던 데다 그가 헤르몰라우스와 가까운 사이였기 때문이다.[29]

하지만 다른 저자들에 따르면(쿠르티우스) 재판정에 선 헤르몰라우스는 죄를 솔직하게 자백했으며, 알렉산드로스의 비인간적인 오만을 계속 참는 자는 명예를 지킬 수 없다고 선언했다. 그런 뒤 알렉산드로스의 죄(필로타스를 부당하게 살해한 것, 필로타스의 아버지 파르메니오를 독단적으로 처형하고 같은 이유로 다른 장교들을 사형에 처한 것, 만취하여 클레이토스를 죽인 것, 페르시아 의복을 착용한 것, 궤배례 의무를 시행

---

29 플루타르코스(*Alexander* 55.6)는 알렉산드로스가 파레이타케네로 원정을 떠난 크라테루스, 아탈루스, 알케타스 장군에게 쓴 편지를 인용했다. 이 편지에서 알렉산드로스는 시동들만 음모에 연루되었다고 썼다. 이 편지의 진위성에 대해서는 *CQ* 1955, 219ff 참조.

하려고 꿍꿍이를 꾸몄으며 아직도 포기하지 않은 것, 폭음에 취해 잠드는 것 등)를 낱낱이 나열했다. 그러면서 참을 수 없는 이러한 악행으로부터 자신과 마케도니아인들이 벗어나길 바란다고 했다. 헤르몰라우스를 포함하여 체포된 다른 소년들은 그 자리에서 돌에 맞아 죽었다.[30]

칼리스테네스의 운명에 관해서는 전하는 이야기마다 차이가 있다. 아리스토불루스는 칼리스테네스가 쇠사슬에 묶인 채 군대가 이동할 때마다 끌려 다니다가 결국 병에 걸려 죽었다고 썼다. 그러나 프톨레마이오스에 따르면 칼리스테네스는 고문을 받고 교수형에 처해졌다. 당시 알렉산드로스와 동행했으며 이 악명 높은 사건을 상세히 알고 있었을 신뢰할 만한 저자들조차 진술이 상충되고 있다.[31] 이 사건의 세부적인 내용에 관한 진술들 역시 저자들마다 매우 혼란스럽고 모순이 있다. 따라서 나는 이 사건에 대해서는 이 정도로 말할 수밖에 없다. 사실 이 사건은 좀더 나중에 일어났을 것으로 파악되지만 알렉산드로스-클레이토스 사건과 밀접한 연관이 있다고 느끼기에 맥락상 이어서 다루었다.

그때쯤 알렉산드로스가 스키타이에 보냈던 사절들과 함께 두 번째 유럽 스키타이 족 사절들이 찾아왔다. 첫 번째 사절단을 보낼 당시 스키타이를 통치하던 왕은 세상을 떠났고, 그의 동생이 왕위를 이어받은 뒤 다시 사절단을 보낸 것이다. 사절단의 목적은 알렉산드로스의 지시라면 무엇이든 따르겠다는 스키타이 족의 의지를 전하기 위해서였다. 사절단은 왕에게 바칠 선물로 자기 고장에서 가장 귀한

---

30 플루타르코스(*Alexander* 55.7)도 소년들이 이렇게 죽었다고 확인해주었다. 쿠르티우스(8.8.20)는 소년들이 고문을 당했다고 말했다.

31 플루타르코스(loc.cit)는 두 버전을 모두 이야기하면서 칼리스테네스가 죽기 전 몇 달 동안 갇혀 있었다는 카레스의 말도 추가했다.

품목을 가져왔고, 알렉산드로스와 스키타이 공주의 혼인을 통해 양국 간의 친선과 협력을 강화하고자 하는 왕의 뜻을 전했다. 알렉산드로스가 공주와의 결혼을 원치 않는다면 차선책으로 자신이 가장 신뢰하는 관리들이나 총독, 다른 지체 높은 인물의 딸을 신부로 주겠다고도 했다. 더 나아가 알렉산드로스가 부른다면 몸소 찾아와 직접 지시를 받들겠다는 말까지 전했다.

비슷한 시기에 초라스미아(카스피 해와 아랄 해 사이의 지역, 히바 Khiva에 거주하던 부족)의 왕 파라스마네스가 1500명의 기병들을 데리고 궁에 도착했다. 파라스마네스는 자신의 영토가 콜키스나 여성 전사족의 나라인 아마존과 접해 있다면서 알렉산드로스가 흑해 인근 지역까지 정복할 계획이라면 자신이 안내자 노릇을 하겠으며 필요한 모든 물자를 제공하겠다고 했다.

알렉산드로스는 스키타이 사절단에게 결혼은 할 생각이 없다면서 정중히 거절했다. 파라스마네스에게는 제안을 감사히 받아 우호 조약을 맺겠지만 지금은 흑해 원정을 떠날 시기가 아니라고 말했다. 그리고 박트리아 내정을 맡겼던 페르시아인 아르타바주스를 포함한 주변 지역의 여러 총독을 파라스마네스에게 소개해주었다. 당시 알렉산드로스의 관심은 온통 인도에 쏠려 있었다. 인도를 정복하면 자신은 아시아의 진정한 지배자가 될 것이라 말하기도 했다. 이에 따라 인도 정복 후에 그리스로 돌아갔다가 육군과 해군을 전부 연합하여 헬레스폰투스 해협과 프로폰티스(마르마라) 해를 거쳐 흑해로 원정을 떠날 작정이니 파라스마네스의 제안은 그때까지 유보하겠다고 했다.

그런 뒤 알렉산드로스는 옥수스 강으로 돌아갔다. 많은 소그디아나 시민이 알렉산드로스가 임명한 총독에 저항하여 요새에 숨어 있다는 보고를 받고 그 지역으로 향한 것이다. 군대가 옥수스 강변에서 야영을 준비할 때 알렉산드로스의 막사 가까운 곳에서 샘물이 솟고 그 주변에서 기름이 솟아났다. 라구스의 아들 프톨레마이오스가 이 놀라운 일을 알렉산드로스에게 보고했고, 알렉산드로스는 예언자들의 지시에 따라 이 기적 같은 자연현상을 기념하여 제사를 올렸다. 아리스탄데르는 기름이 솟아난 현상에 대해 앞으로 난관이 닥치지만 끝내 승리한다는 징조로 해석했다.(그리스 문헌에서 처음으로 석유가 언급된 부분이다.)

알렉산드로스는 장교 네 명(폴리스페르콘, 아탈루스, 고르기아스, 멜레아그로스)에게 박트리아에 남아서 복종을 거부하는 주민들을 처단하고 더 이상 소란이 일어나지 않도록 엄중하게 감시하라고 지시했다. 그런 뒤 자신은 강을 건너 소그디아나로 들어갔다. 알렉산드로스는 병력을 다섯으로 나누어 각각 헤파이스티온, 라구스의 아들 프톨레마이오스, 페르디카스, 코이누스와 아르타바주스에게 지휘를 맡기고 자신은 다섯 번째 군대를 맡아 마라칸다 쪽으로 진군했다. 그동안 다른 네 지휘관은 기회가 주어질 때마다 공격 작전을 펼쳐 지역의 부족들이 지키는 요새들을 습격하거나 굴복을 받아냈다.

소그디아나 대부분의 지역에서 이와 같은 작전을 수행한 뒤에 마라칸다에서 전군이 집결하자 알렉산드로스는 헤파이스티온을 보내 여러 도시에 사람들을 정착시켰다. 스피타메네스가 피신해 있다는 스키타이에는 코이누스와 아르타바주스를 파견하고, 자신은 나머지 군을 이끌고 아직 반란군의 손아귀에 있는 소그디아나의 다른 지역들로 출격하여 수월하게 제압했다.

이러한 상황이 전개되는 동안 스피타메네스는 패주병들을 이끌고 소그디아나를 떠나 스키타이 족의 한 분파인 마사게타이 족의 땅으로 향했다.[32] 그리고 이곳에서 기병 600명을 모아 박트리아의 한 요새에 접근했다. 요새의 수비대나 지휘관이 낌새를 채기 전에 스피타메네스는 기습공격하여 병사들을 죽이고 장교를 잡아 가뒀다. 이 승리로 대담해진 스피타메네스는 며칠 후 자리아스파로 접근했으나 공격할 만한 여건이 못 되자 가축들만을 전리품으로 잡아왔다.

자리아스파에는 건강이 좋지 않은 헤타이로이 기병 몇 명이 남아 있었는데, 그중에는 소시클레스의 아들이자 자리아스파에서 왕의 안위를 책임지던 페이토와 하프 연주자 아리스토니쿠스도 있었다. 이들은 스키타이 족이 습격했을 당시 말을 타고 무기를 들 수 있을 만큼 건강이 회복된 상태였기 때문에 약 80명의 기병들(도시 수비대로 남겨졌던 용병들)과 시동들을 모아 스키타이 족을 불시에 덮쳤다. 첫 번째 공격은 성공을 거두어 도둑맞은 소를 전부 되찾고 가축들을 지키던 적군들을 죽였다. 그러나 자유롭게 흩어져 도시로 돌아오던 도중 매복해 있던 스피타메네스와 스키타이 족에게 공격을 당해 헤타이로이 7명과 용병 60명이 죽었고, 하프 연주자가 아닌 용감한 병사로서 싸우던 아리스토니쿠스도 전사했다.[33] 페이토는 부상을 입고 포로가 되었다.

크라테루스는 이 소식을 듣자마자 급히 마사게타이 족을 정벌하기 위해 나섰고, 크라테루스의 모습을 발견한 마사게타이 족은 사막으로 물러났다. 크라테루스는 끈질기게 추격전을 펼친 끝에 사막 외곽에서 멀지 않은 곳에서 마사게타이 족과 1000명이 넘는 기병대를 상대로 치열한 전투를 벌였고, 마침내 승리를 거두었다. 기병 150명

---

32 카스피 해 동쪽에 살던 마사게타이 족은 스키타이 족으로, 키루스 대왕의 침략을 물리치고 왕을 죽였다.(Herodotus, 1.201~16)

33 알렉산드로스는 아리스토니쿠스의 영웅적 행위를 기려 델포이에 그의 청동상을 세웠다. 청동상의 한 손은 리라를 들고 있고 다른 한 손은 창을 겨누고 있다.(Plutarch, Moralia 334f)

을 잃은 스키타이 족이 사막으로 달아나자 크라테루스는 더 이상 추격은 어렵다고 판단했다.

그 무렵 아르타바주스는 나이가 들어 총독 자리에서 물러날 뜻을 밝혔다.[34] 알렉산드로스는 이 요청을 받아들여 니콜라우스의 아들 아민타스를 후임으로 임명했다. 그리고 코이누스의 대대를 비롯하여 멜레아그로스의 대대, 헤타이로이 약 400명, 창병 전체, 박트리아와 소그디아나의 병사들로 구성된 아민타스의 부대를 소그디아나에 주둔시키면서 코이누스의 지휘 아래 겨울을 나도록 지시했다. 이것은 일종의 방어책이자 스피타메네스가 주변 지역을 지날 때 복병 작전을 전개하기 위한 조치였다.

마케도니아 수비대가 지역 전체를 지키고 있어 자신과 부하들이 빠져나갈 방도가 없다는 사실을 알게 된 스피타메네스는 코이누스 대대를 공격하기로 결정했다. 스피타메네스는 마사게타이의 국경에 있는 소그디아나의 바가이 요새에서 약 3000명의 스키타이 기병을 어렵지 않게 끌어들였기 때문에 싸움에 승산이 있다고 보았다. 이 병사들은 명령만 내리면 언제든 어떤 싸움이든 기꺼이 가담할 태세였다. 극빈한 생활에 시달려온 탓도 있겠지만 그들에게는 소속된 도시도, 안정된 집도 없었으므로 가장 소중한 것을 잃는 것에 대한 두려움이 없었다.

스피타메네스의 기병들이 접근하고 있다는 소식에 코이누스는 공격을 개시했다. 격렬한 전투의 결과는 마케도니아군의 승리였다.

---

34 쿠르티우스(6.5.4)는 아르타바주스가 기원전 330년에 95세였다고 했는데, 이는 과장된 것이거나 95라는 숫자를 55로 읽어야 할 것 같다. 알렉산드로스는 원래 아르타바주스의 후임으로 클레이토스를 염두에 두었지만 그는 그 전에 세상을 떠났다.

코이누스의 군대는 25명, 보병 12명 정도를 잃었으나 스피타메네스가 이끈 부대에서는 800여 명의 기병이 전사했다. 스피타메네스가 탈출을 시도하는 동안 박트리아군 대부분 그리고 스피타메네스와 함께했던 소그디아나 병사들은 코이누스에게 투항했다. 패배한 마사게타이 족은 방금 전까지 전우였던 동료들의 짐을 빼앗아 스피타메네스와 함께 사막으로 달아났다가 알렉산드로스가 사막으로 진군한다는 소식을 듣자 바로 스피타메네스의 머리를 베어 알렉산드로스에게 보냈다. 알렉산드로스의 공격을 모면하기 위한 조치였다.

한편 나우타카에서는 코이누스와 아리아의 태수 스타사노르가 합류했고, 크라테루스와 파르티아의 태수 프라타페르네스가 지휘하는 군도 복귀했다. 이 장교들은 알렉산드로스가 지시한 바를 성공적으로 수행했다.[35] 한겨울이었으므로 알렉산드로스는 병사들을 나우타카에서 쉬게 하고, 프라타페르네스를 파견하여 자신에게 직접 보고하라는 지시를 여러 번 무시한 마르디아와 타푸리아의 태수 아우토프라다테스를 잡아오도록 했다. 또한 스타사노르를 드랑기아나의 태수 자리에 앉히고, 신뢰하기 힘든 옥소다테스 대신 아트로파테스를 메디아 총독으로 앉혔다. 바빌론 총독인 마자에우스가 사망했다는 소식에 후임으로 스타메네스를 임명하는 한편 소폴리스, 에포킬루스, 메니다스를 마케도니아로 보내어 증원군을 구성하도록 지시했다.

한편 소그디아나의 바위산에는 많은 주민이 피신해 있으며, 그중에는 알렉산드로스에게 투항을 거부했던 박트리아의 왕 옥시아르테

---

35 이 장교들이 지난해 겨울에 박트리아에 도착했다는 앞의 진술(230쪽)이 잘못되었고 지금 아르사케스와 바르자네스를 잡아온 것이 아니라면, 이 임무들이 무엇인지는 알려지지 않았다.

스의 아내와 딸도 있다는 보고를 받았다. 옥시아르테스는 바위산이 결코 함락되지 않을 것이라 믿고 이곳으로 가족을 피신시킨 것이다. 바위산은 소그디아나의 최후 거점으로, 이곳이 무너지면 소그디아나의 저항세력은 더 이상 갈 곳이 없었다. 봄이 다가올 무렵 알렉산드로스는 이 바위산으로 진군했다.[36]

바위산에 가까이 다가가보니 사방은 깎아지른 듯 가팔랐다. 게다가 저항군은 포위공격에 대비한 상태였으며 눈도 두텁게 쌓여 있어 마케도니아 병사들은 산을 오를 수 없었다. 반면 수비대는 물을 무한히 얻을 수 있었다. 이렇듯 상황이 수비대에게 유리함에도 불구하고 알렉산드로스는 공격하기로 결심했다.

알렉산드로스가 공격을 결정한 데는 주민들이 모욕적인 말로 그의 화를 돋우고 패기를 자극한 것도 있었다. 처음에는 요새만 넘겨주면 안전하게 집으로 돌려보내주겠노라고 협의를 제안했으나 주민들은 코웃음을 치면서 자신들의 언어로 날개 달린 병사들을 구해보라고 빈정거렸다. 날개 달린 병사가 쳐들어오지 않는 한 안전을 걱정할 일이 없다는 그들의 태도에 알렉산드로스는 병사들에게 상금을 내걸었다. 가장 먼저 바위산을 올라가는 병사에게 12달란트, 두 번째 사람에게는 11달란트, 세 번째는 10달란트, 이런 식으로 300다릭 daric[고대 페르시아의 금화로, 300다릭은 1달란트에 해당한다]이 걸린 열두 번째 병사까지 상금을 주겠다고 했다. 그러자 패기 넘치던 병사들의 사기는 더욱 치솟았다.

---

36 쿠르티우스(7.11)도 바위산 점령에 대해 설명했는데, 이 바위산을 아리아마제스라고 불렀다. 쿠르티우스는 바위산의 높이가 약 5490미터였다고 했는데 분명 과장되었을 것이다. 시기는 기원전 327년이었다.

마케도니아군은 앞선 포위공격에서 바위산을 올라본 경험이 있는 병사 약 300명을 모아 공격대를 꾸렸다. 병사들은 쇠로 된 작은 막사용 말뚝을 가져와 꽁꽁 얼어붙은 눈 위나 땅 위에 박고서 아마亞麻로 만든 튼튼한 밧줄을 묶었다. 그리고 어둠을 틈타 가장 가파른 암벽을 타기 시작했다. 그쪽이 수비가 가장 약하다는 사실을 경험으로 알고 있었기 때문이다. 그런 뒤 바위 또는 압력을 받아도 잘 버틸 만한 얼음에 말뚝을 박으면서 각자 길을 내어 기어올랐다. 이 위험한 등반에서 30여 명이 목숨을 잃었다. 떨어진 시체들은 여기저기 눈 속에 파묻혔기 때문에 시신을 찾아 묻어줄 수가 없었다. 이러한 과정을 거쳐 동이 틀 무렵이 되자 나머지 병사들은 꼭대기까지 올라가 바위산 정상을 차지했고, 알렉산드로스가 명령한 대로 천을 흔들어 성공을 알렸다. 그러자 알렉산드로스는 포고관을 지켜 자신이 날개 달린 병사들을 구해 이미 정상을 차지했으니 당장 항복하라는 말을 전하도록 했다. 포고관이 이 소식을 소리쳐 알릴 때 알렉산드로스는 바위산 꼭대기에 있는 병사들을 가리켰다.

이 예기치 못한 광경에 적군은 엄청난 충격에 휩싸였다. 사실 그들이 본 병사들의 수는 얼마 되지 않았지만 너무 놀란 나머지 완전무장을 한 대규모의 병사들이 정상을 차지한 것으로 착각하여 곧바로 투항했다. 포로 중에는 여성과 아이들도 많았는데 옥시아르테스의 아내와 딸들도 끼어 있었다. 특히 결혼 적령기에 이른 록사네라는 딸은 다리우스의 아내를 제외할 때 아시아에서 본 여성 중 가장 아름답다고 원정에 참가한 병사들이 칭송한 여성이었다. 알렉산드로스는 포로 신분인 록사네를 처음 본 순간 사랑에 빠졌지만 그녀를 강제로 범하지 않았으며, 자신을 낮추어 아내로 맞이했다.[37] 이러한 행동은 비난보다는 높이 평가할 만한 점이다.

아직 젊은 데다 온 세상을 발아래 두었다면 대부분의 사람들은 온갖 방자한 행동을 저지르기 마련이지만 알렉산드로스는 아시아에서 가장 아름다운 여성으로 칭송받던 다리우스의 왕후에게 열정을 품지 않았으며, 혹시 그런 감정을 느꼈다 해도 억눌렀음이 틀림없다. 그가 다리우스의 왕후를 존중하여 대단한 자제력을 발휘한 데에는 의심할 여지없이 좋은 평판을 얻고자 하는 욕망도 작용했을 것이다.[38]

다리우스의 왕후에 관해서는 이러한 이야기도 전한다.[39] 이수스 전투가 끝난 직후 왕후를 돌보던 환관이 가까스로 달아나 다리우스 진영에 도착했다. 다리우스는 가장 먼저 어머니와 아내 그리고 아이들이 살아 있는지를 물었고, 환관은 그들이 모두 무사할 뿐더러 다리우스가 왕위에 있을 때와 마찬가지로 극진하게 왕족의 대우를 받고 있다고 대답했다. 그러자 다리우스는 아내가 정절을 지키고 있는지 물었다. 환관은 그렇다고 대답했다.

"알렉산드로스가 왕비를 때리거나 능욕하지 않았다고?"

환관은 큰 소리로 맹세하며 대답했다.

"전하, 왕후님은 폐하가 떠나셨을 때와 똑같으십니다. 알렉산드로스는 어떤 유혹에도 견디는 최고의 남자입니다."

그러자 다리우스는 두 손을 하늘로 쳐들며 큰 소리로 기도했다고 한다.

---

37 록사네에 대한 감정이 어떠했든 간에 알렉산드로스는 이번 결혼으로 박트리아의 영주들을 회유할 수 있기를 기대했다.

38 다리우스의 왕후 스타테이라는 기원전 332년 초 아이를 낳다가 죽었다.(Plutarch, *Alexander* 30)

39 쿠르티우스(4.1.25~34)와 플루타르코스(*Alexander* 30)도 이 일을 다루었다. 플루타르코스는 대부분의 저자들이 이 일에 관해 이야기했다고 언급했다.

"이 세상의 왕들의 일을 명하시는 나의 신 제우스[40]여, 제게 주셨던 메디아와 페르시아 제국을 무사히 지켜주소서. 하지만 더 이상 저를 아시아의 왕으로 인정하지 않으신다면, 바라건대 부디 알렉산드로스가 아닌 다른 이에게 제 왕위를 넘기지 마소서."

이처럼 적이라 할지라도 고결한 행동에 대해서는 무심히 여기지 않았다.

딸들이 포로로 붙잡히고 알렉산드로스가 록사네에게 관심이 있다는 소식을 들은 옥시아르테스는 용기를 얻어 알렉산드로스 앞에 나갔다. 알렉산드로스는 이 행복한 상황에 걸맞게 옥시아르테스를 극진히 대접했다.

바위산을 정복함으로써 소그디아나에서의 작전은 성공적으로 마무리되었다. 알렉산드로스의 다음 진군지는 파레이타카이였다. 정탐병들은 많은 토병이 그 지역의 코리에네스 바위 요새를 지키고 있다고 했다.[41] 코리에네스 자신도 그 지역의 여러 거물과 함께 그 요새에 피신해 있었다. 높이 약 3688미터에 둘레가 11킬로미터에 이르는 이 바위산은 사방이 가팔랐다. 바위 표면을 깎아서 만든 하나의 길이 있었지만 워낙 좁고 험해서 적의 방해 작전이 없어도 병사들이 한 줄로 올라가야 하는 난감한 상황이었다. 게다가 깊은 협곡이 요새를 에워싸고 있기 때문에 평평한 땅을 딛고 공격할 수 있으려면 골짜기를 메워야 했다. 그러나 그 즈음 거둔 승리로 패기만만한 알렉산드로스는 자신이 발을 딛지 못할 곳은 없으며 자신을 막을 수 있는 요새

---

40 아후라 마즈다Ahura Mazda를 뜻한다. 플루타르코스는 다리우스가 '조상신을 불렀다'고 좀더 적절히 기술했다.

41 파레이타카이 부족은 옥수스 강과 약사르테스 강 사이에 살았다. 쿠르티우스(8.2.19)는 코리에네스를 시시미트레스Sisimithres라고 불렀다.

도 없다고 자신하면서 고난을 감수해야 하는 작업에 돌입했다. 먼저 병사들이 골짜기를 내려갈 수 있도록 산기슭에 무성한 키 큰 소나무들을 베어 사다리를 만들었다. 이 방법 외에는 골짜기 아래로 내려갈 방도가 없었다. 낮에는 알렉산드로스가 직접 감독하는 가운데 병사들의 절반이 작업했고 밤에는 근위대의 페르디카스, 레온나투스, 라구스의 아들 프톨레마이오스의 지휘 아래 나머지 절반의 병사들이 3교대로 작업했다. 작업하기에 불편한 장소인 데다 작업 자체도 고된 터라 전군이 총동원되었어도 낮에는 겨우 9미터 정도 메울 수 있었고 밤에는 더 진도가 더뎠다. 골짜기에서 가장 좁은 부분으로 내려간 병사들은 무게를 견딜 수 있도록 다리를 놓듯이 적당한 간격으로 말뚝을 박았다. 여기에 단단히 엮은 욋가지들을 얹고 그 위를 흙으로 덮었다. 이런 식으로 골짜기를 메움으로써 병사들은 평평한 바닥을 밟고 바위산 기슭까지 올라갈 수 있었다.

절대 불가능한 작업이라 판단한 적들은 비웃으며 무시했지만 어느덧 사정거리까지 작업이 진행되자 요새에서 투척 무기를 발사하기 시작했다. 그러자 마케도니아군은 차단막을 세우고 안전하게 작업을 이어 나갔다. 뜻밖의 상황에 직면한 코리에네스는 초조한 나머지 알렉산드로스에게 옥시아르테스를 보내달라는 전갈을 보냈다. 알렉산드로스는 요청을 수락했고, 코리에네스를 찾아간 옥시아르테스는 요새를 포기하고 알렉산드로스에게 항복하라고 충고했다. 더불어 알렉산드로스와 그의 병사들이 정복할 수 없는 곳은 이 세상에 없다고 단언하면서, 충성과 친선 협약에 관해서라면 알렉산드로스의 도의심과 공정함을 칭찬할 수밖에 없다고 했다. 그에 대한 증거는 수없이 많지만 무엇보다 자신에 대한 대우만으로도 충분하다는 것이다. 옥시아르테스에게 설득된 코리에네스는 친지와 친구들을 데리고 알렉산드로스를 찾아갔고, 우호적인 친선을 약속받았다. 알렉산드로스는 코리에네스를 자기 곁에 남기고 다른 이들을 요새로 보내어 전체 항복을 선언하도록 했다. 이에 요새를 지키고 있던 병사들은 무기를 버렸고, 알렉산드로스는 바위 요새를 구경하기 위해 500여 명의 근위병들을 데리고 직접 산을 올랐다. 알렉산드로스는 코리에네스를 최대한 배려하여 예전처럼 바위 요새의 지배권을 그에게 주어 영토를 다스리도록 해주었다.

그러나 포위공격을 진행하는 동안 겨울이 되었고, 알렉산드로스의 병사들은 쌓인 눈과 물자 부족으로 큰 고통을 겪고 있었다. 이에 코리에네스는 바위 요새 창고에서 곡식, 포도주, 말린 고기를 꺼내어 막사 또는 부대마다 나누어주었다. 이는 군 전체가 두 달간 먹을 만한 분량으로, 포위공격에 대비해 그들이 비축해두었던 식량의 10분의 1도 되지 않는 양이었다. 이 일로 알렉산드로스는 코리에네스를 더욱 존중하게 되었다. 더 이상 버틸 수 없어서 항복한 게 아니라 그의 정책 의지였음이 확인되었기 때문이다.

이제 알렉산드로스는 박트리아로 향했다. 크라테루스에게는 그의 부대를 포함하여 헤타이로이 600명, 알케타스, 폴리스페르콘, 아탈루스가 지휘하는 보병부대를 붙여주어 파레이타카이족 중 유일하게 항복을 거부하고 있는 카타네스와 아우스타네스의 군을 정벌하도록 했다. 격렬한 전투 끝에 크라테루스는 승리를 거두었다. 카타네스는 사망했고 아우스타네스는 포로로 잡혀 알렉산드로스에게 끌려왔으며, 그들이 지휘하던 토병 가운데 약 120명의 기병과 1500명의 보병이 사망했다. 승리를 거둔 크라테루스는 부하들을 이끌고 박트리아로 진군하여 알렉산드로스와 합류했다. 칼리스테네스와 시동들이 연루된 불미스런 사건이 발생한 곳이 바로 박트리아였다.

알렉산드로스는 봄이 끝나갈 무렵(기원전 327년) 기병대 3500명과 보병 1만 명으로 구성된 군대와 아민타스를 박트리아에 주둔시킨 뒤 인도 출정에 나섰다. 인도 캅카스 산맥을 넘은 지 열흘 후 첫 번째 박트리아 원정 때 파라파미사데족의 땅에 건설했던 도시 알렉산드리아에 도착했다. 당시 임명했던 총독이 무능하다고 판단한 알렉산드로스는 그를 해임했고, 주변 지역의 주민들과 전투가 버거운 병사들을 이곳에 정착시켜 도시 인구를 늘렸다. 헤타이로이 소속인 니카노르에게 정착에 관한 책임을 맡기고 파라파미사데족의 영토와 코펜 강(지금의 카불 강)에 이르는 나머지 지역의 총독으로 티리아스페스를 임명했다. 그런 뒤 니케아로 이동하여 아테네 여신에게 제사를 올린 후 코펜 강으로 행군했다. 알렉산드로스는 탁실레스[42]와 인더스 강 서쪽에 사는 인도인들에게 미리 전갈을 보내 각자 적당한 시간에 자신을 찾아오라고 지시했다. 탁실레스와 다른 부족장들은 소환에 응하여 자신의 영토에서 가장 귀한 선물을 가져왔고, 코끼리 25마리를 바치겠다는 뜻도 전했다.

이 즈음 알렉산드로스는 군을 나누었다. 헤파이스티온과 페르디카스에게 고르기아스, 클레이토스, 멜레아그로스의 부대, 헤타이로이의 절반, 용병대 전체를 내주고 인더스 강 쪽의 페우켈라오티스로 진군하도록 했다. 그리고 탁실레스와 다른 인도 부족장들도 함께 보내면서 진군 도중에 만나는 도시들은 무력으로든 협의로든 모두 정복한 뒤 인더스 강에 도착하면(아토크에서 북쪽으로 약 26킬로미터 떨어져 있는 오힌드) 강을 건널 준비를 하라고 지시했다. 강에 도착한 병사

---

42 라왈핀디 서북쪽의 번영한 도시 탁실라와 인더스 강과 히다스페스 강 사이 지역의 지배자. 탁실레스는 공식 직함이며, 이름은 옴피스Omphis(옴비Ambhi)였다. Curtius, 8.12.14 참조.

진흙으로 쌓은 알렉산드로스 사원 터.

알렉산드로스 사원 성소.

들은 알렉산드로스의 지시에 따랐다.

페우켈라오티스의 총독 아스테스는 반격하는 과정에서 목숨을 잃었고, 그가 지키려 했던 도시도 파괴되었다. 헤파이스티온이 포위 공격으로 페우켈라오티스를 점령하는 데는 30일이 소요되었다. 알렉산드로스는 죽은 아스테스의 후임으로 산가이오스에게 통치를 맡겼다. 그는 앞서 아스테스를 버리고 탁실레스에게 합류한 인물로, 알렉산드로스의 신임을 얻었다.

알렉산드로스의 다음 목적지는 아스파시아 족, 구라이아 족, 아사케니아 족의 영토였다.(지금의 바자우르와 스와트 땅. 알렉산드로스는 아토크 북쪽 지점의 인더스 강으로 향하고 있었다.) 알렉산드로스는 근위대, 헤파이스티온이 데려간 인원을 제외한 헤타이로이 전체, 소위 보병의 헤타이로이라 불리던 페제타이로이, 궁수들, 아그리아니아군, 창기병들을 이끌고 진군했다. 코에스 강을 끼고 내려가는 길은 험한 산길이었고, 강을 건너기도 쉽지 않았다. 일단 강을 건너자 알렉산드로스는 보병 본대에게 평소의 속도로 따르도록 하고는 자신은 기병들과 마케도니아 보병 약 800명을 이끌고 전속력으로 행군했다. 부근에 사는 주민들이 저항에 유리한 도시 또는 산에서 방어 계획을 짜고 있다는 소식을 입수했기 때문이다. 이 원정길에서 만난 첫 번째 도시에서는 도시 바깥에 배치된 군대를 공격하여 적병들을 성 안으로 몰아넣었다. 이 과정에서 적이 쏜 화살이 알렉산드로스의 갑옷을 뚫고 어깨에 박혔으나 갑옷 덕분에 상처가 깊지는 않았다. 라구스의 아들 프톨레마이오스와 레온나투스도 부상을 당했다. 알렉산드로스는 가장 취약해 보이는 성벽 맞은편에 진을 치고 이튿날 새벽 다시 공격에 나섰다. 도시는 이중 성벽으로 둘러싸여 있었는데, 허술하게 지어진 외벽은 어렵지 않게 부술 수 있었다. 적들은 안쪽 성벽에서 잠시 저항했지만 일단 벽에 사다리가 걸리고 투척 무기의 집중적인 공격에 사상자가 속출하자 도시를 버리고 산으로 달아났다. 후퇴하던 적들의 일부는 죽음을 면치 못했고 포로들조차 알렉산드로스의 부상에 대한 복수로 잔인하게 살해되었다. 그러나 많은 수가 멀지 않은 산으로 숨어들었다. 알렉산드로스는 도시를 파괴한 뒤 다음 도시(안다카)로 이동했다. 안다카는 곧바로 백기를 들었다. 알렉산드로스는 크라테루스와 보병 지휘관들을 주둔시켜 상황에 맞게 정비한 뒤 저항하는 인근 도시들을 모두 정벌하라고 지시했다. 자신은 에우아스플라 강으로 진로를 택하여 근위대, 궁수, 아그리아니아군, 코이누스와 아탈루스의 부대, 정예 기병부대, 나머지 헤타이로이 4개 부대, 궁기병들을 이끌고 진군을 계속했다. 이틀째 되는 날 아스파시아의 총독이 있는 도시에 도착했다. 이에 앞서 알렉산드로스가 오고 있다는 소식을 접한 주민들은 도시에 불을 지르고 산으로 도망쳤고, 마케도니아 병사들은 집요하게 그들의 뒤를 쫓았다. 추격을 따돌릴 만한 험준한 산간에 이르기도 전에 많은 주민이 목숨을 잃었다.

라구스의 아들 프톨레마이오스는 추격전 끝에 그 지역의 부족장을 발견했다. 그러나 이미 산에 당도한 부족장은 약간의 호위병들과 함께 깊은 산속으로 들어가고 있었다. 그들보다 적은 병사를 이끌고 있던 프톨레마이오스는 부족장을 향해 말을 몰았지만 산이 가파르고 험해서 더 이상 말을 이용할 수가 없었다. 결국 프톨레마이오스는 병사에게 자신의 말을 맡기고 두 발로 부족장을 뒤쫓았다. 달아나기 급급했던 부족장과 호위병들은 프톨레마이오스가 접근하는 모습을 보자 갑자기 방향을 돌려 공격을 시도했다. 싸움 끝에 부족장의 긴 창이 프톨레마이오스의 가슴을 찔렀으나 갑옷을 뚫진 못했다. 이 틈에 프톨레마이오스는 부족장의 허벅지를 정통으로 찔러 쓰러뜨린 뒤 옷을 벗겼다. 부족장이 쓰러진 모습을 본 그의 호위병들은 등을 돌려 달아났다. 그러나 주변에 있던 다른 인도인들은 부족장의 시체를 가져가는 프톨레마이오스를 향해 덤벼들었다. 시체를 두고 치열한 싸움이 전개될 때 알렉산드로스는 산에서 그리 멀지 않은 언덕에서 기병들과 있었고, 즉시 육탄전에 합류하여 인도인들을 산으로 쫓아내고 부족장의 시체를 차지할 수 있었다.

산맥을 넘은 뒤 알렉산드로스는 아리가이움[43]이라는 정착지에 도착했다. 주민들은 이미 도시를 불태우고 떠난 상태였지만 알렉산드로스는 이곳을 장악했고, 알렉산드로스의 지시를 모두 성공적으로 수행한 크라테루스와 병사들이 곧 합류했다. 도시 터전이 좋다고 판단한 알렉산드로스는 크라테루스에게 도시 방비를 강화하도록 한 뒤 이곳에 살기를 원하는 인근 주민들과 지친 병사들을 정착시키도록 했다. 이 일이 마무리되자 알렉산드로스는 대부분의 토병들이 집결하여 방어 준비를 하고 있는 지점으로 출발했다. 그리고 어느 산맥의 작은 산에서 행군을 멈추었다.

이곳에 알렉산드로스가 진을 치고 있는 동안 소규모 병사들을 데리고 식량을 징발하러 나갔던 프톨레마이오스가 돌아왔다. 그는 일대를 정찰하던 중 적의 모닥불들을 발견했으며, 모닥불의 수로 판단할 때 병력이 아군보다 많은 것 같다고 보고했다. 모닥불의 숫자는 계략이라고 확신한 알렉산드로스는 이를 무시하고 진격하기로 결정했다. 우선 진을 친 산기슭에 일부 병력을 남긴 후 보고받은 상황에 대응하기에 충분한 군을 이끌고 나섰다. 모닥불이 보이는 곳까지 다가가자 알렉산드로스는 군을 세 부대로 나누었다. 아탈루스와 발라

---

43 '아마도 지금의 바자우르의 수도인 나와가이일 것이다.'(Fuller, 126)

크루스의 부대로 이루어진 첫 번째 군은 근위대의 레온나투스에게 지휘를 맡겼다. 근위대, 필리포스와 필로타스의 부대들, 궁수 2개 부대, 아그리아니아군, 기병 절반으로 구성된 두 번째 군은 라구스의 아들 프톨레마이오스에게 맡겼다. 그리고 마지막 세 번째 군은 자신이 직접 이끌고 적병이 가장 많이 모여 있을 만한 지점을 향해 진격했다.[44]

인도인들은 많은 병사를 거느리고 있었고 아래가 내려다보이는 유리한 고지에 있었기 때문에 패기에 차 있었다. 그들은 다가오고 있는 마케도니아군 병력이 많지 않은 것을 확인하자 고지에서 벗어나 마케도니아군을 향해 달려들었다. 곧 치열한 전투가 벌어졌고, 알렉산드로스가 싸운 지점에서는 쉽게 결판이 났다. 프톨레마이오스의 부대는 적이 산을 차지하고 있다는 점을 감안하여 평지에서 공격이 벌어질 때까지 기다리지 않고 가장 취약해 보이는 지점을 향해 종대로 돌격했다. 프톨레마이오스는 병사들에게 산을 둘러싸게 하되 적병들이 도망치려 할 경우 빠져나갈 틈을 만들어두었다. 적의 진지는 진압이 어려운 위치에 있는 데다 적병들은 그 지역의 부족들 가운데 가장 뛰어나고 용감한 전사들이었기 때문에 싸움은 격렬했다. 하지만 그들 역시 산에서 쫓겨났다. 뿐만 아니라 레온나투스가 이끄는 세 번째 군도 승리를 거두었다. 프톨레마이오스에 따르면 4만 명이 넘는 포로를 붙잡았고 황소를 23만 마리나 빼앗았다. 알렉산드로스는 경작용으로 부릴 만한 우량하고 잘생긴 황소들을 골라 마케도니아로 보내고 싶다고 했다.

---

44 레온나투스에게는 아탈루스의 보병대대와 발라크루스의 창병들을, 프톨레마이오스에게는 경보병으로 보이는 필로타스의 보병대대와 필리포스의 부대를 주었다. Tarn, *Alexander* 2.144 참조.

이제 알렉산드로스는 아사케니아족의 영토로 행군했다. 아사케니아족은 기병 2000명, 3만 명이 넘는 보병, 코끼리 30마리를 동원하여 저항할 준비를 갖춘 상태였다. 알렉산드로스의 군은 헤타이로이, 창기병, 코이누스와 폴리스페르콘의 부대들, 수천 명의 아그리아니아군, 궁수들로 구성되었다. 한편 정착 문제를 처리하기 위해 아리가이움에 남았던 크라테루스가 도시의 요새화 작업을 마친 뒤 중무장한 부대들을 이끌고 합류했는데, 대비용으로 공성 무기들을 싣고 왔다. 알렉산드로스는 구라이아족의 땅을 지나 구라이아 강에 도착했다. 강은 수심이 깊고 물살이 빨라서 건너기 어려워 보였으며 강바닥에는 크고 둥근 돌들이 깔려 있어 발을 딛기도 위험했다. 반면 알렉산드로스군이 다가오는 것을 본 토병들은 힘을 합쳐 대적하기를 포기하고 각자의 마을을 지키기 위해 또는 고향을 구하기 위해 뿔뿔이 흩어졌다.

알렉산드로스는 먼저 인근에서 가장 큰 도시인 마사가(도시의 위치는 밝혀지지 않았다)를 치러 나섰다. 알렉산드로스가 성벽으로 다가가자 인도 내륙에서 모집한 7000여 명의 용병들을 거느리고 자신만만해 있던 적들은 마케도니아군이 진을 치는 광경을 보자 맹렬히 공격에 나섰다. 상황을 살펴본 알렉산드로스는 도시 가까운 지점에서 전투가 벌어지리라 예상하고 적이 패배할 경우(알렉산드로스는 승리를 확신했다) 성벽 안으로 퇴각하지 못하도록 가능한 한 멀리 유인하기로 했다. 이에 따라 적병들이 도시 밖으로 돌진하기 시작하자 마케도니아군이 원래 진을 치려고 했던 곳에서 약 1.6킬로미터 후방으로 물러나라고 지시했다. 이 모습을 본 적군은 마케도니아군이 달아난다고 생각하여 사기충천하여 돌진했다. 마케도니아 병사들이 적의 사정거리에 닿자 알렉산드로스는 밀집 대형을 이루고 있던 마케도니아군에게 뒤로 돌아 응전하라는 신호를 보냈다. 창기병, 아그리아니아군, 궁수들이 가장 먼저 전투에 돌입했고 알렉산드로스는 보병의 선두에 서서 진격했다. 뜻밖의 반전을 맞아 혼란에 빠진 인도인들은 근접전이 벌어지자 전투력을 잃고 도시로 퇴각하기 시작했다. 이 과정에서 약 200명의 전사자가 발생했다. 알렉산드로스는 성벽 가까운 지점에서 보병들을 지휘하다가 발목에 화살을 맞았지만 부상은 경미했다.

다음 날 알렉산드로스는 공성 장비들을 동원하여 어렵지 않게 성벽에 틈을 냈다. 그러나 틈 사이로 마케도니아 병사들이 진입하려 하자 인도군의 완강한 반격에 부딪혀 공격은 일시 중단되었다. 이튿날은 성벽 아래에서 더 강한 공격을 벌였다. 나무 탑을 세우고 그 위로 올라간 궁수들의 화살 공세로 위력을 더했고 투석기까지 동원되자 적들은 옴짝달싹하지 못했다. 그런데도 마케도니아군은 성벽 안으로 들어갈 수 없었다.

사흘째 되던 날, 알렉산드로스는 다시 한 번 보병들을 공격에 투입했고 공성 장비로 성벽의 틈에 다리를 걸쳤다. 알렉산드로스는 티레 성 점령 당시에도 이 전략을 구사했는데, 그때 자신과 함께했던 근위대를 이끌고 다리를 건넜다. 그런데 사기충천하여 우르르 돌진하는 병사들의 무게를 견디지 못하고 다리가 무너지는 바람에 많은 병사가 추락하고 말았다. 성벽에서 이 광경을 지켜보던 적들은 환호하면서 투척 무기를 퍼부었고(돌, 화살, 그 외에 손에 잡히는 것들을 닥치는 대로 던졌다) 다른 병사들은 탑들 사이의 작은 문으로 몰려나와 쓰러져 있는 마케도니아 병사들에게 덤벼들었다.

이런 상황에서 알렉산드로스는 알케타스의 부대를 보내 부상자들을 데려오게 하고 아직 전투 중인 병사들은 불러들였다. 나흘째에도 같은 과정이 반복되었다. 다른 공성 장비로 다리를 놓았다.

인도인들은 부족장이 살아 있는 동안은 용맹하게 싸웠으나 투석기에서 날아온 무기에 맞아 부족장이 사망한 데다 나흘간 계속된 포위공격으로 많은 병사가 전사하거나 다치거나 싸울 수 없는 상태에 이르자 알렉산드로스에게 휴전을 요청했다. 알렉산드로스는 용감한 자들을 죽이고 싶지 않았기 때문에 인도 용병들이 알렉산드로스군으로서 복무한다는 조건으로 제안을 수락했다. 이에 따라 용병들은 무기를 들고 도시에서 나왔지만 마케도니아의 진지 맞은편 산에 따로 진영을 마련했다. 알렉산드로스의 기대와 달리 인도인들과 맞서 싸우고 싶지 않았던 용병들은 밤을 틈타 각자의 고향으로 달아날 속셈이었다. 그러나 그들의 계획을 알아챈 알렉산드로스는 그날 밤 군 전체를 동원하여 산을 둘러싼 채 용병들을 가두고 몰살했다.[45] 그러고 나서 알렉산드로스는 무방비가 된 도시를 점령했다. 포로 가운데는 아사케누스의 어머니와 딸도 있었다.[46] 이번 포위 작전에서 전사한 알렉산드로스 병사는 25명 정도였다.

알렉산드로스는 코이누스를 바지라로 보냈다. 바지라 사람들이 마사가의 운명을 알게 되면 항복하리라는 생각에서였다. 그리고 기병대 지휘관들인 아탈루스, 알케타스, 데메트리우스를 오라로 보내 자신이 도착할 때까지 도시 둘레에 성벽을 쌓아 봉쇄하라고 지시했다. 오라의 인도인들은 알케타스의 군대에게 반격을 시도했으나 결국은 성 안으로 물러나야 했다. 한편 바지라로 간 코이누스는 성과가

---

45 디오도로스(17.84)는 이 중대한 배신행위를 이유 없이 용병들을 공격한 알렉산드로스의 탓으로 돌렸다. Plutarch, *Alexander* 59.3~4 참조.

46 디오도로스(loc. cit)와 쿠르티우스(8.10.22)는 아름다운 왕후 클레오피스가 왕국으로 돌아갔다고 전한다. 알렉산드로스가 그녀와의 사이에 아들을 얻었다는 이야기도 있다.

좋지 않았다. 주민들이 도시의 유리한 입지(꽤 높은 곳에 자리 잡은 데다 사방이 튼튼하게 요새화되어 있었다)에 힘입어 항복할 기미를 보이지 않았기 때문이다.

이 소식을 들은 알렉산드로스는 곧바로 바지라로 출발했다. 하지만 부근의 일부 인도인들이 아비사레스의 지시를 받고 몰래 오라로 들어가려 한다는 보고를 받자 방향을 틀었다.[47] 알렉산드로스는 오라를 첫 목적지로 정하고, 코이누스에게는 바지라 바깥에 작은 요새를 지어 바지라 주민들이 주변 지역을 활보하지 못하도록 수비대를 배치한 뒤 나머지 병사들을 이끌고 합류하라고 지시했다.

코이누스의 병사들 대다수가 떠나는 모습을 본 바지라의 인도인들은 자연히 마케도니아군을 얕잡아보았다. 마케도니아군이 자신들의 상대가 되지 않는다고 확신한 인도인들은 우르르 몰려나와 격렬한 싸움을 전개했다. 이 교전에서 인도인 약 500명이 목숨을 잃고 70명 이상이 포로로 붙잡혔으며 나머지는 도시 안으로 달아났다. 이 사건 이후 요새의 수비대는 인도인들이 주변 지역과 연락을 취할 수 없도록 더욱 엄중히 감시했다.

오라에서의 포위공격은 손쉬운 편이었다. 실제로 알렉산드로스는 단 한 번의 공격으로 도시를 점령했고 주민들이 남겨둔 코끼리도 차지했다.

오라가 함락되었다는 소식을 듣자 바지라의 인도인들은 더 이상 진지를 지키기 어렵다고 판단하고 어둠을 틈타 도시를 버리고 떠났다. 이 선례를 따라 인근의 다른 주민들도 너나 할 것 없이 도시를 떠

---

47 Sir Aurel Stein, *On Alexander's Track to th Indus*(London, 1929) 43, 59ff에 따르면 바지라는 비르코트Bir-kot와, 오라는 우데그람Ude-gram이다.

나 아오르노스 바위산으로 피신했다.[48] 아오르노스는 제우스의 아들 헤라클레스도 정복하지 못했다는 이야기가 전해지는 어마어마한 바위산이었다.[49] 사실 테베의 헤라클레스 또는 티레나 이집트의 헤라클레스가 실제로 인도에 갔다고 확신하기 어렵다. 나 역시 헤라클레스가 인도에 가지 않았다고 생각한다. 사람들은 극복하기 어려운 문제를 만났을 때 실제보다 훨씬 더 부풀리고 싶어하는 경향이 있기 때문에 헤라클레스도 이 부분을 극복하지 못했다는 전설을 만들어냈을 것이다. 다시 말해 이 바위산을 좀더 위압적인 곳으로 표현하기 위해 헤라클레스의 이름을 끌어들였다고 생각한다. 아오르노스 산은 둘레가 약 40킬로미터이고 높이는 봉우리 부분을 빼고도 약 2440미터에 가까웠다. 올라가는 길은 바위 표면을 깎아서 만든 험한 외길밖에 없었다. 산꼭대기의 샘에서는 깨끗한 물이 흘러넘쳤고 숲과 1000명이 경작할 만한 비옥한 농토도 있었다.

이 경이로운 산에 대한 설명을 듣자 알렉산드로스는 정복욕에 휩싸였다. 특히 헤라클레스에 관한 전설이 그를 부추겼다.[50]

알렉산드로스는 주변 지역의 질서를 유지하기 위해 오라와 마사가를 요새화했고, 바지라는 완전히 요새로 만들었다. 헤파이스티온과 페르디카스는 오로바티스라는 또 다른 도시를 요새로 만들고 수비대를 배치한 뒤 인더스 강으로 출발했다. 강에 도착한 뒤에는 알렉

---

48 1926년 스테인(op.cit., 129ff)은 피르사르Pir-Sar 산으로 확인했다. 아토크에서 북쪽으로 약 120킬로미터 떨어져 있는 이 산은 인더스 강을 내려다보고 있으며 해발 2134미터를 약간 넘는 평정봉이다. Fuller, 248~254 참조.

49 이 전설에 대해서는 디오도로스(17.85)와 쿠르티우스(8.11.2) 참조. 아리아노스는 헤라클레스에 관한 다른 전설도 이야기했다.

50 풀러는 이 산의 전략적 중요성과 이곳을 점령했을 때 주변의 인도 부족들에게 미칠 영향에 대해 이야기했다.

산드로스의 지시대로 다리를 놓기 시작했다. 헤타이로이의 일원인 니카노르는 인더스 강 서쪽 영토의 총독으로 임명되었다.

아오르노스 산을 향해 행군을 시작한 알렉산드로스는 인더스 강 쪽으로 출발했다. 가는 도중에 강에서 그리 멀지 않은 페우켈라오티스(아마도 간다라의 수도 차르사다일 것이다)라는 도시를 항복시킨 뒤 필리포스가 지휘하는 마케도니아 병사들을 주둔시켰다. 그 외에도 강 유역의 여러 지역이 알렉산드로스의 수중에 들어왔다. 알렉산드로스는 지역의 부족장인 코파에우스와 아사게테스를 행군에 동행시켰다. 이제 아오르노스 산에서 가까운 도시인 엠볼리마에 도착하자 알렉산드로스는 군의 일부를 크라테루스에게 맡기고 장기간 버티는 데 필요한 갖가지 물자들을 충분히 비축하라고 명령했다. 공격으로 바위산을 차지할 수 없을 경우 엠볼리마를 기지로 삼아 장기적인 포위 작전으로 아르노스 산에 숨은 인도인들의 저항을 조금씩 와해할 셈이었다. 이제 알렉산드로스는 궁수들, 아그리아니아군, 코이누스의 보병대, 무장이 완벽하고 기민한 또 다른 보병 부대, 200명의 헤타이로이, 100명의 궁기병들을 이끌고 바위산을 향해 진군했다.

알렉산드로스는 날이 저물기 전에 적당한 장소에서 행군을 멈추었고, 이튿날에는 조금 더 멀리 전진하고 나서 쉬었다. 이때 일부 주민들이 알렉산드로스가 머무는 곳으로 찾아와 뵙기를 청했다. 그들은 알렉산드로스에게 굴복의 뜻을 전한 뒤 바위산에서 가장 취약한 지점을 안내해주겠다고 했다. 그곳이라면 어렵지 않게 공격 진지를 확보할 수 있을 것이라는 말에 알렉산드로스는 제안을 받아들여 호위대 소속인 라구스의 아들 프톨레마이오스에게 아그리아니아군, 그밖의 경보병대, 근위대의 정예부대를 이끌고 안내자들을 따라가서 진지를 확보한 뒤 철저히 수비하라고 명했다. 그리고 성공할 경우 신호를 보내 알리도록 했다.

험한 경로였지만 프톨레마이오스는 적에게 들키지 않고 무사히 진지에 도착했다. 그는 당장 도랑을 파고 방책을 세워 안전을 확보한 뒤 알렉산드로스가 확실히 볼 수 있을 만한 고지에서 봉화를 올렸다. 바로 봉화를 확인한 알렉산드로스는 다음 날 진군을 시작했다. 그러나 적군의 강한 저항에 부딪친 데다 지형이 너무 험해서 한동안 별 성과를 거둘 수 없었다. 인도인들은 알렉산드로스의 공격 효과가 대단치 않다는 사실을 깨닫자 프톨레마이오스 쪽으로 관심을 돌려 공격에 나섰다. 전 병력을 합세한 인도인들은 방어벽을 허물기 위해 온갖 방법을 동원했고 프톨레마이오스는 진지를 사수하기 위해 전력을 다했다. 결국 마케도니아군이 퍼붓는 투척 무기의 위력에 눌린 인도인들은 해질 무렵 퇴각할 수밖에 없다.

알렉산드로스는 인근 지리를 잘 아는 인도인 탈주병 가운데 믿을 만한 인물을 전령으로 뽑아 어두울 때 프톨레마이오스에게 서신을 보냈다. 프톨레마이오스에게 내린 지시는 현재 차지하고 있는 진지를 지키는 데 주력하지 말고 선제공격을 하라는 것이었다. 프톨레마이오스와 자신이 동시에 공격하여 인도인들을 양쪽에서 협공하자는 전략이었다. 알렉산드로스는 이튿날 동틀 무렵에 출발하여 프톨레마이오스가 앞서 올랐던 길로 향했다. 그 길을 통과해 프톨레마이오스와 합류하기만 하면 나머지 작전은 비교적 손쉬울 것이라 판단했다. 모든 상황이 예상대로 진행되었다. 마케도니아군은 위로 올라가려고 안간힘을 썼고 인도인들은 모든 투척 무기를 퍼붓는 사투가 정오까지 이어졌다. 마케도니아군의 선두 대열은 뒤따르는 중대들이 합류할 때까지 기다리면서 한 중대씩 차례로 비탈을 올랐고, 마침내 해가 넘어갈 무렵 프톨레마이오스의 군과 합류했다. 이제 하나가 된

군 전체는 바위산 공격을 시도했다. 하지만 공격은 수포로 돌아갔고, 그날은 성과 없이 날이 저물었다.

다음 날 새벽, 알렉산드로스는 모든 병사에게 100개씩 말뚝을 만들어 현재 진을 치고 있는 산마루에서 아오르노스 산 쪽으로 높은 토루를 쌓도록 했다. 토루 위로 올라가면 바위산의 수비대들이 화살과 투석기의 사정거리에 들 것이라 판단한 것이다. 전 병력이 이 작업에 동원되었을 뿐만 아니라 알렉산드로스도 직접 작업을 감독하면서 병사의 잘잘못을 가려 상벌을 내렸다.

첫날에 토루를 180미터 정도 쌓을 수 있었고, 이틀째에는 이미 완공된 지점에 궁수들과 투석병들이 올라가서 적군의 공격을 방어했다. 사흘째가 되자 적당한 높이로 토루가 완성되었고, 나흘째에는 소수의 마케도니아 병사들이 바위산과 같은 높이의 또 다른 고지를 점거했다. 알렉산드로스는 즉시 이 새로운 진지까지 연결되도록 토루를 확장시키라고 했다.

두 번째 고지를 차지한 것은 인도인들이 미처 생각지 못한 대담한 작전으로, 그들은 크게 동요되었다. 더욱이 완성된 토루가 다른 고지로 이어지는 모습을 확인하자 저항의지를 버리고 조건부로 바위산을 넘겨주겠다는 제안을 했다. 사실 그들은 협상을 질질 끌다가 밤사이에 달아나 고향으로 흩어질 작정이었고, 이러한 의도를 간파한 알렉산드로스는 그들이 달아날 충분한 시간을 주고 바위산 전체에 배치했던 초계병들을 철수시켰다. 그리고 인도인들이 철수할 때까지 기다렸다가 700명의 근위대와 호위대를 이끌고 무장해제된 바위산으로 향했다. 알렉산드로스가 가장 먼저 그곳에 발을 들여놓았고, 병사들은 서로 끌어주면서 뒤따랐다.

신호가 떨어지자 마케도니아 병사들은 퇴각하는 인도인들을 공격하기 시작했다. 많은 인도인이 이 과정에서 목숨을 잃었고, 자포자기의 심정으로 낭떠러지에 몸을 던진 자들도 있었다.

이렇게 해서 알렉산드로스는 헤라클레스마저 좌절시킨 바위산을 손에 넣게 되었다. 그는 바위산 꼭대기에서 제사를 올린 뒤 그곳에 병사들을 주둔케 하고 시시코투스라는 인도인에게 관리를 맡겼다. 시시코투스는 예전에 박트리아에서 베수스에게 달아났으나 알렉산드로스가 박트리아를 정복하자 그의 밑에서 일하며 신임을 얻은 인물이다.

알렉산드로스는 이제 아오르노스 산을 떠나 아사케니아족의 영토로 들어갔다. 아사케누스의 동생이 다수의 주민들과 코끼리를 데리고 그 지역의 산으로 숨어들었다는 보고를 받았기 때문이다. 디르타라는 도시에 도착하자 인근 지역과 마찬가지로 주민들은 모두 떠난 상태였다. 다음 날 알렉산드로스는 네아르쿠스에게 경보병대와 아그리아니아군을 붙이고, 안티오쿠스에게는 자신의 근위대와 다른 부대 두 개를 붙여 정찰을 내보냈다. 그리고 주민들이 보이면 잡아서 심문을 하되, 특히 그의 가장 큰 관심사였던 코끼리에 대한 정보를 캐내도록 했다.

이제 알렉산드로스는 인더스 강으로 향했다. 지대가 험한 편이어서 병사들은 길을 만들며 나아가야 했다. 도중에 사로잡은 원주민으로부터 이 지역의 인도인들이 아비사레스(카슈미르의 지도자)에게 도망쳤으며 코끼리들은 본래 살던 강가에서 풀을 뜯어먹도록 남겨두고 갔다는 사실을 알아내었다. 알렉산드로스는 안내자를 앞세워 코끼리가 있는 곳으로 갔다.

대개 인도인들은 코끼리 사냥을 했으며, 알렉산드로스는 자신의 수행단에 그런 코끼리 사냥꾼이 포함되길 원했다. 이에 따라 알렉산드로스는 안내자들과 함께 인도인들이 남겨두고 간 코끼리 사냥에 나섰다. 사냥 과정에서 코끼리 두 마리가 절벽 아래로 떨어져 죽었지만 나머지는 모두 포획할 수 있었다. 코끼리들은 몰이꾼들과 함께 마케도니아군 소속이 되었다.

강 근처에는 우거진 숲이 있었는데, 목재의 품질이 우수해서 나무를 베어 배를 만들게 했다. 그리고 헤파이스티온과 페르디카스가 강 하류에 완공해놓은 다리까지 배들을 끌고 갔다.

The Campaigns
of Alexander

5권

알렉산드로스가 먼저 입을 열었다. "내가 그대에게 어떻게 해주길 원하는가?" 그러자 포루스가 대답했다. "왕으로 대하라." 알렉산드로스는 이 대답에 만족하며 말을 이었다. "그렇게 하겠다. 그런데 자신을 위해 원하는 건 없는가? 말하라." "이 하나의 요구에 모든 것이 들어있다." 이 위엄 있는 대답에 더욱 만족한 알렉산드로스는 포루스에게 왕국을 계속 통치하도록 했고 더 넓은 영토까지 얹어주었다. 이렇게 알렉산드로스는 용맹한 자를 왕으로 세웠고, 그 이후 포루스는 모든 면에서 충직한 친구가 되었다.

알렉산드로스가 거쳐간 코펜 강과 인더스 강 사이에는 디오니소스가 인도인들을 정복하고 건설한 것으로 알려진 니사라는 도시가 있었다.[1] 하지만 이 디오니소스가 누구인지, 언제 인도를 침략했는지, 출발지가 어디였는지 아는 사람은 아무도 없다. 나 또한 이 테베의 신이 군대를 이끌고 테베와 리디아의 트몰루스 중 어디에서 인도로 행군했는지, 당시 그리스인들에게 알려진 바 없는 수많은 호전적인 부족의 영토를 어떻게 통과하여 오로지 인도인들만을 상대로 정복했는지에 대해서는 알지 못한다.[2] 그러나 신에 관한 고대의 전설이 실제로 어느 지역에 해당되는지 너무 세세하게 파고들어선 안 된다. 일단 신을 이야기에 끌어들이면 이성적으로는 받아들일 수 없는 사

---

1 아리아노스는 인도의 전설적인 지역의 왕과 관련하여 전해지는 이야기에 대한 자신의 입장을 명확히 밝히기 위해 일부러 알렉산드로스가 인더스 강을 건너는 시점에서 이 이야기를 했다. 니사는 아마도 잘랄라바드 근방의 카불 계곡에 위치했던 것으로 보인다. 쿠르티우스(8.10.7~18)는 아리아노스가 4권에서 언급한 사건을 다룬 직후에 알렉산드로스의 니사 방문을 다루었다. 여기에 관한 디오도로스의 진술은 남아 있지 않지만 목차를 참조할 수 있다.

2 디오니소스에 관해서는 스트라보(15.1.7)의 진술 참조.

건일지라도 어느 정도의 개연성을 지니게 마련이니 말이다.

니사 시민들은 알렉산드로스가 다가오고 있다는 소식을 듣자 부족장 아쿠피스와 가장 명망 있는 인물 30명을 보내 자신들의 도시를 신의 뜻에 맡긴다는 의사를 표명하기로 했다. 사절들이 막사 안으로 들어갔을 때 알렉산드로스는 기나긴 행군으로 먼지를 뒤집어쓴 지저분한 모습으로 앉아 있었는데, 아직 투구를 벗지 않은 채 손에는 창을 들고 있었다. 그런 알렉산드로스의 모습에 압도된 사절들은 바닥에 꿇어 엎드린 채 한동안 아무 말도 하지 못했다. 알렉산드로스가 사절단을 일으켜 세우며 무서워하지 말라고 하자 아쿠피스가 다음과 같이 간청했다.

"전하, 니사 시민들은 전하께서 저희를 독립적인 자유민으로 남겨두시어 디오니소스에 대한 존경심을 보여주시길 바라고 있습니다. 이 도시는 디오니소스가 인도인들을 정복한 뒤 그리스 해의 본국으로 돌아갈 때 긴 여정과 승리를 기념하기 위해 지은 곳입니다. 디오니소스는 전투가 불가능한 부하들을 이곳에 살게 했는데, 그들은 디오니소스의 사제들이기도 했습니다. 디오니소스는 전하와 같은 일을 이루셨습니다. 전하 또한 캅카스와 이집트에 알렉산드리아를 건설하셨고 그 외에도 많은 도시를 세우셨습니다. 이제 전하의 업적은 디오니소스를 능가하여 앞으로도 더 많은 도시를 건설하실 것입니다.

디오니소스는 자신의 유모 니사를 기리기 위해 도시의 이름을 니사로 하고, 이 땅의 이름을 니사이아로 지었습니다. 그리고 도시 근처의 산은 메루스(또는 타이)라고 지으셨지요. 디오니소스가 제우스의 허벅지에서 자라났다는 전설이 있기 때문입니다. 그 이후로 니사는 줄곧 자유 도시였습니다. 이곳에 사는 우리가 자체적으로 법을 만들었고 선민들이 그러하듯이 그 법을 지켰습니다. 디오니소스가 우리

도시의 창설자라는 증거를 원하신다면 인도에서 유일하게 담쟁이덩굴이 자라는 곳이 니사라는 점을 말씀드립니다."

알렉산드로스는 아쿠피스의 발언에 일리가 있다고 생각했다. 자신은 이미 디오니소스만큼 멀리까지 왔고 곧 더 멀리 나아가리라는 사실에 만족했을 테니 디오니소스의 여정과 니사 건설에 관한 옛 전설을 믿고 싶었을 것이다. 뿐만 아니라 마케도니아 병사들도 디오니소스와 경쟁한다는 인식을 갖게 된다면 이 고생을 좀더 오랫동안 견뎌낼 것이라 생각했다. 그리하여 알렉산드로스는 니사 시민들이 자유와 자치를 계속 누리도록 허용했다.

알렉산드로스는 니사의 제도가 어떠한지 물었고, 정부가 귀족정 방식이라는 사실에 호의를 표했다. 그리고 원정에 함께할 기병 300명과 지배계층(공교롭게도 역시 300명이었다) 가운데 가장 뛰어난 사람

니사(아프가니스탄) 유적.

100명을 뽑아 보낼 것을 요구했다. 이어서 아쿠피스를 니사이아 총독으로 임명하면서 귀족들을 선별하도록 지시했다. 이러한 요구에 아쿠피스는 미소를 지었다. 알렉산드로스가 웃는 이유를 묻자 그는 이렇게 대답했다고 한다.

"전하, 한 도시가 100명의 인재를 잃고 어떻게 잘 통치될 수 있겠습니까? 기병 300명을 보내드리겠습니다. 원하신다면 더 보내드리지요. 하지만 전하께서 진심으로 저희를 생각하신다면 저에게 선택하라고 한 유능하고 뛰어난 시민 100명 대신 그보다 못한 사람들을 두 배로 데려가시길 간청드립니다. 다음에 다시 이곳에 오셨을 때 지금처럼 잘 다스려지고 있는 것을 보실 수 있도록 말입니다."

알렉산드로스는 현명한 요청이라 판단하여 기병들은 받아들이고 100명의 인재나 이들을 대체할 인재들은 요구하지 않았다. 그러나 아쿠피스는 자신의 아들과 손자를 보냈다.

한편 디오니소스와 관련된 곳으로서 니사 시민들이 매우 자랑스러워하는 장소가 있었다. 알렉산드로스는 그곳에 직접 가보고 싶었다. 헤타이로이와 보병 근위대를 대동하고 메루스 산에 올라 무성하게 자란 담쟁이덩굴과 월계수, 산을 뒤덮은 갖가지 나무들, 온갖 사냥감들이 우글대는 울창한 숲을 보고 싶은 마음이 간절했다. 그리하여 일행은 산으로 출발했고, 마케도니아인들은 오랫동안 보지 못했던 담쟁이덩굴을 보면서 즐거워했다.(그때까지 인도 어느 곳에서도, 심지어 포도가 자라는 지역에서조차 담쟁이덩굴을 볼 수 없었다.) 마케도니아인들은 당장 담쟁이덩굴로 화관을 만들어 머리에 쓰고는 디오니소스를 찬양하는 노래를 부르고 신의 이름을 외쳐댔다. 알렉산드로스는 신성한 장소에 제물을 바치고 친구들과 즐거운 시간을 보냈다. 한편 머리를 담쟁이덩굴로 장식하고 신의 이름을 부르던 마케도니아 장교들에게 디오니소스의 신령이 강림했다는 이야기도 전한다.(이 이야기를 믿고 안 믿고는 독자들의 자유다.) 그들은 "유이Euoi![광적인 디오니소스의 신도들이 무아지경에 빠져서 내지르는 괴성]"라고 외치며 실제로 광분 상태에 빠져들어 제정신을 잃었다고 한다.

이 이야기를 믿을지는 읽는 이들이 각자 판단하면 된다. 나는 완전히 동의하지 않는 입장이지만, 키레네의 에라토스테네스는 신들림으로 표현된 일들은 알렉산드로스를 기쁘게 하기 위한 연기였다고 주장했다.[3] 그러면서 파라파미사데족의 영토에 있던 한 동굴을 예

---

3 에라토스테네스는 기원전 3세기에 활약한 위대한 학자로, 기원전 246년경에 알렉산드리아의 도서관장을 지냈다. 에라스토테네스를 질투하는 비판가들은 그를 '이류'라고 말했다. 에라스토테네스의 가장 큰 업적은 저서 *Geography*으로, 스트라보는 이 책을 널리 활용했다.

로 들었다. 에라토스테네스에 따르면, 동굴을 본 마케도니아인들은 지역의 전설을 토대로(어쩌면 이들이 지어낸 전설일 수도 있다) 프로메테우스가 사슬에 묶인 채 독수리에게 간을 쪼아 먹히고 헤라클레스가 찾아와 독수리를 죽인 뒤 프로메테우스를 풀어준 곳이 바로 이 동굴이라는 이야기를 퍼뜨렸다. 이로써 마케도니아인들은 폰투스에 있는 캅카스 산맥이 먼 동쪽인 인도의 파라파미사데족 영토에 있는 것처럼 꾸미고 실제 이름인 파라파미수스 대신 캅카스라는 이름을 붙였다. 이는 알렉산드로스가 캅카스 산맥을 넘었다고 추론케 하여 그의 영예를 드높이기 위한 것이다. 또 곤봉 모양의 낙인이 찍힌 인도의 소들을 보자 헤라클레스가 인도를 방문했다는 주장의 근거로 이를 활용했다.[헤라클레스의 12과업 중 첫 번째로, 네메아의 사자를 곤봉으로 죽인 것에 근거한 이야기] 에라토스테네스는 디오니소스의 방랑과 관련된 이야기에도 회의적이다. 하지만 나는 이 부분에 대해서는 중립적인 입장을 취하겠다.[4]

알렉산드로스가 인더스 강에 도착했을 때 헤파이스티온은 이미 다리를 놓고 작은 배들과 노가 30개인 갤리선 두 척을 준비해두고 있었다. 인도인 탁실레스의 선물도 기다리고 있었다. 은 200달란트, 황소 3000마리, 제물에 쓰일 양 1만 여 마리, 코끼리 30여 마리였다. 탁실레스가 보낸 700명의 기병 파견대도 알렉산드로스의 군에 합류했고 인더스 강과 히다스페스 강 사이 지역에서 가장 큰 도시인 탁실라도 장악했다.[5] 알렉산드로스는 항상 모시던 신들에게 제사를 올리고

---

4 이 내용과 스트라보가 쓴 *Geography*의 15권 초반부, 특히 7~9장을 비교할 수 있다. 스트라보는 아리아노스보다 훨씬 더 회의적이다. 그러나 아리아노스가 *Indica*에서 한 언급도 참조(1.7;5.10~13)

강가에서 운동경기와 승마 시합을 열었다. 제사에서는 강을 건너도 된다는 징조가 나왔다.

인더스 강은 유럽에 있는 어느 강보다 더 크고 인도에서도 갠지스 강을 제외하면 가장 큰 강으로[실제로는 인더스 강이 더 크다], 파라파미수스(캅카스) 산맥 서쪽에서 발원하여(실제로는 히말라야 산맥에서 발원한다) 남쪽의 인도양으로 흘러들어간다. 어귀는 두 군데였는데 다뉴브 강의 다섯 어귀와 마찬가지로 하류 유역은 모두 습지였다. 또한 이집트의 나일 강처럼 삼각주가 발달해 있었다. 이런 것들은 모두 일반적인 사실로 인정되는 것이니 여기에 기록한다. 인도 땅에 흐르는 네 개의 강, 즉 히다스페스 강, 아케시네스 강, 히드라오테스 강, 히파시스 강(각각 젤럼 강, 체나브 강, 라비 강, 베아스 강. 펀자브는 '다섯 강이 흐르는 땅'이란 뜻이다)은 아시아의 다른 강들보다는 크지만 인더스 강보다는 작으며(훨씬 작다), 인더스 강은 갠지스 강보다 작다. 크테시아스는 (그의 보고가 증언의 가치가 있다면) 인더스 강줄기 가운데 강폭이 가장 좁은 곳이 약 8킬로미터 정도이고 가장 넓은 곳은 약 19킬로미터에 이르며, 대부분은 그 사이의 폭을 이루고 있다고 했다.[6] 어느 이른 아침, 알렉산드로스는 군을 이끌고 이 강을 건너 인도 땅에 발을 들여놓았다.

이 책에서는 인도인의 생활에 대한 기록이나 신기한 동물들, 인더스 강, 히다스페스 강, 갠지스 강 등에 사는 갖가지 다양한 크기의

5 탁실라는 라왈핀디에서 북서쪽으로 약 32킬로미터 떨어져 있었다. 존 마셜 경이 이 고대 도시를 철저하게 발굴했다. Marxhall, *Taxila*(Cambridge, 1951) 참조.

6 크니도스 출신의 크테시아스는 아르타크세르크세스 2세(재위 기원전 404~359)의 왕실 의사였다. 그는 페르시아 역사서와 인도에 관한 책을 썼는데 간략한 초록만 남아 있다. 그는 고대의 일을 과장해서 이야기한 것으로 유명하다. 예를 들어 Aristotle, *History of Animals* 8.27 참조. 인더스 강은 폭이 4킬로미터 이상인 곳이 없다.

어류에 대한 묘사는 수록하지 않겠다. 금을 캐는 개미들과 금을 지키는 독수리 등,[7] 진지한 역사적 기록이라기보다 야담으로 지어낸 괴상한 일들에 대해서도 언급하지 않겠다. 인도에 관한 이 터무니없는 이야기들 중 어떤 것도 사실로 확인되지 않을 것이기 때문이다. 그러나 알렉산드로스와 부하들은 이런 전설 같은 이야기들 대부분의 진위를 (이들이 지어낸 몇 가지 경우는 제외하고) 증명했다. 예를 들어 인도에는 금이 없고(적어도 알렉산드로스가 원정 과정에서 방문한 드넓은 지역에는 없었다) 사람들의 생활은 화려함과는 거리가 멀다고 밝혔다. 인도인들은 다른 어떤 아시아인들보다 키가 커서 대체로 2미터가 넘거나 그에 준했다. 에티오피아인을 제외하면 가장 피부가 검은 종족이며, 당시 아시아에서는 가장 뛰어난 전사들이었다. 캄비세스의 아들 키루스가 메디아의 아시아 지배권을 빼앗고 무력이나 합의로 그토록 많은 부족들을 정복할 때 함께 원정에 나섰던 고대 페르시아인들과 이 인도인들을 비교하는 건 적절하지 않다. 당시 페르시아인들은 가난했고 황량한 땅에서 살았으며 스파르타처럼 엄격한 규율생활을 했기 때문이다.[8] 또한 나는 페르시아인들이 스키타이에서 당했던 재앙에 대해서도 확실하게 설명할 수 없다. 패배의 원인이 전장의 지형적 불리함 때문이었는지, 키루스가 저지른 실수 때문이었는지, 정말로 페르시아 병사들이 그 지역의 스키타이군보다 군사적으로 열등했는지 전혀 알 수 없기 때문이다.

그러나 나는 알렉산드로스의 원정대에서 확인된 가장 신뢰할 만한 보고들과 네아르쿠스가 인도양 북부 해안을 항해하면서 발견했

---

7 Herodotos, 3.102, 4.13; Strabo, 15.1.44 참조.

8 Xenophon, *Cyropaideia*, 7.5.67 참조.

던 것들[9] 그리고 가장 저명한 저자들인 메가스테네스와 에라토스테네스가 기록한 사실들을 바탕으로 인도에 관한 저술을 별도로 쓸 작정이다. 인도인의 생활방식, 인도에서 발견된 신기한 생물들, 남극해 연해 항해에 관해서는 그 저술에 소개할 계획이다. 지금은 알렉산드로스의 업적을 보여주기에 적절하다고 생각되는 부분만 언급하는 것으로 만족하겠다.

아시아의 경계는 타우루스 산맥이다. 타우루스 산맥은 사모스 섬 맞은편의 미칼레에서 시작되어 팜필리아와 킬리키아 북쪽으로 뻗어나가다가 아르메니아로 향한다. 그리고 이곳에서 파르티아와 초라스미아를 거쳐 메디아로 이어지다가 박트리아에서 파라파미수스 산맥과 합쳐진다. 부하들이 알렉산드로스의 업적을 부풀리기 위해, 즉 그가 승리의 진군을 계속하여 캅카스 산맥의 건너편까지 이르렀음을 암시하기 위해 캅카스 산맥이라고 불렀던 것이 바로 이 파라파미수스 산맥이다. 그러나 인도의 캅카스 산맥과 스키타이의 캅카스 산맥은 사실상 분리되어 있지 않다. 인도의 캅카스 산맥이 타우루스 산맥과 이어지는 것과 마찬가지다. 그래서 앞에서 나는 이 산맥을 캅카스라고 불렀고 앞으로도 그러할 것이다. 이 산맥은 인도양까지 뻗어 있다.

이렇게 아시아의 중요한 강들은 모두 타우루스 산맥이나 캅카스 산맥에서 발원하고 그중 일부는 북쪽으로 흘러 마이오티스 호수나 대양에 있는 만인 소위 히르카니아 해(아조프 해와 카스피 해)로 들어간다.[10] 유프라테스 강, 티그리스 강, 인더스 강, 히다스페스 강, 아케

---

9 이 내용은 지금은 남아 있지 않으나 아리아노스는 *The History of India*(*Indica*)에서 광범위하게 활용하고 있다.

시네스 강, 히드라오테스 강, 히파시스 강, 그 외에 이 강들과 갠지스 강 사이의 모든 강은 남쪽으로 흘러 바다로 들어가거나 유프라테스 강처럼 늪으로 흩어져 사라진다.

타우루스 산맥과 캅카스 산맥이 동서로 뻗어 아시아를 나누고 있다고 머릿속으로 그려보자. 그러면 타우루스 산맥이 아시아 땅을 크게 남쪽과 북쪽으로 분리한다는 것을 알 수 있다. 남쪽 지역은 다시 네 부분으로 나뉘는데, 에라스토테네스와 메가스테네스에 따르면 그중 가장 넓은 지역이 인도다. (덧붙이자면 메가스테네스는 아라코티아에서 총독 시비르티오스와 많은 시간을 보냈고 인도의 왕 산드라코투스를 자주 방문했다고 한다.)[11] 가장 작은 지역은 동쪽으로 유프라테스 강과 접하고 서쪽으로는 에게 해와 맞닿아 있으며, 나머지 두 지역은 유프라테스 강과 인더스 강 사이에 있다. 이 세 부분을 모두 합쳐도 면적에서는 인도와 비교가 되지 않는다. 인도는 동쪽, 서쪽, 남쪽 면이 인도양과 접하고 북쪽으로는 인도 캅카스 산맥이 타우루스 산맥과 만나는 지점까지 펼쳐져 있다. 인더스 강은 이 산맥들에서 인도양까지의 서쪽 경계선을 이룬다. 대부분의 지역은 평야로, 충적 평야일 것으로 추정된다. 세계의 다른 지역에서도 해안 평야들은 대부분 강의 토사가 쌓여 형성된 것이다. 아마도 그 때문에 예전에는 지명에 강의

---

10 고대에는 히르카니아 해가 만이라는 견해가 일반적이었다. 헤로도토스(1.202.ff.)와 아리스토텔레스(*Meteorlogy* 2.1.10)는 진실을 알고 있었다. 하지만 기원전 284~283년경에 카스피 해 탐사를 위해 파견되었던 파트로클레스가 이곳이 대양의 만이라고 보고한 뒤 에라토스테네스가 이 견해를 받아들였고 14세기까지 일반적인 통념이 되었다.

11 산드라코투스는 마우리아 왕조의 시조인 찬드라굽타이다. 그는 알렉산드로스가 죽은 뒤 마케도니아인들을 펀자브에서 몰아내고 기원전 304년에 셀레우코스로부터 넘겨받은 인더스 강 서쪽 영토를 포함한 인도 대다수 지역을 지배했다. 메가스테네스는 셀레우코스가 보낸 대사였고 그리스인들은 그의 진술을 바탕으로 인도에 대해 알게 되었다. Strabo, 15; Arrian, *Incida* 참조.

이름을 붙였을 것이다. 헤르무스 강의 이름을 딴 헤르무스 평야를 예로 들 수 있다. 헤르무스 강은 아시아의 대모신大母神 딘디메네(키벨레. 프리기아의 딘디모스 산이 이 여신에게 바쳐졌다) 산에서 발원하여 아이올리아의 스미르나 근방의 바다로 흘러든다. 또한 리디아의 한 평야는 자이스테르 강 이름을 따서 지었고, 이오니아의 밀레투스까지 뻗은 해안지대 전체는 미시아의 카이쿠스 강과 카리아의 마이안데르 강 이름을 빌렸다. 역사학자 헤로도토스와 헤카타에우스(논란의 대상인 책의 저자가 정말 헤카타에우스라면)는 모두 이집트를 '강의 선물'이라고 불렀고 헤로도토스는 명확한 증거로써 이를 입증했다.[12] 이 경우 역시 강의 이름을 딴 지명이었다. 현재 이집트뿐 아니라 세계 모든 곳에서 나일 강이라고 부르는 강의 본래 명칭이 아이깁투스였다는 증거가 호메로스의 작품에도 충분히 발견되기 때문이다. 메넬라오스가 "아이깁투스 강어귀에 정박했다"라는 구절을 예로 들 수 있다.[13]

세계의 여러 지역에서 하나의 강, 그것도 비교적 작은 강이 바다로 흘러가면서 발원지인 산지의 진흙과 토사를 운반하여 넓은 땅을 형성한다면 인도 역시 대부분의 지역이 충적 평야라고 생각할 수밖에 없다. 헤르무스 강, 카이스트로스 강, 카이쿠스 강, 마이안데르 강, 그 외에 에게 해로 흘러드는 아시아의 모든 강을 합쳐도 수량 면에서 인더스 강 하나와 비교가 되지 않기 때문이다. 이집트의 나일 강이나 유럽의 큰 강인 다뉴브 강도 비교가 되지 않으며 인도에서 가장 큰 갠지스 강은 말할 것도 없다. 실제로 이 강들을 모두 합쳐도 인더스 강 하나에 미치지 못할 것이다. 인더스 강은 발원지부터 이미 거

12 Herodotos, 2.5, 2.10~34 참조.

13 *Odyssey* 4.477, 581.

대한 규모인 데다 바다로 흘러가면서 15개 지류의 강물이 합쳐진다.[14] 이 지류들도 아시아의 다른 강들보다 크며 주변 지역의 지명들은 지류들의 이름에서 딴 것이다. 이 거대한 나라에 대해서는 이 정도로만 말해두고 나머지는 다른 책 『인도의 역사The History of India』에서 다루도록 하겠다.

아리스토불루스나 프톨레마이오스는 알렉산드로스가 인더스 강에 어떤 방법으로 다리를 놓았는지 설명하지 않았다. 따라서 알렉산드로스가 영구적인 다리를 건설했는지, 아니면 크세르크세스가 헬레스폰투스 해협을 건널 때나 다리우스가 보스포루스 해협 혹은 다뉴브 강을 건널 때처럼 배다리를 놓았는지 단정하기 어렵다.[15] 하지만 나는 후자 쪽으로 생각이 기운다. 영구적인 다리를 놓기에는 수심이 너무 깊고, 제 아무리 뛰어난 기술을 보유했다 해도 그토록 빨리 다리를 완공하지는 못했을 테니 말이다. 배다리를 설치한 경우라도 헤로도토스가 묘사한 헬레스폰투스 해협의 다리처럼 배들을 서로 묶어 일렬로 늘어놓았는지, 아니면 로마인들이 다뉴브 강과 라인 강을 건널 때나 티그리스 강이나 유프라테스 강을 건널 때 사용한 방법을 썼는지 확실하지 않다. 아무튼 내가 알기로는 배를 이용하는 로마인들의 기법이 다리를 놓는 가장 빠른 방법이다. 그래서 단순히 흥미 차원에서 이 방법에 대해 설명하겠다.

명령이 떨어지면 고물을 앞쪽으로 하여 배들을 하류로 떠내려 보낸다. 이때 노가 달린 작은 배로 배들의 방향을 조종하여 정해진 위치로 몰고 간다. 일단 제 위치에 도착하면 거친 돌들이 가득 든 피라

14 아리아노스는 *Indica*(4.8~12)에서 이 강들의 이름을 제시했다.

15 Herodotos, 7.33~6;4.83,97.

히다스페스 강 전투. 앙드레 카스타뉴 작품.

미드 모양의 버들가지 바구니를 뱃머리에 올려 배가 물살에 떠내려 가지 않게 한다. 배 한 척을 단단히 정박시킨 뒤에는 다른 배를 뱃머리가 물살과 반대방향이 되도록 나란히 대는데, 이때 배 위에 얹을 구조물이 튼튼히 받쳐지도록 적당히 간격을 둔다. 그런 뒤 두 배의 선체를 가로지르는 들보를 얹고 그 위에 널빤지를 올려 단단하게 고정시킨다. 이 과정을 반복하여 다리를 완성한다. 또한 수레를 끄는 동물들과 말들이 안전하게 건널 수 있을 만큼 구조물을 받쳐주기 위해 지주 기능의 사다리를 다리 양쪽에 설치한다. 이 작업은 엄청 소란스러운 데다 바삐 움직여야 하지만 전체 작업 시간은 그리 오래 걸리지 않으며 질서 있게 진행될 수 있다. 이 과정에서 여기저기에서 격려하는 고함 소리나 부실한 작업을 지적하는 소음이 발생하지만 신속한 작업을 방해할 정도는 아니다.

로마인들이 전통적으로 사용해온 방법은 이러하다. 알렉산드로스가 정확히 어떤 방법으로 인더스 강을 건넜는지는 당대의 진술이 없기 때문에 알 수 없지만 로마인들과 매우 유사한 방법이 아니었을까 짐작된다. 물론 아닐 수도 있으며, 그리 중요한 문제도 아니다.

일단 강을 건넌 알렉산드로스는 관례대로 제사를 올리고 번성한 대도시인 탁실라로 행군을 계속했다. 탁실라는 인더스 강과 히다스페스 강 사이에서 가장 큰 도시였다. 알렉산드로스는 이곳에서 총독 탁실레스와 그 지역의 인도인들에게 융숭한 대접을 받고 근방의 땅을 그들이 요구한 만큼 하사했다. 인도 고산 부족의 왕인 아비사레스는 동생과 주요 인사들을 포함한 사절단을 보냈고, 지역 총독 독사레우스도 사절을 보냈다. 사절들은 모두 선물을 가져왔다. 알렉산드로스는 다른 지역에서 그래왔듯이 이곳에서도 제사를 올리고 운동경기와 승마 대회를 열었다. 그리고 마카타스의 아들 필리포스를 이 구역의 총독으로 임명하고 병에 걸렸거나 전투가 어려운 병사들을 탁실라에 거주토록 한 뒤 히다스페스 강으로 진군했다.

한편 포루스 왕(히다스페스 강과 아케시네스 강 사이에 있던 왕국 파우라바스의 왕)은 알렉산드로스가 강을 건너지 못하도록 하거나 강을 건너올 때 공격하기 위해 가능한 한 많은 병사를 이끌고 강 건너편에 진을 치고 있었다. 이 소식을 듣자 알렉산드로스는 폴레모크라테스의 아들 코이누스를 인더스 강으로 보내어 강을 건널 때 탔던 배들을 다시 해체해서 히다스페스 강으로 옮기도록 했다. 코이누스는 작은 배들은 두 부분으로 나누고 노가 30개인 갤리선들은 세 부분으로 잘라 수레에 싣고 히다스페스 강으로 가져온 뒤 배들을 재조립했다. 이로써 인더스 강에서처럼 소함대가 만들어졌다. 알렉산드로스는 자신의 군대와 탁실레스의 인도 병사 5000명, 지역 족장들을 이끌고 히다스페스 강으로 진군했다.

알렉산드로스가 진을 친 강둑의 맞은편에는 코끼리 군단을 포함한 포루스의 군대가 포진한 모습이 훤히 보였다.[16] 포루스는 알렉산드로스의 맞은편에서 직접 경계를 서고 있었으며 마케도니아 병사들이 강을 건너지 못하도록 도강이 가능한 지점마다 전초대를 배치하고 각각 지휘관을 두었다. 이에 대응하여 알렉산드로스는 병사들을 이리저리 이동시켜 포루스가 계속 주시하도록 만들었다. 그런 뒤 군을 여러 부대로 나누고 자신은 일부 병사들을 이끌고 여기저기 돌아다니며 적의 영토를 파괴하고 강을 건널 수 있는 장소를 물색했다.

---

16 알렉산드로스의 진지와 강을 건넌 지점이 어디인지는 정확하게 알려지지 않았다. 가장 그럴듯한 의견은 진을 친 곳이 하란푸르, 강을 건넌 곳이 잘랄푸르라는 아우렐 스타인 경의 주장이다. 다양한 이론에 대해서는 Fuller, pp.181~185 참조. 포루스 공격 작전에 대해서는 Diodorus 17.87~89; Curtius, 8.13~14; Plutarch, *Alexander* 60 참조.

나머지 부대들은 여러 장교의 지휘 아래 끊임없이 왔다 갔다 하게 했다. 알렉산드로스군이 히다스페스 강 서쪽 전역에서 계속 보급되는 물자에 의지하고 있다는 사실로 볼 때 강물이 줄어들어 강을 건너기 쉬운 겨울까지 강어귀에 머물 것으로 포루스는 예측했다. 그러나 알렉산드로스의 배들이 강 아래위로 계속 돌아다니면서 건초를 채운 가죽 부낭을 만드는가 하면 기병들과 보병들이 끊임없이 강둑에 집결했기 때문에 포루스는 잠시도 경계를 늦추거나 어느 한 곳만을 집중적으로 방비할 수 없었다.

그 무렵(하지)[17]은 비가 많이 내리는 계절인 데다 대다수 강들의 발원지인 캅카스 산맥에서 눈 녹은 물까지 합쳐져 강물이 엄청나게 불어났기 때문에 인도의 모든 강은 수위도 높고 물살도 세찼다. 반면 강물이 줄어드는 겨울에는 수위가 낮고 물살도 잠잠해지기 때문에 이곳저곳에서 강을 건널 수 있었다. 인더스 강과 갠지스 강은 (아마도 다른 강 하나를 포함하여) 걸어서 건널 순 없었지만 히다스페스 강의 경우에는 겨울에 걸어서 건널 수 있었다.

알렉산드로스는 당장 강을 건너지 못한다면 물이 줄어드는 계절까지 기다리겠다고 공표했다. 하지만 인근에 머물면서 불시에 강을 건널 기회를 면밀하게 살폈다. 물론 포루스가 강둑을 지키고 있는 곳에서는 강을 건널 수 없었다. 기슭에 닿는 순간 강하고 유능하며 장비까지 갖춘, 더욱이 수많은 코끼리를 거느린 적병들의 공격을 피할 수 없기 때문이다. 뿐만 아니라 코끼리들의 직접적인 공격을 받으면

17 아리아노스가 잘못 알았다. 실제로 아리아노스는 나중에 전투가 5월에 벌어졌다고 말했다. 네아르쿠스(Strabo, 15.1.18; Arrian, *Indica* 6.5)에 따르면 알렉산드로스는 하시, 즉 6월 21경에 아케시네스 강에 진을 쳤다.

마케도니아군의 말들은 낯선 짐승의 모습과 울음소리에 놀라 아예 땅 위로 오르지 않고 버틸 터였다. 어쩌면 멀리 있는 코끼리들을 보는 것만으로도 공포에 질려 부낭 위에서 날뛸 수도 있고, 그렇게 되면 기슭에 닿기도 전에 물속에 빠질 것이다.

몰래 강을 건너야 하는 상황에서 알렉산드로스는 묘안을 떠올렸다. 우선 밤마다 기병들을 강둑 위아래로 이동시키면서 고함을 지르거나 덜걱거리는 요란한 소리를 꾸며내어 마치 강을 건널 준비를 하는 것처럼 보이게 했다. 그러자 포루스는 코끼리들을 이끌고 소리가 나는 대로 이리저리 쫓아다녔고, 알렉산드로스는 포루스가 마케도니아군의 이런 움직임에 익숙해지도록 만들었다. 마케도니아군이 함성과 고함만 지를 뿐 정말로 강을 건너지 않는다고 믿도록, 그래서 더 이상 쫓아다니지 않을 때까지 이 작전은 반복되었다. 마침내 마케도니아 병사들이 소리를 꾸며내는 게 분명하다고 판단한 포루스는 마케도니아 기병들의 움직임을 확인하기를 중단하고 강가의 여러 지점에 감시 초소만 배치한 채 자신은 본래의 진지에 머물렀다. 어둠을 틈탄 기습공격은 없을 것이라고 포루스가 안심했을 때 비로소 알렉산드로스에게 기회가 주어졌다.

강이 급경사를 이루며 불거진 지점에 온갖 나무들이 무성한 숲이 형성되어 있었고, 그 정면으로 강 한가운데에도 역시 덤불이 울창한 무인도가 하나 있었다. 알렉산드로스는 이런 지형의 이점을 놓치지 않았다. 섬과 그 너머 강둑의 울창한 숲은 강을 건너는 병사들을 숨겨주기에 안성맞춤으로, 알렉산드로스는 이곳에서 강을 건너기로 결정했다. 섬은 알렉산드로스의 본진으로부터 30킬로미터 정도 떨어져 있었다. 알렉산드로스는 강가 전역에 초소를 배치하되 초계병들끼리 신호를 주고받을 수 있도록, 즉 전선의 어느 지점에서든 명령이 전달되도록 부대 간격을 좁혔다. 이제 며칠 밤 동안 불을 계속 지펴 놓았고 넓은 지역에서 시끄러운 소리를 내면서 부산하게 움직였다.

일단 결정이 내려지자 알렉산드로스는 공개적으로 준비를 시작했다. 먼저 크라테루스에게 그의 기병 부대, 아라코티아와 파라파미사데의 기병 파견대, 알케타스와 폴리스페르콘의 부대로 구성된 마케도니아 보병 일부, 인도 부족장들과 이들이 지휘하는 5000명의 병사들을 배치하여 진지를 지키게 했다. 그리고 포루스가 알렉산드로스를 공격하려고 진지를 떠날 때까지 혹은 포루스가 후퇴하여 마케도니아군의 승리가 확실해질 때까지 강을 건너지 말라고 하면서 이렇게 덧붙였다. "포루스가 짐과 싸우기 위해 군의 일부만 동원하고 나머지 병사들과 코끼리를 남겨둔다면 그대는 이곳에서 계속 대기하라. 그러나 코끼리 부대 전부를 출격시키고 진지에 남은 병사들이 별로 없으면 당장 강을 건너라. 우리가 말들을 건너편 강가에 상륙시킬 때 유일한 위협은 코끼리들이다. 그 외에는 걱정할 게 없다."

크라테루스가 지키는 진지와 섬 사이에는 기병 및 보병 용병대들과 함께 멜레아그로스, 아탈루스, 고르기아스를 배치했다.[18] 이 지휘관들에게도 다수의 적병이 전투에 참가했을 때 곧바로 분대별로 강을 건너도록 지시했다. 알렉산드로스가 지휘할 기병대는 헤타이로이의 특수 부대, 헤파이스티온, 페르디카스와 데메트리우스의 기병 부대, 박트리아와 소그디아나의 파견대, 스키타이 기병대, 다에의 궁기병들로 구성되었다. 보병대 중에서는 근위대, 클레이토스와 코이누스의 부대, 궁수들, 아그리아니아군을 선택했다. 알렉산드로스는 강을 건너기로 한 지점(섬과 그 맞은편의 곶)까지 들키지 않고 행군하기

18 이 지휘관들의 보병 부대도 함께 배치되었다.(Tarn, *Alexander* 2.191)

위해 강과 조금 거리를 두고 조심스럽게 나아갔다. 그런 뒤 미리 옮겨 놓은 부낭들에 건초를 채우고 조심스럽게 기웠다. 때마침 밤에 폭우가 내려 은밀히 준비하는 데 도움이 되었다. 무기들이 쨍그랑거리는 소리, 명령하는 소리, 소란스러운 여러 소리가 폭풍우와 우르릉거리는 천둥소리에 묻혀 강 건너편까지 들리지 않았기 때문이다. 가죽 부낭뿐 아니라 노가 30개 달린 갤리선을 포함한 배들도 대부분 도착해 있었다. 이 배들은 해체되어 있던 것을 다시 조립하여 나무들 사이에 감추어두었던 것이다.

동이 트기 직전, 비가 그치고 바람이 약해지자 기병들은 부낭을 타고 강물로 들어갔고, 배에는 최대한 많은 보병을 실었다. 섬이 병사들을 가려준 덕분에 소함대 전체가 섬에 도착할 때까지 포루스의 정찰대에 발각되지 않았고, 건너편 강둑으로 건널 준비도 할 수 있었다. 알렉산드로스는 근위대 절반과 함께 갤리선을 타고 강을 건넜고 나머지 근위대는 다른 갤리선을 타고 뒤따랐다. 개인 호위대의 세 장교(프톨레마이오스, 페르디카스, 리시마쿠스)와 셀레우코스(알렉산드로스의 아시아 제국 상당 부분을 지배했던 셀레우코스 왕조의 창시자인 셀레우코스 니카토르)가 알렉산드로스와 동행했다.

섬을 출발하자 적의 정찰대는 비로소 마케도니아 병사들이 강을 건너오고 있는 모습을 보았다. 정찰병들은 최대한 빠른 속도로 말을 달려 포루스에게 이 사실을 보고했다. 가장 먼저 강가에 닿은 알렉산드로스는 곧바로 다른 갤리선들의 병사들을 지휘하면서 기병들을 먼저 내리게 했다. 그리고 보병들은 부낭에서 올라오는 즉시 부대별로 전투 대형을 이루게 했다.

그런데 건너편 육지라고 생각하고 상륙한 곳은 사실 다른 섬이었다. 알렉산드로스에게 이 지역은 완전히 생소한 곳으로, 섬 자체가 꽤 컸고(그래서 본토가 아니라는 사실을 알아차리기가 더 어려웠다) 강의 지류가 섬과 육지를 가르고 있었다. 그러나 전날 밤 억수같이 쏟아진 비로 인해 강물이 불어나 기병들이 건널 만한 얕은 지점을 찾기 어려웠다. 지금까지의 고생을 또 다시 치러야 한다는 생각에 마케도니아 병사들은 암담해졌다. 그러나 다행히도 얕은 여울이 발견되었고, 알렉산드로스가 앞장서서 건넜다. 가장 깊은 곳은 물이 성인의 겨드랑이와 말의 목까지 차올라 건너기가 쉽지는 않았다.

일단 지류를 건너자 알렉산드로스는 병사들을 다시 정렬시켰다. 우익에는 왕실 기병대와 그 외의 기병 부대들에서 선발된 가장 우수한 병사들을 배치하고 선두에는 궁기병들을 세웠다. 기병들 뒤에는 왕실 근위대를 세워 셀레우코스에게 지휘를 맡겼고 왕실 중보병 부대, 그 외의 근위대를 그날의 우선순위에 따라 차례로 배치했다.[19] 궁수들, 아그리아니아군, 창병들이 보병 본대의 양 날개를 맡았다. 이렇게 부대를 배치한 뒤 알렉산드로스는 약 6000명의 보병들을 적당한 속도로 따라오게 하고는[20] 적군보다 더 우수하다고 생각되는 기병들(약 5000명)만을 이끌고 신속하게 진격했다. 궁수들을 지휘하는 타우론에게는 기병들 뒤에서 최대한 빠른 속도로 진군하라고 지시했다.

알렉산드로스는 포루스의 군이 대거 공격에 나서면 기병들을 돌격시켜 즉시 진압하거나,[21] 진압 작전이 실패할 경우 보병들이 지원하러 올 때까지 지연 전술을 쓸 계획이었다. 반면 예기치 못한 대담한

---

19 아리아노스의 글에 오류가 있다. 탄(*Alexander* 2.191~2)은 프톨레마이오스가 "알렉산드로스는 왕립 근위대와 그 외의 근위대를 셀레우코스의 지휘 아래 배치하고 그 바로 옆에 밀집 대형을 이룬 부대를 각각(근위 연대와 보병 대대들) 그날의 우선순위에 따라 세웠다"고 썼다.

20 앞에서(290쪽) 열거한 보병들은 분명 6000명이 넘었다. 아리아노스(loc.cit.)가 배들에 가능한 한 많은 보병들을 태웠다고 했지만 이때는 보병 전부가 강을 건너지 않은 것으로 보인다.

도강 작전에 동요되어 인도 병사들이 달아난다면 적을 바짝 뒤쫓을 작정이었다. 철수하는 과정에서 적들을 많이 제거할수록 이후의 과정이 수월해지기 때문이다.

이 작전에 대해서는 다소 진술이 상충된다. 아리스토불루스에 따르면 알렉산드로스가 두 번째 강을 건너기 전에(즉 섬에서 건너오기 전에) 포루스의 아들이 60대의 전차를 이끌고 이곳에 도착했다. 강을 건너기 쉽지 않았다는 점을 감안할 때 포루스의 아들과 인도 병사들이 전차에서 뛰어내려 강기슭으로 오르는 알렉산드로스의 선두 부대들을 공격했다면 도강을 완전히 저지할 수 있었을 것이다. 하지만 인도군이 이 근처를 그냥 지나치는 바람에 알렉산드로스는 장해 없이 강을 건널 수 있었다. 알렉산드로스는 궁기병들을 파견하여 포루스의 아들이 이끄는 부대를 손쉽게 격파했고, 이 과정에서 많은 인도 병사가 부상을 당했다. 반면 어떤 저자들은 상륙 과정에서 알렉산드로스의 기병대와 포루스의 아들이 지휘하는 인도군 사이에 전투가 벌어졌다고 밝혔다. 그들에 따르면 알렉산드로스보다 더 큰 병력을 갖춘 포루스는 대적할 준비를 마친 상태였으며, 전투 중에 알렉산드로스에게 부상을 입혔을 뿐만 아니라 그의 애마 부케팔로스도 죽였다고 한다.

라구스의 아들 프톨레마이오스는 다른 진술을 하고 있는데, 이 편이 좀더 적절해 보인다. 다른 저자들이 말한 것처럼 프톨레마이오스 역시 포루스가 아들을 출동시킨 것은 사실이지만, 60대의 전차만

---

21 알렉산드로스가 기병들만으로 포루스의 군 전체를 상대하려 했다는 점이 믿기지 않는다. 알렉산드로스의 편지를 바탕으로 한 플루타르코스의 기록(*Alexander* 60.7)에는 왕이 인도 기병들의 공격 가능성을 예상했다고 쓰여 있다.

딸려 보낸 건 아니었다고 주장한다. 정찰병들로부터 알렉산드로스 혹은 알렉산드로스군의 일부가 히다스페스 강을 건넜다는 보고를 받은 포루스가 아들을 파견하면서 그렇게 변변찮은 병력으로 상륙을 막으라고 했을 리가 없기 때문이다. 전차 60대는 단순한 정찰 목적으로는 불필요하게 큰 규모이고 신속히 철수하기에도 적합하지 않다. 그렇다고 도강을 막거나 이미 강을 건너온 적을 공격하기에는 턱없이 부족한 병력이다.[22] 프톨레마이오스는 포루스의 아들이 2000명의 기병과 120대의 전차를 이끌고 도착했지만 알렉산드로스는 이미 강을 다 건넌 뒤였다고 했다.[23] 알렉산드로스는 포루스의 아들이 이끄는 부대에 맞서 먼저 궁기병들을 내보내고 자신은 기병대와 함께 진격했다. 이 작전은 포루스가 본대를 이끌고 싸우러 오는 중이며, 아들이 통솔하는 기병 파견대는 선봉대라는 판단에 따른 것이었다. 그러나 적의 병력에 대한 정확한 보고를 받자마자 당장 공격에 나섰다. 알렉산드로스가 자신의 모습을 드러내고 밀집한 기병 부대가 잇따라 달려들기 시작하자 인도군의 전열은 와해되었고 병사들은 달아났다. 그리하여 인도군은 약 400명의 기병을 잃었고 전투 중에 포루스의 아들도 전사했다. 진흙탕이 되어버린 땅에서 속도를 낼 수도 없고 전투에도 쓸모없었던 전차와 말들은 달아나다가 모두 붙잡혔다.

포루스에게 달려간 인도인들은 알렉산드로스가 많은 병력을 이끌고 강을 건넜으며 아들이 전사했음을 보고했다. 포루스가 어려운

---

22 아리스토불루스의 진술에 대한 이 비판은 때때로 이야기되는 것과 달리 프톨레마이오스가 아니라 아리아노스가 한 것으로 보인다. 따라서 이 구절은 프톨레마이오스가 아리스토불루스보다 뒤에 글을 썼다는 증거가 되지 못한다.

23 플루타르코스(*Alexander* 60.8)에 따르면 포루스의 아들은 1000명의 기병과 60대의 전차를 이끌고 왔다. 플루타르코스는 인도군이 기병 400명과 전차 모두를 잃었다는 아리아노스의 말에 동의했다.

선택에 직면해 있는 그때, 인도군 본대 맞은편에서는 알렉산드로스가 진지에 남겨둔 크라테루스의 부대가 강을 건널 준비를 하고 있었다. 포루스는 재빨리 결정을 내렸다. 알렉산드로스 쪽으로 많은 병사를 이끌고 진격해 마케도니아의 왕과 그의 정예병들을 상대로 싸우기로 한 것이다. 한편 크라테루스의 기병들이 강을 건너지 못하도록 위협용으로 코끼리 몇 마리와 소규모 병력을 남겨두었다. 그리고 자신은 4000명의 기병, 전차 300대 전부, 코끼리 200마리, 3만 명 정도의 보병 정예부대를 이끌고 알렉산드로스를 향해 진격했다.[24]

그 일대는 대부분 질퍽한 진흙으로 뒤덮여 있었기 때문에 포루스는 기병 작전을 펼칠 수 있을 정도로 지면이 단단하고 평평한 곳에 이르러서야 전열을 정비했다. 선두에는 보병 전체의 방호막 역할을 하는 동시에 적의 기병들을 두렵게 하는 코끼리들을 30미터 간격으로 세워 전선을 넓혔다. 포루스는 기병이든 보병이든 코끼리 사이를 밀고 들어올 엄두도 내지 못할 것이라 생각했다. 말들은 공포에 질려 통제가 안 될 것이고, 보병대들은 포루스의 중보병대와 맞닥뜨려 제압된 뒤 코끼리들의 발에 짓밟힐 테니 더욱 덤벼들지 못할 것으로 예상했다. 코끼리들 뒤에는 최전선의 병사들과 같은 수준은 아니지만 보병들을 배치했다. 두 번째 전선을 이루고 있는 이 부대들은 코끼리들 사이의 틈을 메우도록 배치되었다. 양쪽 날개에도 보병들이 코끼리들을 둘러싸도록 배치했고, 보병대 끝에는 기병대와 전차들을 세워 보호했다.

---

24 쿠르티우스(8.13.6)는 아리아노스가 제시한 보병과 전차의 규모에는 동의했지만 코끼리는 85마리라고 했고 기병은 언급하지 않았다. 바로 앞의 주석 참조. 디오도로스(17.87.2)는 보병이 5만 명, 기병이 3000명, 전차가 1000대 이상, 코끼리가 130마리라고 제시했다. 플루타르코스(*Alexander* 62.1)에 따르면 보병이 2만 명, 기병은 2000명이었다.

적이 전투 배치를 하고 있다는 사실을 보고받은 알렉산드로스는 보병들이 도착할 때까지 기병대의 전진을 미루었다. 빠른 행군으로 보병 연대들이 합류하자 전군이 다시 뭉쳤다. 그러나 지치고 기진맥진한 자기 병사들을 기운 넘치는 적병들에게 선물로 내주고 싶지 않았던 알렉산드로스는 진격에 앞서 보병 부대들이 기운을 회복할 시간을 베풀었다. 그동안 기병들에게는 전선의 위아래를 계속 움직이게 했다.

인도군의 배치를 관찰한 알렉산드로스는 방호벽을 치고 있는 최전선의 코끼리들 사이사이로 중보병대가 밀집해 있는 중앙은 공격하지 않기로 결정했다. 포루스의 배치 계산을 정확하게 간파한 것이다. 대신 마케도니아 기병대의 우위를 이용해 기병들 대부분을 적의 좌익 쪽으로 투입하여 집중 공격하기로 했다. 그리고 코이누스에게는 데메트리우스의 부대를 지휘하여 인도의 우익에 맞서게 하면서 적들이 마케도니아 기병대의 밀집 대형을 향해 좌익으로 이동할 때 후위를 압박하도록 했다. 또한 셀레우코스, 안티게네스, 타우론에게 중보병대 지휘를 맡기면서 인도군이 마케도니아 기병대에게 붕괴되기 전까지는 기병과 보병 모두 전투에 뛰어들지 말라고 지시했다.

적군이 사정거리 안에 들어오자 알렉산드로스는 먼저 위압적인 공격으로 적병을 혼란에 빠뜨리기 위해 궁기병 1000명을 적의 좌익 쪽으로 출격시켰다. 적병들이 궁기병들의 공격에 집중하는 동안 자신은 헤타이로이와 함께 좌익으로 빠르게 진격하여 적의 기병들이 종대에서 밀집 대형으로 바꾸기 전에 맹공을 가할 생각이었다.

한편 인도군은 측면으로 진격해오는 알렉산드로스와 맞서기 위해 전선의 다른 위치에 있는 기병들을 모두 후퇴시켰다. 얼마 지나지 않아 코이누스의 병사들은 지시에 따라 인도군의 후위로 향했다. 그러자 인도군은 군대를 둘로 나눌 수밖에 없었다. 최고의 병사들이 포함된 큰 부대는 알렉산드로스와 맞서기 위해 전열을 계속 유지하고 나머지는 코이누스와 대적하기 위해 방향을 돌렸다. 이 변화는 인도군 전열의 효율성 면에서나 전체적인 전투 계획에 지대한 손실을 주었다. 적의 기병들이 방향을 바꾸는 바로 그 순간 알렉산드로스는 기회를 놓치지 않고 공격을 개시했다. 인도군은 알렉산드로스의 공격을 맞받아치지 못한 채 우왕좌왕하며 난공불락의(혹은 난공불락이길 바란) 요새인 코끼리들 뒤로 물러났다. 코끼리 몰이꾼들은 마케도니아 기병대를 향해 나아갔고 마케도니아 보병대들은 몰이꾼들을 쏘아 떨어뜨리거나 코끼리에게 투척 무기들을 퍼부으며 대응했다. 이전의 그 어떤 전투와도 다른 특이한 싸움이었다. 괴물 같은 코끼리들이 보병대 전선을 이리저리 돌진하며 마케도니아군의 빽빽한 밀집대형을 파괴했다. 인도 기병들은 적의 보병들이 궁지에 몰린 상태를 확인하자 이번에는 기병들을 공격하기 시작했다. 하지만 강하고 노련한 알렉산드로스의 기병대를 대적하기에는 역부족이었기에 또다시 코끼리들 뒤로 몸을 피해야 했다.

전투가 벌어지는 동안 마케도니아의 기병대는 한 덩어리로 뭉쳐서 연속적으로 공격을 퍼부었는데, 이는 명령에 따른 것이라기보다 급박한 상황이 만들어낸 것이었다. 그 결과 적에게 상당한 손실을 입혔다. 한편 병사들에게 포위되어 옴짝달싹하지 못하게 된 코끼리들은 이리저리 요동을 치기 시작했고, 마케도니아 병사뿐만 아니라 인도 병사들까지 짓밟아 죽였다. 우선 코끼리들 사이에 끼여 있던 인도 기병들이 참변을 면치 못했으며 코끼리 몰이꾼들은 화살에 맞아 죽었다. 코끼리들의 부상도 적지 않았다. 몰이꾼을 잃고 당황한 코끼리들이 고통과 공포에 사로잡혀 우왕좌왕하자 아군 적군 할 것 없이 무차별적으로 짓밟하기 시작했다. 그러나 마케도니아 병사들은 움직일 여유 공간이 있었기 때문에 미쳐 날뛰는 짐승들을 다루기가 수월했다. 코끼리들이 돌진할 때는 물러섰다가 돌아서면 덤벼들어 창으로 찌르는 식이었다. 반면 불운한 인도 병사들은 달아나다가 코끼리들 사이에 끼어 마케도니아군보다 더 위험한 아군의 공격을 받았다.

이윽고 지쳐버린 코끼리들은 기세가 꺾이기 시작했다. 코끼리들은 울부짖으면서 마치 후진하는 배처럼 느릿느릿 뒷걸음치기 시작했다. 기회를 잡은 알렉산드로스는 마케도니아 보병들에게 코끼리와 기병 모두를 둘러싼 다음 방패를 들고 밀집 대형으로 진격하라고 지시했다. 곧이어 대부분의 인도 기병들이 죽었고 마케도니아군의 강한 압박에서 벗어나지 못한 수많은 보병도 희생되었다. 알렉산드로스의 기병들 사이로 틈을 발견한 생존자들은 모두 그 사이로 달아났다. 강 건너편에 남아 있던 크라테루스와 다른 장교들은 알렉산드로스의 승리를 확인하자마자 강을 건너왔고, 기운 넘치는 병사들은 알렉산드로스의 지친 병사들을 대신하여 패잔병들에게 마지막 일격을 가했다.

이 전투에서 2만 명에 가까운 인도 보병들과 약 3000명의 기병이 전사했고 전차는 모두 부서졌다. 포루스의 두 아들과 인도의 지방 총독 스피타케스, 코끼리와 전차를 지휘한 장교와 기병대 장교 전체, 그 외의 고위급 장교들도 전사자에 포함되었다. 살아남은 코끼리들은 포획되었다. 원래 6000여 명이던 알렉산드로스의 보병들 중에서는 약 80명이 전사했고, 선봉에 섰던 궁기병 10명, 헤타이로이 약 20명, 그 외의 기병 200명을 잃었다.[25]

포루스는 전투 내내 용감한 지휘관이자 진정한 군인으로서 행동했다. 기병대가 와해되고 보병의 대부분이 전사한 데다 코끼리들은 죽거나 몰이꾼 없이 전장을 우왕좌왕하는 상황에서 포루스는 페르시아의 왕 다리우스와는 상반된 모습을 보였다. 그는 다리우스와 달리 위기의 순간에도 달아나지 않았고, 마지막까지 병사들과 함께 치열하게 싸우다가 부상을 당한 뒤에야 타고 있던 코끼리를 돌려 후퇴하기 시작했다. 현장에서 포루스를 본 자들의 공통적인 증언에 따르면 그는 매우 튼튼하고 몸에 꼭 맞는 갑옷을 입고 있었다. 격전지를 여기저기 누비는 동안 그의 몸을 감싼 갑옷 덕분에 다른 곳은 다치지 않았으나 몸에서 유일하게 보호되지 않았던 오른쪽 어깨를 다치고 말았다.

이 용맹스런 전사를 살려주고 싶었던 알렉산드로스는 인도 사람인 탁실레스를 그에게 보냈다. 탁실레스는 최대한 포루스에게 가까이 접근하여 더 이상 달아나는 건 불가능하니 코끼리를 멈추고 알렉산드로스의 전갈을 들으라고 했다. 그러나 포루스는 숙적인 탁실레스를 창으로 찔러 죽이려고 코끼리를 돌려 돌진했다. 탁실레스가 말에 박차를 가해 아슬아슬하게 피하지 않았다면 죽음을 면치 못했을 것이다. 그러나 알렉산드로스는 자신의 전령을 그와 같이 대접한 데 화를 내기는커녕 여러 명의 부하들을 계속 보냈다. 마지막으로 찾아간 사람은 포루스의 오랜 친구인 메로에스였다. 갈증에 시달리고 있던 포루스는 메로에스의 설득에 코끼리를 멈춘 뒤 내려서 목을 축였다. 기운을 다시 회복한 그는 자신을 알렉산드로스에게 안내하라고 했다.

---

25 이 전투의 사상자 수를 유일하게 언급한 다른 저자인 디오도로스(17.89.1~3)는 인도군에서는 1만2000명 이상이 죽고 9000명이 붙잡혔으며, 마케도니아군은 기병 280명과 보병 700명 이상이 전사했다고 제시했다.

포루스가 온다는 소식을 들은 알렉산드로스는 몇 명의 헤타이로이를 데리고 마중을 나갔다. 그리고 포루스를 만나자 말을 세우고 존경의 눈으로 바라보았다. 포루스는 키가 2미터가 넘는 데다 매우 잘생기고 기골이 장대한 사내였다.[26] 포루스는 당당함을 잃지 않았으며, 자신의 왕국을 위해 영예롭게 싸우고 나서 또 다른 용맹한 상대 또는 다른 왕과 마주한 왕의 분위기를 풍겼다.

알렉산드로스가 먼저 입을 열었다.

"내가 그대에게 어떻게 해주길 원하는가?"

그러자 포루스가 대답했다.

"왕으로 대하라."

알렉산드로스는 이 대답에 만족하며 말을 이었다.

"그렇게 하겠다. 그런데 자신을 위해 원하는 건 없는가? 말하라."

"이 하나의 요구에 모든 것이 들어 있다."

이 위엄 있는 대답에 더욱 만족한 알렉산드로스는 포루스에게 왕국을 계속 통치하도록 했고 더 넓은 영토까지 얹어주었다.[27] 이렇게 알렉산드로스는 용맹한 자를 왕으로 세웠고, 그 이후 포루스는 모든 면에서 충직한 친구가 되었다. 히다스페스 강 너머에서 포루스와 인도인들을 상대로 한 전투는 이렇게 끝을 맺었다. 헤게몬이 아테네의 집정관이던 5월에(기원전 326년) 벌어진 일이다.[28]

---

26 디오도로스(17.88.4)는 포루스의 키가 5큐빗[약 2.25미터, 고대 이집트, 바빌로니아 등지에서 썼던 길이의 단위. 1큐빗은 팔꿈치에서 손끝까지의 길이로, 약 18인치, 곧 45.72cm에 해당한다. 현재의 야드, 피트의 바탕이 되었다], 즉 아테네식 큐빗으로 나타냈다면 약 2.28미터였다는 데 동의한다. 하지만 탄(*Alexander* 2.170)은 짧은 마케도니아식 큐빗은 약 14인치(약 35.56cm) 정도였다고 주장했다. 그렇다면 포루스의 키는 약 1.8미터 정도였을 것이다.

27 Diodorus, 17.89.6; Curtius, 8.14.45; Plutarch, *Alexander* 60.15 참조.

28 디오도로스(17.87.1)는 크레메스가 집정관일 때, 즉 기원전 326년 7월~325년 6월에 전투가 벌어졌다고 잘못 말했다.

알렉산드로스와 포루스. 샤를 르브룅 작품.

알렉산드로스는 전장과 히다스페스 강을 건넜던 지점 부근에 두 개의 도시를 건설했다. 한 도시는 승리를 기념하기 위해 니케아라고 이름 지었고, 다른 한 도시는 그 지역에서 죽은 애마 부케팔로스의 이름을 붙였다. 부케팔로스는 전투 중에 다쳐서 죽은 게 아니라 늙고 지쳐서 죽었다. 당시 부케팔로스의 나이는 30세로, 이미 지칠 대로 지쳐 있었다.[29] 부케팔로스는 알렉산드로스와 숱한 위험을 치렀고 고된 행군을 함께했다. 주인 외에는 아무도 태우려 하지 않았기 때문에 이 말의 등에 올라탄 사람은 알렉산드로스뿐이었다. 부케팔로스는 덩치가 크고 기개가 넘치며 기품 있는 말이었다. 황소 머리 모양의 낙인이 찍혀 있어서 부케팔로스[boos(소)와 kephalē(머리)가 합쳐져 소의 머리라는 뜻]라는 이름이 붙었다. 반면 머리 부위의 흰색 털이 황소 머리처럼 생겨서 붙은 이름이라고 말하는 이들도 있다. 그 부위는 검은색의 몸체에서 유일하게 흰 부분이었다고 한다. 한 번은 욱시이에서 부케팔로스를 잃어버린 적이 있었다.[30] 알렉산드로스가 부케팔로스를 찾아내지 못하면 그 지역 주민들을 전부 죽여버리겠노라 공표함으로써 말을 금세 되찾았다고 한다. 이 일화는 알렉산드로스가 얼마나 두려움을 불러일으키는 존재였는지, 또한 그가 부케팔로스를 얼마나 사랑했는지를 보여준다. 하지만 이 이야기는 이 정

---

29 플루타르코스(*Alexander* r61)에 따르면 대부분의 저자들이 부케팔로스가 부상으로 죽었다고 주장하지만 오네시크리투스는 부케팔로스가 30년을 살고 늙어서 죽었다고 했다. 우리는 부케팔로스의 나이를 임의적으로 알렉산드로스와 동갑으로 만들었다거나 알렉산드로스가 16세가 될 때까지 부케팔로스를 '길들이지' 못했다고 추정할 필요는 없다. 부케팔로스는 아마 30년간 살았을 것이고 알렉산드로스는 (가령) 예닐곱 살 때 이 말에 탔을 수 있다. 부케팔로스 '길들이기'에 대해서는 Plutarch, *Alexander* 6 참조.

30 수사와 페르세폴리스 사이 지역. 플루타르코스(*Alexander* 44.3~4)는 이 사건이 히르카니아에서 일어났다고 말한 반면 디오도로스(17.76.5)와 쿠르티우스(6.5.·8)는 히르카니아 서쪽의 마르디아에서 일어났다고 했다.

도로 해두겠다. 부케팔로스에 대한 칭찬은 어디까지나 알렉산드로스의 면모를 보여주기 위한 것이다.

전사한 병사들의 장례의식을 치른 후 알렉산드로스는 히다스페스 강을 처음 건넌 지점에서 관례에 따라 승리에 대한 감사의 제사를 지내고 운동경기와 승마 시합을 열었다.[31] 그런 다음 크라테루스와 군의 일부를 주둔시켜 새 도시들을 건설하고 요새화 작업을 감독케 하고는 포루스의 왕국 너머에 사는 인도인들을 향해 진군했다. 아리스토불루스는 이 부족을 글라우가니카이라고 했고 프톨레마이오스는 글라우사이라고 했지만, 이름은 중요하지 않으니 신경 쓰지 않아도 된다. 알렉산드로스는 헤타이로이 절반, 각 중보병대에서 뽑은 정예병들, 궁수들, 아그리아니아군, 궁기병 파견대 전체를 이끌고 이 지역으로 들어갔다. 주민들은 알렉산드로스에게 항복했다. 가장 작은 도시는 인구가 5000명이 안 되었지만 1만 명이 넘는 도시도 많았다. 1만 명에 가까운 다른 마을들까지 알렉산드로스의 수중에 넣었는데, 이렇게 투항한 도시는 모두 37개나 되었다. 알렉산드로스는 이 지역 전부를 포루스에게 넘겼다. 또한 포루스와 탁실레스를 화해시킨 뒤 탁실레스는 고향으로 돌려보냈다.

그 무렵 아비사레스가 사절단을 보내어 항복과 더불어 영토를 넘겨주겠다는 뜻을 전했다. 히다스페스 전투가 벌어지기 전까지 그는 포루스의 편에 가담하려 했으나 이제는 자신의 동생이 포함된 사절단을 통해 돈과 코끼리 40마리를 알렉산드로스에게 보냈다.[32] 자유민 인도인들과 포루스라는 이름을 지닌 또 다른 족장도 사절을 보

31 디오도로스(17.89.6)는 여기에서 30일간 쉬었다고 한다.

32 아리아노스는 앞에서(289쪽) 카슈미르의 통치자 아비사레스의 사절단이 도착했다고 언급했다.

부케팔로스를 길들이는 알렉산드로스. 프랑수와 쇼메 작품.

냈다.[33] 알렉산드로스는 당장 아비사레스를 불러오라고 명령하면서 나타나지 않으면 조만간 달갑지 않은 장소에서 마케도니아군과 최고 사령관을 만나게 될 것이라고 엄포를 놓았다.

한편 파르티아와 히르카니아의 태수 프라타페르네스가 그의 지휘 아래 남겨두었던 트라키아군과 함께 도착했다. 또한 거의 같은 시

33 스트라보에 따르면 이 사람은 파우라바스의 왕 포루스의 조카다.

기에 아사케니아의 태수 시시코투스는 그리스 총독이 암살되었으며 주민들이 알렉산드로스를 배신했다는 소식을 가져왔다.[34] 알렉산드로스는 그 지방의 질서를 바로잡기 위해 필리포스와 티리아스페스가 지휘하는 부대를 파견했다. 그런 뒤 자신은 아케시네스 강으로 진군했다.

아케시네스 강은 라구스의 아들 프톨레마이오스가 유일하게 규모를 언급한 인도의 강이다. 프톨레마이오스에 따르면 알렉산드로스의 병사들이 배와 부낭을 타고 강을 건넌 지점은 폭이 3킬로미터에 달했으며, 강물은 삐쭉삐쭉 솟은 커다란 바위들 사이로 굉음을 일으키며 거세게 흘렀다. 부낭을 탄 병사들은 강을 쉽게 건넜으나 배의 경우는 바위에 부딪혀 여러 척이 부서졌고 배 안에 있던 병사들은 익사했다. 이런 설명으로 추정할 때 인더스 강의 폭이 평균 약 8킬로미터이고 가장 좁고 깊은 지점이 약 3킬로미터라고 제시한 다른 저자들의 증언은 꽤 정확해 보인다. 실제로 인더스 강의 여러 지점은 폭이 3킬로미터 정도였다. 이 경우 알렉산드로스는 물살이 가장 약한 지점을 찾느라 일부러 아케시네스 강폭이 가장 넓은 곳에서 강을 건넌 것이 아닐까 싶다.[35]

강을 건넌 알렉산드로스는 주변의 정복 지역으로부터 곡식과 물자들을 징발해올 병사들이 강을 무사히 건널 수 있도록 코이누스와 그의 부대를 남겼다. 그리고 포루스는 정예병들과 코끼리들을 데리

---

34 니카노르가 인더스 강 서쪽 영토의 태수로 임명되었고 아오르노스 바위산 근처의 요새 지휘관으로 시시코투스가 마지막으로 언급되었기 때문에 시시코투스는 아마도 암살된 태수 니카노르의 부하였을 것으로 보인다.

35 *Indica*(3.10)에서 아리아노스는 아케시네스 강이 인더스 강과 합류하는 지점의 폭이 약 6.5킬로미터라고 제시했다. 하지만 이것은 히다스페스 강, 히드라오테스 강과 합류한 이후의 폭이다.

고 나중에 합류하라는 지시와 함께 고국으로 돌려보냈다. 자신은 군에서 가장 기동력이 좋은 부대들을 데리고 또 다른 포루스(불명예스럽게도 나라를 버리고 달아난 인물로 기록되어 있다)를 추적할 생각이었다. 이 두 번째 포루스는 동명이인인 포루스가 알렉산드로스에게 적대적이었을 때 알렉산드로스에게 여러 차례 사절을 보내 항복의 뜻을 전하고 영토를 넘겨주겠다고 했다. 이는 알렉산드로스를 지지해서라기보다는 또 다른 포루스를 싫어했기 때문이었다. 그러다가 동명이인 포루스가 자유의 몸이 되었으며 넓은 새 영토까지 넘겨받았다는 소식을 듣자 두려움을 느끼고 가능한 한 많은 병사를 끌어 모아 조국을 떠난 것이다. 그가 두려워한 것은 알렉산드로스가 아니라 권력이 더 막강해진 경쟁자의 위협이었다.

알렉산드로스는 먼저 히드라오테스 강으로 갔다. 이 강은 아케시네스 강만큼 넓지만 물살은 그다지 빠르지 않았다. 알렉산드로스는 크라테루스와 코이누스가 식량을 징발하러 나갈 때 어디든 안전하게 다닐 수 있도록 히드라오테스 강의 안쪽 영토로부터 전략적으로 중요한 모든 지점마다 병사들을 배치해두었다. 그런 뒤 헤파이스티온에게 보병부대 2부대와 데메트리우스의 기병대, 궁수 파견대 절반을 내주어 변절자 포루스의 영토로 보내면서 그 영토와 히드라오테스 강 주변에 사는 독립 부족들의 영토를 또 다른 포루스에게 넘기라고 지시했다. 이러한 일들을 처리한 알렉산드로스는 이제 히드라오테스 강을 건너 강둑을 따라 진군했다. 아케시네스 강과는 달리 히드라오테스 강은 힘들이지 않고 건널 수 있었다. 이 지역에 사는 부족들은 대부분 저항 없이 항복했지만 처음에는 적대감을 드러낸 부족들도 없지 않았다. 결국 달아나려던 몇몇 부족민은 무력으로 진압되었다.

특히 카타에이라는 독립 부족은 알렉산드로스의 침략에 저항할 준비를 하면서 이웃 부족의 지원을 요청하고 있었다. 카타에이족 전사는 뛰어나고 용감하다는 평판이 자자했고, 저항의 근거지로 삼고 있는 상갈라라는 도시는 방비가 견고한 것으로 알려져 있었다.[36] 옥시드라카이와 말리라는 두 부족도 함께 저항하기로 했다. 이윽고 포루스와 아비사레스가 이 부족들을 진압하기 위한 원정에 나서면서 다른 여러 독립 부족의 지원을 받으러 했으나 별 성과를 올리지 못했다. 결과적으로 원정 규모에 흡족할 만한 성과를 거두지 못했다.

이 보고를 받자 알렉산드로스는 직접 카타에이족 정벌에 나섰다. 히드라오테스 강에서 이틀간 행군한 마케도니아군은 핌프라마라는 도시에 도착했고, 이곳에 사는 아드라이스타이라는 부족은 저항하지 않았다. 다음 날은 휴식을 취한 뒤 다시 상갈라로 진군했다. 도시 전방의 산에는 카타에이군과 이들을 지원하는 이웃 부족들이 진을 치고 있었다. 산은 가파른 곳도 있고 덜 가파른 곳도 있었는데, 적들은 산 주위를 세 겹의 수레로 빙 둘러싸서 방어벽을 만들어놓고 그 안에 진을 쳤다.

알렉산드로스는 상황에 맞추어 전략을 변경했다. 적의 강점과 아군 진지의 특성을 감안하여 궁기병들을 즉각 출격시켜 적의 전선을 따라 달리면서 장거리 화살 공격을 하라고 지시했다. 이는 마케도니아군이 진지를 구축하기 전에 적이 공격하지 못하게 하는 한편 적병들이 교전을 위해 방어진지를 떠나기 전에 가능한 한 큰 타격을 안기려는 것이었다. 클레이토스의 기병 부대와 특수 기병 부대는 우익을

36 상갈라와 핌프라마(아래)는 모두 위치가 확인되지 않았다. 두 도시는 암리차르 지역에 있었을 것으로 보인다. 말리와 옥시드라카이는 더 남쪽에 있었다.

맡고 그 바로 옆에 근위대와 아그리아그니아군이 배치되었다. 좌익에는 페르디카스의 기병 연대와 중보병 대대가 배치되고 궁수들은 둘로 나뉘어 각각 좌익과 우익에 배치되었다. 군 배치가 끝나기 전에 후방 부대의 기병과 보병들이 전장에 도착했다. 이제 막 도착한 기병들은 날개 쪽 부대를 보강하고 보병들은 더 견고한 밀집 대형을 이루었다. 이렇게 배치가 완료되자 알렉산드로스는 우익의 기병들을 지휘하며 인도군의 좌익을 향해 돌격했다. 그쪽은 짐수레들이 다소 넓은 간격으로 세워져 있었고 지형적으로도 접근이 수월해 보였다.

기병대의 위협에도 인도군은 방어벽 밖으로 나오지 않은 채 수레 위로 올라가 활을 쏘면서 접근하지 못하도록 대응했다. 이런 상황에서는 기병 공격이 소용없다고 판단한 알렉산드로스는 즉각 말에서 내려 보병을 이끌고 공격에 돌입했다. 수레의 첫 번째 줄에 포진한 적들은 쉽게 퇴각했지만 두 번째 줄에 집결함으로써 좀더 효과적인 방어전을 펼쳤다. 적병들이 더 작은 원을 이루며 촘촘하게 밀집하자 마케도니아군은 공터에서 공격하는 이점을 활용할 수 없게 되었다. 결국은 바깥쪽의 수레들을 치워낸 뒤 두 번째 수레들 사이의 빈틈을 찾아 각자 최대한 밀고 들어가야 했다. 마케도니아군은 끝내 이 공격에 성공했고, 인도군은 세 번째 방어선으로 물러났으나 더 이상 버텨내지 못했다. 그들은 세 번째 줄의 수레들을 지킬 엄두를 내지 못한 채 서둘러 도시 안으로 퇴각하여 숨었다.

알렉산드로스는 압박 공격을 중지한 뒤 보병들을 동원하여 도시를 에워싸도록 했다. 성벽이 넓어서 전체를 포위할 수는 없었으나 성벽이 깨진 한 지점을 찾아냈다. 그로부터 멀지 않은 전방에는 호수가 하나 있었다. 호수는 비교적 얕았기 때문에 전날의 패배로 크게 동요된 인도 병사들이 어둠을 틈타 성 밖으로 빠져나와 이 호수를 건널 것이라 예상한 알렉산드로스는 호수 둘레에 기병들을 배치했다. 알렉산드로스의 추측은 적중했다. 밤 2경[二更, 밤 10시 전후] 즈음 인도 병사들이 몰래 성을 빠져나오다가 기병 순찰대와 맞닥뜨린 것이다. 먼저 나온 인도 병사들은 죽음을 피할 수 없었고, 뒤따라 나오던 병사들은 호수 전체에 적의 순찰병이 포진해 있음을 알아차리고 다시 성 안으로 들어갔다.

알렉산드로스는 천연의 장벽인 호수를 제외한 도시 둘레 전체에 이중 방책을 세우고 호수를 더 엄중히 지키도록 조치했다. 원래 공성 무기들로 성벽을 뚫을 계획이었지만 바로 그날 밤 남은 인도 병사들이 방책이 없는 호수 쪽으로 달아나기로 했다는 정보를 탈영병들로부터 입수했기 때문이다. 알렉산드로스는 라구스의 아들 프톨레마이오스에게 근위대 3개 부대, 아그리아니아군 전체, 궁수 부대를 데리고 이 지점을 지키도록 하면서 적병들이 빠져나올 만한 지점을 가리키며 말했다. "이곳에서 적들을 발견하는 즉시 달아나지 못하게 막은 뒤 나팔수에게 신호를 울리게 하라. 다른 장교들은 이 신호를 듣는 즉시 부하들을 이끌고 나팔 소리가 나는 지점으로 향하라. 명심하라, 내가 그곳에 있을 것이다."

프톨레마이오스는 인도군이 첫 전투에서 남기고 간 수레들을 모아 적병들의 도주로에 배치함으로써 캄캄하고 혼란스러운 가운데 부비트랩 역할을 하도록 했다. 또한 방책으로 쓰려고 잘라놓았으나 아직 사용하지 않은 기둥들을 호수와 성벽 사이에 쌓아 장애물을 만들었다. 대부분의 작업이 어둠 속에서 이루어졌지만 부하들은 임무를 완수했다.

알렉산드로스가 입수한 정보대로 밤 4경이 되자(새벽 1시~3시 사이. 그리스인들은 밤을 세 단위로, 로마인들은 네 단위로 나누었다. 여기에서 아리아노스는 로마식을 사용했다) 호수로 이어지는 성문이 열리더니 인도 병사들이 빠져나와 호수 쪽을 향해 전속력으로 질주했다. 그러자 나팔수들이 즉시 신호를 울렸고 대기하고 있던 프톨레마이오스는 완전무장한 부하들을 질서정연하게 지휘했다. 적병들의 도주로는 이미 수레와 쌓아놓은 장애물에 막혀 있었고 나팔 소리를 들은 프톨레마이오스의 부하들은 수레 사이를 가까스로 빠져나온 적병들을 남김없이 베어 쓰러뜨렸다. 나머지 인도 병사들은 탈출을 포기하고 다시 성 안으로 후퇴했는데 이 와중에 500명 정도가 죽었다.

이 무렵 포루스가 나머지 코끼리들과 인도군 5000명을 이끌고 도착했다. 알렉산드로스는 공성 무기를 조립하여 적정한 자리에 배치해두었으나 이 공격은 불필요하게 되었다. 벽돌로 지은 성벽에 구멍을 뚫기도 전에 마케도니아 병사들이 성벽 밑 여러 지점을 파서 사다리들을 세웠기 때문이다. 이 공격에서 인도군 1만7000명이 전사했고 7만 명 이상이 포로로 붙잡혔으며 기병 500명과 전차 300대를 잃었다. 알렉산드로스군의 사망자는 100명에 못 미쳤으나 부상자는 1200명이나 발생했다. 알렉산드로스의 개인 호위병인 리시마쿠스와 다른 장교들도 부상을 당했다.

알렉산드로스는 관례의식에 따라 예우를 갖춰 장례를 치렀다. 그런 뒤 자신의 비서 에우메네스[37]에게 기병 300명을 붙여 상갈라를 지지하여 투항하지 않았던 두 도시로 보냈다. 그리고 도시 주민들에게 상갈라가 점령당했음을 알리고, 지금 있는 곳에서 도주하지 않고 알

---

37 트라키아의 카르디아 출신인 에우메네스는 필리포스의 비서였다. 에우메네스는 알렉산드로스가 죽은 뒤 카파도키아와 파프라고니아를 차지해 후계자 전쟁에서 중요한 역할을 하다가 기원전 316년에 안티고누스에게 살해당했다. 코르넬리우스 네포스Cornelius Nepos와 플루타르코스 모두 그의 전기를 썼다. 원정 중에 에우메네스가 병사들을 지휘했다는 기록은 이 부분이 유일하다.

렉산드로스를 친구로 받아들인다면 아무런 불이익도 당하지 않을 것이며 자발적으로 항복한 다른 독립 부족들과 같은 대우를 해주겠다는 약속을 전하도록 했다. 그러나 두 도시의 주민들은 이미 상갈라가 점령당했다는 소식에 놀라서 달아난 뒤였다. 알렉산드로스는 주민들이 달아났다는 보고를 받자마자 맹렬히 추격했으나 이미 대부분의 주민들이 숨어버린 뒤였다. 도시에는 주민들이 버리고 간 500여 명의 병자가 남아 있었고, 이들은 알렉산드로스군의 칼에 죽음을 맞았다. 알렉산드로스는 추적을 중단하고 상갈라로 돌아와 도시를 완전히 파괴한 뒤 자발적으로 자신의 대의에 따르기로 한 인도 부족들에게 상갈라의 땅을 넘겨주고, 포루스와 그의 병사들을 항복한 도시들에 파견하여 수비하도록 했다. 알렉산드로스는 더 먼 곳까지 정복하려는 야심을 불태우며 히파시스 강으로 진군했다. 그는 적대적인 요소가 남아 있는 한 전쟁을 끝낼 생각이 없었다.

보고에 따르면 히파시스 강 너머의 땅은 풍요롭고 비옥했다. 주민들은 탁월한 농부이자 군인들이었으며, 질서 있고 효율적인 사회 체제 아래 살아가고 있었다. 그 지역의 정치 체제는 대부분 귀족정이었으나 전혀 억압적이지 않았다. 코끼리도 인도의 어느 곳보다 더 많았으며 몸집도 크고 용맹했다. 이러한 이야기들은 새로운 모험에 도전하고 싶은 알렉산드로스를 자극했다. 하지만 부하들의 생각은 달랐다. 마케도니아 병사들은 위험하고 힘든 모험이 끝없이 이어지자 지치기 시작했다.[38] 병사들은 막사에서 집회를 열었고, 가장 뛰어난 병

---

38 스트라보(15.1.27)는 마케도니아 병사들이 폭우로 고생했다고 말했다. 히다스페스 강을 떠난 뒤 끊임없이 폭우가 내렸다. Diodorus, 17.94.3 참조.
반란 사건에 관해서는 Diodorus, 17.93~5; Curtius, 9.2.1~3.19(알렉산드로스와 코이누스의 연설 포함); Plutarch, *Alexander* 62 참조.

사들조차 자신들의 운명을 불평했다. 어떤 병사들은 알렉산드로스가 촉구해도 더 이상은 따르지 않을 것이라 맹세하는 등 열정이 잦아들고 있었다. 이런 분위기를 파악한 알렉산드로스는 병사들 사이에 근심과 비관적인 분위기가 확산되기 전에 장교회의를 열고 다음과 같은 연설을 했다.[39]

"제군들, 내가 그대들을 새로운 모험으로 이끌 때 예전 같은 기상으로 따라오지 못한다는 사실을 알게 되었다. 그래서 내 생각대로 앞으로 나아갈 것인가, 아니면 그대들의 의견대로 돌아갈 것인가를 함께 결정하기 위해 만남을 요청했다.

지금까지 그대들이 기울인 노력에 대한 성과에 불만이 있거나 지휘관인 나에게 불만이 있다면 더 이상 말할 게 없다. 하지만 떠올려 보라. 여러분은 용기와 인내로 이오니아, 헬레스폰투스 해협, 두 개의 프리기아, 카파도키아, 파플라고니아, 리디아, 카리아, 리키아, 팜필리아, 페니키아, 이집트를 얻었다. 리비아의 그리스인 거주 지역, 아라비아의 상당 지역, 저지대 시리아, 메소포타미아, 바빌론, 수시아도 이제 그대들의 것이다. 페르시아와 메디아 그리고 예전에 이 나라들이 지배했던 지역들과 정복하지 못했던 지역까지 그대들의 수중에 들어왔다. 그대들은 카스피 해 관문 너머의 땅, 캅카스 산맥 너머의 땅, 타나이스 강 너머의 땅, 박트리아, 히르카니아, 히르카니아 해 너머의 땅까지 차지했다. 우리는 스키타이인들을 사막으로 몰아냈다. 지금

---

39 탄(*Alexander* 2.287 ff)은 알렉산드로스의 연설이 나중에 짜깁기된 것이라고 생각한다. 이 연설은 코이누스의 대답과 분리될 수 없는데, 코이누스는 아케시네스 강에 남겨졌다가 그곳에서 죽었기 때문이다. 하지만 코이누스는 포루스처럼 보급품 조달을 담당했기 때문에 분명 알렉산드로스와 다시 합류했을 것이다. 그리고 그는 히다스페스 강에서 죽었다. 그럼에도 불구하고 이 연설에는 진위성이 의심스러워 보이는 부분이 있다.

이 땅을 흐르고 있는 인더스 강, 히다스페스 강, 아케시네스 강, 히드라오테스 강도 우리 것이다. 이 모든 것을 이루었는데 왜 마케도니아의 힘, 바로 그대들의 힘을 히파시스 강과 그 너머의 부족들에게까지 뻗치길 망설이는가? 아직 남아 있는 몇몇 부족이 저항할까 봐 두려운가? 자, 자! 그들은 순순히 항복하거나 달아나다가 붙잡히거나 자신들의 땅을 무방비 상태로 남겨두고 떠날 것이다. 그러면 우리는 그 땅을 차지한 뒤 자발적으로 우리 편에 가담하여 싸운 이들에게 선물하면 된다.

알렉산드로스에게 가르침을 펴는 아리스토텔레스.

나는 남자다운 남자라면 고귀한 목적을 지향하는 것 그 이상의 목표는 없다고 믿는다. 하지만 그대들 중에 이 특별한 원정의 끝이 어디인지 알고 싶은 사람이 있다면 이곳에서 갠지스 강과 동쪽 대양까지 얼마 남지 않았다는 점을 말해주겠다.[40] 그대들은 이 바다가 히르카니아 해와 연결되어 있다는 것을 알게 될 것이다. 거대한 해류가 지구를 둘러싸고 있기 때문이다. 또한 나는 나의 친구인 그대들에게 인

---

40 알렉산드로스가 갠지스 강을 알았을 가능성은 있다. 하지만 알렉산드로스가 아리스토텔레스가 가르쳤던 대로 동쪽 대양이 가까이 있다고 생각했을지는 의심스럽다. 아무튼 네아르쿠스는 인도의 평야를 지나는 데 4개월이 걸렸다고 썼다.(Strabo, 15.1.12)

도 만과 페르시아 만, 히르카니아 해가 모두 연결되어 있다는 것을 입증할 것이다.[41] 우리의 배는 페르시아 만에서 리비아를 거쳐 헤라클레스의 기둥[지중해와 대서양을 연결하는 지브롤터 해협의 낭떠러지에 솟아 있는 바위]까지 항해할 것이다. 그리하여 이 기둥 동쪽의 리비아 전체가 곧 우리 차지가 될 것이다. 아시아 전역 또한 마찬가지다. 그리고 이 제국의 경계는 신이 세계의 경계로 정하신 것과 같아질 것이다.[42]

하지만 지금 돌아선다면 히파시스 강과 동쪽 대양 사이에 있는 많은 호전적인 부족은 정복되지 않은 채 남을 것이다. 북쪽과 히르카니아 해까지는 정복되지 않은 부족이 더 많을 것이고, 스키타이족도 그리 멀지 않은 곳에 버티고 있을 것이다. 그러니 우리가 지금 되돌아간다면 아직 확고히 제압되지 않은 지역은 우리가 굴복시키지 못한 나라들의 자극을 받아 반란을 일으킬 위험이 있다. 그러면 우리가 지금까지 이룬 모든 일과 고생이 수포로 돌아갈 것이다. 아니면 처음부터 전부 다시 시작해야 할 것이다. 마케도니아의 제군들이여, 그리고 나의 친구이자 동지들이여, 그렇게 되어선 안 된다. 꿋꿋이 버텨주길 바란다. 고생과 위험은 영광을 얻기 위한 대가이며, 용감한 삶과 사후까지 이어지는 불멸의 명예가 얼마나 달콤한지 잘 알고 있지 않은가.

내 조상인 헤라클레스가 티린스나 아르고스 혹은 펠레폰네소스 반도나 테베 너머까지 가지 못했다면 실제로든 표면적으로든 인간에

---

41 히르카니아 해(카스피 해)가 만이라는 생각은 알렉산드로스가 아니라 에라토스테네스(그리고 아리아노스)의 지리적 지식이었다.

42 가망성 없어 보이는 이 제안에 대해서는 372~373쪽 참조.

서 신이 되는 영광을 누리지 못했으리라는 사실을 모르겠는가? 디오니소스는 어떤 면에서 헤라클레스를 능가하는 진짜 신이지만 적잖은 역경을 치렀다. 하지만 우리는 이들보다 더 많은 일을 해냈다. 니사를 지났고 헤라클레스도 차지하지 못한 아오르노스 바위산을 점령했다. 그렇다면 그대들이 이미 손에 넣은 것에 아시아의 나머지 지역을 추가하자. 이것은 지금까지 정복한 거대한 지역에 조금 더 보태는 것일 뿐이다. 우리가 그저 고향이나 지키고 우리 국경을 침범하는 트라키아인들이나 일리리아인들, 트리발리아인 혹은 우리 평안을 위협할 수 있는 그리스인들이나 저지하면서 마케도니아에서 편히 사는 데 만족했다면 위대하고 고귀한 업적을 어떻게 이룰 수 있었겠는가?

지휘관인 내가 고단한 행군과 위험천만한 원정을 그대들과 함께하지 않았다면 그대들이 나보다 먼저 기운을 잃었다고 탓할 수 없을 것이다. 과업은 그대들이 이루었는데 보상은 다른 사람들이 받는다면 기운이 빠지고도 남을 일이다. 하지만 그런 일은 없다. 제군들이여, 그대들과 나는 고난과 위험을 함께했고 보상은 우리 모두의 것이다. 정복한 영토는 그대들의 것이다. 그 영토들의 총독은 그대들 가운데에서 선정되었다. 보석들 대부분도 이미 그대들의 수중에 들어갔다. 아시아 전체를 정복하면 맹세코 그대들의 야심을 충족시켜 주는데 그치지 않을 것이다. 그대들 각자가 소망하는 부나 권력에 대한 최고의 기대를 뛰어넘는 보상을 해줄 것이다. 고향으로 돌아가고 싶은 자는 보내줄 것이다. 그러나 여기에 남는 자들은 돌아가는 자들이 부러워할 정도로 대우해줄 것이다."[43]

---

43 Xenophon, *Anabasis* 1.7.4 참조.

알렉산드로스가 말을 마치자 긴 침묵이 흘렀다. 그 자리에 있던 장교들은 알렉산드로스의 말을 선뜻 받아들이지 못했지만, 그렇다고 선불리 대답할 용기도 내지 못했다. 알렉산드로스는 바라는 점이나 다른 생각이 있다면 말하라고 여러 차례 권했지만 한 마디도 나오지 않았다. 그러다 마침내 폴레모크라테스의 아들 코이누스가 용기를 내어 입을 열었다.

"전하, 저희에게 불합리한 복종을 요구하지 않으신 데 감사드리옵니다. 전하께서는 저희의 동의를 얻은 뒤에야 저희를 이끌 것이고, 저희를 설득하지 못한다 해도 강제하지 않을 것임을 분명히 하셨습니다. 그러나 저는 여기 모인 장교들을 대표해서 말씀드리는 것이 아닙니다. 저희는 지위나 권위로 이미 보상을 받았고, 전하의 뜻을 앞당겨 실현하는 데 병사들보다 더 많이 관여했기 때문입니다. 저는 일반 병사들을 대변하고자 합니다. 병사들의 감정을 앵무새처럼 되풀이하려는 게 아니라 현재 전하에게도 이득이 되고 앞으로 우리의 안전에도 도움이 되리라 믿는 바를 말씀드리려 합니다.

저는 나이도 많고 전하의 은공으로 동료들 사이에서 좋은 평판도 얻었습니다. 그리고 지금까지 온갖 위험과 난관 속에서 주저 없이 용기를 발휘해왔기 때문에 제가 가장 바람직하다고 믿는 방향을 말씀드릴 자격이 있다고 생각합니다. 그럼 아뢰겠습니다. 우리 지도자인 전하, 그리고 고국에서부터 함께한 병사들이 지금껏 이뤄온 수많은 업적들로 볼 때 앞으로 전개할 모험은 어느 정도 한계를 정할 필요가 있다고 사료됩니다. 전하께선 이 원정에 함께 나섰던 그리스인과 마케도니아인이 얼마였는지, 그중에서 지금 얼마가 남았는지 알고 계실 것입니다. 테살리아인들이 더 이상 원정에 열의가 없다는 것을 알고 박트리아에서 고향으로 돌려보내신 것은(테살리아인들을 고향으로 돌려보낸 곳은 엑바타나였다고 한다. 따라서 우리는 이 구절에서 '박트리아'를 '엑바타나'로 읽어야 할 것이다) 현명한 조치였습니다. 그리스인들 중에는 전하가 건설하신 새 도시에 정착한 사람들도 있지만 모두가 기꺼이 그곳에 남은 것은 아닙니다.[44] 다른 그리스인들은 전하와 우리 마케도니아인들과 함께 위험하고 고생스런 전쟁을 같이 겪었습니다. 그중 일부는 전사했고 일부는 부상으로 불구가 되어 아시아의 여러 지역에 낙오되었습니다. 병으로 죽은 사람은 더 많습니다. 거대한 군에서 그들은 이제 소수밖에 남지 않았습니다. 얼마 남지 않은 그들마저도 몸이 쇠약해지고 예전의 기상과 결의도 사라졌습니다. 모두가 부모님을 다시 뵐 수 있길 갈망합니다. 부모님이 아직 살아 계시다면 말입니다. 아내와 아이들도 보고 싶어 합니다. 모두가 낯익은 고향 땅을 그리워하고 있습니다. 더 이상 가난하고 이름 없는 삶이 아니라 전하 덕분에 얻은 보물들로 고향에서 부와 명성을 누리며 살기를 소망하고 있습니다. 전하를 따르려 하지 않는 자들을 이끌려고 하지 마십시오. 마음이 떠난 자들에게선 옛 기상이나 용기를 찾지 못할 테니까요. 대신 어머니에게로, 고국으로 발길을 돌리십시오. 마케도니아로 돌아가면 전하께선 그리스에 훌륭한 정부를 정착시키고 이번 원정에서 얻은 수많은 위대한 승리와 함께 조상들의 전당에 들어갈 수 있습니다. 그러고 나서 전하께서 원하신다면 이 동양의 인도인들을 상대로 다시 새로운 원정에 나설 수도 있을 것입니다. 혹은 흑해나 카르타고, 리비아 영토 너머로 떠날 수도 있을 것입니다. 그건 전하의

---

44 기원전 325년 초에 알렉산드로스가 말리에서 죽었다는 소문이 박트리아에 퍼지자 3000명의 용병들이 반란을 일으켜 그리스로 돌아갔다.(Curtius, 9.7.1~11) 알렉산드로스의 사망 직후에는 박트리아에서 훨씬 큰 규모의 용병 반란이 일어났다.(Diodorus, 18.4.8;7.1~9)

결정에 달렸습니다. 하지만 그때는 전쟁에 지친 이 노병들 대신 그리스와 마케도니아의 젊고 기운찬 병사들이 전하를 따를 것입니다. 아직 전쟁의 공포를 모르고 미래의 희망에 한껏 부푼 그 병사들은 전하의 옛 원정군이 더 이상 가난한 무명병사들이 아닌, 돈과 명성을 얻어 무사히 귀국하는 모습을 보았기 때문에 더욱 열렬히 전하를 따를 것입니다. 전하, 성공한 사람이라면 '멈출 때가 언제인가'를 정확히 알아야 합니다. 우리 마케도니아 군대를 이끄는 전하와 같은 지휘관에게 두려운 적이 있을 리는 없지만 운명은 종잡을 수 없는 것이고, 어떤 사람도 운명에 대항할 수는 없다는 걸 부디 기억하십시오."

코이누스의 말에 박수가 쏟아졌다. 눈물을 흘리는 사람까지 있었다. 원정을 계속하길 얼마나 꺼리는지, 회군 명령이 떨어진다면 얼마나 기뻐할지를 보여주는 증거였다. 코이누스의 솔직한 말과 다른 장교들의 무기력한 모습에 화가 난 알렉산드로스는 그 자리를 파했다. 하지만 다음 날 같은 장교들을 다시 불러 모은 뒤, 마케도니아인 그 누구에게도 함께 가자는 압력을 행사하지 않겠지만 자신은 계속 나아갈 것이라고 분개하며 선언했다.

"자발적으로 왕을 따를 사람들을 데려가겠다. 고향으로 돌아가고 싶다면 마음대로 가도 좋다. 가서 그곳 사람들에게 전하라. 적들이 우글거리는 한가운데에 왕을 버리고 왔다고."

이 말을 던진 뒤 알렉산드로스는 막사로 돌아가 이틀 동안 아무도 만나려 하지 않았다. 헤타이로이도 예외가 아니었다. 알렉산드로스는 마케도니아와 연합 파견대의 여러 장교가 자신의 말에 마음을 바꿔주길 바랐다. 군인들 중에는 갑작스레 심경의 변화를 보이는 이들도 적지 않았기 때문이다. 그러나 완강한 침묵이 이어졌다. 알렉산드로스가 울화통을 터뜨린 데 화가 난 부하들은 왕이 노했다는 이유로 결정을 바꾸지 않기로 했다. 하지만 부하들이 이렇게 노골적으로 반대하는데도 불구하고 (이 일에 대한 프톨레마이오스의 말에 따르면) 알렉산드로스는 강을 건너도 좋다는 징조를 얻고자 제사를 올렸다. 하지만 자신에게 불리한 징조가 나오자 마침내 뜻을 꺾고 헤타이로이의 최고 장교들과 가장 친한 친구들을 불러 모은 뒤, 모든 상황을 고려하여 더 이상 진군하지 않고 회군하기로 결정했다고 공표했다.

수많은 병사가 기쁨의 함성을 터뜨리는 광경을 상상해보라. 대부분의 병사들은 눈물을 흘리면서 알렉산드로스의 막사로 찾아와 자신들의 뜻을 들어준 왕에게 갖가지 복을 빌었다. 이 결정은 이번 원정에서 알렉산드로스가 맛본 유일한 패배였다.

결정을 내리자 알렉산드로스는 부하들을 여러 중대로 나누어 제단 12개를 짓도록 명령했다. 높이는 가장 높은 공성 무기 정도로 쌓고 폭은 훨씬 더 넓게 만든 이 제단은 지금까지 승리를 거듭하며 전진하게 해준 신에게 바치는 감사의 제물이자 힘들게 이룬 알렉산드로스의 모든 업적을 기리는 기념비였다.[45] 제단이 완성되자 알렉산드로스는 격식에 따라 제사를 올리고 운동경기와 승마 시합을 열었다. 그런 후 히파시스 강까지의 영토 지배권을 포루스에게 맡기고 히드라오테스 강 쪽으로 회군길에 올랐다. 강을 건넌 뒤에는 왔던 길을 되밟아 아케시네스 강까지 갔다. 아케시네스 강에 도착했을 때는 헤파이스티온에게 맡겼던 요새화 작업과 정착지 건설이 완성되어 있었

---

45 디오도로스(17.95.1)와 쿠르티우스(9.3.19)도 알렉산드로스가 올림퍼스 산의 열두 신에게 바치는 12개의 제단을 세웠다는 것을 확인해준다. 디오도로스에 따르면 제단의 높이는 23미터였다. 제단의 흔적은 남아 있지 않지만 알렉산드로스 시대 이후 인도 강들의 흐름이 크게 바뀌었다는 점을 감안하면 이는 놀랄 일이 아니다.

디오도로스, 쿠르티우스, 플루타르코스(*Alexander* 62)는 알렉산드로스가 후대에 깊은 인상을 남기기 위해 병사들의 침상과 마구간을 보통보다 크게 짓도록 명령했다고 덧붙였다.

다.[46] 알렉산드로스는 주변의 인도 부족들이나 다치고 병든 용병들 가운데 자원자들을 이 도시에 정착시킨 뒤 강 하류에서 인도양으로 나아갈 여정을 준비하기 시작했다.

한편 아비사레스의 영토와 접한 지역의 총독인 아르사케스가 알렉산드로스를 찾아왔다. 아비사레스의 형제와 친척들을 대동한 그는 인도인들이 가장 귀중하게 여기는 선물과 아비사레스의 코끼리 30마리도 끌고 왔다. 아비사레스는 몸이 아파서 직접 오지 못했다고 전했다.[47] 때마침 알렉산드로스가 아비사레스에게 보냈던 사절단도 돌아왔다. 알렉산드로스는 선뜻 이 말을 믿고 아비사레스에게 계속 영토를 다스리게 하고 아르사케스에게 그를 돕도록 지시했다. 그리고 이들이 바쳐야 하는 공물의 양을 정해준 뒤 다시 제사를 올렸다. 이제 다시 아케시네스 강을 건너 히다스페스 강으로 행군했다. 이곳에서는 폭우로 인해 니케아와 부케팔라, 두 정착지가 입은 피해를 보충해주고 국가적 차원의 도움이 필요한 다른 문제들도 처리해주었다.

---

46 앞에서는 언급되지 않았다.

47 아비사레스에게 알렉산드로스를 직접 찾아오라고 내린 명령은 308쪽 참조.

The Campaigns
of Alexander

6권

이때 사다리가 무너지기 전에 성벽을 오르는 데 성공한 페우케스타스, 아브레아스, 레온나투스가 요새 안으로 뛰어들어 왕을 지키기 위해 싸웠다. 그 와중에 아브레아스는 얼굴에 화살을 맞아 죽었고, 알렉산드로스는 가슴 위쪽의 흉갑에 화살을 맞았다. 프톨레마이오스에 따르면, 상처에서 흘러내리는 피와 찢긴 폐에서 새어나온 공기가 뒤섞였다. 피가 따뜻한 동안에는 고통을 참을 수 있었지만 폐에서 출혈이 계속되자 현기증을 느낀 알렉산드로스는 방패 위로 쓰러졌다.

히다스페스 강에서 알렉산드로스는 회군 준비를 마쳤다. 다양한 방식으로 제작된 갤리선 중에는 노가 30개 달린 배와 더 작은 배들도 있었으며, 말들을 태울 바지선, 그밖에 군대가 강을 건너도록 도울 다른 배들도 준비되었다. 알렉산드로스는 히다스페스 강을 따라 인도양까지 남하할 생각이었다.

당시 알렉산드로스는 자신이 나일 강의 발원지를 발견했다고 생각했다. 나일 강에만 사는 악어를 인더스 강에서 보았을 뿐더러 인더스 강으로 흘러든다는 아케시네스 강둑에서는 이집트 지역에서 자라는 콩과 유사한 식물이 재배되는 것을 보았기 때문이다. 알렉산드로스는 나일 강이 (인더스 강이라는 이름으로) 인도의 그 지역 어딘가에서 발원하여 흐르다가 광대한 사막을 지나는 동안 원래의 명칭을 잃었으나 사람 사는 지역을 지나면서 에티오피아인과 이집트인에게 나일 강이라는 이름을 얻게 되었을 것으로 추정했다. 알렉산드로스는 호메로스가 이 강의 이름을 주변 지명을 따서 아이깁투스라고 불렀던 것을 기억했다.

이런 결론을 얻게 된 근거는 빈약했지만 알렉산드로스는 올림피아에게 보낸 편지에서 인도에 대해 이야기하면서 자신이 나일 강의 발원지를 발견한 것 같다고 특별히 언급했다. 그러나 나중에 인더스 강의 지형을 좀더 자세히 조사한 결과 히다스페스 강은 아케시네스 강과 만나는 지점에서, 아케시네스 강은 인더스 강과 합류하는 지점에서 제 이름을 잃는다는 사실을 원주민으로부터 확인하게 되었다. 또한 인더스 강은 두 갈래로 나뉘어 인도양으로 흘러들기 때문에 이집트와는 어떤 연결점도 없다는 것을 알게 되었다. 이 정보를 입수한 알렉산드로스는 어머니에게 보내는 편지에서 나일 강에 관한 부분을 지웠다.[1] 그런 뒤 계획한 대로 강을 따라 인도양으로 가기 위해 배들을 준비시켰다. 다양한 배들의 선원은 알렉산드로스의 군에서 복무하던 페니키아인, 키프로스인, 카리아인, 이집트인들 중에서 뽑았다.

이 무렵 코이누스가 병으로 세상을 떠났다. 코이누스는 알렉산드로스의 가장 충성스럽고 믿음직한 헤타이로이 중 한 명이었다. 알렉산드로스는 여건이 허락하는 대로 성대하게 장례를 치러주었다.[2] 그런 뒤 헤타이로이 대원들과 충성을 맹세한 인도인 사절들을 불러 지금까지 자신이 정복했던 인도 영토 전체의 왕으로 포루스를 임명한다고 선언했다. 그 영토는 7개의 나라와 2000개 이상의 도시를 포함하고 있었다.

---

1 역사학자들은 대체로 이 편지가 진짜라고 인정하지만 이 부분이 삭제된 것을 누가 알았는지는 파악하기 어렵다.

2 쿠르티우스(9.3.20)는 코이누스가 아케시네스 강에서 죽었다고 말했다. 그러나 쿠르티우스와 디오도로스는 알렉산드로스가 아케시네스 강으로 돌아가 배들이 준비된 것을 봤다고 잘못 알았기 때문에 아리아노스의 말을 의심할 이유는 없다.(코이누스에 관해서는 Badin, *JHS* 1961, 20ff 참조.) 그러나 코이누스의 죽음이 자연사가 아니라고 생각할 필요는 없다.

알렉산드로스는 이후의 회군을 위해 군을 세 부분으로 나누었다.[3] 근위대 전체, 궁수들, 아그리아니아군 그리고 정예 기병대대는 알렉산드로스의 지휘 아래 배를 타고 가기로 했다. 크라테루스는 보병과 기병 일부를 이끌고 히다스페스 강의 오른쪽 강둑으로 행군하고, 헤파이스티온은 가장 뛰어난 전투병들 대부분과 약 200마리에 달하는 코끼리들을 데리고 왼쪽 강둑을 따라 이동하기로 했다. 알렉산드로스는 두 장교에게 최대한 빠른 속도로 소페이테스의 궁전으로 행군하라고 명령했다.[4] 또한 박트리아까지 이르는 인더스 강 서쪽 지역의 총독인 필리포스에게는 사흘 뒤에 출발하여 뒤따르도록 했다. 니사에서 온 기병들은 고향으로 돌려보냈다. 네아르쿠스를 함장으로 임명했고 알렉산드로스가 탈 배의 키잡이는 오네시크리투스에게 시켰다. 오네시크리투스는 자신이 해군대장이었다는 거짓말을 포함하여 알렉산드로스에 관해 거짓투성이의 회고록을 쓴 인물로, 그는 해군대장이 아니라 키잡이에 불과했다.[5] 내가 가장 많이 참고한 저자인 라구스의 아들 프톨레마이오스에 따르면 함대는 노가 30개 달린 갤리선 80척 외에도 말들을 싣는 배, 작은 갤리선, 이미 사용하고 있었거나 특별히 제작된 나룻배들을 포함한 갖가지 종류의 배가 2000척 가까이 동원되었다.[6]

최종 준비를 끝낸 후 새벽 무렵에 승선이 시작되었다. 알렉산드로

---

3 네아르쿠스(Arraian, *Indica*, 19.5)에 따르면 군의 병력이 '야만인'들을 포함해 12만 명에 이르렀다.

4 이곳의 위치는 밝혀지지 않았다. 디오도로스(17.91.4)와 쿠르티우스(9.1.24)는 소페이테스의 왕국이 히드라오테스 강과 히파시스 강 사이, 카타이아의 동쪽에 있었다고 잘못 전했다. Strabo, 15.1.30 참조.

5 Arrian, *Indica* 18.9~10 참조. 스트라보(15.1.28)는 오네시크리투스가 알렉산드로스의 함장이 아니라 '놀라운 이야기를 지어내는 함장'이라 불릴 만한 인물로, 말도 안 되는 이야기를 늘어놓는 것으로는 알렉산드로스의 모든 부하를 능가한다고 평했다.

스는 관례에 따라 제사를 지냈고 예언가들의 지시대로 히다스페스 강에 대한 제의를 빼놓지 않았다. 배에 탄 알렉산드로스는 뱃머리에 서서 신에게 바칠 황금 잔에 담긴 술을 강물에 부으면서 엄숙하게 히다스페스 강과 아케시네스 강의 이름을 불렀고, 이 두 강이 흘러드는 인더스 강의 이름을 마지막으로 불렀다. 당시 알렉산드로스는 아케시네스 강이 히다스페스 강의 가장 큰 지류이며 멀지 않은 곳에서 이 강과 합류한다는 것을 알고 있었다. 이에 따라 자신의 조상인 헤라클레스와 항상 예를 올리던 암몬과 다른 신들을 위해 술을 부은 다음[7] 나팔수들에게 출발 신호를 울리도록 했다. 나팔 소리가 울리자 곧 함대 전체가 출발했고 배들은 각자 거리를 유지하면서 강 하류로 나아갔다. 수송선, 말들을 실은 배, 전함 등의 모든 배는 서로 충돌하지 않도록 거리를 정확히 유지했고, 속도가 빠른 배들에게는 대형을 깨뜨리지 않도록 속도를 확인하라는 지시가 떨어졌다. 이 거대한 함대들이 한꺼번에 노를 저을 때 내는 소리를 상상해보라. 키잡이들이 외치는 구령에 따라 노 젓는 이들이 소용돌이치는 물 위로 팔을 내뻗으며 일제히 승리의 함성을 질러대는 소리는 이전의 그 어떤 소리보다 우렁찼을 것이다. 그들이 내지르는 구령 소리들은 배들보다 높게 쌓아 올린 강둑에서 강의 위아래로 울려 퍼졌고, 강 양쪽의 인적 없는 조용한 협곡에 부딪쳐 더 큰 울림으로 돌아왔다. 원주민들(이들에게 디오니소스가 강을 이용하여 인도 원정에 나섰다는 전설은

---

6 *Indica*에서 아리아노스는 배가 총 800척이라고 했는데, 이는 네아르쿠스가 제시한 수치로 보인다. 디오도로스와 쿠르티우스는 1000척이라고 기록했다.

7 네아르쿠스(*Indica* 18~11)는 알렉산드로스가 조상신들, 예언자들이 제물을 바치라고 알려준 신들, 포세이돈, 암피트리테, 네레이스, 대양과 세 강에게 제사를 올렸다고 말했다.

아리스토불루스(Strabo, 15.1.17)에 따르면 알렉산드로스는 묘성이 나타나기 수일 전, 즉 기원전 326년 11월 초에 출발했다.

없었다)은 말이 배를 탄 모습을 난생처음 보았다. 함대가 출발하자 사람들은 바지선에 말들이 가득 올라탄 놀라운 광경을 구경하기 위해 몇 킬로미터나 강둑을 따라 내려왔다. 가까운 지역에 사는 부족들은 노 젓는 사람들의 함성과 노들이 힘차게 물을 내리치는 소리를 듣고는 강둑으로 달려와 민요를 부르며 행렬에 합류했다. 인도인들의 말에 따르면 디오니소스와 취흥을 즐기는 추종자들이 함께 이 나라에 온 이후로 사람들은 음악과 춤을 매우 사랑하게 되었다.[8]

사흘째 되는 날, 양쪽 강둑으로 이동하던 헤파이스티온과 크라테루스는 행군을 멈추고 야영하기로 정한 곳에 도착했다. 알렉산드로스는 이곳에서 이틀을 더 기다렸다가 필리포스가 나머지 군을 이끌고 합류하자 부하들과 함께 강둑을 따라 아케시네스 강으로 전진하라고 명령했다. 크라테루스와 헤파이스티온에게도 한 번 더 경로를 신중히 선택하도록 지시한 뒤, 자신은 다시 강폭이 4킬로미터가 넘는 히다스페스 강을 타고 내려가기 시작했다. 알렉산드로스는 강을 따라 내려가는 중에도 기회가 닿을 때마다 강둑에 배를 대고 주변 부족들을 정벌했다. 일부 부족들은 자발적으로 항복했고 일부는 저항하다가 진압되었다.

알렉산드로스는 서둘러 말리족과 옥시드라카이족의 땅에 도착하기를 바라고 있었다. 두 부족은 인구도 많고 호전적이라는 이야기를 들은 데다가[9] 여자와 아이들을 가장 튼튼한 요새 도시에 피신시켜 놓고 전투를 준비하고 있다는 정보를 받았기 때문이다. 알렉산드

---

8 *Indica* 7.8~9.

9 쿠르티우스에 따르면 이 부족들은 보병 9만 명, 기병 1만 명, 전차 900대를 전장에 투입할 수 있었다. 디오도로스는 보병 8만 명, 기병 1만 명, 전차 700대라고 했으며 아리아노스는 말리군이 5만 명이라고 언급했다.

로스는 이들이 저항 준비를 완전히 끝내기 전에 덮칠 작전으로 최대한 빨리 이동했다.

두 번째 출발일로부터 닷새째 되는 날 함대는 히다스페스 강과 아케시네스 강이 합류하는 지점에 도착했다. 두 강이 합쳐지는 곳은 매우 좁아서 강물이 거센 급류를 이루고 있었다. 수면은 출렁거렸고 위험한 소용돌이도 치고 있었는데, 세찬 물소리가 수 킬로미터에서도 들릴 정도였다. 주민들로부터 이런 정황을 미리 입수한 알렉산드로스는 부하들에게도 경고해두었으나 소함대가 이 지점에 닿자 거세게 요동치는 강물에 놀란 병사들은 공포에 질려 노 젓는 손을 멈추었고 구령을 붙이던 키잡이들도 벌어진 입을 다물지 못했다. 그러나 실제 합류 지점에 이르자 키잡이들은 병사들이 온 힘을 다해 노를 저어서 좁은 곳을 빠져나가게 통솔했다. 노를 힘차게 계속 저으면 배가 소용돌이에 휘말려 빙빙 도는 사태를 막을 수 있을 것이라 판단한 것이다. 실제로 바지선이나 폭은 넓고 길이가 짧은 배들은 물살이 선미를 먼저 치거나 뱃전을 돌려놓아 좁은 수역을 바로 통과할 수 있었기 때문에 팽이처럼 뱅뱅 돌긴 했지만 선원들의 불안감 빼고는 아무 피해가 없었다. 그러나 전함들은 소용돌이에서 쉽게 빠져나오지 못했다. 부력이 약해서 세찬 물살 위로 떠오르기가 어려웠고 노가 2단인 배들은 아랫단이 물에 잠기지 않게 유지하기도 힘겨웠다. 급류를 통과할 수 있을 만큼 충분히 노를 들어 올리지 못한 배들은 소용돌이에 휘말렸고 노는 부서져버렸다. 많은 배가 위험에 직면한 가운데 두 척의 배가 충돌하여 가라앉으면서 많은 사망자가 발생했다. 그러다가 마침내 좁은 급류를 통과하자 물살이 느려지고 소용돌이도 훨씬 약해져서 알렉산드로스는 곶 아래 오른쪽 강둑으로 병사들을 상륙시킬 수 있었다. 이곳은 물살이 잔잔해서 배를 정박시킨 뒤 강물에 떠다니는 잔해들과 그 잔해에 매달려 있는 병사들을 구할 수 있었다.[10] 생존자들을 안전한 곳으로 옮기고 망가진 배들을 수리하고 난 뒤, 알렉산드로스는 네아르쿠스에게 강을 따라 말리 부족의 영토까지 계속 내려가라고 지시하고 자신은 항복하지 않은 원주민들을 급습하여 말리 부족을 지원하지 못하도록 처리한 뒤 소함대로 돌아갔다.

이때 헤파이스티온, 크라테루스, 필리포스가 알렉산드로스와 다시 합류했다. 알렉산드로스는 코끼리들, 폴리스페르콘 부대, 궁기병들, 필리포스의 파견대를 크라테루스의 지휘 아래 강 건너편으로 보냈고 네아크루스에게는 자신보다 사흘 앞서 남하하라고 명령했다. 그런 뒤 나머지 군을 세 부대로 나누었다. 헤파이스티온에게는 닷새 먼저 앞서가면서 자신의 군대를 피해 도주하는 토군들을 사로잡으라고 명령했다. 라구스의 아들 프톨레마이오스에게는 다른 부대를 붙여주면서 사흘간 기다렸다가 따라오도록 했다. 이는 자신을 피했다가 되돌아온 적들을 붙잡기 위해서였다. 또한 먼저 출발한 군은 자신이 도착하고 크라테루스와 프톨레마이오스가 합류할 때까지 아케시네스 강과 히드라오테스 강이 만나는 지점에서 기다리도록 했다.

알렉산드로스가 지휘하는 군은 근위대, 궁수들, 아그리아니아군, 페이토의 중보병 부대, 궁기병 전체, 헤타이로이 절반으로 구성되었다. 그는 이 병력을 이끌고 인도의 독립 부족들 중 하나인 말리족의 영토로 행군했다. 알렉산드로스가 택한 경로는 물이 거의 없는 지대(산다르바르 사막)였다. 첫날은 아케시네스 강에서 20킬로미터 정도 떨

10 디오도로스(17.97.2)는 이 일을 아킬레우스가 스카만데르 강과 싸운 일화와 비교했다.(*Iliad* 21.228ff)

어진 연못 근처에서 행군을 멈추고 병사들에게 식사와 휴식을 취하게 한 뒤, 출발하기 전에 통마다 물을 가득 채우도록 했다. 낮부터 밤까지 80킬로미터를 행군한 결과 그들은 말리족이 피신해 있는 도시에 도착했다. 알렉산드로스가 물이 없는 지역까지 진군하리라고는 상상도 못한 말리족은 대부분 무장도 하지 않은 채 성 밖에 나와 있었다. 알렉산드로스가 물 없는 지역을 선택하여 노린 것이 바로 이러한 완벽한 기습공격이었다. 비무장 상태인 적들은 저항도 제대로 해보지 못한 채 목숨을 잃었고, 일부 살아남은 자들은 도시 안으로 숨었다. 알렉산드로스군의 보병이 아직 도착하지 않은 터라 기병들은 성벽 둘레를 에워싸고 저지선을 쳤다. 곧 보병들이 합류하자 알렉산드로스는 페르디카스에게 클레이토스의 기병 부대와 아그리아니아군을 보충시켜 인도인들이 많이 모여 있는 다른 도시로 진격하되 자신이 도착할 때까지 공격하지 말고 적들이 도시 밖으로 빠져나가지 못하도록 지키라고 했다. 이는 알렉산드로스가 오고 있다는 소식을 말리족이 다른 부족들에게 알리지 못하게 하려는 것이었다.

이제 알렉산드로스는 공격을 개시했다. 첫 번째 기습공격에서 이미 많은 사상자가 발생했기 때문에 말리족은 사수하기 어려운 바깥 성벽을 버리고 내부 요새로 피신했다. 내부 요새는 외부를 내려다볼 수 있는 유리한 위치인 데다 공격하기가 까다로워서 그들은 한동안 요새 안에서 버틸 수 있었다. 그러나 마케도니아군이 사방에서 강하게 압박하고 알렉산드로스가 도처에서 모습을 드러내면서 공세를 가하자 곧 무너지고 말았다. 내부 요새를 지키던 2000명의 수비대 전원이 목숨을 잃었다.

한편 페르디카스가 목적지에 도착했을 때 주민들은 이미 도시를 버리고 떠난 뒤였다. 시민들이 달아난 지 얼마 되지 않았음을 확인한 페르디카스는 곧바로 추격했고 경보병들도 최대한 빠른 속도로 뒤따랐다. 일부 주민들은 가까스로 습지로 몸을 피했지만 나머지는 붙잡혀 죽었다.

알렉산드로스는 병사들에게 식사와 휴식 시간을 제공한 뒤 오후 8시경에 다시 출발했다. 밤새 수 킬로미터를 행군하여 새벽녘에 히드라오테스 강에 도착했는데 대부분의 말리군은 이미 강을 건넌 뒤였다. 뒤늦게 강을 건너던 자들은 죽음을 면치 못했다. 알렉산드로스는 잠시도 망설이지 않고 강을 건넌 뒤 도망자들을 바짝 추격하여 죽이거나 포로로 붙잡았다. 하지만 말리군 대다수는 튼튼한 요새로 달아나는 데 성공했다. 보병대가 합류하자 알렉산드로스는 페이토에게 다른 기병 두 부대를 내주어 요새를 공격하게 했다. 공격을 성공시킨 페이토는 진지를 점령한 뒤 생존자를 모두 노예로 삼았다. 이렇듯 공을 세운 페이토와 병사들은 다시 본대로 합류했다.

한편 말리군이 브라만의 도시들 중 한 곳에서 반격 준비를 하고 있다는 소식에 알렉산드로스는 다시 그쪽으로 향했다.[11] 도시에 도착한 알렉산드로스는 보병들에게 외벽을 빙 둘러싼 채 밀집 대형을 이루도록 지시했다. 도시 수비대들은 마케도니아군이 성벽 아래에 참호를 파고 있다는 것을 알아챘으나 투척 무기가 빗발치자 앞선 전투에서 그랬듯이 진지를 버리고 내부 성채로 몸을 피했다. 이들은 여기에서도 계속 저항했는데, 내부까지 쳐들어온 마케도니아 병사 25명 정도를 죽이는 작은 성과를 거두었다.

알렉산드로스는 내부 성채 전체에 공격용 사다리를 빙 둘러 세

11 풀러는 '브라만의 도시들'이 아마 오늘날의 많은 인도 마을과 유사할 것이라고 지적했다. "움막들이 모여 있고 그리 높거나 두껍지 않은 방벽이 그 주위를 둘러싸고 있다."

우고 성벽 아래에 참호를 파도록 했다. 그러자 얼마 지나지 않아 탑이 무너지고 성벽 한쪽이 허물어져 습격이 가능해졌다. 알렉산드로스는 앞장서서 성벽을 올랐고, 점령지 위에 우뚝 선 그의 모습은 유독 빛나 보였다. 그의 모습을 바라본 병사들은 부끄러움을 느끼며 성벽으로 달려가 기어오르기 시작했다. 요새는 곧 마케도니아군에게 장악되었고, 더러 집에다 불을 지르거나 집 안에 있다가 붙잡혀 죽은 인도인들도 있었으나 대부분은 싸우다가 죽었다. 사망한 적군은 5000여 명이나 된 반면 포로로 잡힌 자는 얼마 되지 않을 만큼 그들은 용감하게 싸웠다.

알렉산드로스는 이곳에서 하루를 머물며 병사들에게 휴식을 취하게 한 뒤 남아 있는 말리족을 수습하러 나섰다. 하지만 이미 주민들은 모두 사람이 살지 않는 지역으로 달아났고 마을은 텅 비어 있었다. 알렉산드로스는 병사들을 하루 더 쉬게 한 뒤 기병 장교인 페이토와 데메트리우스에게 각자의 병사들과 임무 수행에 필요한 경보병 중대를 이끌고 강변을 따라 행군하도록 했다. 그리고 주변 숲으로(강둑에는 무척 광대한 숲이 형성되어 있었다) 달아난 적들을 수색하여 항복하지 않는 자들을 죽이라고 명령했다. 이 명령에 따라 많은 사람이 붙잡히거나 죽음을 맞았다.

알렉산드로스의 다음 목적지는 말리족이 건설한 도시 중 가장 큰 도시였다. 보고에 따르면 달아난 말리족들은 고향을 떠나 친척이 사는 이 도시로 피신했으나 알렉산드로스가 오고 있다는 소식을 듣자 다시 도시를 버리고 히드라오테스 강을 건너 맞은편 고지대에 건축된 튼튼한 진지로 들어갔다. 이는 알렉산드로스가 강을 건너려 할 때 공격하겠다는 속셈이었다. 이런 작전을 간파한 알렉산드로스는 가능한 한 많은 기병을 거느리고 곧장 말리족이 집결해 있는 지점으로 진군하면서 보병대 역시 뒤따르도록 했다. 강에 도착한 그는 건너편에 있는 적들을 확인하자 대열을 정비할 새도 없이 주위에 있는 기병들만 데리고 강으로 뛰어들었다. 알렉산드로스가 강을 반쯤 건넜을 때 적들은 신속하고도 질서 있게 퇴각했으나 알렉산드로스에게 기병대만 있을 뿐 보병대가 없다는 사실을 알아차리자 철수하던 발길을 돌려 저항했다. 알렉산드로스는 보병이 아직 도착하지 않은 상태에서 5만 명의 인도군을 상대하게 되었다. 인도인들이 밀집 대형으로 뭉치자 알렉산드로스는 곧바로 돌격하지 않은 채 기병들을 끊임없이 움직이게 하면서 정찰을 했다. 얼마 후 아그리아니아군, 궁수들, 알렉산드로스가 직접 지휘하던 정예 경보병대가 모습을 나타냈고 중보병대 역시 그리 멀지 않은 곳에 도착해 있었다. 이렇게 한순간에 위협적인 상황으로 뒤바뀌자 기세를 잃은 인도군은 튼튼하게 요새화된 주변의 마을로 황급히 도주했다. 알렉산드로스는 그 뒤를 바짝 뒤쫓으며 수많은 적병의 목을 베었으며, 기병들로 하여금 성벽 둘레에 저지선을 치도록 하여 도시 안에 숨어든 패주병들을 포위했다. 나중에 합류한 보병대는 도시 외벽을 완벽하게 에워싼 형태로 진을 치라고만 했을 뿐 더 이상 작전을 지시하지 않았다. 알렉산드로스가 당장 공격 명령을 내리지 않고 작전을 중단한 데는 두 가지 이유가 있었다. 우선 날이 저물어가고 있었고 병사들이 모두 기진맥진한 상태였기 때문이다. 보병들은 오랜 행군으로, 기병들은 긴 추격으로 지쳐 있었을 뿐만 아니라 강을 건너느라 힘이 빠져 있었다.

다음 날 알렉산드로스는 군을 둘로 나누어 한쪽은 자신이 맡고 다른 한쪽은 페르디카스에게 맡겼다. 마케도니아군의 공격이 시작되자 인도인 전군은 외벽 진지를 포기하고 내부 요새로 후퇴했다. 알렉산드로스와 부하들은 일찌감치 성문을 부수고 도시로 침투했으나 페르디카스의 군은 성벽을 넘는 과정에서 문제가 있었다. 성벽에 수비병들이 없는 것을 본 페르디카스는 도시가 이미 점령되었다고 판단하고 사다리를 챙기지 않았는데 적들이 내부 요새를 점거하고 있을 뿐만 아니라 수비를 준비하고 있었다. 뒤늦게 확인한 페르디카스는 자신의 착오를 깨달았다. 결국 그들은 성벽 안으로 진입하기 위해 참호를 파기 시작했고 가능한 지점마다 공격용 사다리를 설치했다. 사다리를 들고 오는 병사들이 너무 굼뜬 것에 조바심이 난 알렉산드로스는 사다리 한 개를 낚아채 직접 성벽에 세우더니 방패로 몸을 가리면서 사다리를 올랐다. 페우케스타스는 트로이의 아테네 신전에서 가져온 '신성한 방패'를 들고 그의 뒤를 따랐다. 알렉산드로스는 이 방패를 항상 곁에 두었고 전투에 나갈 때마다 사용했다. 근위대 장교 레온나투스가 페우케스타스의 뒤를 따라 올라갔고, 두 배의 급여를 받는 정예병 중 한 명인 아브레아스도 다른 사다리로 올라갔다.

이제 꼭대기에 다다른 알렉산드로스는 갓돌 위에 방패를 받친 채 일부 수비병들을 요새 안으로 몰아넣고 일부는 검으로 베어 넘기면서 흉벽 위에 한 명의 적병도 남지 않을 때까지 싸웠다. 그 모습을 본 근위대 병사들은 왕의 안위를 지키기 위해 앞다투어 사다리로 돌진했다. 그러나 병사들의 과도한 무게로 사다리가 부러졌고 병사들은 땅으로 떨어지고 말았다. 이로 인해 나머지 병사들은 성벽을 올라갈 길이 막막해졌다.

인도 병사들은 성벽 위에 서 있는 알렉산드로스에게 접근할 엄두를 내지 못하고 있었지만 주변 탑들에 자리 잡은 명사수들의 표적이 되기에는 충분했다. 한편 도시 안의 병사들도 사정거리가 가까운 성벽 근처의 둔덕으로 올라가 알렉산드로스를 겨냥했다. 성벽 위에 서 있는 자는 빛나는 갑옷뿐 아니라 전설로 남을 만큼 용맹스런 모습만으로도 알렉산드로스임을 한눈에 알 수 있었다.

여러 생각이 알렉산드로스의 머릿속을 스쳐 지났을 것이다. 이 자리에 계속 있으면 헛되이 죽을 게 확실하다. 그러나 요새 안으로 뛰어내린다면 그 행동만으로도 적들을 공포에 빠뜨릴 수 있을 것이다. 이왕 죽어야 할 운명이라면 싸우다 죽음으로써 훗날 빛나는 영웅적 행동이 회자되도록 하리라. 이러한 결심은 곧장 행동으로 이어져 알렉산드로스는 망설이지 않고 뛰어내렸다.

요새 안으로 들어간 알렉산드로스는 성벽에 등을 대고 응전 태세를 갖추었다. 일단의 인도인들이 덤벼들었으나 어렵지 않게 베어버렸다. 무모하게 돌진하는 지휘관도 물리치고 가까이 다가오는 적병들은 돌을 던져 저지했다. 공격 가능한 거리까지 압박해 들어온 병사들이 알렉산드로스의 칼에 찔려 쓰러지자 더 이상 아무도 가까이 다가오지 못했다. 대신 거리를 유지하면서 알렉산드로스 주위를 반원으로 둘러싼 뒤 손에 들려 있는 투척 무기 또는 다른 것들을 닥치는 대로 던졌다.

이때 사다리가 무너지기 전에 성벽을 오르는 데 성공한 페우케스타스, 아브레아스, 레온나투스가 요새 안으로 뛰어들어 왕을 지키기 위해 싸웠다. 그 와중에 아브레아스는 얼굴에 화살을 맞아 죽었고, 알렉산드로스는 가슴 위쪽의 흉갑에 화살을 맞았다. 프톨레마이오스에 따르면, 상처에서 흘러내리는 피와 찢긴 폐에서 새어나온 공기가 뒤섞였다. 피가 따뜻한 동안에는 고통을 참을 수 있었지만 폐에서 출혈이 계속되자 현기증을 느낀 알렉산드로스는 방패 위로 쓰러졌다. 페우케스타스는 트로이의 신성한 방패를 들고 알렉산드로스의 몸 위로 다리를 벌리고 서서 지켰고, 레온나투스는 그 반대편을 지킴으로써 이제는 그들이 투척 무기의 표적이 되었다. 피를 많이 흘린 알렉산드로스는 거의 의식을 잃은 상태였다.

흉벽 위에 선 알렉산드로스가 투척 무기의 표적이 되어 뛰어내리는 모습을 목격한 마케도니아군은 이제 물불을 가리지 않고 성벽으로 돌진했다. 왕이 죽지 않을까 하는 걱정에 병사들은 서둘러 알렉산드로스를 구하려고 성벽을 기어오르기 시작했다. 사다리는 부서져버렸지만 병사들은 수단을 가리지 않았다. 진흙으로 된 성벽에 말뚝을 박아 넣어 그것을 딛고서 어렵사리 올라간 병사도 있었고, 동료의 어깨 위에 올라서서 안간힘을 쓰며 기어오르는 병사도 있었다. 어떻게든 성벽 위에 올라선 병사들은 요새 안으로 몸을 날렸다. 그리고 바닥에 쓰러져 있는 왕을 본 순간 비통에 찬 탄식과 분노의 고함을 터뜨렸다. 곧 격렬한 전투가 벌어졌고 병사들은 교대로 방패를 들고서 쓰러진 알렉산드로스를 지켰다. 그동안 요새 밖의 병사들은 격벽의 성문 빗장을 때려 부수고 한꺼번에 몇 명씩 안으로 쇄도했다. 다른 병사들은 반쯤 열린 문을 안으로 밀어붙였다. 이로써 요새는 완전히 뚫렸다.

이제 여자와 아이들까지 인정사정없이 죽이는 살육전이 시작되었다. 병사들은 왕을 방패에 뉘어 옮겼으나 알렉산드로스의 상태가 몹시 위중하여 당시로서는 회복을 기대할 수 없었다. 어떤 저자들은 코스 섬에서 온 의사이자 아스클레피오스의 가족인 크리토데무스가 화살을 뽑았다고 전한다. 그러나 이 위급한 순간에 의사가 없어서 호위대의 페르디카스가 알렉산드로스의 요청에 따라 화살을 뽑았다는 설도 있다. 화살을 뽑자 피가 치솟았고 알렉산드로스가 다시 기절하여 출혈을 막아야 했다. 이 중대한 사건에 대해서는 이외에도 갖가지 이야기들이 난무하지만 대부분은 헛소문이다. 지금까지 그대로 전해지고 있는 이런 잘못된 이야기들을 이 자리에서 명확히 밝

요새를 공격하는 알렉산드로스. 비잔틴 시대 작품.

히지 않으면 후대에도 계속 전해질 것이다.

먼저 알렉산드로스에게 치명적인 부상을 입힌 부족은 옥시드라카이족이라는 설이 널리 퍼져 있다.[12] 하지만 알렉산드로스가 부상을 당한 건 인도의 독립부족인 말리족의 영토에서 벌어진 일이기 때문에 근거 없는 말이다. 사건은 말리족의 도시에서 일어났으며 알렉산드로스를 쏜 작자도 말리족이었다. 원래 말리족은 카이족과 힘을 합쳐 싸움을 계속 이어나갈 계획이었으나 알렉산드로스가 선수를 쳤다. 즉 두 부족이 서로 도움을 주고받기 전에 먼저 알렉산드로스

12 Curtius, 9.4.26 참조.

가 사막을 건너 들이닥친 것이다. 사람들 사이에 널리 알려진 잘못된 내용은 이뿐만이 아니다. 예를 들어 다리우스와의 마지막 전투(다리우스가 목숨을 부지하려 달아났다가 베수스에게 붙잡혀 죽고 알렉산드로스가 맹렬히 뒤쫓았던 전투)가 벌어진 곳이 아르벨라이고, 그 앞의 전투는 이수스에서, 그 이전의 첫 번째 기병전은 그라니코스 강에서 벌어진 것으로 알고 있다. 기병전이 그라니코스 강에서 벌어졌고 다리우스와의 다음 교전지가 이수스인 것은 맞지만, 역사학자들에 따르면 아르벨라는 다리우스와 알렉산드로스가 맞붙은 마지막 전장으로부터 멀게는 120킬로미터, 가깝게 쳐도 97킬로미터 이상 떨어진 곳이다. 실제로 프톨레마이오스와 아리스토불루스는 이 전투가 부모두스 강 근처 가우가멜라에서 벌어졌다고 했다. 가우가멜라는 큰 마을이지만 도시도 아니고 잘 알려지지 않은 곳인 데다 이름이 주는 어감이 별로 좋지 않다. 나의 생각에는 이런 이유들 때문에 아르벨라라는 도시가 이 대규모 전투의 현장이라는 영광을 얻게 된 것 같다.[13] 얼마나 터무니없는 이야기인가! 이 전투가 실제 전장에서 수십 킬로미터 떨어진 아르벨라에서 벌어졌다고 믿게 된다면 살라미스 해전이 코린트 지협에서 일어났다거나 유비아 섬의 아르테미시움 전투가 아이기나 섬이나 수니움에서 벌어졌다고 믿는 것과 마찬가지 아니겠는가.

또한 그 위기일발의 순간에 방패를 들고 알렉산드로스를 보호한 사람들 중에 페우케스타스가 있었다는 데는 모든 저자의 기록이 일치하지만 레온나투스나 아브레아스에 대해서는 의견이 갈린다.[14] 알렉산드로스가 곤봉으로 투구를 맞고 비틀거리다 넘어졌고, 다시 일

---

13 스트라보(16.1.3)도 비슷한 진술을 했다 그는 '낙타 방목지'란 뜻의 가우가멜라가 어떻게 이 이름을 얻게 되었는지 설명했다.

어섰지만 화살이 흉갑을 뚫고 가슴에 꽂혔다고 전하는 기록도 있다. 그러나 라구스의 아들 프톨레마이오스는 알렉산드로스가 가슴에 화살을 맞았다고만 했다. 나의 판단으로, 알렉산드로스의 원정을 다룬 일부 저자들의 진술 중 가장 명백한 오류는 알렉산드로스와 페우케스타스가 함께 사다리를 타고 올라가 왕이 부상을 당해 쓰러져 있을 때 라구스의 아들 프톨레마이오스가 방패로 그를 보호함으로써 구세주라는 칭송을 받았다는 부분이다. 왜냐하면 프톨레마이오스는 이 전투에 참여하지 않았으며 당시 다른 지역에서 전투를 지휘하고 있었다고 스스로 분명히 밝혔기 때문이다.[15] 지금 이렇게 본론에서 벗어난 이야기를 늘어놓는 데 대해서는 양해를 구하고자 한다. 이것은 아주 중요한 사건이며 미래의 역사학자들이 관련 사실들을 기록하는 데 나의 언급이 보탬이 될 것이기 때문이다.

알렉산드로스는 한동안 그곳에 머물며 치료를 받았다. 처음에는 알렉산드로스가 부상을 당해 죽었다는 소문이 주둔지에 나돌기도 했다. 나쁜 소식은 순식간에 퍼져나가 군 전체가 엄청난 비탄에 잠겼다. 그러나 처음 소식을 들었을 때의 충격과 슬픔에서 벗어나자 병사들은 이제 무기력한 절망에 빠져들었다. 병사들의 눈에 능력이 비슷해 보이는 여러 장교 중에서 과연 누가 새로운 지휘관이 될 것인가?

---

14 쿠르티우스(9.5.14ff)는 페우케스타스와 레온나투스뿐 아니라 티마이오스와 아리스토누스도 포함시켰고 플루타르코스(*Moralia* 327 b, 344d)는 프톨레마이오스와 림나이오스를 언급했다. 나중에 페우케스타스와 레온나투스는 알렉산드로스의 목숨을 구하는 데 기여한 공로로 황금 왕관을 받았다.

15 쿠르티우스(9.5.21)는 프톨레마이오스가 그 자리에 있었다고 말한 클레이타르코스와 티마게네스를 비난했다. 쿠르티우스에 따르면 프톨레마이오스는 저서 *History*에서 자신은 원정을 떠나 있었다고 썼다.
프톨레마이오스는 데메트리우스가 로도스 섬을 포위했을 때, 섬 주민들을 도운 공로로 기원전 304년에 '구세주'라는 호칭을 얻었다.

호전적인 부족들이 우글거리는 지역을 어떻게 벗어나 무사히 고국으로 돌아갈 수 있을까? 부족들 가운데 일부는 아직 항복하지 않았으며, 그들은 자유를 지키기 위해 치열하게 싸울 것이다. 다른 부족들도 알렉산드로스라는 두려운 이름이 이제 과거가 되었다는 사실을 접하면 반란을 일으킬 게 분명했다. 사방에는 건널 수 없는 혹은 건널 수 없을 것 같은 강들이 흐르고 있고, 알렉산드로스 없이는 어떤 난관도 극복할 수 없을 것 같았다. 마침내 알렉산드로스가 아직 살아 있다는 소식이 전해졌지만 병사들은 좀처럼 믿지 못했고, 그가 회복하리라 기대하지도 않았다. 알렉산드로스가 곧 사령부로 갈 것이라는 편지까지 써서 보냈지만 의심을 거두지 못한 대부분의 병사들은 장교들이나 근위대가 편지를 위조했을 것이라 생각했다.

이런 상황을 알게 된 알렉산드로스가 가장 먼저 생각한 것은 병사들의 기강이 무너져선 안 된다는 것이었다. 그래서 나들이가 가능할 만큼 몸이 회복되자 그는 히드라오테스 강으로 가서 하류로 이동했다. 병사들은 히드라오테스 강과 아케시네스 강이 만나는 지점에서 야영을 하고 있었는데 헤파이스티온이 육군을, 네아르쿠스가 함대를 지휘하고 있었다. 배가 야영지에 거의 다다르자 알렉산드로스는 모든 이가 자신을 볼 수 있도록 고물의 차양을 걷으라고 지시했다. 그런데도 병사들은 자기들이 보고 있는 배 위의 인물이 살아 있는 알렉산드로스가 아니라 그의 시체일 것이라고 생각했다. 마침내 배가 강둑에 닿자 알렉산드로스는 병사들에게 손을 들어 인사했다. 그러자 곧바로 기쁨의 함성이 터져 나왔다. 병사들은 알렉산드로스를 향해 팔을 뻗어 환영하거나 하늘로 손을 번쩍 치켜들어 감사를 표했고, 뜻밖의 안도감에 눈물을 터뜨리기도 했다. 알렉산드로스가 배에서 내리자 근위대들이 들것을 가져왔다. 그러나 알렉산드로스는 들것에 오르지 않고 자신의 말을 대령하도록 했다. 말을 탄 알렉산드로스가 모습을 드러내는 순간 우레 같은 박수가 터져 나와 강둑과 협곡에 울려 퍼졌다. 알렉산드로스는 자신의 막사 근처에 다다르자 말에서 내렸고, 병사들은 그가 걷는 모습을 바라보더니 주위로 몰려들어 그의 손과 무릎과 옷을 만졌다. 어떤 병사들은 가까이에서 알렉산드로스를 보는 것만으로 만족하여 복을 기원하고 돌아섰다. 알렉산드로스의 머리에는 활짝 핀 꽃들을 엮은 화관이 씌워졌다.

네아르쿠스는 알렉산드로스가 적 앞에 부하들보다 먼저 자신을 노출시킴으로써 지휘관이 해서는 안 될 위험을 무릅쓴 것에 대해 친구들이 질책하자 알렉산드로스는 화를 냈다고 전한다.[16] 나는 알렉산드로스가 분개한 것은 아마도 그러한 비판의 정당성을 자신도 잘 알고 있었기 때문이라고 생각한다. 사실 그는 지나친 명예욕에 격앙된 나머지 전투 중에 자신의 안위를 돌보지 않았다. 사람들이 자신의 일에서 각자 즐거움을 느끼듯 알렉산드로스는 전투가 안겨주는 순전한 쾌감을 거부하기 힘들었던 것이다. 친구들의 질타에 화가 난 알렉산드로스가 침울한 표정을 짓고 있을 때 (이름을 공개하지는 않았지만) 보이오티아의 나이든 병사 한 명이 다가가서는 자신의 고향 사투리로 "전하, 남자는 행동해야 합니다"(지금은 남아 있지 않은 아이스킬로스의 비극작품들 중 하나에 나오는 구절)라고 말했다고 네아르쿠스는 기록했다. 그러고는 행동하는 사람은 고통을 각오해야 한다는 의미의 시구를 인용했다. 그 병사는 곧바로 알렉산드로스의 높은 신임을 얻었고, 이후 왕의 호의를 누렸다.

---

16 쿠르티우스(9.6.6)에 따르면, 크라테루스가 고위 장교들을 대표해서 말했고 프톨레마이오스를 비롯한 다른 사람들이 거들었다.

이후 살아남은 말리족의 대표들이 알렉산드로스를 찾아와 항복의 뜻을 전했다. 같은 시기에 옥시드라카이족도 인도에서 가장 귀한 선물들을 가져온 대표단을 통해 항복 의사를 밝혔다. 대표단은 다양한 도시와 구역의 총독들과 150명의 고관들로 구성된, 협상의 전권을 지닌 인물들이었다. 이들은 디오니소스가 인도에 왔을 때부터 지금까지 누려온 독립과 자유를 다른 민족들보다 더 열렬히 원했기 때문에 알렉산드로스와 좀더 일찍 협상하지 못한 점을 이해해달라고 간청했다. 그리고 알렉산드로스 역시 신의 후손이라고 믿으므로 그가 임명하는 총독을 기꺼이 받아들일 것이며 인질도 원하는 대로 내주겠다고 했다. 알렉산드로스는 지도층 인사 1000명을 내놓을 것을 요구하면서 그들을 인질로 데려가거나 인도 원정이 끝날 때까지 자신의 군대에 복무시키겠노라 말했다. 옥시드라카이족은 그의 요구대로 영향력 있고 중요한 인물 1000명을 뽑아 보내면서 청하지도 않은 전차 500대와 마부들까지 선물로 보냈다. 알렉산드로스는 필리포스를 옥시드라카이족과 살아남은 말리족의 총독으로 임명했다. 인질들은 돌려보냈지만 전차는 받아들였다.

알렉산드로스의 몸이 회복되는 동안 마케도니아군은 새로운 배를 많이 만들었다. 옥시드라카이족과 협상이 만족스럽게 마무리되자 알렉산드로스는 헤타이로이 1700명, 예전과 같은 규모의 경보병, 약 1만 명의 정규 보병들을 배에 태운 뒤 히드라오테스 강을 따라 내려갔다. 히드라오테스 강은 얼마 지나지 않아 아케시네스 강과 만났고, 알렉산드로스는 아케시네스 강을 따라 인더스 강과 합류되는 지점까지 나아갔다.

인더스 강에는 배가 다닐 수 있는 네 개의 큰 강이 합류하고 있지만 그중 일부는 합류 지점에 도착하기 전에 원래의 이름을 잃는다.

히다스페스 강은 아케시네스 강과 합쳐진 뒤로는 아케시네스 강으로 불린다. 아케시네스 강은 히드라오테스 강과 만나고 히파시스 강의 지류가 흘러들어온 뒤에도 원래 이름대로 불리다가 인더스 강과 합류하면서 이름을 잃는다. 그 지점부터 삼각주로 쪼개지기 전까지 인더스 강의 폭은 약 19~21킬로미터 정도로 파악되며, 강이라기보다 호수에 가까운 하류 유역은 더 넓었을 것이다.

알렉산드로스는 아케시네스 강과 인더스 강의 합류 지점에서 페르디카스의 파견대가 도착할 때까지 기다렸다. 페르디카스는 알렉산드로스에게 향하는 과정에서 독립 부족인 아바스타니족을 진압했다. 그즈음 사트리족(항복한 또 다른 독립 부족)이 알렉산드로스를 위해 새 갤리선과 화물선들을 제공하여 함대가 보강되었고, 오사디아족의 사절단도 선물을 들고 찾아와 항복 의사를 밝혔다. 알렉산드로스는 아케시네스 강과 인더스 강이 만나는 지역까지의 통치를 필리포스에게 맡기고 트라키아 파견대 전체와 그 지역을 수비하는 데 필요한 다른 부대들을 주둔시켰다. 그는 이 지역이 번창하여 세계적으로 유명해지길 바라는 마음으로 두 강이 합류하는 지점에 도시와 기지창을 짓도록 필리포스에게 지시했다.

그즈음 왕비 록사네의 아버지인 박트리아의 옥시아르테스가 찾아왔다. 알렉산드로스는 실정을 저질렀다고 보고받은 티리아스페스를 해임하는 대신 옥시아르테스를 파라파미사데 총독으로 앉혔다.[17]

출발에 앞서 알렉산드로스는 크라테루스에게 코끼리와 병사들 대부분을 인솔하여 인더스 강의 왼쪽 둑을 타고 이동하라고 지시했다. 중장비를 갖춘 군이 움직이기에는 그편이 더 수월해 보였고 주변

---

17 쿠르티우스(9.8.9)는 티리아스페스를 테리올테스라고 불렀고 그가 처형당했다고 했다.

부족들이 모두 다 우호적이지는 않았기 때문이다. 그런 뒤 알렉산드로스는 소그드의 왕궁을 향해 강 하류로 출발했다. 소그드에 도착한 알렉산드로스는 새 도시를 건설하여 요새화했고 기지창을 지어 망가진 배들을 수리했다. 그리고 인더스 강과 아케시네스 강의 합류 지점부터 바다까지 이르는 지역과 인도 해안지역 전체의 총독으로 페이토를 임명했다.

알렉산드로스는 이번에도 크라테루스에게 육지로 진군할 것을 명령한 뒤, 자신은 인도에서 가장 부유하다는 무시카누스의 왕국을 향해 강을 따라 내려갔다.[18] 무시카누스는 아직 알렉산드로스를 찾아와 항복하지도 않았고 친교 사절도 보내지 않은 상태였다. 실제로 그는 알렉산드로스를 무시하여 위대한 왕에 대한 예우의 증표를 보내지 않았을 뿐 아니라 알렉산드로스에게 아무것도 요청하지 않았다. 알렉산드로스가 인더스 강을 어찌나 빠른 속도로 내려왔던지 무시카누스가 알렉산드로스의 출발 사실을 보고받기도 전에 벌써 왕국의 경계까지 도착했다. 깜짝 놀란 무시카누스는 그제야 서둘러 코끼리들과 인도인들이 가장 귀하게 여기는 선물을 마련하여 알렉산드로스에게 찾아가서는 항복 의사를 밝혔고, 자신의 잘못된 태도를 인정했다. 알렉산드로스에게서 원하는 걸 얻어낼 수 있는 가장 좋은 방법은 자신의 잘못을 인정하는 것으로, 무시카누스도 예외가 아니었다. 알렉산드로스는 기꺼이 그를 용서했다. 알렉산드로스는 무시카누스의 나라와 수도를 존중했고, 그가 계속 지배하도록 허락했다. 그리고 크라테루스에게 이 도시의 내부 요새를 강화하도록 지시했다. 이 작업은 알렉산드로스가 그곳에 머무는 동안 마무리되었고 수

---

18 이 지역에 대한 오네시크리투스의 설명을 보려면 Strabo, 15.1.34 참조.

비대도 배치되었다. 주변 부족들을 계속 감시해야 했기 때문에 이곳은 부족들을 통제하는 기지로 사용되었다.

한편 이 지역의 총독인 옥시카누스도 알렉산드로스를 찾아오지 않았고 항복의 사절도 보내지 않았다. 그래서 알렉산드로스는 궁수, 아그리아니아군, 자신이 데리고 있던 기병들을 거느리고 강 하류로 옥시카누스를 치러 나섰다. 그는 옥시카누스가 다스리는 지역에서 가장 큰 두 도시를 공격하여 큰 어려움 없이 정복했으며, 그중 한 도시에서 옥시카누스가 포로로 붙잡혔다. 알렉산드로스는 전리품들을 모두 부하들에게 나눠준 뒤 코끼리는 자신의 군에 편입시켰다.[19] 이후 다른 도시들은 알렉산드로스가 가까이 접근할 때면 저항할 엄두도 내지 못하고 바로 항복했다. 인도인들이 알렉산드로스의 연승 행진을 얼마나 두려워했는지를 보여주는 증거다.

이제 알렉산드로스는 인도 고산부족들의 총독을 자처하는 삼부스를 공략하기 위해 출발했다. 삼부스는 무시카누스와 적대적인 관계로, 알렉산드로스가 무시카누스를 너그럽게 대하고 왕국을 계속 다스리도록 허락했다는 소식에 일찌감치 도주한 상태였다. 삼부스가 다스리는 영토의 수도인 신디마나에 도착하자 성문이 열리더니 삼부스의 보물들과 코끼리들을 앞세운 그의 친지들이 마중을 나왔다. 이들은 삼부스가 수도를 버리고 도망간 것은 알렉산드로스에게 대항하려는 뜻이 아니라 무시카누스에게 보여준 관대한 대우에 두려움을 느꼈기 때문이라고 고했다. 알렉산드로스는 이번 원정에서

---

19 디오도로스(17.102.5)와 쿠르티우스(9.8.11~13)는 옥시카누스를 '포르티카누스'라고 불렀다. 두 사람은 옥시카누스가 처형되었고 포로들은 팔려갔으며 그의 왕국에 있던 도시들은 파괴되었다고 기록했다.

반란을 일으킨 또 다른 도시를 진압하고 반역의 책임자인 브라만(인도의 철학 교사)들을 처형했다.[20] 브라만 철학에 관해서는 인도를 다룬(대단치는 않지만) 다른 책에서 이야기하겠다.[21]

그 무렵 무시카누스가 반란을 일으켰다는 소식이 입수되었다. 알렉산드로스는 그 지역의 총독인 아게노르의 아들 페이토에게 적당한 병력을 붙여주어 반란을 진압하도록 지시하고 자신은 무시카누스의 영토에 속한 여러 도시로 진군했다. 일부 도시는 파괴한 뒤 주민들을 노예로 팔았고, 일부 도시는 요새를 강화하여 수비대를 배치한 뒤 함대가 기다리고 있는 기지로 돌아왔다. 기지에는 페이토에게 붙잡힌 무시카누스가 끌려와 있었다. 알렉산드로스는 무시카누스와 반란을 선동한 브라만들을 그들의 땅에서 목매달아 처형하도록 했다.

파탈라의 통치자도 알렉산드로스의 기지를 찾았다. 이 지역은 앞서 언급한 것처럼 이집트의 나일 강 삼각주보다 더 넓은 인더스 강의 삼각주 지역에 위치한 왕국으로, 파탈라의 통치자는 영토 전체를 넘기고 자신과 재산 전부를 알렉산드로스의 처분에 맡기겠다고 했다. 알렉산드로스는 그를 돌려보내면서 군을 맞을 준비를 해두라고 지시했다. 그런 뒤 크라테루스에게는 아탈루스, 멜레아그로스, 안티게네스의 부대, 궁수 일부, 헤타이로이 기병 대원들, 그 외에 전투가 불가능하여 귀향시키려던 마케도니아 병사들을 이끌고 아라코티아와 자랑기아(드랑기아나. 크라테루스는 아마도 물라 고개를 지나 이동했을 것

---

20 디오도로스와 쿠르티우스에 따르면 이 지역에서 인도인 8만 명이 살해되었고 많은 사람이 붙잡혔다.(클레이타르코스를 출처로 밝혔다.)

21 아리아노스의 *Indica* 11장 참조. 스트라보(15.1.59)는 메가테네스의 책을 바탕으로 브라만에 대해 더 자세히 설명했다.

이다)를 거쳐 카르마니아로 갈 것을 명령하면서 코끼리 떼도 몰고 가도록 했다. 또한 자신과 함께 인더스 강을 따라 바다로 항해할 병사들을 제외한 나머지 부대를 모두 헤파이스티온에게 맡겼으며, 페이토에게는 창기병들과 아그리아니아군을 이끌고 (헤파이스티온 부대의 맞은편으로) 강을 건너 이미 요새화된 도시들에 사람들을 정착시키고 주변 지역에서 발생할 만한 문제들을 마무리한 다음 파탈라에서 자신과 합류하라고 지시했다.[22]

알렉산드로스가 강 하류로 내려가기 시작한 지 사흘째 되는 날, 파탈라의 통치자인 인도인 족장이 대부분의 부족민을 이끌고 도시를 떠났다는 보고가 들어왔다. 알렉산드로스가 두 배의 속도로 진군하여 파탈라에 도착해보니 과연 도시는 텅 비어 있었고 땅을 일구는 농부들도 보이지 않았다. 알렉산드로스는 당장 기동력이 가장 뛰어난 부대들을 파견하여 달아난 주민 몇 명을 사로잡도록 지시했다. 그리고 두려워하지 말고 도시로 돌아온다면 예전처럼 고향에서 평화롭게 살면서 땅을 일굴 수 있게 해주겠다는 말을 나머지 주민들에게 전하도록 했다. 그러자 대부분의 사람은 알렉산드로스의 말을 믿고 귀환했다.

알렉산드로스는 헤파이스티온에게 도시 안에 요새를 짓도록 하고 일단의 병사들에게는 물이 부족한 곳에 우물을 파게 하여 생활의 편의를 돌봐주었다. 그런데 원주민의 예상치 못한 공격으로 작업 중이던 몇 명의 병사가 희생되었다. 반면 원주민들은 큰 타격을 입고 황야로 달아났다. 알렉산드로스는 이 소식을 듣자 다른 병사들을 파견

22 알렉산드로스의 시절에는 인더스 삼각주의 꼭짓점 부근에 위치했다. 일반적으로 하이데라바드나 바흐마나바드라고 생각된다. 알렉산드로스는 기원전 325년 7월 중순경에 이곳에 도착했다.

했고, 이들의 도움으로 공사가 완수되었다.

파탈라에서 인더스 강은 두 개의 넓은 지류로 갈라지는데, 두 지류는 바다에 도착할 때까지 모두 인더스 강이라 불린다. 알렉산드로스는 이 분기점에 항구와 기지창을 짓도록 했고, 이 작업이 순조롭게 진행되자 서쪽 지류인 오른쪽 강을 따라 어귀까지 내려가기로 결정했다. 그리고 함대가 강을 따라 내려가는 동안 레온나투스에게는 기병 1000명과 경보병과 중보병 800명을 인솔하여 육로로 파탈라 삼각주(섬)까지 내려가도록 지시했다. 알렉산드로스는 가장 빠른 배들(노가 30개 달린 갤리선 전부, 노가 1.5단으로 된 배, 가벼운 갤리선)을 선택했다. 하지만 그 지역 주민들이 모두 달아나버린 통에 수로를 안내할 현지인 도선사를 구할 수 없어 곤란에 처했다. 출항 다음 날 강풍(남동계절풍)이 몰아치더니 거칠고 높은 물살에 대부분의 배가 심한 손상을 입었고, 노가 30개인 갤리선 가운데 몇 척은 완파되고 말았다. 배들이 완전히 해체되기 직전에 간신히 강가에 닿기는 했지만 다시 운항하려면 배를 새로 건조해야 할 판국이었다.

알렉산드로스는 일단의 중보병들에게 강 주변 지역의 주민들 가운데 몇 명을 잡아들여 도선사로 기용했다. 그러나 고난은 여기서 끝나지 않았다. 강폭이 약 40킬로미터로 가장 넓어지는 강어귀에 다다르자 바다에서 불어오는 거센 바람에 맞닥뜨렸다. 이에 따라 물마루 위로 노를 들어 올릴 수도 없을 만큼 거친 파도가 일어 결국 도선사들의 지시에 따라 작은 만으로 대피해야 했다. 그러나 이번에는 만으로 들어가는 길에 썰물을 만나고 말았다. 바다에는 항상 파도가 치게 마련이지만 알렉산드로스의 병사들은 난생처음 파도를 겪어본데다 썰물 현상에 당황했고, 밀물 때에 바닷물이 밀려들어 다시 배가 뜨자 크게 놀랐다. 부드러운 개펄 위에 안정적으로 올라앉은 배들은 아무 손상 없이 다시 항해할 수 있었지만 바위 사이에 걸려 바닷물이 빠져나갔을 때 균형을 유지할 수 없었던 다른 배들은 무사하지 못했다. 파도가 다시 세차게 밀려들면서 다른 배와 충돌하거나 바위에 부딪쳐 파손되었다.

알렉산드로스는 여건이 허락하는 대로 최대한 배를 수리하도록 하고 두 척의 함재정에 일단의 병사들을 태워 정찰을 보냈다. 원주민 도선사들이 바다로 향하는 강 하류에 킬루타라는 섬이 있으며 정박할 수도 있다는 정보를 제공했기 때문이다.[23] 돌아온 정찰병들은 섬이 넓고 정박하기 좋으며 깨끗한 물도 풍부하다고 보고했다. 이에 따라 나머지 소함대는 킬루타 섬에 정박하도록 하고 알렉산드로스는 가장 빠른 배들을 이끌고 섬 아래쪽으로 내려가 대양으로 나갈 수 있을지 강어귀를 관찰하고 항로를 살펴보기로 했다. 킬루타 섬에서 40킬로미터 정도 내려가자 먼 바다에 또 다른 섬이 눈에 띄었다. 다시 킬루타 섬으로 돌아온 알렉산드로스는 곶 아래에 배를 대고 신들에게 제사를 올렸다. 이 신들은 암몬이 공경하라고 알려준 존재라고 그는 말하곤 했다. 다음 날 알렉산드로스는 강어귀를 지나 두 번째 섬에 정박한 뒤 또 다시 제사를 올렸다. 어제와 다른 신들에게 다른 절차로 제사를 올리면서 이번에도 암몬의 신탁에 따르는 것이라고 했다.(인더스 강 하류로 출발할 때 올렸던 제사의 대응으로, 무사한 항해에 대한 감사의 제사였다.) 그런 뒤 알렉산드로스는 인더스 강 어귀를 떠나 대양으로 출항했다. 가까이에 다른 땅이 있는지 알아보기 위해서라고 밝혔지만 아마도 인도 너머의 대양을 항해하는 위업을 이루

---

23 플루타르코스(*Alexander* 66.1)에 따르면 알렉산드로스는 이 섬을 스킬루스티스라고 부르고 다른 사람들은 프실투키스라고 불렀다.

고자 하는 것이 주된 목적이었을 것이다. 바다로 나가자 알렉산드로스는 황소를 잡아 포세이돈에게 제사를 올린 뒤 고기를 바다에 던졌다. 이어서 포세이돈에게 바치는 술을 황금 잔에 담아 뿌린 뒤 그 잔과 다른 황금 그릇들까지 감사의 제물로 바다에 던지면서 네아르쿠스의 지휘 아래 페르시아 만과 티그리스 강, 유프라테스 강 어귀로 보낼 함대의 안전을 빌었다.[24]

알렉산드로스가 다시 파탈라로 돌아왔을 때 요새는 완성되어 있었고 페이토도 성공적으로 임무를 완수하고 도착해 있었다. 알렉산드로스는 인더스 강의 두 어귀가 만나는 지점인 파탈라에 많은 함대를 주둔시킬 생각으로 헤파이스티온에게 항구를 요새화하고 기지창을 만들라고 지시했다.

이제 알렉산드로스는 대양으로 향하는 두 번째 항해에 도전했다. 이번에는 인더스 강의 다른 지류를 선택했는데, 이는 어느 쪽 강이 더 유리한지를 알아보기 위해서였다.(인더스 강의 두 어귀는 약 362킬로미터 떨어져 있었다.)[25] 강을 따라 내려가던 알렉산드로스는 큰 호수에 이르렀다. 강어귀에 형성된 이 거대한 호수는 여러 곳에서 흘러드는 물줄기들로 인해 사실상 바다의 만과 흡사했다. 게다가 고향인 그리스 바다에서 보았던 것보다 큰 심해어들도 서식하고 있었다.

알렉산드로스는 도선사들의 권유에 따라 호수의 한 지점에 정박했다. 그리고 소형 함재정들과 부하들 대부분을 레온나투스에게 맡

---

24 *Indica* 20.10 참조. Wilcken, *Alexander* 196은 이 제사와 헌주가 미래에 대한 기원일 뿐 아니라 '세상의 끝'에 도달한 데 대한 알렉산드로스의 감사의 표시라고 보았다. 이런 해석은 아리아노스의 글에 지나치게 의미를 부여한 것으로 보인다. 네아르쿠스의 항해는 *Indica* 21~43장에 설명되어 있다.
25 네아르쿠스가 제시한 수치. 아리스토불루스는 201킬로미터(Strabo, 15.1.33)로 적었다. 당시 인더스 강의 동쪽 어귀는 쿠치 습지로 이어졌을 것으로 생각된다.

기고 노가 30개 달린 갤리선과 노가 1.5단으로 된 배들을 이끌고 강 어귀로 내려가 다시 한 번 대양으로 향했다. 앞선 지류보다는 훨씬 수월하게 내려갈 수 있었다.

알렉산드로스는 가까운 연안에 배를 대고 상륙한 뒤 일단의 기병들을 이끌고 사흘 동안 해안을 행군하면서 군이 항해할 연안 지역을 살피고 함대에 물을 공급할 우물터를 확보했다. 그런 뒤 다시 배를 타고 파탈라로 돌아와 우물을 팔 병사들을 파견하고 작업을 마치는 대로 합류하도록 했다. 다음에는 강 하류의 섬으로 가서 항구와 기지창을 짓고 수비대를 배치했다. 이제 드디어 알렉산드로스는 넉 달치의 물자와 연안 항해에 필요한 만반의 준비를 마쳤다.

하지만 그즈음은 항해에 적합하지 않은 시기였다. 여느 계절풍과는 달리 북풍이 아닌 남쪽 대양에서 불어오는 몬순이 시작되었기 때문이었다. 그러나 알렉산드로스가 입수한 정보에 따르면 초겨울에 묘성昴星이 나타나는 시기(11월 초순)부터 동지까지는 항해에 적합했다. 그 기간에는 내륙에 큰비가 내려 연안에 끊임없이 미풍을 일으키기 때문에 돛단배나 노도선으로 연안을 항해하기가 수월했다.

함장 네아르쿠스가 파탈라에서 출항에 적합한 날씨를 기다리는 동안[26] 알렉산드로스는 전군을 이끌고 아라비우스 강[27]으로 간 뒤 근위대와 궁수 절반, 근위 보병 부대, 헤타이로이 정예 부대, 그외 기병 부대, 궁기병 전체를 거느리고 해안으로 향했다. 그리고 해안을 따라 서쪽 방향으로 나아갔다. 알렉산드로스의 목표는 우선 네아르

---

26 네아르쿠스는 기원전 325년 9월 21일에 파탈라를 떠났지만 북동 계절풍이 불 때까지 인더스 강의 동쪽 어귀에서 24일간 기다려야 했다.(*Indica* 21)

27 푸랄리 강이 아닌 하브 강. 이 강과 알렉산드로스가 지나간 경로에 대해서는 Aurel Stein, *Geographical Journal* 1943, 193~227 참조.

쿠스의 병사들이 해안을 항해하는 동안 물을 충분히 공급받을 수 있도록 우물을 파는 것이었고, 둘째는 오랫동안 독립을 유지해왔으며 지금까지 알렉산드로스의 군에 친선을 구하지 않은 오레이타이족을 기습공격하는 것이었다.[28] 파탈라에 남은 병사들의 지휘는 헤파이스티온이 맡았다.

아라비우스 강 부근에 사는 또 다른 독립 부족인 아라비타이족은 알렉산드로스를 상대로 이길 수 없다는 사실을 잘 알고 있었다. 그러나 알렉산드로스군이 접근하고 있다는 소식을 듣자 항복을 택하지 않고 황야로 달아났다. 알렉산드로스는 얕은 개울에 불과한 강을 건너 밤새 황야를 가로지른 뒤 동틀 무렵이 되자 주거 지역에 도달했다. 알렉산드로스는 보병들에게 행군 속도로 따르도록 한 뒤 가능한 한 넓은 지역을 공격하기 위해 기병 부대를 둘로 나누어 오레이타이족의 마을로 진입했다. 방어를 준비하던 주민들은 목숨을 잃거나 포로로 붙잡혔다.[29] 알렉산드로스는 작은 강 근처에 잠시 멈췄다가 헤파이스티온이 합류하자마자 오레이타이족의 땅에서 가장 큰 마을인 람바키아로 진군했다. 이 마을이 마음에 든 알렉산드로스는 이곳에 도시를 세우면 번성하리라는 판단 아래 헤파이스티온에게 도시를 건설토록 지시했다.[30]

이제 알렉산드로스는 근위대와 아그리아니아군 절반, 정예 기병 연대, 궁기병들로 구성된 군을 이끌고 오레이타이와 게드로시아의

---

28 알렉산드로스가 게드로시아(지금의 마크란)를 거쳐 행군한 이유는 358쪽 참조.

29 레온나투스, 프톨레마이오스, 알렉산드로스가 부대를 이끌었다.(Diodorus, 17.104.6) "무수히 많은" 사람이 죽었다는 디오도로스의 표현은 과장된 것이 분명하다.

30 람바키아의 위치는 알려지지 않았다. 디오도로스(17.104.8)는 이 새로운 알렉산드리아가 해안에 세워졌다고 했지만 스타인(op. cit., p.215)은 지금의 벨라 근처의 내륙에 위치했다고 말한다.

경계 지역으로 향했다. 이때 두 부족의 연합군은 알렉산드로스군이 통과할 좁은 고개 앞에 진을 치고 있다는 정보를 입수했다. 이 정보는 사실이었다. 그러나 연합군은 알렉산드로스가 진군하고 있다는 소식에 고개와 진지를 버리고 달아났다. 한편 오레이타이의 족장들은 알렉산드로스를 찾아와 항복했다. 알렉산드로스는 아무런 해를 입히지 않겠다는 약속과 함께 흩어진 주민들을 소집하여 집으로 돌려보내라고 명령했다. 이곳 총독으로는 아폴로파네스를 임명하고 근위대 장교인 레온나투스를 오리아족(아리아노스는 '오레이타이'와 '오리아'를 구별 없이 사용했다)의 영토에 남겨 그를 돕도록 했다. 알렉산드로스는 레온나투스에게 아그리아니아군 전체, 일부 궁수대와 기병대, 그리스 용병대의 많은 기병과 보병을 맡기면서 함대가 도착할 때까지 이곳에서 새 정착지를 관리하면서 오레이타이족이 총독에게 충성할 수 있도록 질서와 기강을 잡으라고 지시했다. 그런 뒤 람바키아에 남겼던 헤파이스티온과 병사들이 합류하자 군의 대부분을 데리고 사람이 살지 않는 황량한 지대를 거쳐 게드로시아로 진군했다.

(아리스토불루스의 기록에 따르면) 이 황무지에 자라는 미르라나무는 다른 어떤 곳보다 더 크고 풍부했다. 원정에 함께한 페니키아인들은 이 나무에서 나는 진(고무)을 채취하여 동물로 실어 날랐는데, 나무들이 워낙 우람한 데다 이전까지 진이 채취된 적이 없었기 때문에 엄청난 양을 거둘 수 있었다. 이 지역에는 감미로운 향을 풍기는 나르드Nard도 풍부하여 페니키아인들은 이 식물들도 거둬들였다.[31] 병사들이 지천으로 깔린 나르드를 밟으며 행군할 때는 달콤한 향기가

31 성경에서 자주 언급되는 값비싼 향유를 만드는 식물이다. 이 지역에는 나르드가 풍부해서 마케도니아 병사들이 이 식물로 잠자리를 마련했다. (Strabo, 15.2.6~7)

몇 킬로미터까지 퍼졌다. 그밖에도 해변에는 잎이 월계수처럼 생긴 나무들이 자라고 있었는데, 썰물 때는 땅 위에서 자라지만 밀물 때는 완전히 바닷물에 잠겨버렸다. 썰물 때도 물이 마르지 않는 웅덩이에서 자라는 나무들은 뿌리가 물에 잠겨 있어도 잘 자랐다. 높이가 14미터나 되는 어떤 나무들은 알렉산드로스가 도착했을 무렵 꽃을 활짝 피우고 있었는데, 꽃 모양은 흰 제비꽃과 비슷했지만 훨씬 더 향기로웠다. 크고 튼튼한 가시가 달린 엉겅퀴 종류도 있었다. 병사들이 말을 타고 지나다가 이 가시에 옷이 걸리면 가시가 떨어지는 게 아니라 병사들이 말에서 떨어질 정도로 강력하여, 토끼들도 이 식물에 걸리면 옴짝달싹하지 못했다. 그래서 석회를 이용해 새를 잡거나 갈고리로 물고기를 낚듯이 병사들은 이 가시를 이용하여 토끼를 잡았다. 반면 이 식물의 줄기는 쉽게 끊어지는데, 줄기에서 줄줄 흘러나오는 즙은 철 이른 무화과보다 더 풍부하고 알싸한 맛을 냈다.

알렉산드로스는 이곳에서 게드로시아 영토를 가로질러 행군했다.[32] 이 경로는 험할 뿐만 아니라 물자도 구할 수 없었다. 가장 열악한 것은 병사들이 마실 물조차 구할 곳이 없다는 점이었다. 병사들은 우물을 파는 작업도 하면서 함대가 정박할 만한 곳과 시장이 있는지를 살펴야 했기 때문에 해안을 따라 행군하다가 밤마다 내륙으로 들어가느라 상당히 먼 거리를 이동해야 했다.

게드로시아 남쪽 지역에서 마땅한 곳을 찾을 수 없자 알렉산드로스는 만드로도루스의 아들 토아스와 일단의 기병들을 바다로 보내 배를 정박시킬 곳을 탐색하면서 깨끗한 물과 그 외에 함대에 도움이 될 만한 부분을 확인하라고 지시했다. 탐색에서 돌아온 토아스는

32 Strabo, 15.2.6~7 참조.

해안가에 조개껍질로 벽을 쌓고 생선의 뼈로 지붕을 얹은 오두막에서 살아가는 어부 몇몇을 발견했다고 보고했다. 이들은 자갈땅에서 솟는 적은 양의 물에 의지하여 생활하고 있었는데 그 물에도 염분이 섞여 있었다.[33]

마침내 알렉산드로스는 게드로시아에서 물자가 다소 풍부한 지역에 도착했다. 그는 물자들을 구해 동물들에게 나눠 싣고 자신의 인장을 찍은 뒤 해안으로 옮기도록 했다. 그러나 가장 가까운 바다로 수송하던 병사들은 허기를 이기지 못하고 봉인된 식량들을 풀어 동료들과 나누어 먹었다. 그중에는 수송 책임을 맡은 병사도 끼어 있었다. 배고픔에 시달리던 병사들은 알렉산드로스가 대로하여 벌을 내릴지도 모른다는 두려움보다는 굶어 죽지 않는 게 급선무였던 것이다. 알렉산드로스는 자신의 명령을 어길 만큼 병사들이 주려 있었다는 사실을 헤아려 그들의 잘못을 용서해주었다.

알렉산드로스는 함대의 병사들에게 보낼 식량을 구하기 위해 다시 주변 지역을 샅샅이 뒤져 물자를 모은 뒤 칼라티스(흑해 연안의 트라키아에 위치한 도시로, 밀레투스에서 온 이주자들이 세웠다)의 크레테우스에게 운반을 감독하게 했다. 내륙의 원주민들이 비축해둔 빻은 곡물을 가능한 한 많이 해안으로 들여왔고 대추와 양도 구입했다. 또한 약간의 밀가루를 구할 수 있는 곳으로 헤타이로이 대원인 텔레푸스를 보냈다.

알렉산드로스의 다음 목적지는 푸라 지역에 위치한 게드로시아

---

33 이들은 주로 물고기를 먹고 사는 어식민족(魚食民族)이었다. 아리아노스의 *Indica*(29장)에 이들에 대한 더 자세한 설명이 나와 있다. Strabo, 15.2.2; Diodorus, 17.105.3~5; Curtius, 9.10.8~10; Plutarch, *Alexander*66.6 참조.

의 수도였다.[34] 오리아에서 그곳까지는 엿새가 소요되었다. 알렉산드로스의 원정을 연구한 대부분의 역사학자는 이때의 행군에서 알렉산드로스군이 겪은 고통은 아시아 땅에서의 그 어떤 고생보다 더 극심한 것이었다고 한다. (네아르쿠스의 말을 근거로 할 때) 알렉산드로스가 그러한 난관을 몰랐던 것은 아니다. 하지만 세미라미스가 인도에서 철수한 경우를 제외하고는 그 누구도 군대를 무사히 통과시키지 못했다는 점이 이 경로를 선택하게 만들었다. 그 지역에 전해지는 이야기에 따르면 세미라미스의 군사들 중에서도 이 길을 통과하여 살아남은 사람은 20명이 채 되지 않았고, 캄비세스의 아들 키루스의 병사들도 단 7명이 통과했다. 키루스는 인도를 침략할 계획으로 이곳에 왔지만 길이 너무 험한 데다 지대가 황량하고 척박하여 인도에 도착하기도 전에 대부분의 병사를 잃고 말았다. 네아르쿠스에 따르면 이런 옛 일화들이 키루스와 세미라미스를 능가하고 싶은 알렉산드로스의 욕망을 부추겼으며, 여기에 함대와 연락을 유지하고 함대에 공급할 식량을 구하고자 하는 계획이 합쳐진 것이었다.[35]

이 선택의 결과는 처참했다.[36] 날씨는 타는 듯이 뜨거웠고 물이 부족하여 수많은 사상자가 속출했다. 특히 동물들은 대부분 갈증을 이기지 못해 뜨겁고 깊은 모래에 쓰러져 죽어갔다. 때로는 높은 모래 언덕에 맞닥뜨렸는데 푸석푸석한 모래밭은 진흙탕이나 아무도 밟지 않은 눈밭을 지날 때처럼 발이 푹푹 빠질 뿐만 아니라 언덕을 오르

---

34 카르마니아 국경 근처의 밤푸르. 같은 명칭의 강가에 있다. 이곳으로 떠난 시기는 기원전 325년 11월 말로 추정된다.

35 알렉산드로스가 헤라클레스와 페르세우스에 대한 경쟁심으로 시와에 가려 했던 일에 필적한다. 아리아노스(*Indica* 9)에 따르면 인도인들은 알렉산드로스 이전에 누군가가 (헤라클레스와 디오니소스 제외) 인도를 침략했다는 것을 부인했다. Strabo, 15.1.6 참조.

거나 내려올 때면 불안정한 지면이 수시로 바뀌는 바람에 노새와 말들은 극심한 고통을 겪어야 했다. 행군 시간대가 들쭉날쭉한 것도 힘겨운 부분이었다. 언제 물을 발견할 수 있을지 모르기 때문에 규칙적이고 정상적인 행군이 불가능했다. 필요한 거리를 밤새 행군한 다음 날 아침에 물을 발견하면 다행이었지만 해가 떠 있는 동안 휴식도 없이 터벅터벅 걸을 때는 참을 수 없는 더위와 맹렬한 갈증에 시달렸다.

숱한 동물들이 희생되었다. 실제로 거의 모든 동물이 이동 중에 죽었고, 때로는 병사들에게 도살되기도 했다. 식량이 떨어지면 병사들은 노새와 말을 잡아먹은 뒤 갈증이나 탈진으로 죽은 것처럼 꾸몄다. 이 과정에는 너나할 것 없이 연루되었을 뿐만 아니라 이루 말할 수 없는 고난에 처해 있었기 때문에 아무도 그런 짓을 문제 삼지 않았다. 알렉산드로스도 무슨 일이 벌어지고 있는지 알고 있었지만 이 상황을 처리하는 유일한 방법은 모른 척해주는 것임을 잘 알고 있었다. 아예 모른 척하는 편이 규율 위반을 묵인하는 태도보다는 나을 터였다. 행군 도중에 병이 들거나 지쳐 쓰러진 병사들을 싣고 가는 것도 쉬운 일이 아니었다. 병자들을 수송할 동물들도 거의 남아 있지 않은 데다 수레들은 자꾸 깊은 모래에 빠지면서 부서졌기 때문이다. 행군 초기에는 가까운 길 대신 좀더 쉽게 수레를 끌고 갈 수 있는

---

36 플루타르코스(*Alexander* 66.4)는 알렉산드로스의 군대가 보병 12만 명, 기병 1만5000명이었으며 그중 생존자는 4분의 1도 되지 않았다고 했는데, 이 진술은 받아들이지 않아도 될 것 같다. 히다스페스 강 하류로 출발할 때 알렉산드로스군이 총 12만 명이었다는 네아르쿠스(Arrian, *Indica* 19.5)의 언급이 더 신뢰할 만하다. 이 병력 가운데 인도에서 계속적으로 발생한 사상자들, 크라테루스와 함께 돌려보낸 병사들, 인도에 남긴 병사들, 레온나투스와 함께 오레이타이족의 땅에 남긴 병사들을 빼야 한다. 현대에는 생존자를 8000~1만 명(Tarn, *Alexander* 1.107, 너무 낮게 어림했다) 또는 6~7만 명(H. Strasburer, *Hermes* 1952, 486ff)으로 추정한다. 어쨌든 병사들이나 군과 동행했던 사람들의 생존 비율이 어느 정도인지는 밝혀지지 않았다.

먼 길을 택할 수밖에 없었고, 시간이 지날수록 병자들이나 탈진·갈증·일사병으로 행군이 불가능해진 자들을 버려두고 떠나야 했다. 그들을 도울 만한 사람도 없었고 남아서 돌봐줄 사람도 없었다. 최대한 빠른 속도로 나아가는 것이 중요했고, 군 전체를 구하는 게 개인의 고통보다 우선할 수밖에 없었다. 행군이 대부분 야간에 이루어지다 보니 많은 병사들이 길 위에서 잠이 들었다. 기력이 남은 사람들은 잠에서 깨는 즉시 일행을 뒤쫓아갔지만 드넓은 모래사막에서 조난자 신세가 되어 목숨을 잃은 병사도 많았다.

재앙은 이것으로 끝나지 않았다. 인도에서처럼 게드로시아에도 장마철 폭우가 찾아온 것이다. 이는 병사, 말, 노새 할 것 없이 모두에게 최악의 재앙이었을 것이다. 바람이 몰고 온 비구름들은 산봉우리에 걸려 들판이 아닌 산에 비를 퍼부었으며, 공교롭게도 당시 알렉산드로스의 군은 작은 개울가에서 야영을 하고 있었다. 처음에는 조금이라도 물을 구할 수 있을까 싶어 야영지로 선정했는데 비가 내리기 시작하자 2경 즈음 삽시간에 물이 불어났다. 사실 비는 먼 곳에서 뿌려대고 있었기 때문에 잘 보이지도 않았지만 금세 개울에는 급류가 쏟아졌다. 그리고 군속들 중 여성과 아이들 그리고 왕의 막사와 그 안에 있던 모든 물건, 동물들도 물살에 떠내려갔다. 병사들은 가까스로 무기만을 챙겨 몸을 피했으나 무기를 모두 지켜낸 것은 아니었다. 게다가 무더위와 갈증에 시달려온 병사들이 물을 보자 정신없이 뛰어들어 마셔대는 바람에 심한 배탈을 앓기 시작했다. 그러자 알렉산드로스는 개울에서 3킬로미터 정도 떨어진 곳으로 야영지를 옮겼다. 병사들과 동물들이 마구잡이로 물을 마셔 병에 걸리는 걸 방지할 뿐 아니라 자제력이 약한 병사들이 샘이나 강에 뛰어들어 다른 사람들이 마실 물을 더럽히지 않도록 하기 위해서였다.

이 대목에서 나는 알렉산드로스의 가장 훌륭한 행동 가운데 하나를 기록하지 않을 수 없다. 실제로 이 일이 벌어진 곳이 어디인지는 확실하지 않다. 게드로시아의 사막일 수도 있고 좀더 앞선 파라파미사데족의 땅이었을 수도 있다.[37] 알렉산드로스군은 모래사막을 지나고 있었다. 뜨겁게 내리쬐는 태양 아래 병사들은 물이 있는 곳을 찾아 안간힘을 다해 걷고 있었지만 물은 한참 먼 곳에 있었다. 알렉산드로스도 병사들과 마찬가지로 지독한 갈증에 시달리면서 선두에서 걸어가고 있었다. 그가 할 수 있는 일은 계속 걷는 것밖에 없었지만, 항상 그랬던 것처럼 고생을 함께하는 왕의 모습 속에서 병사들은 좀더 힘을 낼 수 있었다. 병사들이 힘겨운 발을 내디디며 느릿느릿 걷고 있을 때 물을 구하러 갔던 경보병대가 얕은 도랑에서 어렵사리 모아온 약간의 물을 구해왔다. 병사들은 겨우겨우 얻은 이 귀중한 물을 투구에 물을 따라서 왕에게 바쳤다. 감사를 표하며 투구를 받은 알렉산드로스는 모든 병사가 보는 앞에서 물을 땅 위에 쏟아버렸다. 이는 알렉산드로스가 쏟아버린 물을 모든 병사가 마신 것만큼이나 군의 사기를 드높인 행동으로, 아무리 칭송을 해도 지나치지 않을 것이다. 알렉산드로스의 인내심뿐 아니라 천재적인 리더십을 보여주는 일화이기 때문이다.

이제 또 다른 고난이 닥쳤다. 길을 찾는 데 필요한 지표들이 바람에 날려 온 모래들로 지워져서 안내원들이 길을 찾을 수 없게 된 것이다. 광대하고 단조로운 사막에는 어느 방향으로 가야 할지 가르쳐줄 만한 것이 전혀 없었다. 다른 지역처럼 길가의 나무도 없었고 단

---

37 플루타르코스(*Alexander* 42.7)는 다리우스를 쫓던 중에 일어난 일이라고 했지만 쿠르티우스(7.5.10)는 옥수스 강 근처의 소그디아나에서 있었던 일이라고 한다.

단한 흙으로 이루어진 언덕도 없었다. 페니키아의 선원들은 작은곰자리를 보고 길을 찾고 우리는 북두칠성을 통해 방향을 알 수 있지만(작은곰자리에는 북극성이, 큰곰자리에는 북두칠성이 포함되어 있다. 큰곰자리를 이용해서도 북극성을 찾을 수 있다) 이 안내원들은 별이나 태양으로 방향을 가늠하는 법을 알지 못했다. 그러자 알렉산드로스가 직접 길을 찾아 나섰다. 좀더 왼쪽으로 가야 한다고 느낀 알렉산드로스는 소규모의 기병들과 함께 앞장서서 그쪽으로 말을 달렸다. 하지만 얼마 가지 못해 더위에 지친 말들이 기진맥진하자 알렉산드로스는 일행 대부분을 남긴 채 5명만 데리고 나아갔다. 그리고 마침내 바다를 발견했다. 해변의 조약돌을 파내자 맑고 신선한 물이 새어나왔다. 곧 이어 전군이 뒤따라 도착했고, 7일 동안 해안을 따라가며 식수를 모았다. 그사이 안내원들은 그곳의 위치를 알아내어 다시 내륙의 길로 군대를 이끌 수 있었다.

드디어 게드로시아의 수도에 도착한 병사들은 쉴 수 있는 시간을 얻었다. 알렉산드로스는 총독 아폴로파네스가 자신이 지시한 대로 따르지 않았음을 확인하자 그를 해임하고 토아스를 그 자리에 앉혔다.[38] 나중에 토아스가 죽은 뒤에는 시비르티우스가 자리를 이어받았다. 카르마니아의 총독으로 임명된 지 얼마 안 된 상태에서 시비르티우스가 아라코티아와 게드로시아를 다스리게 되자 카르마니아의 총독 자리는 피토파네스의 아들 틀레폴레무스에게 넘겨졌다.

한편 알렉산드로스는 카르마니아로 향하던 중 인도의 총독 필리포스의 사망 소식을 들었다. 그의 죽음은 용병들이 음모를 꾸미고 마

38 아폴로파네스는 알렉산드로스가 떠난 직후에 오레이타이족과의 대전투에서 전사했다.(아리아노스, *Indica* 23.5) 아마도 그는 알렉산드로스의 병사들에게 물자를 보내라는 지시를 받았을 것이다.

케도니아 호위병들이 암살한 사건으로, 그들 가운데 일부는 현행범으로 잡히고 일부는 나중에 붙잡혔다. 알렉산드로스는 에우다무스와 탁실레스에게 서한을 보내 새 총독을 파견할 때까지 필리포스가 다스리던 지역을 통치하라고 명령했다.(18개월 뒤 알렉산드로스가 죽을 때까지 신임 총독이 파견되지 않았다.) 카르마니아에서는 크라테루스가 병사와 코끼리를 이끌고 다시 합류했는데 알렉산드로스에게 불만을 품고 소란을 일으켰던 오르다네스를 끌고 왔다. 아리아와 자랑기아의 총독 스타사노르, 파르티아와 히르카니아의 총독인 프라타페르네스의 아들 파리스마네스, 파르메니오와 함께 메디아에 남아 군대를 지휘하던 클레안데르, 시탈케스, 헤라콘도 부하들을 데리고 돌아왔다.[39] 그러나 주민들과 병사들은 시탈케스와 클레안데르가 사원을 약탈하고 무덤을 훼손했을 뿐만 아니라 주민들에게 폭력적이고 포악한 범죄를 저질렀음을 알렸고, 이에 알렉산드로스는 두 장교를 처벌했다. 지위고하를 막론하고 이러한 잘못을 저지르면 관료들도 중벌을 받는다는 본보기를 보인 것이다. 또한 정복되었든 동맹 관계든 알렉산드로스의 지배를 받는 광범위한 지역에서 질서를 잡고 복종을 이끌어내기 위해 알렉산드로스는 자신의 제국에서 지방관료의 직권남용을 용서치 않는다는 규칙을 세웠다.[40] 헤라콘은 당시에는 혐의를 벗었지만 얼마 지나지 않아 수사에서 온 사람들로부터 사원 약탈 사실이 확인되자 처형에 처해졌다.

한편 알렉산드로스가 게드로시아로 행군하고 있다는 소식을 들

---

39 쿠르티우스(10.1.1)는 돌아온 장교들에 아가톤을 추가했다. 그리고 네 명 모두 사슬로 결박당했고 이들의 부하 600명이 처형되었다고 했다. 쿠르티우스는 네 장교가 어떻게 되었는지는 언급하지 않았지만 모두 처형되었을 가능성이 높다.

40 클레오메네스에게 보낸 편지는 이 규칙이 지켜지지 않았다는 사실을 보여준다.

은 스타사노르와 프라타페르네스는 사막에서 곤욕을 치를 것을 예상하고 낙타를 포함해 짐을 운반할 많은 동물을 이끌고 왔다. 적재적소에 확보된 낙타와 노새들은 큰 도움이 되었다. 알렉산드로스는 동물들을 부대에 소속된 병사 수에 따라 각 장교에게 나눠주었다.[41]

어떤 저자들은 일반 전차보다 두 배나 더 큰 특별한 전차에 올라탄 알렉산드로스가 절친한 친구들과 함께 비스듬히 누운 채 피리 소리를 감상하며 카르마니아를 지나갔다는 의심스러운 이야기를 전하고 있다.[42] 동행한 병사들은 축제 때처럼 흥겨워했고, 부대 행렬이 지날 때는 주민들이 식량과 갖가지 사치품을 바쳐 환영했다고 한다. 이 저자들은 디오니소스가 인도를 정복한 뒤 이렇게 거창한 의식을 치르며 아시아의 많은 지역을 지나갔다는 전설에 따라 알렉산드로스가 디오니소스식의 떠들썩한 잔치나 승리의 행진을 모방했다고 생각했다.(디오니소스의 별칭 중 하나가 '승리'를 뜻하는 스라이암버스Thriambus이고, 전쟁에서 승리한 뒤의 행렬의식을 묘사할 때도 스라이암비thraiambi라는 같은 단어가 사용되었다.) 라구스의 아들 프톨레마이오스나 아리스토불루스, 그외에 신뢰할 만한 증언을 했던 저자들은 이 일에 대해 아무 언급이 없다. 내가 말할 수 있는 것은 이것이 전부로, 개인적으로는 전해지는 이야기들을 믿지 않는다. 그러나 (아리스토불루스의 말에 근거해) 기록하자면, 카르마니아에 머무는 동안 알렉산드로스는 인도를 정복하고 게드로시아 사막을 빠져나온 것에 대한 감사의 표시

41 디오도로스(17.105.7)와 쿠르티우스(9.10.7)는 알렉산드로스가 프라타페르네스와 스타사노르에게 식량을 공급하라고 지시했다고 했다. 프라타페르네스는 아마도 프리스마네스의 표기 실수로 보인다. 프라타페르네스가 도착했다는 언급이 없기 때문이다.

42 쿠르티우스(9.10.24ff)와 플루타르코스(*Alexander* 67)의 더욱 자세한 설명 참조; Diodorus, 17.106.1과 비교. 이 이야기는 아래에서 언급된 축제와 관련된 것일 수도 있다.

로 하늘에 제사를 올리고 축제를 열어 운동 시합과 예술 경연을 벌였다. 또한 페우케스타스를 개인 호위대의 일원으로 진급시켰다. 알렉산드로스는 이미 페우케스타스를 페르시아 총독으로 임명하기로 마음먹었지만 말리족과의 전투에서 페우케스타스가 보여준 혁혁한 무공을 감안하여 개인 호위대로서 영예와 신뢰를 누린 다음에 총독 자리를 물려주고 싶었다. 그때까지 알렉산드로스의 개인 호위대는 안티아스의 아들 레온나투스, 아민토르의 아들 헤파이스티온, 아가토클레스의 아들 리시마쿠스, 피사이우스의 아들 아리스토누스(이 네 사람은 모두 펠라 출신이다), 오레스티스 출신인 오론테스의 아들 페르디카스, 에오르다이아 출신인 라구스의 아들 프톨레마이오스, 크라테우아스의 아들 페이토까지 전부 일곱 명이었다. 쓰러진 알렉산드로스의 몸을 방패로 막았던 페우케스타스가 이제 여덟 번째 대원이 되었다.

한편 네아르쿠스는 오리아, 게드로시아, 어식민족이 사는 고장의 해안을 따라 항해를 끝낸 뒤 카르마니아 해안의 사람이 살지 않는 지역에 도착했다. 네아르쿠스는 헤타이로이 몇 명과 함께 내륙으로 가서 알렉산드로스에게 그간의 항해에 대해 보고했다.[43] 알렉산드로스는 네아르쿠스에게 수시아와 티그리스 강 어귀까지 항해를 계속하라며 함대로 돌려보냈다. 나는 네아르쿠스의 진술을 바탕으로 한 별도의 저술 작업으로써 인더스 강에서부터 페르시아 만 부근의 티그리스 강 어귀까지의 항해에 관하여 자세히 설명할 작정이며, 언젠가 때

---

43 아리아노스는 *Indica*(33~6장)에서 하르모제이아(호르무즈) 섬에서 네아르쿠스와 알렉산드로스가 만난 일을 생생하게 묘사했다. 디오도로스(17.106)는 두 사람이 살무스라는 해안도시에서 만났다고 했다.

44 *Indica* 18~43장.

가 되면 집필에 착수할 것이다. 그 책은 본서와 마찬가지로 알렉산드로스를 기리는 그리스 역사서가 될 것이다.[44]

이제 알렉산드로스는 헤파이스티온에게 코끼리, 짐 운반용 짐승들, 병사 대부분을 이끌고 해안을 따라 페르시아로 진군하라고 명령했다. 겨울이었지만(기원전 325년 12월 초) 페르시아의 해안 지방이 따뜻하고 물자도 풍부하다는 사실을 알고 있었기 때문이다. 자신은 가장 기동력이 뛰어난 보병대, 헤타이로이, 일부 궁수 부대를 이끌고 파사르가데로 전진했다. 스타사노르는 고향(아리아)으로 돌려보냈다. 페르시아 국경에 도착한 알렉산드로스는 자신이 인도 원정을 떠나 있는 동안 총독 프라사오르테스가 죽고 현재는 오르크시네스가 그 지역을 다스리고 있음을 알게 되었다. 사실 오르크시네스는 공식 임명을 받지는 않았으나 총독이 부재한 상태에서 페르시아를 원활하게 운영하여 알렉산드로스를 도울 적임자로서 자처하고 있었다.(그는 자신이 키루스의 피를 이어받았다고 생각했다.) 한편 메디아의 총독 아트로파테스가 바리아케스라는 메디아인을 붙잡아 파사르가데로 끌고 왔다. 바리아케스는 왕처럼 터번을 수직으로 두르고 스스로를 메디아와 페르시아의 왕으로 선포한 인물로, 그를 도와 쿠데타를 일으키려 했던 공모자들도 끌려와 함께 처형당했다.

아리스토불루스에 따르면 알렉산드로스는 캄비세스의 아들 키루스의 묘가 도굴되었다는 사실에 몹시 통탄했다고 한다.[45] 파사르가데의 왕립공원 안에 있는 키루스의 묘는 갖가지 나무들에 둘러싸여 있었고, 주변에 시냇물이 흐르고 풀밭이 펼쳐져 있었다. 묘의 기

---

45 현재 이 무덤은 솔로몬의 어머니의 무덤으로 알려져 있으며 저작들에 자주 실린다. (예를 들어 Jean-Louis Huot, *Persia*(London, 1965), 판화68(칼라)

파사르가데의 키루스의 무덤.

단은 돌을 잘라 사각형으로 쌓았고 그 위에 지붕이 얹힌 석실이 있었는데, 묘실로 들어가는 문이 매우 좁아서(게다가 작았다) 한 번에 한 명만 간신히 몸을 밀어 넣을 수 있었다. 묘실 안에는 키루스의 시신이 안치된 황금 관과 다리 끝부분에 금박을 입힌 크고 긴 의자가 놓여 있었다. 의자에는 밝은색의 두꺼운 천이 덮여 있고 맨 위에는 바빌로니아 융단이 깔려 있었다. 의자 위에는 튜닉과 바빌로니아에서 만든 메디아식 상의가 놓여 있고 (아리스토불루스에 따르면) 자주색, 보라색, 그 외의 여러 색으로 염색한 다양한 예복, 목걸이, 언월도, 무늬를 새겨 넣은 황금 귀걸이와 보석들이 있었다. 키루스의 관은 의자와 그 옆의 탁자 사이에 있었다. 묘로 가는 길가에는 키루스의 아들 캄비세스의 시절부터 대대로 묘를 지켜온 마구스[46]가 거처하는 작은 집이 있었는데, 이 사제들은 왕으로부터 하루에 양 한 마리와 식사와 포도주가 하사되었고 한 달에 한 마리씩 키루스의 제사에 바칠 말도 받았다. 묘에는 페르시아어로 다음과 같은 비문이 새겨져 있었다. "오 그대여, 나는 캄비세스의 아들 키루스[캄비세스 1세의 아들이자 키루스 1세의 손자인 키루스 2세]다. 나는 페르시아 제국을 세웠고 아시아를 지배했도다. 그러니 내 무덤을 시기하지 말라."

페르시아를 정복한 이후로 늘 키루스의 묘를 방문하고 싶어했던 알렉산드로스는 비로소 묘를 찾았으나, 의자와 관만 빼고 모두 사라진 상태였다. 도굴꾼들은 관 뚜껑을 떼어낸 뒤 시신을 함부로 던져둔 탓에 왕의 유해는 훼손되고 말았다. 그들은 관까지 가져가려고 들고 옮길 만한 크기로 조각내려다가 이에 실패하자 그대로 두고 떠났다.

아리스토불루스는 키루스의 묘를 완벽히 복원하라는 명령을 받았다고 전한다. 알렉산드로스는 남겨진 키루스의 시신 일부를 관에 넣고 덮개를 수리하도록 하고, 의자에는 새 천을 씌우고 장식도 원래대로 확실히 복제하도록 지시했다. 마지막으로, 묘실로 들어가는 문을 돌로 막고 회반죽을 입힌 뒤 왕의 인장을 찍어 봉쇄토록 했다. 이어서 알렉산드로스는 묘를 지키던 마구스를 잡아들여 범인의 정체를 추궁했다. 그러나 이들은 입을 굳게 다문 채 자신의 죄를 고백하

46 마구스는 메디아의 사제 계급으로, 정복자 페르시아인이 이 자리를 물려받았다. 이들은 키루스의 무덤을 지키는 일 외에 꿈 해몽도 했다. 페르시아인은 제사를 지낼 때 마구스를 고용해야 했다. Herodotus, 1.120.132 참조.

지도 않고 다른 누군가를 고발하지도 않았다. 결국 범죄에 연루되었다는 증거를 찾지 못한 알렉산드로스는 이들을 풀어주었다.

그 후 알렉산드로스는 자신이 예전에 불을 질렀던 페르시아 왕궁(페르세폴리스)으로 갔다. 앞서 이 사건을 이야기하면서 나는 왕궁에 불을 지른 행동을 칭찬할 수 없다고 언급했는데, 궁전을 다시 본 알렉산드로스 역시 그 일을 후회했다.

한편 프라사오르테스가 죽은 뒤 페르시아를 다스렸던 오르크시네스에 대한 고발이 빈번했다. 결국 사원과 왕의 묘를 약탈하고 많은 페르시아인을 부당하게 죽인 죄가 드러나자 알렉산드로스의 명에 따라 교수형에 처해졌다.[47] 그리고 알렉산드로스의 개인 경호대원인 페우케스타스가 높은 충성심을 인정받아 페르시아의 총독으로 임명되었다. 특히 말리족과의 전투에서 희생적으로 알렉산드로스를 구하려 했던 공이 높이 평가되었다. 그러나 이런 공적과는 별개로 동양의 생활방식을 선호했던 점에서도 페우케스타스는 이 자리의 적임자였다. 페우케스타스는 총독으로 임명되자마자 그런 면모를 분명히 나타냈다. 그는 메디아의 옷을 입은 유일한 마케도니아인이었고 페르시아어를 배웠을 뿐 아니라 다른 모든 부분에서도 페르시아인들의 생활방식을 따랐다. 알렉산드로스는 이런 처신을 모두 허용했으며, 페르시아인들은 그가 모국보다 자신들의 생활방식을 더 선호하는 데 기뻐했다.[48]

---

47 쿠르티우스(10.1.22~38)가 전하는 이야기는 다르다. 쿠르티우스에 따르면, 오르크시네스는 죄가 없었고 그가 죽은 것은 알렉산드로스가 아끼던 환관인 바고아스 때문이었다. 바고아스는 알렉산드로스가 오르크시네스를 싫어하도록 만들고 고소인들을 매수해 거짓 증언을 하게 했다. E. *Badian CQ* 1958, 147ff)도 이를 지지하는 주장을 했다.

48 하지만 마케도니아인들은 페우케스타스가 동양인처럼 변한 것을 싫어했다.

The Campaigns
of Alexander

7권

대부분의 병사는 왕을 잃는 슬픔과 감당하기 힘든 혼란 속에서 왕을 직접 보고 싶어했으며, 그런 그들의 뜻을 아무도 막을 수 없었다. 병사들이 줄지어 침상 옆을 지나가는 동안 알렉산드로스는 말없이 누운 채 머리를 들어 올리려 애쓰면서 병사 한 명 한 명에게 알아보았다는 눈빛을 보냈다.

파사르가데와 페르세폴리스에 도착한 알렉산드로스는 문득 배를 타고 유프라테스 강과 티그리스 강을 따라 페르시아 만으로 내려가고 싶은 충동에 휩싸였다. 이미 인더스 강의 여러 어귀와 그 너머의 바다를 본 적이 있는 알렉산드로스는 티그리스 강과 유프라테스 강에서도 같은 경험을 해보고 싶었다. 일부 저자들에 따르면[1] 알렉산드로스는 아라비아, 에티오피아, 리비아를 돌아 아틀라스 산 너머 유목민들의 땅을 지난 뒤 가데이라와 지중해까지 갈 생각이었다. 대륙의 일부만을 지배하여 대왕이라 불리기에는 미흡한 메디아와 페르시아의 여러 왕과 달리, 리비아와 카르타고까지 정복한다면 알렉산드로스는 아시아 전체의 왕으로 불릴 만한 정당성을 확보할 수 있

---

1 Curtius, 10.1.17~19; Plutarch, *Alexander* 68.1 참조. 알렉산드로스가 죽으면서 남긴 계획(*Hypomnemata*)에는 카르타고, 북아프리카, 스페인 그리고 시칠리아에 이르는 이탈리아 동부 해안에 대한 원정도 포함되어 있었다.(Diodorus, 18.4.4) 이 계획들의 진위에 대해서는 초기 문헌들을 인용한 E. Badian, *Harvard Studies in Classical Philology* 1968, 183ff 참조. 흔히 그러하듯이 여기에서 아프리카는 아시아에 포함되었다.

었다. 어떤 저자들은 알렉산드로스가 나중에 흑해와 아조프 해 주변의 스키타이인들의 영토까지 나아갈 작정이었다고 한다. 또한 당시 명성을 높이며 불안감을 조성하던 로마인들을 저지하기 위해 시칠리아와 이탈리아 남부까지 갈 계획이었다는 설도 있다.

나로서는 알렉산드로스의 정확한 의중을 추측할 만한 자료가 없으며 추측하고 싶지도 않다. 하지만 한 가지 확실하게 말할 수 있는 건, 그것이 무엇이든 간에 분명 원대하고 야심 찬 계획이었을 것이라는 점이다. 알렉산드로스는 자신의 제국을 아시아에서 유럽까지, 유럽에서 영국 제도까지 확장했다 해도 그것으로 만족하여 편하게 지내기보다는 정복한 영토 너머 미지의 땅을 계속 찾아 나섰을 것이다. 그는 경쟁자가 없으면 자기 자신을 뛰어넘으려는 천성의 소유자였기 때문이다.

나는 알렉산드로스가 초원에서 철학을 논하는 인도 현자들을 우연히 만난 대목을 좋아한다.[2] 이 덕망 높은 사람들은 알렉산드로스와 군대가 나타나자 발로 땅을 굴렀을 뿐 아무런 관심도 보이지 않았다. 알렉산드로스가 왜 발을 구르는지 통역인을 통해 묻자 이런 답변이 돌아왔다. "알렉산드로스 왕이시여, 모든 사람은 지금 우리가 서 있는 만큼의 땅만 소유할 수 있소. 그대는 고향에서 멀리 떨어진 곳을 돌아다니며 성가신 일로 자신과 다른 사람들을 괴롭히느라 항상 바쁜 것을 제외하면 우리와 같은 사람일 뿐이오. 그대는 곧 죽을 것이며, 그러면 그대의 몸이 묻힐 만큼의 땅만을 소유하게 될 것이오." 알렉산드로스는 이 슬기로운 말에 동의했지만 그의 실제 행동은 정확히 그에 반하는 것이었다. 알렉산드로스가 시노페의 디오

---

2 칼라누스에 대해서도 비슷한 이야기가 전해진다. Plutarch, *Alexander* 65.6.

게네스의 말을 듣고 경탄했다는 이야기도 전해진다. 알렉산드로스는 근위대와 헤타이로이를 이끌고 이스트무스의 어느 곳을 행군하던 중 누워서 햇볕을 쬐고 있는 디오게네스를 만났다. 알렉산드로스는 걸음을 멈추고 디오게네스에게 소원을 물어보았다.

그러자 철학자는 "아무것도 필요 없소. 다만 그대와 친구들이 햇빛을 가리고 있으니 한쪽으로 비켜주었으면 좋겠소"라고 대답했다.[3]

알렉산드로스가 고상한 철학에 대해 문외한은 아니었으나 끝없는 야망의 노예였다는 사실만큼은 인정할 수밖에 없다. 언젠가 알렉산드로스는 탁실라에서 발가벗은 채 수행하는 인도의 현자들을 만났다. 알렉산드로스는 이들의 인내력을 존경했기에 한 명을 데려가고 싶어했다.[4] 그중 가장 나이가 많은 단다미스Dandamis(다른 현자들은 그의 제자였다)는 자신은 물론이고 모든 제자를 알렉산드로스에게 보내려 하지 않았다. 그는 "왕이여, 그대가 신의 아들이라면 나도 그러하오. 나는 그대에게 아무것도 원하지 않소. 지금 가진 것으로 족하기 때문이오. 게다가 나는 그대가 이끌고 있는 병사들이 아무 보람 없이 세계의 땅과 바다를 돌아다니고 있으며, 그 엄청난 여정에는 끝이 없다는 것을 알고 있소. 나는 그대가 줄 수 있는 그 어떤 것도 원하지 않소. 그대가 베풀 수 있는 혜택으로부터 배제된다 해도 상관없소. 때가 되면 저절로 땅이 결실을 맺는 인도에서 나머지 삶을 사

---

3 디오게네스는 냉소가로 유명하며 아테네에서 일생의 대부분을 유배생활로 보냈다. 기원전 336년에 코린트에서 알렉산드로스와 그가 정말 만났을 수도 있지만, 이 일화는 철학자들이 항상 왕을 이기곤 하는 다른 이야기들과 마찬가지로 지어낸 이야기일 것이다. 플루타르코스(*Alexander* 14)와 다른 저자들(이 일에 대해서는 최소한 22개의 언급이 있다)의 기록에서 왕은 "내가 알렉산드로스가 아니었다면 디오게네스가 되고 싶다"고 말했다고 전한다.

4 아리아노스는 스트라보(15.1.61)가 제시한 아리스토불루스의 진술을 참조한 것으로 보인다.

는 것으로 충분하고, 때가 되었을 때 내가 깃들어 살던 이 불쌍하고 볼품없는 육신을 떠나면 그뿐이오"라고 말했다고 한다. 이 말을 들은 알렉산드로스는 단다미스야말로 진정 자유로운 사람이라고 인정하고 자신의 뜻을 억지로 강요하지 않았다.[5] 반면 이들 중 칼라누스라는 사람은 알렉산드로스의 제안을 받아들였다. 메가스테네스의 진술에 따르면 그의 동료들은 칼라누스를 육체적 욕정의 노예로 평가했다. 이런 비난은 틀림없이 칼라누스가 금욕주의의 행복을 포기하고 신 대신 다른 주인을 섬기기로 결정했기 때문일 것이다.[6]

내가 이 일을 언급하는 이유는 알렉산드로스에 관한 어떤 역사서도 칼라누스에 대한 언급 없이는 완성될 수 없기 때문이다. 칼라누스는 인도에서는 아픈 적이 없었으나 페르시아에서 살면서 몸이 쇠약해졌다.[7] 하지만 그는 환자로서의 섭생을 거부했다. 그는 알렉산드로스에게 자신의 생활방식을 바꾸는 고통을 견디느니 이대로 죽는 편이 낫다고 말했다. 알렉산드로스는 고집을 버리라고 충분히 설득했지만 소용이 없었다. 칼라누스의 생활방식을 계속 반대하면 그가 어떤 식으로든 자살을 선택할 것으로 보였기 때문에 알렉산드로스는 설득을 포기했다. 대신 그의 요청대로 개인 호위대원인 라구스의 아들 프톨레마이오스의 감독 아래 화장용 장작더미를 쌓도록 지

---

5 스트라보(15.1.63~5)는 알렉산드로스가 이 나체 수도자들Gymnosophists에게 보냈던 오네시크리투스의 좀더 자세한 진술을 남기고 있다. 하지만 오네시크리투스는 나체 수도자들의 교리를 '냉소주의'라고 언급했다.(T.S. Brown, *Onesicritus* 45)

6 플루타르코스(*Alexander* 65.5~6)는 철학자의 이름이 스피네스라고 했지만 그리스인들은 그를 칼라누스라고 불렀다. 그가 그리스어 인사말인 'Chaire' 대신 인도어인 'Cale'를 사용했기 때문이다.

7 스트라보(15.1.68)는 칼라누스가 파사르가데에서 죽었다고 했지만 디오도로스(17.107.1)는 페르시아와 수시아나의 국경에서 죽었다고 전한다. 칼라누스의 이야기는 고대에 큰 인기를 얻었다. M. Hadas, *Hellenistic Culture*, 178ff.

시했다. 일부 진술에 따르면 완전군장을 한 병사들과 말들이 엄숙하게 행진하며 칼라누스를 장작더미까지 호위했고 불에 던져 넣을 갖가지 귀한 기름과 향신료도 가져갔다. 금잔과 은잔, 왕의 예복을 들고 갔다는 이야기도 있다. 칼라누스는 걷기가 어려울 정도로 쇠약했기 때문에 말을 준비했으나, 말에 타는 것조차 불가능하자 들것을 가져와야 했다. 칼라누스는 머리에 인도식 화관을 쓰고 들것에 누워 인도의 노래를 불렀다. 그 노래는 자신들의 신에게 바치는 찬가임을 인도인들이 알려주었다.[8] 칼라누스가 타기로 했던 말은 왕실의 말인 네사이아였다.[369쪽 참조] 그는 장작더미에 오르기 전에 제자 중 한 명인 리시마쿠스에게 그 말을 선물했고, 알렉산드로스가 칼라누스를 기리며 장작더미에 넣어 태우라고 한 술잔과 천도 다른 제자와 친구들에게 나누어주었다.

마침내 장작더미에 올라간 칼라누스는 모든 병사가 지켜보는 가운데 정해진 의식에 따라 누웠다. 알렉산드로스는 칼라누스가 불에 타는 장면을 지켜보는 것은 무례한 일이라고 생각했다. 어쨌거나 칼라누스는 그의 친구였기 때문이다. 하지만 다른 사람들은 칼라누스가 뜨거운 불길에도 몸을 조금도 움츠리지 않는 것에 놀랄 뿐이었다.[9] 네아르쿠스에 따르면, 장작더미에 불을 붙이는 순간 알렉산드로스의 명에 따라 병사들은 칼라누스에게 경의를 표했다. 나팔이 울리고 병사들은 일제히 전장에 나갈 때처럼 함성을 질렀다. 코끼리들도 날카로운 울음소리로 가세했다.

---

8 Arrian, *Indica* 10 참조.

9 Plutarch, *Alexander* 69.8; Strabo, 15.1.68 참조. 그러나 카레스와 오네시크리투스는 칼라누스가 불속에 몸을 던졌다고 언급했다.

이 일화뿐만 아니라 비슷한 사건들이 신뢰할 만한 저자들에 의해 기록되어 있다. 이런 이야기들은 자신이 선택한 방식을 끝까지 고수하는 불굴의 정신을 원하는 사람들에게 의미가 있을 것이다.

그즈음 알렉산드로스는 아트로파테스를 그의 통치 지역으로 돌려보내고 자신은 수사로 향했다. 수사에서는 총독 아불리테스를 체포해 직권남용의 죄를 물어 처형했다. 아불리테스의 아들 옥사트레스도 같은 운명을 맞았다.[10] 알렉산드로스가 정복한 여러 나라에서 관리들의 부정행위가 많이 발생했으며, 주민들을 폭력적으로 다스리거나 사원과 묘를 약탈하는 일도 잦았다. 이유는 명백했다. 알렉산드로스가 너무 오랫동안 인도에 있었기 때문에 그가 동방의 무수한 적대적인 민족들과 코끼리들 사이에서 살아 돌아오지 못하리라 생각한 것이다. 사람들은 알렉산드로스가 인더스 강, 히다스페스 강, 아케시네스 강, 히파시스 강 너머 어딘가에서 죽었을 것이라고 믿었다. 더욱이 게드로시아 사막을 건너려면 극한의 사투를 벌여야 하기 때문에 서쪽 지방의 총독들은 특히 알렉산드로스가 무사하지 못할 것이라 믿었다. 어떻든 간에 당시 알렉산드로스는 관리들에 대한 비난을 전적으로 수용하여 사소한 잘못이라도 엄중하게 처벌하려고 했다. 작은 잘못을 저지를 수 있는 태도는 그 자체로 심각한 죄로 이어질 수 있다고 판단한 것이다.[11]

수사에서 알렉산드로스는 헤타이로이들의 합동 결혼식을 열었다. 그 자신도 다리우스의 맏딸인 바르시네와 (아리스토불루스에 따르

---

10 아트로파테스는 메디아의 총독이었다. 아불리테스와 옥사트레스는 각각 수시아나와 파라에타카이를 다스렸다.(174, 180) 플루타르코스(*Alexander* 68.7)에 따르면 왕이 옥사트레스를 사리사, 즉 긴 창으로 찔러 죽였다 한다.

11 Curtius, 10.1.39ff 참조. 당시 총독들의 처형에 관해서는 E. Badin, *JHS* 1961, 16ff 참조.

면) 오쿠스의 막내딸 파리사티스를 한꺼번에 아내로 맞이했다.[12] 알렉산드로스에겐 이미 박트리아의 옥시아르테스의 딸 록사네를 왕비로 맞았으나 헤파이스티온의 아이들에게 이모부가 돼주고 싶은 마음에 다리우스의 또 다른 딸이자 바르시네의 여동생인 드리페티스를 헤파이스티온과 결혼시켰다. 크라테루스는 다리우스의 형제 옥시아트레스의 딸 아마스트리네와, 페르디카스는 메디아 총독 아트로파테스의 딸과 결혼했다. 프톨레마이오스(호위대)의 신부는 아르타바주스의 딸 아르타카마였고, 왕의 비서인 에우메네스는 아르타카마의 동생 아르토니스와 결혼했다. 네아르쿠스는 바르시네와 멘토르의 딸을, 셀레우코스는 박트리아의 스피타메네스의 딸을 아내로 맞았다. 다른 장교들에게도 페르시아와 메디아에서 가장 고귀한 신분의 젊은 여성들을 신부로 천거하여 총 80명의 장교가 결혼식을 올렸다.[13] 결혼식은 페르시아식으로 거행되었다. 신랑들이 서열에 따라 의자에 앉아 있으면 축배를 든 뒤 신부들이 들어와 신랑 옆에 앉았다. 왕 또한 같은 장소에서 장교들과 같은 방식으로 결혼식을 올렸고, 다른 신랑들은 왕을 따라서 각자 신부의 손을 잡고 입을 맞추었다. 알렉산드로스는 항상 자신을 부하들과 동등한 동료로 취급했는데, 이 결혼식은 그러한 면모를 보여주는 가장 좋은 예였다. 식이 끝난 뒤 신랑들은 자신의 신부를 거처로 데려갔다. 알렉산드로스는 모두에게 지참금을 지급했다. 당시 아시아 여성과 결혼한 마케도니아인의 수가 1만이 넘었는데, 알렉산드로스는 그들 모두에게 결혼 선

12 이렇게 하여 알렉산드로스는 페르시아 왕가의 두 일족과 관계를 맺었다. 아르타크세르크세스 3세는 기원전 359~338년까지 페르시아를 다스렸다.

13 이 행사를 자세히 설명한 시종 카레스는 신랑이 92명이었다고 썼다. Athenaeus 12.538b~539a 참조. 알렉산드로스의 의도에 대해서는 Wilcken, *Alexander* 208 참조.

물을 하사했다.

또한 알렉산드로스는 지금이 병사들의 빚을 청산해주기에 적당한 때라고 생각하여 빚을 갚아줄 테니 세부 일정을 잡도록 지시했다. 그러나 처음에는 신청자가 몇 명밖에 안 되었다. 병사들은 급여에 맞게 생활하지 않고 낭비한 자들을 색출하려는 계획이라고 받아들인 것이다. 알렉산드로스는 대부분의 병사들이 빚을 감추려 했다는 사실에 화를 내면서 자신의 생각을 분명하게 밝혔다. 왕은 부하들에게 진실만을 전할 의무가 있으며, 부하들은 왕의 말과 행동이 다를 것으로 생각할 권리가 없다는 주장이었다. 그리고 병사들의 막사에 탁자를 두고 그 위에 돈을 올려놓은 뒤 차용증서를 제시하는 사람은 이름을 적지 않아도 빚을 갚아주도록 했다. 그러자 병사들은 알렉산드로스의 선의를 믿을 수밖에 없었고, 빚을 갚아주는 것보다 이름을 밝히지 않게 해준 것에 대해 더 감사했다. 이렇게 병사들에게 베푼 금액이 2만 달란트에 이르렀다고 한다.[14]

또한 알렉산드로스는 전장에서 공을 세우거나 전반적으로 뛰어난 활약으로 명성을 얻은 병사들에게 다양한 상금을 내렸고, 자신의 용맹성을 드높인 장교들에게는 황금 왕관을 하사했다. 첫 번째 수상자는 왕의 생명을 구한 페우케스타스였다. 레온나투스 역시 왕의 생명을 구했을 뿐 아니라 인도에서 힘든 작전을 수행한 공을 인정받아 황금 왕관을 받았다. 레온나투스는 오리아에 남겨둔 병사들을 이끌고 오레이타이족과 이웃 부족들의 반란을 진압하고 오리아의 상황을 만족스럽게 안정시킨 공적을 세웠다.[15] 그 외에 인도양 해안을 따

---

14 Diodorus, 17.109.1~2 Curtius, 10.2.9~11; Plutarch, *Alexander* 70.3 참조; 플루타르코스와 쿠르티우스는 모두 9870 달란트였다고 쓴 반면 디오도로스는 "1만 달란트보다 약간 적었다"고 말했다.

15 Arrian, *Indica* 23.5; Curtius, 9.10.19 참조.

라 인도로부터 배를 타고 온 네아르쿠스(이제 수사에 도착해 있었다), 왕의 갤리선의 키잡이였던 오네시크리투스, 헤파이스티온을 비롯한 개인 호위대의 다른 대원들도 이 상을 받았다.

한편 새로 건설한 도시들을 통치하는 관리들과 이전에 정복했던 영토의 총독들이 알렉산드로스에게 문안을 드리기 위해 수사로 오면서 약 3만 명의 소년들을 데려왔다. 모두 같은 나이의 이 소년들은 마케도니아의 전투복을 입고 마케도니아식으로 훈련을 받았다.[16] 알렉산드로스는 이들을 후계자라는 뜻의 '에피고니Epigoni'라고 불렀다. 이 소년들이 오자 마케도니아인들은 알렉산드로스가 자국민들에 대한 의존을 줄이려 한다고 생각하여 반감을 보였다. 마케도니아인들은 이미 알렉산드로스의 메디아식 옷차림에도 적지 않은 불만을 품고 있었고 페르시아풍 결혼식도 달갑지 않게 여기고 있었다. 심지어 영예롭게도 결혼식에서 왕과 동등한 대우를 누리면서도 외국의 예식에는 거부감을 표했다. 마케도니아인들은 페르시아 총독인 페우케스타스가 점점 동양식을 따르고 페르시아의 말과 의복을 받아들인 것에 분개했으며, 외국 기병들을 헤타이로이 연대에 받아들인 사실에도 불만을 품었다.[17] 박트리아, 소그디아나, 아라코티아와 자랑기아, 아리아, 파르티아의 기병들, 소위 에우아카이라 부르는 페르시아의 기병들도 용모나 그 외의 빼어난 자질을 갖춘 경우 마케도니아의 최고 기병 부대에 소속되었기 때문이다. 또한 제5기병 부대가 결성되었는데, 전적으로 동양 병사들로만 구성된 부대는 아니었지만

---

16 쿠르티우스(8.5.1)는 이 군이 기원전 327년에 결성되었다고 추정했고 플루타르코스(*Alexander* 47.6) 역시 마찬가지였다. 하지만 디오도로스(17.108)는 히파시스 강에서의 반란 이후로 추정했다.

17 이 단락의 나머지 부분은 부록 A, 401~402 참조.

기병의 정원이 늘어났고 일정 수의 외국 병사들이 배치되었다.[18] 아르타바주스의 아들 코펜, 마자에우스의 아들 히다르네스와 아르티볼레스, 파르티아와 히르카니아의 태수 프라타페르네스의 아들 시시네스와 프라다스메네스, 옥시아르테스의 아들이자 왕비 록사네의 오빠 히스타네스, 아우토바레스와 동생 미트로바에우스 등의 외국 장교들도 특수 부대에 배속되었다. 이들의 지휘는 박트리아인 히스타스페스가 맡았고 동양 병사들은 모두 자국의 창 대신 마케도니아의 창을 사용했다. 이런저런 일들에 격분한 마케도니아인들은 알렉산드로스의 세계관이 점점 동양 정서에 물들어 이제는 자민족과 본국의 생활 방식을 좋아하지 않는다고 생각하기에 이르렀다.

이제 알렉산드로스는 헤파이스티온에게 보병대원의 절반 이상을 이끌고 페르시아 만까지 내려가라고 명령했다. 함대는 이미 수사 근처의 만에 이르렀다. 알렉산드로스는 근위대, 특수 부대, 그 외의 헤타이로이 몇 명을 데리고 에울라이우스 강을 내려가 바다로 나갔다.[19] 수리가 필요한 선박을 포함한 대부분의 배는 하구에 남겨두고 가장 빠른 배를 타고 에울라이우스 강에서 해안을 따라 티그리스 강 어귀까지 나아갔다. 함대의 나머지 배들은 에울라이우스 강을 다시 거슬러 올라가서 티그리스 강으로 이어지는 운하를 통과했다.

누구나 알고 있듯이 티그리스 강과 유프라테스 강은 시리아의 한

---

18 본문을 약간 수정하자면(E. Badin, *JHS* 1965, 161) "이 부대는 거의 동양 병사들로 이루어졌다. 기병의 총 정원이 늘어나자 외국 병사들이 추가되었기 때문이다"가 될 것이다.

19 에울라이우스 강은 코프라테스 강과 합류한 뒤에는 파시티그리스 강이라고 불렸고 알렉산드로스의 시대에는 페르시아 만으로 흘러 들어갔다. 네아르쿠스는 파시티그리스 강을 따라 수사 부근까지 올라갔다. Arrian, *Incida* 42 참조.
현재 파시티그리스 강은 유프라테스 강과 티그리스 강이 합쳐지는 샤트알아랍 강으로 흘러 들어간다. 아리아노스의 설명처럼 고대에는 이 두 강이 별개의 어귀를 거쳐 페르시아 만으로 흘러 들어갔다.

바빌론으로 귀환하는 알렉산드로스. 샤를 르브룅 작품.

지역을 에워싸고 있다. 그래서 주민들은 이 지역을 강 사이의 땅이라는 뜻의 메소포타미아라고 불렀다. 티그리스 강은 유프라테스 강보다 훨씬 낮은 지대를 흐르면서 유프라테스 강의 많은 용수로와 지류가 합류된다. 게다가 페르시아 만에 도착할 때까지 관개용으로 이용되지 않아서 상당히 큰 강을 형성하기 때문에 걸어서 건널 수 있는 지점도 없다. 실제로 이 강은 주변 지역의 농사에 도움이 되지 않는다. 강이 낮은 저지대를 흐르기 때문에 강물이 다른 강들과 연결되는 인공 수로나 운하로 빠져나가지 않고 오히려 지류들이 흘러들 뿐이다. 반면 유프라테스 강은 높은 지대를 흐르면서도 강물이 가득 넘쳐흐르기 때문에 많은 지점에서 용수로로 빠져나간다. 용수로의 일부는 강 양쪽 지역의 주민들에게 일상적으로 물을 공급하는 용도로, 일부는 일시적으로 물이 부족할 때 농지에 물을 대기 위한 용도로 쓰인다.[20] 이 지역에는 비가 많이 내리지 않아서 이런 용수로들이 필요하다. 그리하여 유프라테스 강 어귀 근처에 이르면 다소 얕은 습지를 이룬다.

알렉산드로스는 에울라이우스 강과 티그리스 강 사이의 해안을 따라 항해한 뒤 티그리스 강 상류로 올라가 헤파이스티온과 군 전체가 야영하고 있는 곳에 이르렀다. 그리고 이곳에서 더 위쪽으로 올라가 강둑에 형성된 오피스라는 도시에 도착했다. 상류로 올라가는 동안 알렉산드로스는 둑을 허물어 강이 같은 수위를 유지하도록 했다.[21] 해양 민족이 아닌 페르시아인들은 해군력이 강한 적이 강을 거

---

20 Strabo, 16.1.9~10; Herodotus, 1.193 참조. 스트라보(16.1.11)는 아리스토불루스의 말에 의거해 알렉산드로스가 이 지역의 관개 시설을 어떻게 개선했는지 설명했다.

21 Strabo, 16.1.9 참조.

슬러 오르지 못하도록 둑을 쌓았는데, 이 놀라운 토목공사는 효과를 발휘했다. 잦은 간격으로 설치된 둑으로 인해 알렉산드로스는 강 상류로 올라가는 데 몹시 애를 먹었기 때문이다. 알렉산드로스는 이런 식의 방어 조치는 무의미하다고 보았고, 군사 강국이라면 이런 데 공을 들이지 않았을 것이라고 단언했다. 페르시아인이 그토록 힘들게 완공시킨 이 둑을 알렉산드로스가 간단히 파괴한 것은 이런 방어술의 무가치함을 말해주는 증거로 충분하다.

알렉산드로스는 오피스에서 마케도니아 병사들을 모아놓고 나이가 많거나 몸이 불편한 자들은 제대와 함께 고향으로 돌려보내겠다고 발표했다. 그리고 돌아가는 이들에게는 친구나 친지들이 선망할 만한, 그리하여 앞으로 이번 원정과 비슷한 모험에 마케도니아인들이 열렬히 참여하고 싶어 할 만큼 두둑한 보상을 해주겠노라고 약속했다. 그는 병사들이 자신의 제안에 기뻐할 거라 예상했을 것이다.

하지만 유감스럽게도 병사들은 알렉산드로스가 자신들의 공을 과소평가하고 있으며, 쓸모없는 전투병으로 취급한다고 받아들였다. 나아가 이번 발표에 대해 원정 내내 자신들의 감정을 상하게 했던 알렉산드로스의 수많은 행태, 예컨대 페르시아의 옷을 입는다거나 동양의 '에피고니'들에게 마케도니아의 장비를 나눠주거나 외국 병사들을 헤타이로이에 포함시킨 일들의 연장선으로 여기고 분개했다. 그들은 경건한 태도로 끝까지 연설을 듣지 않았고, 차라리 모든 병사를 제대시키라고 요구하면서 다음 원정 때는 아버지(아마도 암몬 신을 의미할 것이다)를 데려가면 되겠다는 뼈 있는 농담을 던지기도 했다.

이런 반응에 알렉산드로스는 화가 치밀었다. 그즈음 알렉산드로스는 쉽게 분노했고 동양식의 아첨에 익숙해져 동포들에게 개방적이었던 예전의 태도를 많이 상실한 상태였다. 알렉산드로스는 수행 장교들과 함께 단상에서 뛰어내린 뒤 분란을 일으킨 자들을 손가락으로 가리키며 체포하라고 명령했다. 13명이 붙잡혔고 모두 처형대로 끌려갔다.[22] 뒤이어 공포의 침묵이 찾아왔다. 알렉산드로스는 다시 단상에 올라가 다음과 같은 연설을 했다.

"동포들이여, 그대들은 고향을 그리워하고 있다. 좋다! 고향으로 돌아가고 싶다는 갈망을 제지할 생각은 없다. 그대들이 원하는 곳으로 가라. 막지 않겠다. 하지만 먼저 그대들이 알아야 될 것이 하나 있다. 바로 내가 그대들에게 무엇을 해주었고, 그대들이 어떻게 되갚았는가 하는 점이다.

먼저 내 아버지 필리포스 왕의 이야기부터 해야 할 것이다. 아버지가 왕에 오르셨을 때 그대들은 가난에 찌든 부랑자들이었다. 대부분 가죽을 걸치고 산에서 양 몇 마리나 키우며 트라키아인, 트리발리아인, 일리리아인들의 침략을 막는 데 급급한 존재였다. 부왕께서는 그대들에게 가죽 대신 걸칠 망토를 주시고 산에서 들판으로 이끌어주셨다. 국경 부근의 적들과 대등하게 싸우는 법을 가르쳐 튼튼한 산채가 아니라 용맹함으로 그대들의 안전을 지켜야 함을 깨우치셨다. 부왕께서는 그대들을 도시 주민으로 만드셨다. 종속과 노예 상태에서 구하셨고 그대들을 괴롭히고 약탈하던 거친 부족들의 지배자가 되게 하셨다. 부왕께서는 트라키아 대부분의 지역을 합병하셨다. 해안의 요충지들을 점령하여 무역의 길을 열어주셨으며 공격에 대한 두려움 없이 광산에서 일할 수 있게 하셨다.[23] 그대들이 그토록 오랫

---

22 쿠르티우스(10.2.12~30)와 디오도로스(17.109)는 연설이 끝난 뒤에 주도자들을 체포했고 알렉산드로스가 직접 이들을 붙잡았다고 말했다.(쿠르티우스 역시 13명이 붙잡혔다고 기록했다.) 이 폭동에 대해서는 Plutarch, *Alexander* 71 참조.

동안 골머리를 썩이고 두려워하던 테살리아를 지배할 수 있게 하셨고, 포키스를 굴복시켜 좁고 험한 길이 아니라 넓고 편한 길로 그리스에 갈 수 있도록 하셨다.(기원전 346년) 또한 오랫동안 호시탐탐 우리를 무너뜨릴 기회를 노리던 아테네와 테베인들을 몰락시키셨다. 그때는 나도 부왕의 편에서 싸웠다.[24] 그리하여 한때 우리에게 강제로 돈을 뜯어가고 억지로 복종케 했던[25] 이들은 이제 우리에게 자신들의 안전을 의지하는 처지가 되었다. 부왕께서는 펠로폰네소스 반도로 가서 그곳의 모든 문제를 성공적으로 해결하셨고, 페르시아와의 전쟁에서 그리스 전체의 최고 사령관이 되었을 때는 그 영광이 혼자만의 것이 아니라 마케도니아 시민 전체의 것이라고 단언하셨다.[26]

부왕께서 그대들에게 해준 이런 일들은 그 자체로 보면 대단하다고 할 수 있다. 하지만 내가 해준 것에 비하면 작은 것이다. 나는 부왕에게서 약간의 금잔과 은잔, 60달란트가 안 되는 돈 그리고 그 여덟 배가 넘는 빚을 물려받았다.[27] 나는 800달란트를 더 빌려서 시민들이 제대로 된 생활을 하기엔 너무 가난한 나라에서 출발했다. 그리고 당시에는 페르시아의 해군력이 더 우세했는데도 불구하고 헬레스폰투스 해협으로 가는 길을 일거에 열었다. 나의 기병대는 다리우

---

23 필리포스는 필리포이 근처 팡가이온 산에 있는 금·은 광산에서 해마다 1000달란트 이상을 얻었다고 한다.(Diodorus, 16.8.6)

24 기원전 338년에 벌어진 카이로네이아 전투에 참전한 것을 염두에 둔 언급이 분명하다. Plutarch, *Alexander* 9.2~4; Diodorus, 16.86 참조.

25 데모스테네스(*Halonnesus* 12)는 마케도니아가 아테네에 공물을 바치던 시기를 언급했다. 펠로피다스가 다스리던 테베는 기원전 368년에 마케도니아의 문제들을 처리했고 필리포스는 기원전 368~365년까지 테베에서 볼모로 보냈다.

26 카이로네이아 전투 이후의 사건들에 대해서는 Wilcken, *Alexander* 41ff 참조.

27 Curtius, 10.2.24 참조. Plutarch, *Alexander* 15.2. 알렉산드로스의 재정에 관해서는 A.R. Bellinger, *Essays on the Coinage of Alexander the Great*(New York, 1963) 35ff 참조.

스의 태수들을 격퇴했고 나는 이오니아와 아이올리아 전체, 두 개의 프리기아와 리디아를 제국에 포함시켰다. 밀레투스를 포위공격하여 정복했으며 다른 도시들을 자발적으로 굴복시켰다. 나는 이 도시들을 그대들에게 주어 이익을 얻게 했다. 피 한 방울 흘리지 않고 차지한 부유한 이집트와 키레네도 이제 그대들의 수중에 있다. 팔레스타인, 시리아의 들판, 메소포타미아도 그대들의 소유가 되었고 바빌론, 박트리아, 수사도 그대들 것이다. 그대들은 리디아의 금, 페르시아의 보물들, 인도의 부 그리고 인도 너머 바다의 주인이 되었다. 그대들이 대장이고 장군이며 총독이다.

그대들을 위해 힘겹게 얻어낸 이 모든 것 가운데 이 보라색의 옷과 왕관 말고 내게 남은 게 무엇인가? 나 자신을 위해서는 하나도 가지지 않았다. 그대들이 소유하고 있거나 미래에 쓰도록 안전하게 보관하고 있는 것을 제외하면 내 보물이라고 할 수 있는 건 없다. 그대들과 같은 음식을 먹고 잠도 똑같이 자는데 무엇하러 나 자신을 위한 다른 뭔가를 간직하겠는가? 하지만 그대들 중에는 나보다 더 고급스러운 음식을 먹는 식도락가들이 있을 것이다. 나는 그대들보다 더 일찍 일어나 그대들의 잠을 지켰다.[28]

내가 지휘관의 자리에 있기 때문에 지금까지 그대들이 견뎌야 했던 노고와 고통을 겪지 않았다고 그대들은 생각할지도 모른다. 하지만 가슴에 손을 얹고 생각해보라. 그대들을 위해 내가 감수했던 고생보다 자신의 고생이 더 크다고 말할 수 있는 자 누가 있는가? 있다면 나서보라. 부상을 당했다면 옷을 벗고 상처를 보여라. 그러면 내

28 알렉산드로스의 부하들이 부린 사치에 대해서는 Plutarch, *Alexander* 42; Athenaeus 12.539ff; Aelian, *Varia*Historia 9.3 참조.

상처도 보여주겠다. 내 몸에는 등 이외에 흉터가 없는 곳이 없다. 나는 언제나 손에 쥐거나 던질 수 있는 모든 무기의 표적이었다. 근접전에서는 칼에 찔렸고, 화살에 맞았고, 투석기에서 날아온 무기에 피멍이 들었고, 수없이 많은 돌과 곤봉을 맞았다. 이 모두가 그대들을 위해서였다. 그대들의 영광과 이익을 위해서였다.[29] 나는 그대들을 이끌고 모든 땅과 바다, 강과 산을 지나 승리를 안겨주었다. 나는 그대들과 똑같이 결혼식을 올렸고, 그대들의 자식들 중에는 나와 같은 핏줄이 될 아이들이 많을 것이다. 그대들 가운데 내게 빚을 진 자들도 있었지만 내가 그 빚을 갚아주었다. 급여를 충분히 받고 도시들을 점령하여 부자가 되었는데 어찌하여 빚을 지게 되었는지 묻지도 않았다. 그대들의 용기를 영원히 기리고 나의 존중심을 전하기 위해 그대들 대부분에게 황금 왕관을 하사했다.(과장이 분명하다. 우리가 들은 것은 수사에서 왕관을 수여한 일뿐이다.) 전장에서 죽은 사람들은 어떠한가? 그들은 고귀한 죽음을 맞았기에 성대한 장례를 치러주었다. 전사자들은 거의 모두 고향에 청동상을 세웠으며, 그들의 부모들은 존경받으며 세금과 부역을 면제받고 있다.[30] 내가 지휘하는 한 그대들 중 누구도 적 앞에서 달아나다가 죽는 일은 없었기 때문이다.

이제 나는 복무가 버거운 병사들을 제대시킬 생각이었다. 고향으로 돌아가서 부러움과 존경을 받게 해주고 싶었다. 하지만 그대들은 전부 나를 떠나려 한다. 갈 테면 가라! 그리고 고향으로 돌아가거든 사람들에게 말하라. 페르시아와 메디아, 박트리아, 사카이를 쳐부수

---

29 플루타르코스는 *Moralia* 327a~b와 341a~c에서 알렉산드로스가 입은 부상을 열거했다.

30 하지만 적어도 이 연설을 한 당시에 조각상을 세워 경의를 표한 사람은 그라니코스에서 전사한 헤타이로이 25명뿐으로 보인다. 플루타르코스(*Alexander* 71.9)에 따르면 알렉산드로스는 원정에서 죽은 병사들의 자식들에게 연금을 주었다고 한다.

고 욱시이, 아라코티아, 드랑기아나를 격파한 왕, 파르티아, 초라스미아의 황야, 카스피 해까지 이르는 히르카니아를 제국에 포함시키고 카스피 해 관문 너머의 캅카스 산맥을 건넌 왕, 디오니소스 말고는 아무도 건너지 못했던 옥수스 강과 타나이스 강과 인더스 강을 건넌 왕, 히다스페스 강과 아케시네스 강과 히드라오테스 강을 건넜으며 그대들이 두려워하지 않고 따르기만 했다면 히파시스 강도 건넜을 왕, 인더스 강의 두 어귀에서 바다까지 돌진한 왕, 어느 군대도 밟지 않았던 게드로시아 사막을 횡단하고 그 도중에 카르마니아와 오레이타이족의 땅까지 차지한 왕, 그대들이 수사로 돌아오는 동안 함대를 인도에서 페르시아까지 항해시킨 왕, 그런 왕 알렉산드로스를 그대들이 정복했던 야만인들의 손에 남겨둔 채 돌아왔노라고. 그 말을 들으면 사람들은 칭찬하고 하늘은 상을 내릴 것이다. 당장 꺼져라!"

말을 마친 알렉산드로스는 연단에서 벌떡 일어서 황급히 궁으로 돌아갔다. 그리고 그날 하루 종일 아무것도 먹지 않고 씻지도 않았으며 친구들도 만나지 않았다. 다음 날도 궁에 틀어박혀 있었다. 그러다 사흘째 되는 날, 가장 총애하는 페르시아 장교들을 불러 여러 군대의 지휘권을 나누어주었다. 이제 알렉산드로스가 지명한 '혈족kinsman'들만 그에게 관례적인 빰 인사를 할 수 있었다.[31]

알렉산드로스의 연설은 마케도니아인들에게 즉각적인 효과를 불러일으켰다. 병사들은 무거운 침묵 속에서 연단 앞을 지켰다. 가장 가까운 수행원과 개인 경호대원을 제외하고는 아무도 왕을 따라가지 않았다. 병사들은 아무 말도 행동도 하지 못한 채 꼼짝 않고 그

31 '혈족kinsman'은 페르시아의 왕이 페르시아의 지도적인 인물들에 부여한 경칭이다. 쿠르티우스(3.1.4)는 이런 사람이 1만5000명이었다고 말했다. 관례적인 빰 인사를 대해서는 242쪽 참조.

자리에 서 있었다. 하지만 페르시아 장교들에게 지휘권을 주고, 외국 병사들이 마케도니아의 부대에 선발되고, 페르시아 근위대와 보병대에게 선망의 대상인 '친구들'이라는 칭호가 붙고, 페르시아 은방패 병단[32]과 새로 만들어진 왕실 부대 그리고 페르시아 헤타이로이 기병대에게 마케도니아식 이름이 주어지는 등 페르시아인과 메디아인에 대한 처우 사실이 알려지자 참지 못하고 궁으로 몰려갔다. 이들은 간청의 표시로 궁궐 문 앞에 무기를 내려놓고 들어가게 해달라고 애원했다. 왕에게 항의하는 데 앞장섰던 사람들을 따르지 않겠다면서 알렉산드로스가 자비를 베풀 때까지 낮이고 밤이고 그 자리에서 꼼짝하지 않겠다고 맹세했다.

알렉산드로스는 마케도니아인들의 이러한 변화를 보고받자 서둘러 이들을 맞으러 나섰다. 그리고 후회하고 애통해하는 마케도니아인들의 모습에 감동하여 눈물을 흘렸다. 이들이 계속 간청하는 동안 알렉산드로스는 연설을 하려는 듯 앞으로 나섰지만 연륜이 깊은 헤타이로이의 장교 칼리네스가 먼저 입을 열었다. "전하, 저희가 괴로워하는 것은 페르시아인들을 혈족으로 삼으셨기 때문입니다. 이제 페르시아인들은 '알렉산드로스의 혈족'이라고 불립니다. 페르시아인들은 전하께 뺨 인사를 드리지만 어떤 마케도니아인도 이런 영예를 누리지 못했습니다"라고 소리쳤다.

그의 말에 알렉산드로스는 "나는 그대들 모두를 내 혈족으로 생각한다. 지금부터 그대들을 그렇게 부르겠다"고 대답했다.

그러자 칼리네스가 왕에게 다가가 뺨 인사를 했고, 원하는 병사

---

32 근위대Hypaspist의 나중 이름이다. 디오도로스가 가우가멜라에서의 근위대를 가리키며 이 이름을 사용했다. Tarn, *Alexander* 2.151~152.

들 모두 뒤따라 뺨 인사를 올렸다. 그런 뒤 무기를 집어 들고 목청껏 승전가를 부르며 숙소로 돌아갔다.

알렉산드로스는 이렇게 화합을 회복한 것을 기념하기 위해 신들에게 제물을 바치고 공식 연회를 열었다. 알렉산드로스도 이 연회에 나가 마케도니아인들 사이에 앉았다. 모든 마케도니아인이 연회에 참석했다.(장교들만 의미하는 게 아니라면 확실히 과장된 진술이다.) 마케도니아인들 옆에는 페르시아인들이 앉았고, 그 옆에는 다른 나라의 고위 인사들이 자리했다. 알렉산드로스와 친구들은 그리스의 예언자들과 마구스의 방식에 따라 같은 그릇에 담긴 포도주를 떠서 신에게 바쳤다. 알렉산드로스는 페르시아인과 마케도니아인이 조화롭게 통치할 수 있길 바란다는 기도를 올렸다. 이 연회에는 9000명이 참석했다고 하며, 모두 동시에 건배를 한 뒤 승리의 노래를 불렀다.[33]

이후 나이가 많거나 다른 이유로 복무가 어려운 마케도니아 병사들의 신청을 받아 모두 제대시켰다.(총 1만 명이었다고 한다.)[34] 이들에게는 지금까지의 복무기간뿐 아니라 고국으로 돌아가는 기간까지 포함한 급여를 지급했으며, 각각 급여에 더해 1달란트의 퇴직금을 받았다. 어떤 병사들은 아시아 여자와 결혼해 자식을 낳았는데, 혼혈 자식의 등장으로 고향에서 가정불화가 일어나지 않도록 아이들을 이곳에 두고 가라고 알렉산드로스는 지시했다. 그리고 아이들을 마케도니아 식으로 키우면서 군사훈련을 시키는 데 특히 신경을 쓰겠

---

33 이 연회는 알렉산드로스와 다른 마케도니아인들 그리고 (바라건대) 이들과 페르시아인들 사이의 화해를 축하하기 위해 열렸다. 바딘(*Historia* 1958, 428ff)은 알렉산드로스가 '인류의 통일'을 위해 기도했다는 탄의 생각(*Alexander* 2.434ff)을 최종적으로 뒤집었다.
연회 뒤에 부른 승리의 노래에 대해서는 Xenophon, *Symposium* 2.2.1 참조.

34 알렉산드로스가 내내 원했던 대로 되었다.

다고 했고, 아이들이 성장하면 자신이 직접 데려가 각자의 아버지에게 인도하겠노라는 다소 모호하고 불충분한 약속을 덧붙였다. 알렉산드로스는 자기 목숨만큼 사랑하는 친구이자 가장 충성스런 장교인 크라테루스에게 고향으로 돌아가는 병사들을 지도하고 보호하는 임무를 맡김으로써 자신이 병사들을 얼마나 아끼는지, 이들이 떠나면 얼마나 그리워할지를 확실하게 증명했다.[35] 떠나는 병사들에게 작별인사를 할 때 알렉산드로스를 비롯한 모두의 눈에 눈물이 차올랐다.

알렉산드로스는 크라테루스에게 병사들을 고향으로 인솔한 뒤 마케도니아, 트라키아, 테살리아의 통치를 맡아 그리스의 자유를 지키라고 명했다.[36] 안티파테르에게는 귀국한 병사들을 대신할 신병들을 데려오라는 지시를 내렸고, 폴리스페르콘을 부지휘관으로 임명해 크라테루스를 보좌하게 했다. 크라테루스의 건강이 좋지 않았기 때문에 여행 중에 그에게 무슨 일이 생기면 그가 병사들을 책임지도록 조치한 것이다.(9개월쯤 뒤 알렉산드로스가 죽었을 때 크라테루스는 킬리키아를 지나지 못하고 있었다.)

세상에는 왕가의 비밀에 대해 중상모략을 일삼는 악의적인 사람들이 존재하기 마련이다. 이런 사람들은 은밀한 비밀일수록 더 좋아하고 누가 봐도 당연히 여길 일에 대해서도 최악의 해석을 내놓는다. 알렉산드로스와 안티파테르의 문제도 그러했다.[37] 당시 퍼진 소문의 내용은 알렉산드로스가 안티파테르를 헐뜯는 어머니의 이간질에 넘

---

35 Diodorus, 17.114.1 참조; Plutarch, *Alexander* 47.9~10; Curtius, 6.8.2 참조. 크라테루스는 알렉산드로스가 동양식을 따르는 것에 반대하여 마케도니아인들에게 인기가 높았다.

36 즉 크라테루스는 코린트 동맹의 패권자로서 알렉산드로스를 대행해왔던 안티파테르의 자리를 물려받을 것이다.

어가 그를 나라에서 내쫓으려 한다는 것이었다. 그러나 알렉산드로스가 안티파테르를 부른 건 그의 명예를 훼손시키기 위해서가 아니었다. 단지 안티파테르와 올림피아스 사이의 불화가 자신의 힘으로 해결할 수 없는 지경에 이르는 것을 막기 위해서였다. 두 사람 모두 알렉산드로스에게 계속 편지를 보냈다. 안티파테르의 편지에는 모후의 고집불통과 난폭한 성미, (알렉산드로스의 어머니라는 지위에 걸맞지 않게) 모든 일에 사사건건 간섭한다는 불평들로 가득 차 있었다. 올림피아의 이런 행동을 전해들은 알렉산드로스는 어머니가 자궁 속에 자신을 9개월 동안 살게 해준 대가로 너무 많은 집세를 청구하고 있다는 유명한 말을 남겼다. 한편 올림피아스는 안티파테르가 높은 지위를 누리면서 그에 따르는 존경을 받게 되자 참기 어려울 정도로 오만해졌다며 불만을 토로했다. 안티파테르가 누가 자신을 그 자리에 앉혔는지 까맣게 잊고서 고국 사람들과 다른 그리스인들을 대할 때마다 스스로 우월한 인물인 양 행동한다는 것이었다. 자신의 명성을 더럽히는 그런 이야기들에 알렉산드로스가 점점 영향을 받았다는 점은 부정할 수 없다. 알렉산드로스 같은 지위에 있는 사람이라면 누구나 우려했을 법한 이야기이기 때문이다. 하지만 안티파테르에 대한 존중에 변화가 생겼다는 결론을 내릴 만한 말이나 행동을 알렉산드로스가 보였다는 이야기는 전하지 않는다.[38]

……에우메네스는 화해할 마음이 있었다. 그리고 이러한 주장으

---

37 안티파테르와 올림피아스 사이의 적의에 대해서는 Diodorus, 17.11.118.1; Plutarch, *Alexander* 40.11~13 참조. Curtius, 10.10.14와 비교. 알렉산드로스와 안티파테르의 관계는 E. Badin, *JHS* 1961, 36ff, G.T. Griffith, *Proceedings of the African Classical Associations* 1965, 12ff 참조.

38 아리아노스의 원전에서 이후 한 페이지가 누락되었다.

로 헤파이스티온은 내키지는 않지만 싸움을 그만두었다.[39]

가는 도중에(오피스에서 엑바타나로 가는 길) 알렉산드로스는 왕실의 암말들이 풀을 뜯는 네사이아의 평야라는 들판을 보았다고 한다. 헤로도토스에 따르면 이 들판에서 기르는 암말들은 줄곧 네사이아라고 불렸다. 한때는 15만 마리에 이르렀지만 대부분 도둑맞아 그 무렵에는 많아야 5만 마리뿐이었다.[40]

알렉산드로스가 그곳에 머무는 동안 메디아의 총독 아트로파테스는 아마존 부족이라는 100명의 여자들을 보냈다. 여자들은 기병과 비슷하게 무장했지만 창 대신 도끼를, 일반 기병의 방패 대신 가볍고 작은 원형 방패를 들고 있었다. 일부 저자들에 따르면 이 여자들은 오른쪽 유방이 왼쪽보다 작았으며, 전투 중에는 오른쪽 가슴을 드러냈다고 한다. 그러나 마케도니아인이나 외국 병사들에게 희롱을 당할 것을 고려한 알렉산드로스는 말썽을 피하기 위해 여성들을 돌려보냈다. 그러면서 언젠가 자신이 그 부족의 여왕을 찾아가 아이를 갖게 해주겠다는 말을 전하게 했다.[41] 이 이야기는 아리스토불루스나 프톨레마이오스, 그 외의 신뢰성 있는 저자들의 기록에선 발견되지 않는다. 개인적으로는 아마존 부족이 그때까지 존속했을지 의심스럽다. 알렉산드로스의 시대 이전에 글을 썼던 크세노폰은 그리스인들이 트라페주스로 가거나 그곳에서 나올 때 만났던 파시아인과 콜키스인, 그 외의 이방인들에 대해 언급했지만 아마존 부족에 대해서

---

39 Plutarch, *Eumenes* 2 참조.

40 네사이아 말에 대해서는 Herodotus, 7.40.2; Strabo, 11.13.7 참조. 디오도로스(17.110.6)는 말이 원래는 16만 마리, 지금은 6만 마리였다고 약간 다른 수치를 제시했다.

41 많은 저자가 아마존 부족의 여왕이 히르카니아 혹은 약사르테스 강 근처로 알렉산드로스를 찾아왔다고 썼다. Diodorus, 17.77.1, 여왕을 탈레스트리스Thalestris라고 부른 Curtius, 6.5.24~32 참조. 플루타르코스(*Alexander* 46)는 이 이야기를 인정하거나 부인한 저자들의 목록을 작성했다.

는 말한 적이 없다. 아마존 부족이 아직 그곳에 살았다면 분명 그리스인들의 눈에 띄었을 것이다.[42] 하지만 저명한 저자들이 자주 칭송하는 이 여성 부족이 아예 존재하지 않았다고 생각하지는 않는다.[43] 헤라클레스가 아마존 부족에 파견되었다가 여왕 히폴리테의 허리띠를 들고 돌아왔다는 이야기도 전해지고, 테세우스와 아테네인들이 아마존 부족을 처음으로 무찔러 유럽 침략을 막았다는 설도 있기 때문이다.[44] 또한 아테네와 페르시아의 전투 장면을 그렸던 화가 키몬이 아테네와 아마존의 전투를 그린 그림도 남아 있다.[45] 헤로도토스도 이 여성들에 관해 자주 이야기했고[46] 전사자들에 대한 추도 연설을 했던 아테네인들도 모두 아마존 부족과의 전투를 특별히 언급했다.[47] 아트로파테스가 정말로 여성 기병들을 알렉산드로스에게 보냈다면 아마도 말을 탈 줄 알고 아마존 부족의 전통으로 무장한 다른 나라의 여성들이었을 것으로 생각된다.

알렉산드로스는 기쁜 일이 있을 때는 늘 하던 대로 엑바타나에서 제사를 올렸다. 또한 문학 경연과 운동 경기를 열고 친한 친구들과 한껏 술을 마셨다. 그 무렵 헤파이스티온이 병을 앓게 되었다. 헤파이스티온이 병석에 누운 지 7일째 되던 날, 소년들의 달리기 시합

---

42 크세노폰은 *Anabasis*(4.4.16)에서 아마존의 장비에 대해 언급했지만 아마존 부족을 직접 보았다고 암시하지는 않았다.

43 고대의 저자들 중에서 아마존 부족이 과거에 실제로 존재했음을 의심한 사람은 없다. 의심이 많은 스트라보도 마찬가지였다.(11.5.3)

44 Plutarch, *Theseus* 27 참조.

45 두 번째 전쟁은 기원전 490년에 벌어진 마라톤 전쟁을 말한다. 두 그림 모두 기원전 460년경에 크게 활약한 미콘Micon이라는 화가의 작품이고 아테네의 스토아 포이킬레Stoa Poikile라는 주랑의 벽에 그려졌다. 파우사니아스, 1.15, 8.11; 아리스토파네스, *Lysistrata* 678 참조. '키몬'은 '미콘'으로 읽어야 한다. 아리아노스의 실수로 보인다.

46 Herodotus, 4.110~17;9.27 참조.

47 Lysias, *Epitaphios* I; Isocrates, *Panegyricus* 19; Plato, *Menexenus* 239B 참조.

이 벌어지고 있었고 많은 구경꾼이 경기장에 모여 있었다. 이때 헤파이스티온이 위독하다는 소식을 받고 알렉산드로스는 서둘러 달려갔지만 그가 도착하기 전에 숨을 거두었다.[48]

헤파이스티온을 잃은 알렉산드로스의 슬픔에 대해서는 다양한 진술이 전해진다. 알렉산드로스가 크게 슬퍼했다는 데는 모든 저자의 진술이 일치한다. 하지만 헤파이스티온과 알렉산드로스에 대한 저자들의 호불호에 따라 그가 슬픔을 어떻게 나타냈는지에 대한 진술은 윤색되었다. 대개의 저자들은 알렉산드로스가 깊은 슬픔에 빠졌다고 했지만 알렉산드로스에게 우호적인 저자들은 왕이 세상 전체보다 더 사랑했던 이 친구의 죽음을 슬퍼하며 말과 행동으로써 그의 명예를 높여주었다고 기록했다. 반면 알렉산드로스의 비판자들은 그런 과도한 슬픔은 부끄러운 것이며, 알렉산드로스와 같은 강력한 통치자는 물론이거니와 어떤 왕에게도 어울리지 않는다고 지적했다. 예를 들어 알렉산드로스는 친구의 시신에 매달려 거의 하루 종일 눈물을 흘렸으며, 그의 곁에서 떠나지 않으려 하여 헤타이로이들이 억지로 데리고 나갔다고 했다. 그가 밤이고 낮이고 시체에 엎드려 있었다는 진술도 있다. 어떤 사람들은 알렉산드로스가 의사인 글라우키아스에게 약을 잘못 쓴 죄를 물어 교수형에 처했다고 했고, 헤파이스티온이 과음하는 것을 말리지 않았다는 죄로 글라우키아스를 처형했다고도 했다.[49] 알렉산드로스가 친구를 애도하며 머리를 짧게 잘랐다는 이야기는 사실일 수 있다고 생각한다. 어릴 때부터 늘 경쟁자로 여겼던 아킬레우스의 행동을 따랐을 가능성이 있기 때

48 Plutarch, *Alexander* 72.1; Diodorus, 17.110.7~8.

49 Plutarch, loc.cit 참조.

문이다.[50] 하지만 알렉산드로스가 헤파이스티온의 시신을 실은 운구 마차를 잠시 동안 직접 몰았다는 이야기는 믿기 어렵다. 엑바타나에 있던 아스클레피오스의 사원을 철저히 파괴하라고 명령했다는 이야기 역시 믿기지 않긴 마찬가지다. 동양의 폭군이라면 몰라도 알렉산드로스에게는 전혀 어울리지 않는 행동이기 때문이다. 이 이야기는 사람들이 신성시하는 대상을 무모하게 무시했던 크세르크세스가 헬레스폰투스 해협을 사슬로 묶는 시늉을 하며 '벌주었다'고 큰소리쳤다는 터무니없는 일화를 상기시킨다.[51] 하지만 알렉산드로스가 바빌론으로 가는 길에 그리스에서 온 여러 대표를 만난 일은 사실일 가능성이 있다고 생각한다. 그중에는 에피다우루스(그리스 아르골리드에 있으며, 아스클레피오스 숭배의 본거지)에서 온 사절들도 있었다. 알렉산드로스는 그들의 요청을 들어주었고, 무언가를 내주면서 고국으로 가져가서 아스클레피오스의 신전에 제물로 바치라고 했다. 그러면서 알렉산드로스는 "하지만 아스클레피오스는 나에게 친절하지 않았다. 목숨만큼 아끼는 나의 친구를 구해주지 않았기 때문이다"라고 말했다고 전한다.

대부분의 저자들은 알렉산드로스가 죽은 헤파이스티온에게 항상 제물을 바치도록 하여 신격화했다고 기록했다. 또 어떤 저자는 알렉산드로스가 암몬 신전에 사람을 보내 헤파이스티온을 신으로 섬겨 제물을 바치는 문제로 신탁을 구했는데 암몬이 거부했다고 전하기도 한다.(416쪽에서 아리아노스는 이 일이 사실이라고 언급했다.)

---

50 알렉산드로스가 아킬레우스를 따라한 일과 헤파이스티온과의 관계는 75쪽 참조. 파트로클로스가 죽었을 때 아킬레우스가 보인 슬픔에 대해서는 Homer, *Iliad* 23.141.152 참조.

51 Herodotus, 7.35 참조.

알렉산드로스와 헤파이스티온.

하지만 알렉산드로스가 헤파이스티온이 죽은 뒤 꼬박 이틀 동안 음식을 먹지 않은 채 몸을 돌보지 않았으며, 애타게 울다가 슬픔의 침묵에 잠겼다는 데는 모든 진술이 일치한다. 알렉산드로스는 바빌론에서 화장용 장작더미를 1만 달란트나 들여 준비했고(더 많은 비용을 제시한 저자들도 있다)[52] 아시아 전체에 애도기간을 정했다.[53] 많은 헤타이로이 대원이 알렉산드로스에 대한 존경심의 발로로 헤파이스티온에게 자기 자신과 무기를 바쳤는데, 바로 앞에서 헤파이스티온과 싸웠다고 언급한 에우메네스가 가장 먼저 앞장섰다.[54] 에우메네스는 자신이 헤파이스티온의 죽음을 기뻐할 것으로 알렉산드로스가 생각하지 않기를 바랐던 게 분명하다. 알렉산드로스는 헤타이로이의 지휘관을 새로 임명하지 않았다. 헤타이로이에 헤파이스티온의 이름이 길이 남길 바랐기 때문이다. 그는 헤파이스티온의 부대가 계속 그 이름으로 불리고 헤파이스티온을 상징하는 문양이 항상 부대 앞에 있길 원했다. 알렉산드로스는 헤파이스티온의 장례를 기리는 문학 경연과 운동 시합을 벌였다. 축제는 비용이나 참가자의 규모 면에서 그 어느 때보다 성대하게 치러졌고 다양한 종목에서 3000명이 경쟁을 벌였다. 얼마 지나지 않아 치러진 알렉산드로스의 장례식에서도 같은 사람들이 시합에 참여했다.

헤파이스티온을 잃은 슬픔은 오랫동안 이어졌다. 하지만 친구들의 위로에 힘입어 알렉산드로스는 마침내 슬픔에서 벗어나기 시작

---

52 플루타르코스도 1만 달란트라고 말했지만 디오도로스는 1만2000달란트라고 제시했다. '장작더미'에 대한 좀더 상세한 설명은 Diodorus, 17.115 참조. 플루타르코스는 이것을 '무덤'이라고 불렀는데, 헤파이스티온을 기리는 기념물로 설계된 것으로 보인다. Wilcken, *Alexander* 234~236 참조.

53 Diodorus, 17.114~4~5; Plutarch, *Alexander* 72.3; 75.3; *Eumenes* 2; *Pelopidas* 34.2; Aelian, *Varia Historia* 7~8 참조.

54 이 싸움에 대한 진술은 남아 있지 않다.

했다. 알렉산드로스가 정신을 차리고 가장 먼저 한 일은 코사이아 족을 정벌하는 것이었다. 욱시이족의 이웃인 코사이아 족은 높은 산에 있는 요새에 사는 호전적인 산악 부족으로, 이들은 적이 접근하면 한꺼번에 혹은 상황에 따라 소규모로 무리를 지어 슬그머니 진지에서 사라지는 전략을 구사하여 조직화된 군대의 공격을 좌절시키곤 했다. 적이 떠나고 난 뒤에 그들은 다시 돌아와 산적 생활을 했다. 그러나 알렉산드로스는 이 부족을 토벌했다. 시기는 겨울이었지만 나쁜 날씨도 험한 지형도 알렉산드로스를 막지 못했다. 이번 원정에서 군의 일부를 지휘한 라구스의 아들 프톨레마이오스 역시 불굴의 기상을 발휘했다. 알렉산드로스는 일단 과제에 돌입하면 그 어떤 고난에도 굴하지 않고 성사시키고 마는 인물이었다.[55]

바빌론으로 돌아오는 길에 알렉산드로스는 리비아의 사절단을 만났다. 사절단은 알렉산드로스에게 아시아의 지배자가 된 것을 축하하며 왕관을 바쳤다. 이탈리아에서도 브루티, 루카니아, 에트루리아의 사절단이 같은 임무를 띠고 찾아왔다. 카르타고도 사절을 보냈고 에티오피아에서 온 사람들과 유럽 스키타이 족(켈트 족과 이베리아인은 말할 것도 없었다)도 모두 친선을 청했다.[56] 그리스인들과 마케도니아인들은 난생처음 이 부족들의 이름을 들었고 그들의 낯선 의복과 장비도 처음 보았다. 이들은 알렉산드로스에게 자신들의 내부 분쟁을 중재해줄 것을 호소하기도 했다. 이에 알렉산드로스와 친구들

---

55 원정은 40일간 이루어졌다. 플루타르코스(*Alexander* 72.4)는 코사이아 족이 죽은 헤파이스티온에 대한 '제물'로 학살당했다고 말했다. 하지만 아리아노스는 *Indica*(40.6~8)에서 알렉산드로스가 코사이아 족이 안정적이고 평화롭게 살도록 장려하기 위해 도시를 지어주었다고 썼다. Diodorus, 17.111.6 참조.

56 디오도로스(17.113.1~2)도 비슷하지만 동일하지는 않은 목록을 제시했다.

은 그가 정말로 세계의 지배자가 되었음을 느꼈다. 아리스투스와 아스클레피아데스는 로마에서도 사절단을 보냈다고 썼다.[57] 로마 사절들의 당당하고 자유로운 태도나 임무와 명령을 성실하게 수행하는 모습을 통해 로마의 정치 원칙을 알게 된 알렉산드로스는 이 나라가 미래에 강대해질 것을 예언했다고 한다. 사실일 수도 있고 아닐 수도 있지만 나는 이 이야기를 기록해두기로 한다. 하지만 정작 로마인들은 이 사절단에 대해 언급한 적이 없고, 내가 주로 참고한 저자들인 아리스토불루스와 라구스의 아들 프톨레마이오스도 마찬가지였다. 사실 외국의 왕에게 사절을 보낸다는 것은 당시 완전한 자유를 구가하던 로마 공화정에 어울리지 않는다. 더군다나 로마는 멀리 떨어져 있어서 알렉산드로스를 두려워할 필요도 없고 이득을 볼 일도 없었을 뿐만 아니라, 로마인들은 왕을 극도로 꺼려하여 왕이라는 단어 자체를 혐오했다.

이런 일들이 있은 뒤에 알렉산드로스는 아르가이우스의 아들 헤라클레이데스를 조선공들과 함께 히르카니아로 파견하여 나무를 베어 그리스식 전함을 만들라고 했다. 전함들 중 일부는 갑판을 만들고 일부는 갑판 없이 제작하도록 지시했는데, 이런 명령을 내린 이유는 카스피(혹은 히르카니아) 해를 탐사할 때 더 자세히 지리를 확인하고자 하는 마음이 반영된 것이었다. 알렉산드로스는 카스피 해가 어떤 바다와 연결되는지, 흑해와 합쳐지는지, 거대한 인도양의 동쪽에 자리 잡은 만에 불과한지 확인하려 했다. 페르시아의 좁고 긴 바다

57 현재 두 사람의 저서는 남아 있지 않다. 키프로스의 살라미스 출신인 아리스투스는 키루스의 무덤을 설명했으며(Strabo, 15.3~8), 티오쿠스 2세의 총애를 받았던 사람과 동일인일 수 있다. 클레이타르코스(Pliny, *National History* 3.57)도 로마인들이 사절을 보냈다고 말했다.

(때때로 홍해라고 불렸다)가 만이라는 사실을 알게 되자 카스피 해도 마찬가지일 수 있다고 생각한 것이다.[58] 카스피 해안에 상당히 많은 사람들이 살고 있으며 배가 지나다니는 강들이 이곳으로 흘러드는데도 불구하고 카스피 해의 끝(혹은 시작점)이 어디인지는 그때까지 발견된 적이 없었다. 예를 들어 인도의 강들을 예외로 할 때 아시아에서 가장 큰 강인 박트리아의 옥수스 강이 카스피 해로 흘러든다. 약사르테스 강도 스키타이 족의 영토를 지난 뒤 카스피 해로 흘러들고, 아락세스 강은 아르메니아에서 이곳으로 향한다고 일반적으로 알려져 있다.[59] 이 세 개의 큰 강 외에도 많은 지류가 카스피 해로 합류한다. 알렉산드로스의 군대는 이 지류들 중 일부를 발견했지만 유목민 스키타이 족이 사는 먼 북쪽의 미지의 땅에도 지류들이 있을 것이다.

바빌론으로 향하던 알렉산드로스는 티그리스 강을 건넌 뒤 칼데아의 현자들을(벨을 숭배하는 사제들) 만났다. 현자들은 알렉산드로스를 한쪽으로 데려가더니 더 이상 가지 말라고 간청했다. 그들이 모시는 신 벨의 예언에 따르면 알렉산드로스가 지금 도시로 들어가면 치명적인 결과를 맞을 것이라는 것이다. 그러자 알렉산드로스는 에우리피데스의 시를 인용하여 대답했다.

"최고의 예언자는 가장 정확하게 추측을 하는 인간이지."[60]

"전하, 서쪽으로 향하지는 마십시오. 행국 방향을 동쪽으로 돌리십시오."

---

58 카스피 해에 대한 이러한 생각은 284쪽 참조. 알렉산드로스는 아리스토텔레스에게 카스피 해가 만이 아니라고 들었던 게 분명하다. 하지만 페르시아 만을 보자 이 생각에 의문을 품게 되었다.

59 궁극적으로 아리스토텔레스까지 거슬러 올라가는 이 구절에 대해서는 Tarn, *Alexander* 2.11 참조.

하지만 동쪽 지대는 군이 통과하기 힘들었기 때문에 알렉산드로스로서는 이 권유에 따르기가 곤란했다. 운명은 그가 죽을 자리라고 예정되어 있는 곳으로 알렉산드로스를 이끌고 있었다.

하지만 누가 알겠는가? 어쩌면 명성이 아직 시들지 않고 세상이 그의 죽음을 가장 슬퍼할 때, 많은 사람이 한 번쯤은 겪게 마련인 불행이 덮치기 전에 죽음을 맞는 것이 알렉산드로스로서는 더 나았을지도 모른다. 솔론이 크로이수스에게 "인생이 아무리 길다 해도 '그 마지막 순간을 보아야 하며' 죽을 때 행복하지 않으면 그 삶은 행복하다고 말할 수 없다"고 충고한 것은 이 때문이다.[61] 알렉산드로스의 경우에도 헤파이스티온의 죽음은 결코 작지 않은 재앙이었다. 알렉산드로스는 헤파이스티온을 잃는 고통을 겪느니 그보다 먼저 죽기를 원했을 것이다. 마찬가지로 아킬레우스도 친구 파트로클로스를 잃었을 때 복수를 하는 것보다는 파트로클로스보다 먼저 죽는 쪽을 원했을 게 분명하다.

알렉산드로스는 칼데아인들이 바빌론 행군을 막는 이유는 재앙에 대한 예언 때문이 아니라 자신들의 이익을 지키기 위해서일 거라고 의심했다. 바빌론에는 벨을 기리는 대신전이 있었다. 구운 벽돌을 역청으로 이어 붙여 지은 거대한 건축물이었다. 그러나 그리스에서 돌아가는 길에 크세르크세스가 도시의 다른 성지들과 함께 이 신전을 파괴했기에 알렉산드로스는 신전을 복원할 생각이었다.[62] 일부 진술에 따르면 알렉산드로스는 원래의 토대에 신전을 재건할 작

---

60 소실된 비극시의 한 구절이다. 종종 저자를 언급하지 않고 인용되지만 플루타르코스(*Moralia* 432c)도 에우리피데스가 쓴 시구라고 밝혔다.

61 Herodotus, 1.32 참조; Plutarch, *Solon* 27 비교.

정으로 바빌로니아인들에게 부지를 정돈하라고 지시했다. 새 신전을 원래 신전보다 더 크게 지으려 했다는 설도 있다. 그러나 알렉산드로스가 도시를 비우자 일꾼들은 게으름을 부렸고, 결국 알렉산드로스는 자신의 병사들을 전부 투입해 신전을 완공할 작정이었다. 아시리아의 왕들은 예로부터 벨 신에게 많은 땅과 상당한 보물을 바쳤고, 이 보물들은 신에게 바칠 제물을 구입하는 등의 유지비용으로 쓰였다. 하지만 이 당시에는 신전이 파괴되어 수익금을 쓸 곳이 없었기 때문에 칼데아인들이 신의 재산을 마음대로 처분할 권한을 쥐고 있었다. 신전이 서둘러 완공되면 그들이 수익을 잃을 테니 칼데아인들은 알렉산드로스가 바빌로니아에 들어가지 않기를 바란다고 판단한 것이다. 하지만 아리스토불루스에 따르면 알렉산드로스는 방향을 돌리라는 칼데아인들의 제안을 받아들이려고 했다. 그래서 첫째 날 유프라테스 강에서 야영하고 이튿날은 강을 오른쪽에 두고 행군했다. 알렉산드로스는 먼저 도시의 서쪽 구역을 지난 뒤 동쪽으로 방향을 틀 생각이었으나, 그럴 경우 군이 지나기에는 너무 힘든 늪지를 만나게 되어 있었다. 그래서 알렉산드로스는 반은 의도적으로, 반은 어쩔 수 없이 신의 명령을 거역하게 되었다.

아리스토불루스의 기록에는 암피폴리스의 아폴로도로스에 관한 다음과 같은 이야기가 나온다. 헤타이로이의 일원이자 알렉산드로스와 절친했던 아폴로도로스는 총독 마자에우스와 함께 바빌론에 남아 주둔군을 지휘했다.[63] 아폴로도로스는 인도에서 돌아온 알

---

62 Strabo, 16.1.5와 비교. 헤로도토스(1.181)는 이 신전을 설명하면서 자신의 시대까지 신전이 존재했다고 했다.(이 구절에 대한 How와 Welles의 주석 참조.)
알렉산드로스가 내린 신전 복원 명령은 192쪽 참조. 디오도로스(17.112.2)에 따르면 사제들은 신전을 재건하면 위험을 피할 수 있다고 알렉산드로스에게 말했다고 한다.

렉산드로스가 여러 총독에게 혹독한 벌을 내리는 것을 보고 동생 페이타고라스에게 편지를 써서 자신이 화를 당할 운명인지 예언해달라고 청했다. 페이타고라스는 희생제물들의 내장으로 점을 치는 예언자로, 누구 때문에 점을 치려 하는지를 형에게 물었고 아폴로도로스는 왕과 헤파이스티온이라고 대답했다. 그러자 페이타고라스는 제물을 바친 뒤 먼저 헤파이스티온과 관련된 점을 쳐보았다. 하지만 희생된 동물의 간에서 아무 엽[lobe, 갈라진 모양]도 발견되지 않았다. 이에 헤파이스티온은 곧 사라질 테니 걱정할 필요가 없다는 편지를 엑바타나에 있는 아폴로도로스에게 띄워 안심시켰다. 아리스토불루스에 따르면 아폴로도로스는 헤파이스티온이 죽기 바로 전날 이 편지를 받았다. 그러고 나서 페이타고라스는 두 번째 제물을 바친 뒤 알렉산드로스에 관해 점을 쳐보았다. 그러자 이번에도 동물의 간에서 아무 엽도 발견되지 않아 먼저 보낸 것과 비슷한 내용의 편지를 보냈다. 아폴로도로스는 이 일을 비밀로 간직하지 않고 편지 내용을 알렉산드로스에게 고했다. 왕에게 닥칠 수도 있는 위험을 알려주면 자신의 충성심을 인정받을 것으로 생각한 것이다. 알렉산드로스는 아폴로도로스에게 감사를 표했고, 바빌론에 도착하자 페이타고라스에게 어떤 징표가 나왔기에 그런 편지를 쓰게 되었는지 물어보았다.

"희생제물의 간에 엽이 전혀 없었습니다."

"그건 무슨 징조인가?"

"극도로 위험한 징조이옵니다."[64]

알렉산드로스는 페이타고라스에게 화를 내기는커녕 솔직하게 진실을 말해주었다며 정중하게 대했다.

---

63 이 이야기에 대해서는 Plutarch, *Alexander* 73.3~5; Appian, *Civil Wars* 2.639ff 참조.

알렉산드로스의 바빌론 귀환 부조. 덴마크 토르발센스 박물관 소장.

아리스토불루스는 이 이야기를 페이타고라스에게 직접 들었다고 주장했다. 그리고 페이타고라스가 나중에 페르디카스와 안티고누스의 운명도 점쳤다고 덧붙였다. 두 사람 다 똑같은 점괘가 나왔고, 모두 들어맞았다. 페르디카스는 프톨레마이오스를 치러 원정에 나섰다가 죽었고, 안티고누스는 입소스에서 벌어진 셀레우코스와 리시마쿠스와의 전투에서 전사했기 때문이다.[65]

---

64 Cicero, *On Divination* 1.119,2.32 참조.

인도의 현자 칼라누스에 대해서도 비슷한 이야기가 전해진다.[66] 칼라누스가 죽음을 맞을 장작더미로 가면서 알렉산드로스의 친구들에게는 작별을 고했지만 알렉산드로스에게는 바빌론에서 만나면 인사하자는 말만 남겼다고 한다. 당시에는 아무도 이 일을 신경 쓰지 않았지만 나중에 알렉산드로스가 바빌론에서 죽자 당시 그 자리에 있던 사람들은 모두 칼라누스가 했던 말을 떠올렸고, 알렉산드로스의 죽음을 예견한 말이었음을 깨달았다.

그리스의 사절들이 바빌론으로 알렉산드로스를 찾아왔다. 방문 목적은 기록에 남아 있지 않지만 아마도 알렉산드로스에게 승리자의 왕관을 바치며 수많은 승리, 특히 인도 원정의 성공을 축하하고 무사히 돌아와서 기쁘다는 뜻을 전했을 것으로 보인다.[67] 알렉산드로스는 사절들을 정중하게 맞아들여 지위에 맞은 경의를 표한 뒤 돌려보냈다. 또한 크세르크세스가 그리스에서 약탈하여 바빌론이나 파사르가데, 수사, 그 외의 아시아 도시들에 두었던 조각상, 그림, 봉헌물들을 사절들에게 맡겼다. 하르모디우스와 아리스토게이톤, 아르테미스의 청동상도 이렇게 하여 아테네로 반환되었다.[68]

아리스토불루스에 따르면 알렉산드로스가 바빌론에 도착했을 때 함대가 기다리고 있었다. 네아르쿠스의 대대는 페르시아 만에서

---

65 페르디카스는 기원전 321년에 멤피스에서 자신의 병사들에게 살해당했다.(Diodorus, 18.36) 프리기아의 입소스 전투는 기원전 301년에 벌어졌다.

66 Plutarch, *Alexander* 69.71; Cicero, *On Divination* 1.47 참조.

67 기원전 323년 봄이었기 때문에 그리스 국가들이 승리를 축하하기엔 다소 늦은 것으로 보인다. 디오도로스(16.113.3~4)는 당시 (특히) 그리스의 사절들이 여러 목적을 안고 찾아왔으며 여기에는 알렉산드로스가 명령했던 망명자들의 귀국에 관한 논쟁 보고도 포함되었다고 기록했다. Diodorus, 18.8.2ff (17.109.1과 비교), Curtius, 10.2.41 참조; Tod, nos 201, 202와 비교.

68 191쪽, 238쪽 참조.

출항하여 유프라테스 강 상류로 들어왔고 다른 배들(노가 5단인 페니키아의 갤리선 2척, 노가 4단인 갤리선 3척, 트리에레스선 12척, 약 30척의 가벼운 갤리선)은 페니키아의 해안에서 출발했다. 이 배들은 여러 조각으로 분해되었다가 유프라테스 강 유역의 타프사쿠스로 옮겨진 다음 재조립되어 강을 타고 바빌론으로 내려왔다. 알렉산드로스는 바빌로니아에서도 사이프러스를 베어 새 전함을 건조한 것으로 보인다. 사이프러스는 아시리아에서 유일하게 풍부한 목재로, 이 나무가 없었다면 배를 건조할 만한 자재를 찾기 어려웠을 것이다.[69] 새로 만든 배에서 일할 승무원과 인력은 페니키아와 주변의 해안지방에서 조개를 따는 잠수부들이나 바다와 관련된 일을 하던 사람들로 충원했다. 뿐만 아니라 알렉산드로스는 바빌론에 1000척의 배가 정박할 수 있고 조선소를 갖춘 큰 항구를 짓기 위해 준설 작업을 시작했다. 알렉산드로스는 클라조메나이의 미칼루스에게 500달란트를 주고 페니키아와 시리아로 보내어 배와 바다를 잘 아는 사람들을 더 고용하거나 데려오도록 했다. 알렉산드로스는 페르시아 만의 해안 지방과 연안의 섬들이 페니키아만큼 번영할 수 있다는 판단 아래 이 지역을 식민지로 삼을 계획이었다. 함대를 준비한 이유는 해안에 사는 아랍인들을 치기 위해서였다.[70] 표면적인 명분은 이 지역에서 유일하게 사절을 보내지 않았고 그 외에 의례적인 경의를 표하지 않았다는 것이었으나, 내가 보기에는 영토를 늘리고 싶은 알렉산드로스의 식을 줄 모르는 갈망이 진짜 이유가 아니었을까 싶다.[71]

기록에 따르면 알렉산드로스는 아랍인들이 우라노스와 디오니

---

69 이 부분은 아리스토불루스의 기록에 근거했다. Strabo, 16.1.11 참조.

70 '아라비아인들 대다수를 치기 위해'라고 수정해야 할 것이다.

소스, 두 신을 섬긴다는 이야기를 들었다. 우라노스는 별뿐만 아니라 태양까지 품고 있고 인간 만사에 가장 크고 분명한 은총을 보내는 신으로 숭배되었고, 디오니소스는 유명한 인도 원정 때문에 숭배되었다.[72] 알렉산드로스는 자신이 디오니소스를 뛰어넘는 업적을 달성했으므로 아랍인들에게 제3의 신이 될 자격이 있다고 느꼈다. 자신이 인도인들에게 베풀었던 것처럼 아라비아를 정복한 뒤 전통적인 제도를 유지하도록 허용한다면 신으로 추대되는 영예를 얻을 수 있으리라 생각한 것이다. 게다가 그 지역의 비옥한 땅도 탐이 났다. 오아시스에는 계수나무들이 서 있고 유향과 몰약을 채취할 수 있는 나무들과 계피를 얻을 수 있는 관목들이 자라며 초원에는 나르드가 지천으로 자생한다는 보고를 받았기 때문이다. 또 아라비아 해안은 인도의 광대한 해안 못지않게 넓었다. 연안에는 많은 섬이 있을 뿐만 아니라 함대가 정박할 수 있는 항구가 곳곳에 건설되어 있어 알렉산드로스는 부유와 번영을 가져다줄 새로운 정착지로 여겼다.

알렉산드로스는 유프라테스 강 어귀 근처에 두 개의 섬이 있다는 정보를 입수했다. 하나는 강이 바다와 합류하는 지점에서 약 24킬로미터 거리인 꽤 가까운 곳에 있었다. 이 섬은 다른 하나의 섬보다는 작은 편이지만 숲이 우거져 있고 아르테미스 신전이 있어 주민들이 정기적으로 제의를 지냈다. 초원에는 여신에게 봉헌된 신성한 사슴과 야생염소들을 볼 수 있는데, 제의를 지낼 때 외에는 사냥이 금지되었기 때문에 제물용으로만 이 동물들을 죽일 수 있었다. 아리스

---

71 스트라보(16.1.11)는 아리스토불루스의 기록을 근거로 아라비아인들이 사절을 보내지 않았고 알렉산드로스가 모두의 왕이 되기 위해 '손을 뻗었다'고 진술했다. 아리아노스는 이 견해를 채택한 것으로 보인다. 231쪽 참조.

72 Herodotus, 3.8(How와 Wells의 주석) 참조.

토불루스에 따르면 알렉산드로스는 이 섬에 이카리아라는 이름을 붙였다. 에게 해에 있는 이카리아 섬에서 따온 이름이었다.[73] 에게 해의 이카리아 섬에는 날개를 붙인 밀랍이 녹아서 하늘에서 떨어진 다이달로스의 아들 이카루스의 전설이 전해진다. 이카루스는 낮게 날아야 한다는 아버지의 말을 듣지 않고 어리석게도 하늘 높이 날아올랐다가 태양의 열기에 날개를 잃고 바다에 떨어져 죽고 말았다. 이카루스가 떨어진 바다는 이카리아 해, 시신이 묻힌 섬은 이카리아 섬이라고 불린다.

틸루스(지금의 바레인)라는 또 다른 섬은 유프라테스 강 어귀에서 배로 꼬박 24시간을 가야 닿을 수 있었다. 이 섬은 상당히 넓었으며 대부분의 땅은 황무지도 아니고 우거진 숲도 없어서 갖가지 제철 작물을 재배하기에 알맞았다.

이런 정보들 중 일부는 아랍인 정벌에 대비해 갤리선을 타고 해안 정찰을 나갔던 아르키아스가 입수한 것이었다. 그는 틸루스 섬까지는 닿았지만 그 너머까지는 가지 못했다. 안드로스테네스도 또 다른 갤리선을 지휘하여 아라비아 반도의 한 지역을 돌아 더 멀리까지 항해했고[74] 솔리 출신의 선장 히에로는 그보다 더 멀리 나아갔다. 알렉산드로스가 히에로에게 노가 3단인 갤리선을 내주면서 지시한 것은 반도를 일주하여 홍해에 있는 이집트의 도시 헤루폴리스까지 항해하고 오라는 것이었다. 히에로는 지시한 곳까지는 가지 못했지만 아라비아 해안의 대부분 지역을 항해했다. 알렉산드로스에게 돌아온 히에로는 반도가 거의 인도와 맞먹을 정도로 넓으며 바다 멀리까

---

73 스포라데스 제도의 한 섬으로, 사모스 섬의 서쪽에 있다. 지금은 이카리아 섬으로 불린다. 다이달로스와 이카루스의 이야기는 Ovid, *Metamorphorses* 2.21~96 참조.

74 테오프라스투스는 자신의 식물학 저서에서 아르키아스의 항해 보고를 참고했다.

지 큰 곶이 뻗어 있다고 보고했다.(이 곶은 네아르쿠스가 호르무즈에서 보았던 라스 무산담Ras Mussandam이다.) 인도에서 올라오던 네아르쿠스의 병사들도 그리 멀지 않은 곳에서 이 곶을 발견했다. 그리고 조타수인 오네시크리투스의 조언에 따라 페르시아 만으로 방향을 돌려 곶을 지나기 직전까지 나아갔다. 하지만 네아르쿠스는 항해에 관해 이야기하면서[75] 자신이 오네시크리투스의 제안을 거절했다고 했다. 네아르쿠스는 페르시아 만의 해안을 조사한 뒤 목적에 부합하는 내용을 알렉산드로스에게 보고해야 했기 때문이다. 네아르쿠스가 파견된 목적은 바다 탐사가 아니라 해안의 주민들과 생활방식, 비옥한 땅과 척박한 땅, 배가 정박할 수 있고 깨끗한 물을 구할 수 있는 장소 등에 관한 정보 수집이었다. 또한 네아르쿠스는 이 경로를 피해야 알렉산드로스의 해군이 안전하게 항해할 수 있었노라고 덧붙였다. 황량한 아라비아 해안을 거치는 건 쓸데없는 짓이며 히에로가 배를 돌린 것도 같은 이유 때문이었다고 주장했다.

새 전함들을 만들고 항구를 준설하는 작업이 진행되는 동안 알렉산드로스는 바빌론에서 유프라테스 강으로 내려가 도시에서 약 160킬로미터 정도 떨어져 있는 팔라코파스 강으로 향했다. 팔라코파스 강은 발원지가 따로 있는 게 아니라 유프라테스 강에서 분기된 운하였다.(테레돈 근방에서 페르시아 만으로 흘러든다.) 아르메니아의 산에서 발원된 유프라테스 강은 겨울에는 물이 많지 않아 수위가 강둑보다 낮았지만 봄이 되면, 특히 하지 무렵에는 아르메니아의 산마다 쌓인 눈이 녹으면서 강물이 엄청나게 불어났다. 결국은 강둑 너머로 범람하여 부근의 아시리아의 들판으로 넘쳐흘렀다. 팔라코파스 강을

75 Arrian, *Indica* 32.

따라 형성된 늪지와 호수로 물줄기가 빠지지 않았다면 홍수가 발생했을 것이다. 유프라테스 강은 이 지점부터 아라비아까지 흘러간 뒤 광대한 습지를 지나 눈에 잘 띄지 않는 수많은 수로를 통해 바다로 들어갔다.

눈이 다 녹은 가을에는 유프라테스 강의 수위가 낮아지지만 대부분의 물이 계속 운하를 따라 호수로 흘러든다. 그래서 강물이 흘러드는 입구에 둑을 쌓아 운하를 막고 물줄기를 원래대로 돌리지 않으면 유프라테스 강의 물이 다 빠져나가 가을철 아시리아의 평야에 물을 댈 수 없다. 바빌로니아 총독은 이런 용도의 둑을 건설하기 위해 대규모 공사를 벌였으나 그다지 성과가 없었다. 그 지역의 흙이 부드럽고 축축한 진흙 성분인 탓에 강물이 쉽게 침투되었기 때문이다. 3개월 동안 1만 명이 넘는 아시리아 일꾼들이 작업에 매달렸지만 운하로 물이 빠져나가는 것을 막지 못했다.

이런 사실들을 알게 된 알렉산드로스는 아시리아에 도움이 될 만한 일을 진행하고 싶었다. 그래서 운하와 강이 만나는 지점에 실질적인 둑을 건설하기로 결심했으나, 약 6킬로미터 아래쪽에서 더 단단한 흙을 발견하자 그곳에서 팔라코파스 운하까지 연결되는 수로를 만드는 편이 더 효과적인 해결책이라고 판단했다. 흙이 단단하여 강물이 침투하지 못하기 때문에 적절한 시기에 수문을 조절하면 손쉽게 강물을 막을 수 있었다.

알렉산드로스는 이 공사를 위해 팔라코파스 강으로 갔다가 운하를 따라 아라비아 쪽의 호수들로 내려갔다.[76] 그리고 우연히 좋은 부지를 발견하여 새 도시를 짓고 요새화한 뒤 일부 그리스 용병들을 정

76 Strabo, 16.1.9~11과 비교.

착시켰다. 그중에는 자원자도 있었고 몸이 불편하거나 나이가 많아서 현역으로 복무할 수 없는 병사들도 있었다.[77]

이제 알렉산드로스는 칼데아인들의 예언이 틀렸음을 입증한 것처럼 보였다. 칼데아인들은 바빌론에서 재앙을 맞을 것이라 예언했지만 아무 일도 일어나지 않았기 때문이다. 알렉산드로스는 불운이 덮치기 전에 무사히 도시를 벗어났고, 자신감을 회복하여 남쪽의 호수들로 향했다. 일부 배들은 호수와 늪지들 사이의 좁은 수로에서 길을 잃어 조타수를 보내 본류로 데려와야 했다.

아시리아 왕들의 무덤은 대부분 호수와 늪지에 있었다. 이와 관련하여 다음과 같은 이야기가 전해진다. 당시 알렉산드로스는 직접 키를 잡고 늪지를 지나가고 있었다. 그는 왕의 상징인 장식 띠가 달린 모자를 쓰고 있었는데 갑자기 세찬 돌풍에 모자가 벗겨져서 물에 빠졌다. 이때 모자에 달린 가벼운 장식 띠가 분리되어 고대 왕릉이 있는 갈대밭까지 날아갔다. 이 사건은 충분히 불길한 전조였으나 더 이상 다른 일은 일어나지 않았다. 이때 선원 중 한 명이 물에 뛰어들어 건너가서 갈대에 걸린 띠를 꺼냈다.[78] 그러나 손에 들고 헤엄을 치면 띠가 젖을까 봐 자신의 머리에 묶고 돌아왔다. 알렉산드로스는 자진해서 띠를 찾아온 이 선원에게 1달란트를 주어 보상한 뒤 목을 벴다고 대부분의 역사학자들은 전한다. 이는 왕의 띠를 머리에 둘렀던 자를 살려둬서는 안 된다는 예언에 따른 것이다. 그러나 아리스토불루스는 상금을 내린 일은 사실이라고 확인해주었지만 띠를 두

---

77 약 1년 전에(BC 324년 4/5월) 알렉산드로스는 티그리스 강 어귀와 에울라이우스 강 사이에 알렉산드리아(나중의 Charax)를 세웠다. Pliny, *Natural History* 6.138 참조.

78 디오도로스(17.116~5~7)는 '노 젓는 사람 중 한 명'이었다고 썼다. 하지만 이 사람이 어떤 운명을 맞았는지는 언급하지 않았다.

른 죄에 대해서는 매질에 그쳤으며, 띠를 찾아온 자는 페니키아의 선원이었다고 했다. 다른 저자들은 선원이 아니라 셀레우코스였으며, 이 사건은 알렉산드로스의 죽음과 셀레우코스가 광대한 제국을 물려받을 전조였다고 주장한다. 실제로 셀레우코스는 알렉산드로스의 후계자들 가운데 가장 위대한 왕이었고, 여기에 대해서는 이론이 있을 수 없다고 생각한다. 셀레우코스는 가장 뛰어난 왕재王才였고 알렉산드로스 사후에 가장 넓은 영토를 다스렸다.

바빌론으로 돌아오자 페우케스타스가 페르시아에서 페르시아 병사 2만 명을 이끌고 돌아와 있었다. 그중에는 페르시아의 이웃 부족들 가운데 가장 뛰어난 전사들로 손꼽히는 코사이아와 타푸리아의 병사들도 상당수 포함되어 있었다. 필록세누스는 카리아에서 메난데르는 리디아에서 병사들을 데리고 합류했고, 메니다스도 자신이 지휘하던 군을 이끌고 복귀했다.[79] 그리스의 사절단도 찾아왔는데, 사절들은 의식용 화환을 쓰고 엄숙하게 알렉산드로스에게 다가가 머리에 황금 화관을 씌워주었다. 마치 신을 기리는 의식을 치르기 위해 순례를 온 사람들 같았다.[80] 그러나 알렉산드로스의 죽음은 코앞에 다가와 있었다.

알렉산드로스는 페르시아 병사들의 충성심 그리고 페우케스타스에 대한 충성에 감사를 표했고, 페우케스타스에게는 질서 있고 성

---

79 메니다스는 증원군을 데려오기 위해 나우타카에서 마케도니아로 파견된 기원전 328/7년 겨울에 마지막으로 언급되었다.

80 사절들이 의식용 화관을 썼다는 점이 중요하다. 이것은 사절들이 신성한 특사theoroi였으며 이들의 나라가 알렉산드로스를 신으로 인정했음을 보여준다. 플루타르코스(*Moralia* 219e)와 아에리아누스Aelian(*Varia Historia* 2.19)는 알렉산드로스가 자신을 신으로 대접할 것을 요구했다고 언급했다. 논란이 되는 이 문제에 대해서는 J.P.V.D. Balsdon, *Historia* 1950, 383ff 참조. Wilcken, *Alexander* 209~215를 참고하면 더 좋다.

공적으로 군을 이끌었다며 치하했다. 페르시아 병사들은 여러 마케도니아 부대에 편입시켰다. 그리하여 이제 각 반은 마케도니아 지휘관 1명, 마케도니아 병사 2명('두 배의 급여를 받는' 병사 1명과 '텐 스타테르ten-stater' 병사[두 배의 급여를 받는 병사보단 적지만 일반 사병들보다는 많은 급여를 받는 병사]), 페르시아인 12명, 또 다른 마케도니아의 '텐 스타테르'로 구성되었다.[81] 즉 마케도니아인이 4명(지휘관 1명과 특별 급여를 받는 3명), 페르시아인이 12명이었다. 마케도니아인들은 마케도니아의 전통 장비를 착용했고 페르시아인들은 활이나 가벼운 창을 들었다.

이 무렵 함대는 훈련을 계속하고 있었다. 강에서 트리에레스선과 노가 4단인 갤리선 선원들 간에 경쟁이 자주 벌어졌는데, 노 젓기 시합과 선장의 기술을 시험하는 시합을 통해 승자에게는 상을 내렸다.

이에 앞서 알렉산드로스는 암몬 신전에 특사를 보내 죽은 헤파이스티온에 대한 예우를 어느 정도로 해야 할지 신탁을 받아오라고 했다. 임무를 마치고 돌아온 특사는 암몬이 헤파이스티온을 '영웅' 혹은 반신반인으로 모시는 제사를 허락했다고 보고했다. 이에 알렉산드로스는 크게 기뻐했고 그때부터 영웅을 기리는 의식으로 친구를 예우했다.[82]

그즈음 알렉산드로스는 이집트에서 중대한 범죄를 저지른 관리 클레오메네스에게 편지를 보냈다.[83] 이 편지에 표현된 헤파이스티온

---

81 스타테르는 아테네의 4드라크마 은화에 해당했으며 '텐 스타테르' 병사는 한 달에 40드라크마를 받았던 것으로 보인다. '두 배의 급여를 받는' 병사들은 아마 한 달에 60드라크마, 일반 보병들은 30드라크마를 받았을 것이다. 한 단편적인 비문(Tod no.183)에서는 은방패 병단의 방패잡이의 일당이 1드라크마였다고 되어 있다.

82 플루타르코스(*Alexander* 72.2)는 아리아노스의 진술에 동의했다. 하지만 디오도로스(17.115.6)는 암몬이 헤파이스티온을 신으로 섬겨선 안 된다고 대답한 것으로 기록했다.

에 대한 알렉산드로스의 크나큰 애정은 흠잡을 데 없었지만 내가 보기에는 비난을 받을 만한 내용이 포함되어 있었다. 알렉산드로스는 클레오메네스에게 등대가 있는 파로스 섬과 알렉산드리아에 헤파이스티온을 기리는 사당을 짓되, 비용에 신경 쓰지 말고 웅장하게 짓도록 지시했다.[84] 그러면서 사당의 이름을 헤파이스티온으로 하고 모든 계약에 헤파이스티온의 이름이 들어가도록 신경 쓸 것을 당부했다. 별로 중요하지 않은 일에 너무 많은 감정을 소모했다는 점을 제외한다면 이 부분까지는 그런대로 괜찮다. 내가 수긍할 수 없는 것은 다음 부분이다. 편지는 "이집트에 있는 헤파이스티온의 사당과 관련된 일이 제대로 이루어진다면 그대가 예전에 저지른 죄를 무조건 용서할 것이며, 이후로의 어떠한 죄에 대해서도 내 손으로 벌을 내리지 않겠다"는 구절로 이어진다. 그토록 넓고 인구도 많은 지역의 총독(게다가 악인)에게 편지를 보내면서 위대한 왕이 이런 말을 했다는 점은 매우 충격적이다.[85]

이제 알렉산드로스는 파국으로 치닫고 있었다. 아리스토불루스는 알렉산드로스의 죽음이 임박했음을 보여주는 또 다른 전조를 언급했다. 페우케스타스와 함께 페르시아에서 온 병사들, 필록세누스, 메난데르와 함께 해안에서 온 병사들을 여러 마케도니아 부대에 배

---

83 클레오메네스가 원래 임명받은 자리에 대해서는 171쪽 참조. 그는 알렉산드로스에게 이집트의 총독(태수)으로 인정받았다. 클레오메네스는 이집트의 곡물 수출을 독점하고 높은 가격으로 팔아 그리스의 기근(BC 330~326)을 악화시키고 사제들에게서 많은 보물을 갈취했다.(Pseudo-Aristotle, *Oeconomica* 2.33; Psedo-Demosthenes 56.7ff) 클레오메네스는 알렉산드로스 사후 벌어진 영토 분할에서 이집트를 차지한 프톨레마이오스에게 처형당했다.

84 파로스 섬은 해안에서 약 1.6킬로미터 정도, 나일 강 삼각주에서 서쪽으로 32킬로미터 떨어져 있었다. 알렉산드로스는 방파제를 쌓아 이 섬과 육지를 연결시켰고 알렉산드리아에 두 개의 항구를 만들었다. 등대는 프톨레마이오스 2세가 세웠다. 이 도시에 대한 스트라보의 설명은 17.1.6~10 참조.

85 이 편지의 진위에 대해서는 *CQ* 1953, 157ff 참조.

속시키던 중에 알렉산드로스는 갈증을 느끼고 잠시 자리를 비웠다. 옥좌 양쪽에는 다리가 은으로 된 긴 의자가 있었고 수행원들이 앉아 있었다. 수행원들과 함께 왕이 나가자 옥좌 주위에는 환관들만 남아 있었다. 그때 누군가가(근신 중인 죄수였다는 말도 있다)[86] 환관들을 헤치고 나아가 비어 있는 옥좌에 앉아버렸다. 환관들은 페르시아의 관습 때문에 그를 쫓아버리지 못한 채 몹시 끔찍한 일이 일어난 것처럼 자신들의 옷을 찢고 가슴과 얼굴을 치기 시작했다. 이 이야기를 들은 알렉산드로스는 이 일이 미리 계획된 음모인지 알아내기 위해 범인을 붙잡아 고문하라고 명령했다. 그러나 충동적인 행동이었을 뿐이다는 답변뿐이었다.[87] 이 사건은 재앙이 일어나리라는 예언자들의 말을 뒷받쳐주었다.

며칠 뒤 알렉산드로스는 관례적인 제사의식을 올려 성공을 기원했고(앞으로 있을 아라비아 원정에 대한 기원이었다) 예언자들의 조언에 따라 다른 제물들을 더 바쳤다. 그리고 포도주와 제물들을 여러 부대에 나눠준 뒤 친구들과 저녁을 먹고 밤늦도록 술을 마셨다. 일부 진술에 따르면, 술자리에 친구들을 남겨두고 침실로 돌아가려던 알렉산드로스는 메디우스를 만났다. 메디우스는 당시 알렉산드로스가 가장 신뢰하던 헤타이로이 대원으로, 그는 알렉산드로스에게 자기가 마련한 술자리에서 술을 좀더 마시며 즐기자고 했다.[88]

왕실 일지를 보면 알렉산드로스는 이미 많이 마신 상태였지만 메디우스와 다시 술을 마셨음을 알 수 있다.[89] 그러다가 알렉산드로

---

86 플루타르코스(*Alexander* 73)는 이 사람이 디오니시우스라는 메세니아인이었다고 말했다. 플루타르코스와 디오도로스(17.116)는 그의 몸이 묶여 있었는데 결박이 '저절로' 풀렸거나 사라피스가 풀어주었다고 기록했다.

87 플루타르코스와 디오도로스는 그가 희생양으로 처형당했다고 기록했다.

스는 술자리를 벗어나 목욕을 하고 잠자리에 들었다.(다른 이들은 계속 술을 마셨다.) 이후 알렉산드로스는 메디우스와 식사를 한 뒤 다시 밤늦게까지 술을 마셨다. 그런 뒤 또 목욕을 하고 약간의 식사를 하고는 바로 잠자리에 들었다. 이때 이미 몸에 열이 나고 있었다.

다음 날 알렉산드로스는 침대에 누운 채 실려 나와 평소처럼 일상적인 종교의식을 올렸다. 그런 뒤에는 어두워질 때까지 병사들의 막사에 누워 있었다. 그는 장교들에게 계속 명령을 내리면서 육지로 행군할 병사들은 사흘 후에 출발할 준비를 하고 자신과 함께 뱃길로 움직일 병사들은 그보다 하루 뒤에 출항할 채비를 갖추라고 지시했다.(아라비아 원정과 관련된 지시였다.) 그런 다음 침대에 실려 강으로 가서 배를 타고 건너편 공원으로 갔다. 알렉산드로스는 이곳에서 목욕을 하고 쉬었다. 다음 날 또 다시 목욕을 한 뒤 평소처럼 제사를 지내고 자신의 방으로 가서 누웠다. 그는 메디우스와 담화를 나누고 장교들에게 다음 날 아침 일찍 보고를 올리라고 했다. 그런 뒤 음식을 조금 먹고 방으로 돌아가 밤새 열에 시달렸다. 이튿날 아침 목욕을 하고 제사를 올린 뒤 네아르쿠스와 다른 장교들에게 항해와 관련된 자세한 지시를 내렸다. 이제 출발이 이틀밖에 남지 않았기 때문이다. 그 이튿날도 목욕을 하고 일상적인 종교의식을 치렀으며, 계속 열이 났지만 평소처럼 참모를 보내 항해 준비에 관한 지시를 내렸다. 저녁에 또 다시 목욕을 하고 났을 때부터 그의 몸 상태가 심각해졌다.

---

88 Plutarch, *Alexander* 75,4, Diodorus, 17.117.1 참조.

89 플루타르코스(*Alexander* 76)는 또 다른 버전의 왕실 일지를 거의 글자 그대로 옮긴다면서 소개했는데 위의 내용과 세부적인 몇 가지만 다르다. 아에리아누스(*Vaira Historia* 3.23)는 일지를 썼던 에우메네스의 기록이라며 세 번째 버전을 제시했는데 나머지 둘과 유사점이 거의 없다.
이 일지가 알렉산드로스의 말년을 정확하게 기록했는지는 L. Pearson, *Historia* 3(1954/55), 429ff., A. E. Samuel, Historia 1965, 1ff 참조.

다음 날 아침, 알렉산드로스는 수영장 근처의 건물로 옮겨졌다. 그리고 제사를 올린 뒤 점점 기운이 빠지는데도 불구하고 상급 장교들을 보내 재차 원정과 관련된 명령들을 내렸다. 다음 날 알렉산드로스는 가까스로 기도소에 도착하여 의식을 올린 뒤에 기운을 잃은 채 참모들에게 계속 지시를 내렸다. 이렇게 또 하루가 지나갔다. 이제 알렉산드로스는 대단히 위중한 상태였지만 종교의식을 생략하지 않으려 했다. 상급 장교들은 궁에서, 각급 부대 지휘관들은 자신의 방문 밖에서 기다리라고 지시했다. 그런 뒤 위독한 몸으로 궁으로 돌아갔다. 알렉산드로스가 방으로 들어갈 때는 장교들을 알아보았지만 이미 아무 말도 할 수 없는 상태였다. 그때부터 임종의 순간까지 알렉산드로스는 한 마디도 하지 않았다. 그날 밤과 다음 날 그리고 그다음 날까지 알렉산드로스는 고열에 시달렸다.

이런 세부적인 내용들은 모두 일지에서 발견한 것이다. 이 문서들에는 병사들이 알렉산드로스를 뵙기를 간절히 원했다고 기록되어 있다. 그들은 알렉산드로스가 살아 있는 동안 마지막으로 한 번이라도 직접 보길 원했으며 주검이라도 보고 싶어했다. 알렉산드로스가 이미 죽었다는 소문이 퍼졌기 때문에 사람들은 호위대가 왕의 죽음을 감추고 있다고 의심했을 것이다. 하지만 대부분의 병사들은 왕을 잃는 슬픔과 감당하기 힘든 혼란 속에서 왕을 직접 보고 싶어했으며, 그런 그들의 뜻을 아무도 막을 수 없었다. 병사들이 줄지어 침상 옆을 지나가는 동안 알렉산드로스는 말없이 누운 채 머리를 들어 올리려 애쓰면서 병사 한 명 한 명에게 알아보았다는 눈빛을 보냈다. 일지에는 페이토, 아탈루스, 데모폰, 페우케스타스가 클레오메네스, 메니다스, 셀레우코스가 함께 세라피스 신전에서 밤을 보내면서 알렉산드로스를 신전으로 옮겨오는 게 나을지를 신에게 물었다고 기록되어 있다.[90] 신전에서 기도를 올리면 알렉산드로스의 몸이 회복되지 않을까 기대한 것이다. 하지만 신은 알렉산드로스가 신전에 오는 것을 금했고, 지금 있는 곳에 머무는 편이 더 나을 것이라고 대답했다. 신의 명령이 공표된 뒤 알렉산드로스는 곧 세상을 떠났다. 결국은 그의 죽음이 '더 나은' 것인 셈이었다.

프톨레마이오스와 아리스토불루스의 진술은 여기에서 끝난다. 다른 저자들에 따르면 가장 신임을 받던 고위관료들이 누구를 후계자로 해야 할지 알렉산드로스에게 물었을 때, 알렉산드로스는 '가장 뛰어난 자'라고 대답했다.[91] 알렉산드로스가 자신이 죽은 뒤에 치열한 장례 '경기'가 벌어질 것을 염두에 둔 발언이라는 설이 있다.

이외에도 알렉산드로스의 죽음과 관련된 많은 이야기가 남아 있다는 것을 나는 알고 있다. 예를 들어 알렉산드로스는 안티파테르가 보낸 독이 든 약을 먹고 죽었다는 설이 있다.[92] 약을 조제한 사람은 칼리스테네스의 죽음으로 알렉산드로스를 두려워하고 있던 아리스토텔레스로 추정되며, 안티파테르의 아들 카산드로스가 이 약을 들고 갔다고 한다. 어떤 사람들은 카산드로스가 말발굽에 약을 숨겨 가져갔고 그의 동생 아이올라스가 왕에게 약을 전달했다고 한다.[93]

---

90 데모폰과 클레오메네스는 그리스의 예언자들이었고 나머지 사람들은 저명한 마케도니아인들이었다. 아탈루스는 대대 지휘관이자 페르디카스의 처남이었다.
사라피스(혹은 세라피스)는 일반적으로 프톨레마이오스 1세가 창시한 신이라고 여겨진다. 따라서 여기에서 언급된 세라피스는 비슷한 이름이거나 벨(마르두크)처럼 비슷한 역할을 하는 신일 것이다. 사라피스에 대해서는 W. W. Tarn, G. T. Griffith, *Hellenistic Civilisation*(3rd edn), 356 참조. 하지만 C. B. Welles(*Historia* 1962 283ff)는 알렉산드로스가 이집트에 이미 존재하던 사라피스 숭배를 보고 이를 동방으로 전파했다고 주장한다.

91 이 말은 '가장 강한 자'라고 표현해도 될 것이다. 디오도로스(17.117.4~5), 알렉산드로스가 페르디카스에게 반지를 건넸다고 쓴 쿠르티우스(10.5.4~5) 참조.

92 디오도로스(17.118), 쿠르티우스(10.10) 14ff, Plutarch, *Alexander* 77.2ff 참조.

아이올라스는 알렉산드로스에게 술을 따라주는 관리였는데, 앞서 어떤 일로 왕에게 크게 감정이 상했다고 한다. 한편 아이올라스와 연인 관계였던 메디우스가 이 일에 연루되었다는 설도 있다. 알렉산드로스를 술자리에 초대한 사람이 메디우스였다는 사실이 이 견해를 뒷받침하는데, 알렉산드로스는 잔을 비운 뒤 심한 통증을 느끼고 술자리를 떠났다고 전한다.[94] 어떤 저자는 죽음이 가까웠음을 깨달은 알렉산드로스가 유프라테스 강에 몸을 던질 생각으로 밖으로 나갔다고도 했다. 흔적도 없이 사라짐으로써 신의 아들인 알렉산드로스가 신들을 만나러 떠났다는 전설을 후세에 남기려 했다는 것이다. 그러나 마침 왕비인 록사네가 알렉산드로스가 나가는 모습을 보고 말렸고, 알렉산드로스는 록사네에게 고함을 치면서 자신이 신의 자손이 되어 영원한 영예를 얻는 것을 시기한다며 나무랐다고 전한다. 이런 이야기들을 모르는 바 아니므로 여기에 기록해두긴 하겠지만, 독자들이 이 이야기들을 믿으리라 생각하지는 않는다.

알렉산드로스는 헤게시아스가 아테네의 집정관이던 때인 올림픽력 114년에 세상을 떠났다.(현재는 알렉산드로스가 기원전 323년에 죽은 것으로 알려져 있다.) 아리스토불루스에 따르면 알렉산드로스는 32년 8개월을 살았고, 12년 8개월간 통치했다.[95] 그는 몹시 아름다웠고 불굴의 인내력과 예리한 지성의 소유자였다. 용감하고 모험심이

---

93 그밖의 다른 곳에는 독을 담을 수 없었다. 이 독은 아르카디아 북쪽의 노나크리스 근방에서 발원하는 스틱스 강에서 떠온 물이었다고 흔히 이야기한다. 알렉산드로스가 독살되었다는 이야기는 일반적으로 인정되지 않는다. 하지만 R. D. Milns, *Alexander the Great*(Lomdon, 1968) 255~258에서는 독이 소량의 스트리크닌이었다고 제시한다.

94 '헤라클레스의 잔'에 대해서는 Diodorus, 17.117.1~2(로엡 판에 실린 웰스의 주석과 함께) 참조. 플루타르코스는 이 이야기를 명백하게 부인했다.(*Alexander* 75.5)

강했으며 종교적 의무를 철저하게 지켰고 영예를 갈구했다. 육체적인 쾌락은 철저히 절제했지만 명성에 대한 열정은 만족을 몰랐다. 어렵고 복잡한 상황에서 옳은 길을 택하는 직관이 뛰어났고 관측한 사실들로부터 추론하기를 몹시 즐겼다. 그는 군을 무장시키고 군사를 배치하는 데 항상 탁월한 능력을 보여주었다. 부하들에게 용기를 불어넣고 자신감을 심어주는 데 뛰어났고 위험한 순간에는 스스로 대담무쌍한 행동을 보여 병사들의 두려움을 떨쳐주었다. 위험을 감수해야 할 때는 최대한 대담하게 덤벼들었고, 적이 예상치 못한 상황에서 재빠른 일격을 가해 기회를 포착하는 능력은 아무리 칭송해도 모자란다. 어떤 속임수나 거짓말에도 당하지 않았고 자신의 말과 약속은 반드시 지켰다. 자신의 쾌락을 위해서는 거의 돈을 쓰지 않았지만 친구들을 위해서는 아낌없이 돈을 쏟아 부었다.[96]

물론 순간적인 열정에 휩싸여 때때로 실수를 저지르기도 했다. 아시아 왕들의 허식과 오만을 따르는 조치를 취한 것도 사실이다. 하지만 상황을 공정하게 바라보면 이런 부분을 악질적인 잘못으로 볼 수는 없다. 어쨌거나 그는 아직 젊었기 때문이다. 끊이지 않는 연승행진 속에서 그는 승승장구했고 과거, 현재, 미래의 모든 왕과 마찬가지로 무책임하게 아첨질을 하는 조신들로 둘러싸여 있었다. 반면 알렉산드로스는 거의 모든 군주 중에서 유일하게 자신이 저지른 실수를 안타까워하는 고귀한 품성의 소유자였음을 나는 알고 있다. 대

---

95 알렉산드로스는 죽을 때 33세에 가까웠다.(플루타르코스(*Alexander* 3.5)는 알렉산드로스가 기원전 356년 7월 20일경에 태어났다고 추정했다. 통치기간은 약 13년이었다고 보는 편이 더 맞을 것이다. 취임 시기(아마도 기원전 336년 6월이었을 것이다)에 관해서는 Diodorus, 17.117.5에 대한 웰스의 주석 참조.

96 예를 들면 Plutarch, *Alexander* 39 참조.

알렉산드로스의 석관.

부분의 사람은 자신이 잘못을 저질렀을 때 실수를 덮을 수 있으리라는 어리석은 생각으로 변명거리를 찾곤 한다. 하지만 나는 악행을 바로잡는 방법은 한 가지뿐이라고 믿는다. 죄를 지은 사람이 이를 인정하고 후회하는 모습을 보여주는 것이다. 그렇게 인정을 해야 피해자는 슬픔을 견뎌낼 수 있고, 가해자는 죄를 후회하는 괴로운 심정을 분명히 드러냄으로써 앞으로 유사한 잘못을 저지르지 않을 가능성을 확대할 수 있다.

또한 나는 알렉산드로스가 스스로를 신의 혈통이라고 주장한 것 역시 심각한 잘못이라고 생각하지 않는다. 이 주장은 부하들의 눈에 비치는 자신의 존엄성을 증대시키려는 단순한 장치였을 수도 있다.[97] 사실 나는 알렉산드로스가 미노스, 아이아코스, 라다만토스만큼 위대한 왕이라고 생각한다. 옛날 사람들은 자신이 제우스의 아들이라 주장하는 이 왕들에 대해 위험할 정도로 오만하다고 느끼지 않았다.

포세이돈의 아들이라는 테세우스, 아폴로의 아들이라는 이온의 주장 역시 마찬가지다. 페르시아의 의복을 도입한 조치도 신의 혈통이라는 주장과 마찬가지로 정책적인 선택이었음이 분명하다. 동양의 나라에는 왕이 완전한 외국인이 아니라는 인상을 심어주고, 자국민들에게는 마케도니아의 전통적인 오만을 버리길 바라는 뜻이 담겨 있었을 것이다. 페르시아 병사들 중 일부(예를 들어 소위 황금사과 부대[창끝에 사과 모양의 금속 평행추가 달린 창을 든 페르시아의 정예 연대)를 마케도니아 부대에 포함시키고 페르시아의 귀족 장교들을 마케도니아 정예 부대에 배치한 것도 분명 그러한 이유에서였을 것이다. 알렉산드로스의 유명한 폭음에 대해 말하자면, 아리스토불루스는 늦게까지 술판을 벌인 이유는 술을 좋아해서가 아니라(알렉산드로스는 실제로는 술고래가 아니었다) 그저 친구들과 어울리기를 즐겼기 때문이라고 단언했다.[98]

누구든 알렉산드로스에게 불리한 증거들을 가지고 그를 과소평가해서는 안 된다. 알렉산드로스에 대한 비판은 그의 삶과 활동 전체에 대한 포괄적인 이해를 바탕으로 해야 한다. 하지만 알렉산드로스에 대해 악평을 하고자 하는 이가 있다면 먼저 본인과 본인이 비난하는 대상을 비교해보라. 그토록 하찮고 유명하지 않은 자신에 비해 상대는 유례를 찾아볼 수 없이 세계적인 성공을 거두었고, 누구도 토를 달 수 없을 만큼 두 대륙의 군주로 군림했으며, 세상 전체에 명성을 드날린 인물이다. 자신이 얼마나 보잘 것 없는지, 얼마나 사소

---

97 플루타르코스(*Alexander* 28.6)는 알렉산드로스가 이런 의도로 제우스의 아들이라고 주장했다고 보았다. 하지만 플루타르코스가 같은 장에서 인용한, 알렉산드로스가 아테네인들에게 보낸 중요한 편지에 관해서는 *CQ* 953, 151ff 참조.

98 아리아노스는 앞에서 알렉산드로스의 '야만족 같은' 음주에 대해 언급했다.

한 일을 하고 있는지, 심지어 그 일마저 자신의 능력으로는 감당하기 힘들다는 것을 알면서도 감히 알렉산드로스를 욕할 수 있을까?

나는 알렉산드로스의 이름을 모르는 나라, 도시, 사람이 없던 시절은 없었다고 믿는다. 세상에 알렉산드로스에 견줄 만한 인물은 볼 수 없었다. 따라서 나는 그의 탄생에 인간의 힘을 넘어서는 어떤 힘이 관련되어 있다고 느끼지 않을 수 없다. 이를 암시하는 신탁들이 그가 죽을 때도 많이 나타났다. 많은 사람이 환상을 보았고 예언적인 꿈을 꾸었다.[99] 또한 그는 한낱 인간에게 주어지기 힘든 영예와 추모를 받고 있다. 수많은 세월이 지난 오늘날에도 마케도니아인에게는 알렉산드로스의 영예를 높이는 신탁이 내려지고 있다.

이 책을 쓰면서 알렉산드로스의 몇몇 잘못을 발견한 것은 사실이지만 알렉산드로스 자체에 대해서는 부끄러움 없이 한없는 존경을 바칠 수 있다. 알렉산드로스를 비판한 부분은 내가 알고 있는 진실을 독자들에게 알려 도움이 되길 바라기 때문이었다. 내가 이 역사서를 쓰게 된 동기 역시 그 때문이었다. 마지막으로, 이 책을 쓰는 데 신의 도움이 있었음을 밝힌다.

---

99 플루타르코스(*Alexander* 2)가 말한 이야기 참조.

헤타이로이 연대의 변화

아리아노스는 이 변화에 대해 언급하지 않았기 때문에 그의 서술에서 추론하는 수밖에 없다. 원정 첫해에 한 번 거론된 것을 제외하면 '연대'가 처음 언급된 것은 프톨레마이오스에게 "헤타이로이의 3개 연대"가 포함된 군을 붙여주어 베수스를 체포하러 보낸 기원전 329년 가을이었다. 그러다가 같은 해 말에 벌어진 스키타이 족과의 대전에서 헤타이로이 연대에 대한 언급이 다시 나온다. 그러나 브런트 교수는 「알렉산드로스의 마케도니아 기병대Alexander's Macedonian Cavalry」라는 중요한 논문에서 아리아노스가 '연대'라는 용어를 시대에 맞지 않게 사용했다고 주장했다. 당시 헤타이로이는 헤파이스티온과 검은 장군 클레이토스가 함께 지휘했는데, '기병대장hipparch'이 한두 명밖에 없다면 당시 헤타이로이를 구성하는 8개 부대 각각을 '기병연대hipparchy'라고 부르는 것은 부적절하다는 것이다.[1] 브런트 교수는 기원전 328년 말에 클레이토스가 살해된 뒤 변화가 생겼고 실제로 그의 죽음이 변화의 원인이었다고 주장했다. 알렉산드로스가 클레이토스처럼 페르시아의 의복이나 궁정 관습의 도입을 싫어할 수 있는 지휘관 한 명에게 그토록 크고 중요한 기병대를 맡기는 것은 위험하다고 판단했기 때문이라는 것이다. 이것은 매우 흥미로운 의견이다. 그러나 유감스럽게도 스키타이 족과의 전투에 관한 아리아노스의 서술을 면밀하게 검토해보면 클레이토스가 죽기 훨씬 전인 기원전 329년에 틀림없이 이미 '연대'가 존재했던 것으로 보인다. 이 전투에서 알렉산드로스는 "용병 기병 연대와 4개의 창기병 대대 *ilai*"를 먼저 내보냈고, 나중에 "헤타이로이 3개 연대"와 "창기병" 전체에게 공격을 명령하는 한편 자신은 "종대로 배열한 기병 대대"들을 이끌고 전속력으로 돌격했다. 프톨레마이오스의 기록을 참고한 것으로 보이는 이 부분은 꼼꼼하고 상세하게 묘사되어 있어 아리아노스가 '대대'와 '연대'를 헷갈렸다고 생각하기는 어렵다.[2] 연대를 언제 도입했는지는 밝혀지지 않았다. 왕실 기병 대대에 관한 언급은 기원전 331년에 페르시아 관문에서 기병대에 대한 '4인 체제'라는 애매한 용어와 함께 마지막으로 나타난다. 그 뒤 기원전 327년에 '정예 근위대 *agema*'라는 용어가 처음으로 나타나는데 이전의 왕실 기병대대와 동일체로 보인다.

연대가 도입된 시기보다 더 중요한 문제는 연대의 구성이다. 특히 대대의 병력이 예전과 거의 비슷하게 유지되었는지가 중요하다. 연대는 두 개의 대대 이상이 포함된 좀더 큰 규모의 편성단위이기 때문에

---

1 JHS 83(1963), 27~46

2 G.T. 그리피스도 JHS 83(1963), 68~74의 'A Note on the Hipparchies of Alexander', 71에서 이 점을 강조했다.

마케도니아의 중기병들로 모든 대대를 채우는 것은 불가능해 보인다. 원정에 나설 당시 헤타이로이 대원이 1800명이었고 기원전 333년 초에 고르디움에서 300명의 파견대가 합류했으며 기원전 331년 말에 가우가멜라 전투 직후에 500명이 더 충원되었다는 데는 논란의 여지가 없다. 그러나 브런트 교수는 역사학자 폴리비우스의 기록을 근거로 이수스 전투 전에 마케도니아 기병 500명이 알렉산드로스에게 추가되었다고 추론했고, 기병 연대가 구성되었을 무렵인 기원전 328년 또는 327년에 다시 500명이 증원되었을 가능성이 있다고 보았다. 그러나 두 의견 모두 잘못된 것이다. 폴리비우스는 "칼리스테네스에 따르면 알렉산드로스가 킬리키아에 들어가기 전에 '마케도니아에서' 800명의 기병이 도착했다. 그리고 칼리스테네스는 알렉산드로스가 이수스 전투에서 보유할 수 있었던 기병의 최대 인원을 계산할 때 이 800명을 제외한 다른 기병이 도착했다는 기록은 없다"라고 썼다. 아리아노스는 마케도니아인 300명, 테살리아인 200명, 엘리스인 150명이 고르디움에서 알렉산드로스에게 합류했다고 썼는데, 이들이 칼리스테네스가 말한 기병들이었다고 결론지어도 무방할 것이다. 아리아노스는 나머지 150명은 언급하지 않았는데, 아마도 용병들이었기 때문으로 보인다. 브런트 교수는 "증원군 모집을 위해 나우타카에서 파견한 소폴리스, 에포킬루스, 메니다스가 데려온 마케도니아의 신병들로 제7기병 대대가 구성되었다"(아리아노스)는 것을 윌리엄 탄이 증명했다고 생각한다. 하지만 아리아노스는 그 이후 마케도니아 병사들이 도착했다고 언급한 적이 없다. 따라서 그 임무가 취소되었을 수 있다. 뿐만 아니라 알렉산드로스가 장교들을 파견해 모집해 오라고 한, "마케도니아 출신 병사"들로 구성된 것이 틀림없다고 탄이 생각했던 제7기병 대대는 기원전 330년 초에 이미 존재했음을 R. D. 밀른스 교수가 입증했다.[3] 따라서 우리는 기원전 331년 말에 알렉산드로스가 보유했던 마케도니아 중기병은 총 2600명에서 사망자를 뺀 수라는 결론을 내릴 수 있다. 사망자 수가 얼마인지는 추론에 의지할 수밖에 없으니 마케도니아 중기병을 2500명이었다고 가정하자. 그렇다면 새로운 연대를 구성하기 위해서는 분명 더 많은 기병이 필요했을 것이다. '정찰병'이나 '창기병'이 마케도니아인이었다면 이들을 헤타이로이에 넣었을 수 있다는 브런트 교수의 생각도 일리가 있다. 그러나 아리아노스의 글을 보면 연대가 이미 창설되어 있을 때 정찰병과 창기병은 별개의 부대로 존재했음을 알 수 있다. 아리아노스가 완전히 잘못 알고 있지 않았다면 말이다.

'정찰병'이 연대에 포함되지 않았다면 연대에는 어떤 기병이 배치되었을까? 이란 서부의 기병이라는 G. T. 그리피스의 제안이 가장 개연성 있어 보인다. 그리피스가 지적한 것처럼, 이 지역에서 아직 전투가 벌어지고 있던 기원전 328년 말에 알렉산드로스가 박트리아와 소그드의 기병들로 구성된 부대를 보유했다면 이란 서부와 중부의 뛰어난 기병들을 불러들이지 않았다고 보기 어렵다. 하지만 알렉산드로스의 군에서 이 기병들에 관한 이야기는 이들을 헤타이로이에 '포함'시켰다고 설명된 기원전 324년에 이르러서야 나온다. 이 구절에서 아리아노스는 다양한 불만들(젊은 페르시아군 3만 명의 도착, 수사에서 거행된 결혼식, '동양식'을 따른 페우케스타스, 메디아의 의복을 입은 알렉산드로스)을 나열했다. 이런 불만들이 쌓여 나중에 오피스에서 마케도니아인들의 반란이 일어났다. 브런트 교수는 이런 불만이 나중에 생겨난 것이며, 동양의 기병들을 헤타이로이에 '통합'하고 뛰어난 페르

---

3 Greek, Roman and Byzantin Studies 7(1966), 159~166.

시아인들을 정예 근위대에 넣은 데 대한 분노 때문에 나타난 것이라고 설명한다. 하지만 아리아노스는 반란 직전에 마케도니아인들의 불만을 (간략하게) 언급했다. 그는 "원정 내내 마케도니아인들은 외국 기병들을 헤타이로이에 포함한 것에 감정이 상했다"라고 썼다. "이 원정 내내"는 인도 원정을 가리키는 게 분명하며 (혹은 수사적인 과장법을 사용해 원정 전체를 가리킬 수도 있다) 동양에서 돌아온 이후를 말하는 것은 아니다. 헤타이로이에 '포함'시킨 일과 '넣은' 일을 별개로 본 그리피스의 설명이 옳다면 알렉산드로스는 전체적으로 페르시아인들에 대해 연속적인 두 단계로 된 정책을 추구했다고 볼 수 있다. 이 정책은 오피스에서 알렉산드로스가 "자신의 제국에서 마케도니아인과 페르시아인들 사이에 화합과 유대"가 굳건하길 기원하며 올린 기도에 분명하게 표현되었다. 그러나 바디안 교수의 주장처럼 그리피스의 구분이 옳지 않고 아리아노스가 쓴 두 구절이 '중복'된 것이라면[4] 헤타이로이의 최종 개편은 최근에 이루어졌지만 이란인들을 들여온 데 대한 마케도니아인들의 불만은 몇 년 전부터 이어진 것으로 보인다. 알렉산드로스가 동양의 의복을 도입한 데 대한 분노 역시 마찬가지이다.

4 JHS 85(1965), 160~161 참조.

원정 연대표

아리아노스는 티레 포위공격의 종료 등 사건들이 일어난 시기를 아테네식 달月로 나타냈고, 종종 알렉산드로스가 어느 계절에 특정 도시 혹은 구역에 도착하거나 떠났는지 언급했다. 사건들이 일어난 정확한 날짜를 추정하는 것은 불가능하지만 여러 저자들, 특히 지리학자인 스트라보가 제공한 정보의 도움을 받아 상당히 만족할 만한 연대표를 재구성할 수 있었다.

기원전	334년	봄	아시아 침략
	334(333)년	겨울	고르디움 체류
	333년	봄(?)	고르디움에서 출발
		11월	이수스 전투
	332년	1월~8월	티레 포위공격
		9월~10월	가자 포위공격

	11월 14일	멤피스에서 파라오로 추대됨
332(331)년	겨울	시와 원정
331년	4월 7일	알렉산드리아 건설*
	늦봄	이집트 출발
331년	9월 20(21)일	가우가멜라 전투 전에 개기월식 발생
	10월 1일	가우가멜라 전투
330년	1월~5월	페르세폴리스 체류
	5월 중순	궁전에 불을 지름**
	7월	다리우스 3세 사망
329년	봄	힌두쿠시 산맥 도착
	한여름	약사르테스 강 북쪽에서 스키타이인과 전투
329(328)년	한겨울	자리아스파(박트리아) 체류
328년	봄(?)	옥수스 강으로 진군
328(327)년	겨울	나우타카에 체류
327년	초봄	소그디아나 바위산 공격
	늦봄	박트리아 출발
326년	5월	히다스페스 강 전투

* 아리아노스를 근거로 하면 알렉산드리아 건설은 일반적으로 시와 방문 전이다. 하지만 C. B. Welles, Historia 1962, 276ff 참조.

** 쿠르티우스(5.6.12)에 따르면 궁전을 불태운 것은 마르다 원정 이후였다. 마르다 원정은 4월 6일경(묘성이 사라질 무렵) 시작되어 30일간 지속되었다.

326년	11월	히다스페스 강 하류로 출발
325년	7월	파탈라 도착
	8월 말	파탈라 출발
	9월 20(21)일	네아르쿠스가 파탈라 출발
325(324)년	겨울	카르마니아 체류
324년	봄	수사 도착
324(323)년	겨울	코사이아 원정
323년	봄	바빌론으로 귀환
	6월 10일	사망

Cambridge Ancient History(1926) 제6권, G. Glotz & R. Cohen, *Historie grecque*, Vol. Ⅳ, 1부, *Alexandre et le démembrement de son empire*(Paris, 1938), H. Bengtson, *Griechische Geschichte*(2nd edn, Munich, 1960)에 알렉산드로스에 관한 포괄적인 참고 서적들이 실려 있다. 유진 보자Eugene Borza는 울리히 빌켄Ulrich Wilcken의 『알렉산드로스 대왕Alexnader the Great』을 재발행하면서 현대의 도서들과 논문들을 선별하여 첨부했다. 1940년부터 1950년 사이에 알렉산드로스에 관한 연구에 기여한 중요한 논문으로는 R. 안드레오티R. Andreotti의 'Il problema di Alessandro Magno nella storiografia dell' ultimo decennio'(*Historia,* Ⅰ, 1950, 583~600)을 들 수 있고, G. 발저G.Walser는 *Alexander the Great: the Main Problems*, e.d. G. T. Griffith(Heffer, 1966)에 전재한 'Zur neuren Forschung über Alexander den Grossen'에서 최근의 알렉산드로스 연구들을 훌륭하게 요약했다. *Classical World* 65(1971) 37ff., 77ff(지금은 분권되어 출판되었다)에 실린 E. 바디안E. Badian의 'Alexander the Great, 1948~67'은 최근의 알렉산드로

스 연구에 관한 매우 귀중한 해설서이다. 또한 J. 세이버트J. Seibert의 *Alexander der Grosse*(Darmastadt, 1972)는 거의 한 세기에 이르는 문헌들을 포괄적으로 조사하여 제시한다.

여기에서는 알렉산드로스에 관한 최근의 저작들 중에서 가장 중요한 것들만 선별하여 제시하며, 주로 영문으로 된 책을 대상으로 하였다. *Alexander the Great: the Main Problems*에 전재된 저작에는 * 표시를 했다.

— 알렉산드로스 입문서

- A. R. Burn, *Alexander the Great and the Hellenistic World*(2nd edn, Macmillan, 1962). 훌륭한 입문서.
- P. Cloché, *Alexandre le Grand et les essais de fusion entre l'Occident gréco~macédonien et l;Orient*(Neuchâtel, 1953).
- Peter Green, *Alexander the Great*, Weidenfeld & Nicolson, 1970은 훌륭한 삽화가 들어 있는 고무적인 저서이다.
- R. D. Milns, *Alexander the Great*(Hale, 1968). 일반 독자들을 위한 최신 해설서.
- C. B. Welles, *Alexander and the Hellenistic World*(1970). 그리고 고전 4권.
- G. Radet, *Alexandre le Grand*(6th edn, Paris 1950). '통속본'에 과도하게 의지했지만 오늘날에는 저평가되고 있다.
- F. Schachermeyr, *Alexander der Grosse, Ingenium und Macht*(Wien, 1949). 세계 정복에 몰두한 잔혹한 알렉산드로스.
- Sir William Tarn, *Alexander the Great, 2 vols.* Ⅰ. *Narrative*Ⅱ. *Sources*

and studies(*Cambridge University Press*, 1948). 알렉산드로스를 이상적으로 기술한 저서로 여러 알렉산드로스 연구를 촉진시켰다. 이 연구들은 주로 이 저서에 이의를 제기했다.

- Ulrich Wilcken, *Alexander the Great*, trans. G. C. Richards(London, 1932). 매우 의미 있는 현대의 전기. 유진 보자가 가치 있는 주석들과 유용한 '알렉산드로스 연구 소개'를 더해 재발행했다.(New York 1967)

마케도니아, 그리스, 초기의 알렉산드로스

- E. Badian, 'The Death of Philip', *Phoenix*, 1963, 244~250.
- A. B. Bosworth, 'Philip II and Upper Macedonia', *Classical Quarterly*, 1971, 93~105.
- V. Ehrenberg, *Alexander and the Greeks*(Oxford University Press, 1938).
- G. T. Griffith 'The Macedonian Background', *Greece and Rome*, 1965, 125~139.
- J. R. Hamilton, 'Alexander's Early Life', *Greece and Rome*, 1965, 117~124.
- N. G. L. Hammond, *A History of Greece*(2nd ed., Oxford University Press, 1967).
- F. Mitchel, 'Athens in the Age of Alexander', *Greece and Rome*, 1965, 189~204.
- T. T. B. Ryder, *Koine Eirene*(Oxford University Press, 1965).

— 페르시아와 동방

- H. Bengtson, *Persia and the Greeks*(Minerva, 1969).
- A. K. Narain, 'Alexander and India', *Greece and Rome*, 1965, 155~165.
- A. T. Olmstead, *History of the Persian Empire*(Chicago, 1948).
- Sir Aurel Stein, *On Alexander's Track to the Indus*(London, 1929).

— 군사 작전

- Sir Frank Adcock, *The Greek and Macedonian Art of War*(Berkeley, 1957).
- E. Baian, 'Agis Ⅲ', *Hermes*, 1967, 170~192.
- A. R. Burn, 'Notes on Alexander's Campaigns', *JHS*, 1952, 84~91.
- A. R. Burn, 'The Generalship of Alexander', *Greece and Rome*, 1965, 140~154.
- G. T. Griffith, 'Alexander's Generalship at Gaugamela', *JHS*, 1947, 77~89.
- J. R. Hamilton, 'The Cavalry Battle at the Hydaspes', *JHS*, 1956, 26~31.

— 제국 통치

- E. Badian, "Harpalus', *JHS*, 1961, 16~43.
- E. Badian, 'The Administration of the Empire', *Greece and Rome*,

1965, 166~182.

- E. Badian, 'Alexander the Great and the Greeks of Asia', *Ancient Society and Institutions. Studies Presented to Victor Ehrenberg*(Oxford University Press, 1966), 37~69.
- G. T. Griffith, 'Alexander the Great and an experiment in government', *Proceedings of the Cambridge Philological Society*, 1964, 23~39.

— 종교

- J. P. V. D. Balsdon, 'The "Divinity" of Alexander', *Historia*, 1950, 363~388.*
- E. A. Fredricksmeyer, 'Alexander, Midas and the Oracle at Gordium', *Classical Philology*, 1961, 160~68.
- J. R. Hamilton, 'Alexander and his "so~called" Father', *Classical Quarterly*, 1953, 151~7.*
- E. G. Hogarth, 'The Deification of Alexander the Great', *English Historical Review*, 1887, 317~29.
- H. W. Parke, *The Oracles of Zeus*(Blackwell, 1967).

— 알렉산드로스의 의도

- E. Badian, 'Alexander the Great and the Unity of Mankind', *Historia*, 1958, 425~444.*
- E. Badian, 'A King's Notebooks', *Harvard Studies in Classical*

Philology, 1968, 183~204.

- P. A. Brunt, 'The Aims of Alexander', *Greece and Rome*, 1965, 20~215.
- C. A. Robinson. 'The Extraordirnary Ideas of Alexander the Great', *American Historical Review*, 1957, 326~344.*
- F. Schachermeyr, 'Die letzten Pläne Alexanders des Grossen' *Jahreshefte des Österreichischen Archaologischen Instituts*, 1954, 118~140.*
- R. Andreotti, 'Die Weltmonarchie Alexanders des Grossen in Überlieferung und geschichtlicher Wirklichkeit', *Saeculum*, 1957, 120~66. 광범위한 참고문헌 포함.

알렉산드로스와 그리스 세계

- M. I. Rostovtzeff, *The Social and Economic History of the Hellenistic World*, 3 vols.(Oxford University Press ,1941).
- Sir William Tarn, *The Greeks in Bactria and India*, 2nd edn(Cambridge University Press, 1951).
- Sir William Tarn and G. T. Griffith, *Hellenistic Civilization*, 3rd edn(Arnold, 1952).
- C. B. Welles, 'Alexander's Historical Achievement', *Greece and Rome*, 1965, 216~28.
- Sir Mortimer Wheeler, *Flames over Persepolis*(London, 1968).

알렉산드로스와 마케도니인들과의 관계

- E. Badian, 'The Death of Philotas', *Transactions of the American Philological Association*, 1960.
- E. Badian, 'Harpalus', *JHS*, 1961, 16~43.*
- A. B. Bosworth, 'The Death of Alexander the Great', *Classical Quarterly*, 1971, 112~136.
- T. S. Brown, 'Callisthenes and Alexander', *American Journal of Philology*, 1949, 225~248.*
- G. T. Griffith, 'Alexander and Antipater in 323 B. C. ', *Proceedings of the African Classical Associations*, 1965, 12~17.
- Ramón I. Harris, 'The Dilemma of Alexander The Great', *Proceedings of the African Classical Associations*, 1968, 46~54. 심리학적 연구.

예술과 화폐

- A. R. Bellinger, *Essays on the coinage of Alexander the Great*(Thompson, New York, 1963). '제국 통치' 항목으로 분류해도 될 것이다.
- M. Bieber, *Alexander the Great in Greek and Roman Art*(Zeno, Chicago, 1964).
- M. Bieber, 'A Portrait of Alexander', *Greece and Rome*, 1965, 183~188. 본질적으로 위 책의 요약본.
- S. Perlman, 'The Coins of Philip Ⅱ and Alexander the Great and

their Pan~hellenic Propaganda', *Numismatic Chronicle*, 1965, 57~67.

— 추가

알렉산드로스를 전반적으로 다룬 문헌 몇 가지를 재판(1976)에 추가했다. 관심 있는 독자들은 이 문헌들에서 최근 학술지에 실린 광범위한 논문들을 많이 참조할 수 있을 것이다.

- Robin Lane Fox, *Alexander the Great*(London, 1973).
- Peter Green, *Alexander of Macedon*(Penguin Books). 자신의 책 *Alexander the Great*에 관한 광범위한 참고문헌을 포함한 개정·증보판.
- J. R. Hamilton, Alexander the Great(Hutchinson University Library, 1973).
- Fritz Schachermeyr, *Alexander der Grosse : Das Problem Seiner Persönlichkeit und Seiner Wirkens*(Wien, 1973). 1949년도판의 증보판으로 주석, 부록, 훌륭한 삽화가 추가되었다.

— 아리아노스

A. G. 루스A.G.Roos가 편집하고 토이프너Teubner에서 펴냈던 아리아노스의 저작들(I. the Anabasis, II. *Scripta Minora*(1968))을 재발행하면서 게르하르트 비르트Gerhard Wirth가 약 50페이지 분량의 추가·수정되어야 할 부분, 주요 참고문헌, 그리고 *Anabasis*의 경우 번역본 목록을 제공했다. 유감스럽게도 이중에서 오래된 디도Didot 판(1846)을 바탕으로 한 E. I. 롭슨E. I. Robson의 러브Loeb 판만 제외하고 모두 절판되었다. 디도 판은 부정확한 부분이 많고 번역에 일부 중대한 오류가 있다. E. J. 치넉E.J. Chinnock의 신뢰할 만한 버전(London, Hodder and Stougthton, 1884, 1893(*Indica* 포함))은 때때로 중고로 구할 수 있다. 전적으로 아리아노스만 다룬 책으로는 간략한 영문 요약본이 포함된 독어본인 A. B. 브리바르트A. B. Breebaart, *Enige historiografische aspecten van Arrianus' Anabasis Alexandri*(Leiden, 1960)가 있다. H. Montgomery, *Gedanke und Tat*(Lund, 1965)는 한 챕터에서 아리아노

스의 서술 기법을 다루었다. 다음은 주요 논문들이다.

- E. Badian, 'The Eunuch Bagoas', *Classical Quarterly* 1958, 144~157.
- G. W. Bowersock, 'A New Inscription of Arrian', *Greek, Roman and Byzantine Studies*, 1967, 279~280.
- P. A. Brunt, 'Persian Accounts of Alexander's Campaigns', *Classical Quarterly*, 1962, 141~55. 아리아노스가 사용한 기법에 대한 간략하지만 통찰력 있는 논평.
- P. A. Stadter, 'Flavius Arrianus : The New Xenophon', *Greek, Roman and Byzantine Studies*, 1967, 155~161.
- G. Wirth, 'Anmerkungen zur Arrianbiographie', *Historia*, 1964, 209~45. 주로 아리아노스의 저서들의 연대기를 다루었다.

그 외에 현재 남아 있는 출전

디오도로스

C. B. 웰스Wells가 편집한 러브 총서(vol.8)의 Books XVI.66~XVII는 번역이 훌륭할 뿐 아니라 주제에 관한 유용한 주석과 디오도로스가 참고한 자료들에 대한 논의가 실려 있다.

E. N. Borza, 'Cleitarchus and Diodorus' Account of Alexander', *Proceedings of The African Classical Associations*, 1968, 25~46은 디오도로스 제17권의 주요 출처가 클레이타르코스라는 데 의문을 제기한다.

쿠르티우스

E. I. 매퀸McQueen의 *Latin Biography*(ed. T. A. Dorey, London 1967)에

대략적인 설명이 나와 있다. 쿠르티우스의 활동 시기에 대해서는 많은 논의가 이루어졌지만 관련된 영문 논문은 거의 없다. 특히 다음 논문 참조.

- H. U. Instinsky, 'Zur Kontroverse um die Datierung des Curtius Rufus', *Hermes*, 1962, 379~83(Vespasian).
- D. Korzeniewski, *Dei Zeit des Q. Curtius Rufus, Diss*, (Cologne, 1959) (Augustus).
- G. V. Sumner, 'Curtius Rufus and the Historiae Alexandri', *Australasian Universities Modern Language Association*, 1961, 30~39(Claudius).

플루타르코스

토이프너Teubner에서 발간한 콘라트 치글러Konrat ZIeglers의 *Alexander* 재판이 나와 있다.(vol. II.2 of the Paralle Lives, 1968)

J. R. Hamilton, *Plutarch Alexander : A Commentary* (Oxford University Press, 1969)은 대부분의 역사적 문제들을 논의한다. 서문에는 플루타르코스의 일생과 배경, 알렉산드로스의 연설speech de Alexandri fortuna, 동시대인*the Parallel Lives*, 그리고 참고자료와 알렉산드로스의 가치가 설명되어 있다.

R. H. Barrow, *Plutarch and his Times*(Chatto & Windus, 1967)는 플루타르코스에 관한 훌륭한 입문서이다.

A. J. Gossage, *Latin Biography*(ed. T. A. Dorey, Routledge, 1967)는 플루타르코스를 다루는 데 한 챕터를 할애했고,

P. A. Stadter, *Plutarch's Historical Methods*(Cambridge Mass., 1965)는 플루타르코스가 자신이 언급한 저자들의 책을 읽었음을 입증했다.

A. E. Wardman, 'Plutarch and Alexander', *Classical Quarterly*, 1955, 96~107는 생애와 알렉산드로스의 가르침De Alexandri fortuna을 분석한다.

주요 출전

C. A. Robinson은 *History of Alexander the Great*(Providence, R. I. 1953) 1권, 2부에서 알렉산드로스를 다룬 역사가들의 단편들을 번역했다. 원문은 F. Jacoby, *Die Fragmente der griechischen Historiker*, IIB, Nos.117~153과 IID(Berlin, 1927, 1930)의 논평에서 모았다.

Lionel Pearson, *The Lost Histories of Alexander the Great*(American Philological Association, 1960), 6개의 주요 출전들을 상세하게 논의한 필독서이다. 설득력 있는 비판을 보려면 E. Badian, *Gnomon* 1961, 660ff 참조.

T. S. Brown, *Onesicritus*(Berkely, 1949), 이 저자에 대해 유일하게 본격적으로 다룬 연구이다. 네아르쿠스도 상세하게 다루었다.

C. B. Wells, 'The Reliability of Ptolemy as an Historian', *Miscellanea...A.Rostagni*(Turin, 1963), 101~16와 'The discovery of Sarapis and the foundation of Alexndria', *HIstoria*, 1962, 271~98에서는 프톨레마이오스의 진술의 진실성을 다루었다.

R. M. Errington, 'Bias in Ptolmy's History of Alexander, *Classical Quarterly*, 1969, 233~242

G. Wirth, 'Anmerkungen zun Arrianbiographie', *Hitoria*, 1964, pp.213ff는 아리스토불루스에 대해 다루었다.

* T.S. Brown, 'Callisthenes and Alexander', *American Journal of Philology*, 1949, 225~248은 칼리스테네스의 경력과 사망 당시의 상황

에 관해 연구했다.

T. S. Brown도 *'Cleitarchus', American Journal of Philology*, 1950, 134~155에서 클레이타르코스의 단편들에 대해 논의했다.

클레이타르코스의 활동 시기에 대해서는 다음 논문 참조 :

- E. Badian, 'The Date of Cleitarchus', Proceedings of the African Classical Associations, 1965, 5~11
- J. R. Hamilton, 'Cleitarchus and Aristobulus', *Historia*, 1961, 448~459

다음 논문의 부록도 참조

- F. Scharchermeyr', *Alexander in Babylon*(Wien, 1970)

알렉산드로스의 일기와 편지

*Lionel Pearson, 'The Diary and Letters of Alexander the Great', *Historia*, 1954/5, 429~55는 일기와 편지가 모두 표절이라고 생각한다.

A. E. Samuel 'Alexander's Royal Journals', *Historia*, 1965, 1~12는 일기(아리아노스와 플루타르코스가 인용)가 바빌로니아 연대기라고 주장한다.

A. B. Bosworth, 'The Death of Alexander the Great : Rumour and Propaganda', *Classical Quarterly*, 1971, 112~136는 일기가 '원래는 선전용 문서'이며 아마도 에우메네스가 작성했을 것이라고 제시한다.

J. R. Hamilton, 'The Letters in Plutarch's Alexander', *Proceedings of the African Classical Associations*, 1961, 9~20은 많은 편지가 아마도 진품일 것이라고 주장한다.

추가

아리아노스에 관한 최근의 가장 중요한 논문은 A. B. Bosworth, 'Arrian's Literary Development', *Classical Quarterly*, 1972, 163~185이

다. 보즈워스는 아리아노스가 공직과 군인으로서 경력을 시작하기 전인 아마도 115년 직후에 *The Campaigns of Alexander*를 썼다고 주장한다.

역자 후기

스무 살 남짓한 나이에 마케도니아의 왕위에 오른 알렉산드로스는 마케도니아군과 그리스 동맹군을 이끌고 원정길에 올라 페르시아 제국을 무너뜨리고 중앙아시아, 인도까지 이르는 광대한 제국을 건설했다. 불세출의 군사 천재로 꼽히는 이 영웅에 관해서는 사실과 전설, 허구가 뒤섞여 알려져 있으며, 여러 역사가의 서술 역시 내용과 시선에 차이가 있다.

그중 제정 로마시대의 정치가이자 역사가인 아리아노스의 『알렉산드로스 원정기』는 대왕의 원정을 자세히 다룬 현존하는 가장 중요하고 신뢰성 있는 저서들 중 하나로 평가받는다. 아리아노스는, 알렉산드로스에게 호메로스 같은 저술가가 없어 그의 일생과 위업이 널리 알려지지 않은 것이 안타깝고 터무니없이 잘못 알려진 일들을 바로잡기 위해 이 책을 쓰기 시작했다. 저술에 착수한 그는 알렉산드로스에 관한 서로 어긋나는 막대한 양의 자료에 맞닥뜨렸다. 알렉산드로스와 함께 원정길에 올랐던 사람들의 기록이 상충되고 관점 역시 달랐다. 아리아노스는 기본적으로 프톨레마이오스와 아리스토불루스의 기록을 토대로 서술했지만, 칼리테네스, 카레스 등의 진술도 적절하다고 생각될 경우 포함시켜 정확성을 기했다.

그 자신이 군사지휘관이기도 했고 스토아학파 철학자인 에픽테토스의 제자로 철학 훈련을 했던 아리아노스의 경험이 이 위대한 정복자에 대해 특유의 통찰력을 제시한다. 또한 자극적인 묘사와 선정주의를 피했으며, 알렉산드로스에 대해 균형 잡힌 시각을 유지하려는 노력도 엿보인다. 아리아노스는 알렉산드로스를 몹시 존경하고 이해한 반면 자신의 기준에 미치지 못하거나 생각이 다를 때는 비판하기도 했다. 알렉산드로스가 이집트의 총독 클레오메네스에게 친구 헤파이스티온의 사당을 세워주면 죄를 모두 눈감아 주겠다고 한 일을 비판한 부분이 좋은 예다.

아리아노스는 주로 원정의 여정과 군사적 부분들을 중점적으로 다루었으며, 알렉산드로스 개인의 삶이나 그리스 정치에서 알렉산드로스의 역할, 원정에 나서기 전 그리스의 상황, 원정의 동기에 대해서는 거의 설명하지 않았다.

이 책은 아리아노스의 서술과 차이가 나는 다른 역사가들의 서술을 주석에서 자세히 설명했다. 또한 아리아노스가 잘못 알고 있던 사실들을 지적하고 모호하거나 빠진 부분도 보완했다. 이러한 풍부한 주석과 심도 있는 서론이 독자들의 이해에 많은 도움이 될 것이라 확신한다.

박우정

찾아보기

ㄱ

ㄹ

ㅁ

ㅂ

ㅅ

ㅇ

ㅈ

ㅊ

ㅋ

ㅌ

ㅍ

ㅎ

알렉산드로스 원정기

초판인쇄 2017년 1월 24일
초판발행 2017년 1월 31일

지은이 아리아노스
옮긴이 박우정
펴낸이 강성민
편집장 이은혜
편집 이승은 박세중 박은아 곽우정 한정현 김지수
편집보조 조은애 이수민
마케팅 이연실 이숙재 정현민
홍보 김희숙 김상만 이천희
독자모니터링 황치영

펴낸곳 (주)글항아리 | 출판등록 2009년 1월 19일 제406-2009-000002호

주소 10881 경기도 파주시 회동길 210
전자우편 bookpot@hanmail.net
전화번호 031-955-1903(편집부) 031-955-8891(마케팅)
팩스 031-955-2557

ISBN 978-89-6735-382-7 03900

글항아리는 (주)문학동네의 계열사입니다.

이 도서의 국립중앙도서관 출판예정도서목록(CIP)은 서지정보유통지원시스템 홈페이지(http://seoji.nl.go.kr)와 국가자료공동목록시스템(http://www.nl.go.kr/kolisnet)에서 이용하실 수 있습니다.(CIP제어번호: CIP2016021298)